Lothar Th. Jasper

Steuerrecht in der Unternehmenspraxis

Lothar Th. Jasper

Steuerrecht in der Unternehmenspraxis

Was Unternehmer und Manager
wissen müssen

GABLER

Bibliografische Information Der Deutschen Bibliothek
Die Deutsche Bibliothek verzeichnet diese Publikation in der Deutschen Nationalbibliografie;
detaillierte bibliografische Daten sind im Internet über <http://dnb.ddb.de> abrufbar.

ISBN-13: 978-3-409-12587-1   e-ISBN-13: 978-3-322-87024-7
DOI: 10.1007/978-3-322-87024-7

1. Auflage 2005

Alle Rechte vorbehalten
© Betriebswirtschaftlicher Verlag Dr. Th. Gabler/GWV Fachverlage GmbH, Wiesbaden 2005

Lektorat: Jens Kreibaum

Der Gabler Verlag ist ein Unternehmen von Springer Science+Business Media.
www.gabler.de

Umschlaggestaltung: Nina Faber de.sign, Wiesbaden

Inhaltsverzeichnis

Vorwort

Das deutsche Steuerrecht ist zu kompliziert! Diese Klage wird momentan wieder eindringlich von Steuerpflichtigen, der Beraterschaft, den Wirtschafts- und Steuerpolitikern und auch von Gesetzgeber und Finanzverwaltung erhoben. Die Steuergesetze sind in der Praxis kaum mehr handhabbar. So kommt es, dass immer mehr Steuerzahler Einspruch gegen ihre Steuerbescheide erheben und gegen einen Ablehnungsbescheid die Finanzgerichte anrufen. Die Rechtsdurchsetzungskosten steigen und stehen oftmals in keinem vernünftigen Verhältnis zum angestrebten Erfolg. Deshalb wird es immer wichtiger, sich mit den wichtigsten Vorschriften des Steuerrechts bereits während des laufenden Jahres noch weit vor der eigentlichen Steuererklärung vertraut zu machen. Ziel des vorliegenden Buches ist es, Sie als steuerlichen Laien zu informieren, damit Sie sich für das Gespräch mit Ihrem Steuerberater vorbereiten können. Denn die Ratschläge und Empfehlungen von Fachleuten sollten Sie letztendlich beurteilen können. Blindes Vertrauen schadet nur und verursacht unnötige Kosten. Deshalb möchte ich Sie vertraut machen,

- mit den einzelnen Unternehmensformen bei Gründung oder Wachstum; dabei gebe ich Ihnen auch einige Hinweise zu den derzeit so beliebten ausländischen Gesellschaften, wie die englische oder zypriotische Limited oder die speziell für den Mittelstand geschaffene spanische SLNE,

- den unterschiedlichen Steuerarten und den Möglichkeiten der Steuerplanung durch optimale Ausnutzung der Rechtsformen und der einzelnen Möglichkeiten des Betriebsausgabenabzugs,

- der kumulativen Wirkung der Gewerbesteuer durch Mehrfachbelastung, aber auch Möglichkeiten der Einkommensteuerminderungen in diesem Zusammenhang.

Trotz der schwierigen und häufig völlig unübersichtlichen Materie habe ich mich bemüht, Ihnen die Sachverhalte verständlich zu schildern. Sie finden eine Fülle von Praxishinweisen mit Gestaltungstipps, erläuternden Beispielen, Checklisten und Übersichten. Für diejenigen, die Ihre Argumentation mit der Finanzrechtsprechung untermauern möchten, habe ich in vielen Fällen – insbesondere bei komplizierten Sachverhalten – Quellen von Urteilen angegeben. Diese können auch dem Steuerberater zur weiteren Information dienen. Es steht jedem frei, sie im Hinblick auf den besseren Lesefluss zu ignorieren.

Sollte es mir nicht immer gelungen sein, Ihnen die Bedeutung der einzelnen Vorschriften klar zu machen, bitte ich Sie um schriftliche Hinweise, damit das Werk bei einer weiteren Auflage für Sie noch praxisnäher aufbereitet werden kann. Gerne nehme ich auch Wünsche nach Erweiterung und noch mehr Steuergestaltungstipps mit auf. Meine E-Mail-Adresse lautet: *Praxishandbuch@jasper-steuerberatung.de.*

Sollten Sie Interesse an den Themen rund um die Steuern gefunden haben, so finden Sie auf meiner Homepage *www.jasper-steuerberatung.de* weitere Informationen, die ständig aktualisiert werden.

Gern möchte ich mich auch bei unserem ganzen Team von **JASPER STEUERBE-RATUNG** bedanken, das es mir durch verstärkten Einsatz während der Entstehungs-zeit dieses Werks gestattet hat, die Zeit zum Schreiben zu finden. Ganz besonderer Dank gilt meiner Frau Heidi und unseren Kindern Cathrin und David, die mich bei der Auswahl der Themen, der Literaturrecherche, beim Korrekturlesen und durch Übernahme weiterer Verpflichtungen im schriftstellerischen Bereich so intensiv un-terstützt haben. Verbliebene Fehler gehen selbstverständlich zu meinen Lasten.

Danken möchte ich auch dem GABLER Verlag und besonders Herrn Jens Kreibaum als meinem Lektor für die tatkräftige Unterstützung und die Geduld, die beide wäh-rend des Schreibens mit mir gehabt haben.

Ihnen als Unternehmer oder Freiberufler wünsche ich viel Erfolg bei Ihrer individu-ellen Steuerplanung und Gestaltung. Und lassen Sie sich nicht irritieren von denjeni-gen, die sich abfällig über die Möglichkeiten der Steuergestaltung äußern. Selbst un-ser höchstes Steuergericht – der Bundesfinanzhof – hat geurteilt: „Jeder Steuerzahler ist frei, seine rechtlichen Verhältnisse so zu gestalten, dass sich eine geringere Steuer-belastung ergibt." Oder: Wer die Pflicht hat, Steuern zu zahlen, hat auch das Recht, Steuern zu sparen.

Ihr

Lothar Th. Jasper
Steuerberater

Köln, im Oktober 2005

I   Wahl der Unternehmensform

1   Rechtsformen

Jeder, der sich entschließt, seinen Lebensunterhalt als Selbstständiger oder Gewerbetreibender zu verdienen oder sein bestehendes Unternehmen erweitern will, steht vor der Frage, welche Rechtsform er für sein Unternehmen wählen soll. Zunächst hängt das entscheidend davon ab, ob er allein am Markt agieren will oder mit Partnern zusammenarbeiten möchte. Bestimmte Unternehmensformen stehen nur zur Verfügung, wenn mehrere Personen gemeinsam ihre Ziele erreichen möchten. Eine Einzelperson kann beispielsweise allein weder eine Gesellschaft bürgerlichen Rechts gründen noch eine Offene Handelsgesellschaft oder eine Kommanditgesellschaft. Die typische Form für eine Einzelperson ist das Einzelunternehmen. Aber auch die GmbH steht ihr zur Verfügung.

Wenn fest steht, dass der Unternehmer sich allein den Chancen und Risiken des Marktes stellen möchte, ist als Nächstes zu klären, ob das, was weiter geplant ist, ein freier Beruf oder ein Gewerbebetrieb ist. Im täglichen Berufsleben höre ich immer wieder den Wunsch: „Ich möchte als Freiberufler arbeiten." Erläutert mir ein Mandant dann sein Vorhaben, so muss ich ihn häufig darüber aufklären, dass er seine Tätigkeit nicht als Freiberufler, sondern als Gewerbetreibender ausüben muss. Denn was in der Umgangssprache als „selbstständig" bezeichnet wird, ist zum einem im Berufsrecht der Freien Berufe sowie im Steuerrecht genauer definiert und muss von der Arbeit als Gewerbetreibender abgegrenzt werden.

Entschließt sich der Gründer oder Unternehmer, statt eines Einzelunternehmens eine Gesellschaft zu gründen, so muss er mit mindestens einem weiteren Geschäftspartner zusammenarbeiten. In diesem Fall können die Partner entweder eine Personengesellschaft gründen oder auch eine Kapitalgesellschaft.

Zu den Personengesellschaften gehören

die Gesellschaft bürgerlichen Rechts – GbR oder BGB-Gesellschaft,

die Sozietät als spezielle Form der GbR,

die Partnerschaftsgesellschaft für Freie Berufe, – PartG,

die Offene Handelsgesellschaft – OHG,

die Kommanditgesellschaft – KG

Zu den Kapitalgesellschaften gehören

die Gesellschaft mit beschränkter Haftung – GmbH,

die Aktiengesellschaft – AG.

Im Folgenden werden die einzelnen Unternehmensformen so weit vorgestellt, als es für das Verständnis der Besteuerung erforderlich ist. Denn jede Unternehmensform hat steuerliche Besonderheiten, zu deren Verständnis es einiger grundlegender Erläuterungen auch des Gesellschaftsrechts bedarf.

Die einzelnen Unternehmensformen sind folgenden Steuerarten und Steuererklärungen zugeordnet:

Unternehmensform	Steuerarten	Steuererklärungen
Freiberufliche Einzelunternehmer	Einkommensteuer Umsatzsteuer	Einkommensteuererklärung Umsatzsteuererklärung
Freiberufliche Sozietäten oder Partnerschaftsgesellschaften	keine eigene Einkommensteuer, aber Umsatzsteuer	Feststellungserklärung Umsatzsteuererklärung
Gesellschafter von freiberuflichen Sozietäten und Partnerschaftsgesellschaften	Einkommensteuer	Einkommensteuererklärung
Gewerbliche Einzelunternehmer	Einkommensteuer Umsatzsteuer Gewerbesteuer	Einkommensteuererklärung Umsatzsteuererklärung Gewerbesteuererklärung
Gewerbliche Personengesellschaften	Keine eigene Einkommensteuer, aber Umsatzsteuer Gewerbesteuer	Feststellungserklärung Umsatzsteuererklärung Gewerbesteuererklärung
Gesellschafter von Personengesellschaften	Einkommensteuer	Einkommensteuererklärung

Unternehmensform	Steuerarten	Steuererklärungen
Kapitalgesellschaften	Körperschaftsteuer Umsatzsteuer Gewerbesteuer	Körperschaftsteuer-erklärung Umsatzsteuer-erklärung Gewerbesteuer-erklärung

Bevor nun näher auf die einzelnen Steuerarten eingegangen wird, möchte ich Ihnen kurz die Unternehmensformen vorstellen.

2   Selbstständige Freiberufler

Eine genaue Abgrenzung eines Freien Berufs zum Gewerbebetrieb ist in der Praxis häufig äußerst schwierig und führt immer wieder zu Streitigkeiten mit dem Finanzamt. Deshalb wird im Folgenden genauer auf die Definition des Freien Berufs eingegangen.

Der Bundesverband der Freien Berufe BFB definiert die Freien Berufe wie folgt:

„Angehörige Freier Berufe erbringen auf Grund besonderer beruflicher Qualifikation persönlich, eigenverantwortlich und fachlich unabhängig geistig-ideelle Leistungen im Interesse ihrer Auftraggeber und der Allgemeinheit. Ihre Berufsausübung unterliegt in der Regel spezifischen berufsrechtlichen Bindungen nach Maßgabe der staatlichen Gesetzgebung oder des von der jeweiligen Berufsvertretung autonom gesetzten Rechts, welches die Professionalität, Qualität und das zum Auftraggeber bestehende Vertrauensverhältnis gewährleistet und fortentwickelt."

Das Partnerschaftsgesetz (PartGG) definiert die Freien Berufe in § 1 Abs. 2 wie folgt:

„Die Freien Berufe haben im Allgemeinen auf der Grundlage besonderer beruflicher Qualifikation oder schöpferischer Begabung die persönliche, eigenverantwortliche und fachlich unabhängige Erbringung von Dienstleistungen höherer Art im Interesse der Auftraggeber und der Allgemeinheit zum Inhalt."

Der Europäische Gerichtshof (EuGH) hat folgende Kriterien des Freien Berufs herausgearbeitet: (Az C-267/99). Freiberufliche Tätigkeiten sind danach solche, die

einen ausgesprochenen intellektuellen Charakter haben,

eine hohe Qualifikation verlangen,

gewöhnlich einer genauen und strengen Berufsordnung unterliegen,

bei der Ausübung die persönliche Eigenverantwortung eine besondere Bedeutung hat,

Selbstständigkeit im beruflichen Handeln voraussetzen.

Bedeutung hat das insbesondere für die Steuerbelastung und für die Gewinnermittlung. Während der Freiberufler seinen Gewinn durch eine so genannte „Einnahmen-Überschussrechnung" ermitteln darf, muss der Gewerbetreibende ab einer bestimmten Größe seines Unternehmens den Gewinn durch Bilanzierung feststellen. Ein weiterer wichtiger Unterschied: Der Gewerbetreibende unterliegt der Gewerbesteuer, während der Freiberufler mit dieser Steuer nichts zu tun hat. Die richtige Einordnung des Einzelunternehmers ist also sowohl für die endgültige Steuerbelastung als auch für die Form der Gewinnermittlung wichtig.

Das Einkommensteuergesetz selbst gibt keine abschließende Definition zur Abgrenzung des Freien Berufs. Steuerrechtlich gehört zu dem Wesen des Freien Berufs Folgendes:

Selbstständigkeit,

Nachhaltigkeit bei der Teilnahme am Wirtschaftsverkehr,

Gewinnerzielungsabsicht,

Persönliche Arbeitsleistung des Berufsträgers bei hoher Qualifikation und Eigenverantwortung.

Den ersten drei Kriterien folgt auch die Definition des Gewerbebetriebs. Für die freiberufliche Tätigkeit muss also das persönliche Erbringen der Arbeitsleistung bei hoher Qualifikation und Eigenverantwortung hinzukommen.

Wer zu den Freien Berufen gehört bestimmt einzig das Einkommensteuergesetz (EStG). § 18 EStG legt die Einzelheiten fest und zählt die Berufe, die zu den Freien Berufen gehören in einem Katalog auf (deshalb wird unter Fachleuten auch von den so genannten „Katalogberufen" gesprochen).

Zu den Freiberuflern dürfen sich folgende Berufe zählen:

Künstler,

Wissenschaftler,

Erzieher, Dozenten,

Journalisten, Autoren,

Ärzte, Zahnärzte, Krankengymnasten,

Rechtsanwälte, Notare

Steuerberater

Ingenieure, Architekten,

Nun hat sich in der Praxis herausgestellt, dass es über diesen ausdrücklich erwähnten Berufsbezeichnungen noch weitere Berufe gibt, die nicht im Freiberuflerkatalog des Einkommensteuergesetzes stehen, aber oftmals den Freien Berufen ähnlich sind. Um keine Ungleichbehandlung aufkommen zu lassen, erkennt das Gesetz auch diese ähnlichen Berufe als Freie Berufe an. Allerdings legt das Gesetz keine genauen Kriterien fest, was denn nun unter den „ähnlichen" Berufen zu verstehen ist. Deshalb kommt es immer wieder zu Unklarheiten und zum Streit mit dem Finanzamt darüber, wer denn nun in den Genuss der steuerlichen Vorteile des Freiberuflers kommen kann. Hier ist die Finanzrechtsprechung gefordert. Sie hat in einer ganzen Reihe von Urteilen klargestellt, welche Berufe zu den Freien Berufen zählen. Im Internet finden Sie eine Übersicht, aus der Sie die einzelnen den Freien Berufen zugehörigen Berufe ersehen können.

Haftung

Der Freiberufler haftet Dritten gegenüber mit seinem gesamten Betriebs- und Privatvermögen. Es empfiehlt sich deshalb, eine Vermögenshaftpflichtversicherung abzuschließen. Für bestimmte Berufe sind diese Versicherungen gesetzliche Pflicht (u. a. für Rechtsanwälte, Steuerberater, Ärzte).

Hier nochmals die steuerlichen Vorteile, die der Freiberufler genießt:

er zahlt keine Gewerbesteuer (jedenfalls nach derzeitiger Gesetzeslage nicht),

er ermittelt den Gewinn aus seiner Tätigkeit als Einnahmen-Überschussrechnung und zwar unabhängig davon, wie hoch Einnahmen oder Gewinn sind.

Wie der steuerliche Gewinn bei Freiberuflern ermittelt wird, ist weiter unten im Kapital „Einnahmen-Überschussrechnung" erläutert.

Neben der Einkommensbesteuerung unterliegt der Freiberufler grundsätzlich – wie auch der Gewerbetreibende – dem Umsatzsteuergesetz. Eine Unterscheidung zwischen Freiberufler und Gewerbetreibenden gibt es im Umsatzsteuergesetz nicht. Hier wird vielmehr auf den einheitlichen Begriff des „Unternehmers" abgestellt. Bei der Umsatzbesteuerung kommt es nicht wie bei der Einkommensteuer auf den Gewinn des Freiberuflers an, sondern ausschließlich auf die Höhe der Umsätze. Die Einzelheiten hierzu entnehmen Sie bitte dem Kapitel zur Umsatzsteuererklärung.

3   Gewerbetreibende

Der Gewerbebetrieb ist eine selbstständige, nachhaltige Tätigkeit mit Gewinnerzielungsabsicht, mit der am allgemeinen Wirtschaftsverkehr teilgenommen wird (wobei die Land- und Forstwirtschaft nicht als Gewerbebetrieb im steuerlichen Sinne gilt). Abzugrenzen ist der Gewerbebetrieb insbesondere von der Tätigkeit der Freien Berufe. Maßgeblicher Unterschied ist, dass es bei der gewerblichen Tätigkeit nicht – wie bei den Freien Berufen – darauf ankommt, dass die Arbeit persönlich und eigenverantwortlich erbracht wird. Der Gewerbetreibende kann sich also beim Erbringen der Leistung im weitestgehenden Umfang fremder Mitarbeiter bedienen. Er kann seine eigene Arbeitskraft multiplizieren, während dem Freiberufler hier doch enge Grenzen gesetzt sind (die er aber durch Sozietäten oder Partnerschaftsgesellschaften zum Teil überwinden kann).

Der Gewerbetreibende haftet Dritten gegenüber mit seinem gesamten Betriebs- und Privatvermögen. Es empfiehlt sich also dringend, eine Vermögenshaftpflichtversicherung abzuschließen.

Der Gewerbetreibende muss auf seinen Gewinn – auch Einkünfte aus Gewerbebetrieb genannt – wie auch der Freiberufler *Einkommensteuer* zahlen. Dieser Gewinn ermittelt sich grundsätzlich als Überschuss der Erträge über die Aufwendungen. Der Jahresabschluss besteht aus der Bilanz und der Gewinn- und Verlustrechnung. Anders als bei Freiberuflern werden in der Gewinn- und Verlustrechnung einer Bilanz nicht Einnahmen bzw. Ausgaben erfolgs- und damit steuerwirksam gebucht, sondern Erträge und Aufwand. Dies bedeutet, dass ein Ertrag bereits dann der Besteuerung unterworfen werden muss, wenn er sich konkretisiert hat. Hierzu muss kein Geld geflossen sein. Es reicht aus, dass die vereinbarte Leistung erbracht und das Entgelt fällig wird. Die Fälligkeit wird meist durch eine Rechnung dokumentiert. Das heißt, spätestens wenn eine Rechnung am Bilanzstichtag erstellt ist, muss diese als Forderung eingebucht werden und erhöht damit den Gewinn des Unternehmens. Das aber heißt nichts anderes, als dass die Forderung bereits der Einkommensteuer unterworfen werden muss, auch wenn noch kein Geld geflossen ist. Das Gleiche gilt für den Aufwand. Hat ein bilanzierendes Unternehmen für einen erteilten Auftrag eine Rechnung erhalten, so ist damit eine Verbindlichkeit konkret geworden. Sie muss in die Gewinn- und Verlustrechnung eingestellt werden und vermindert den Gewinn – und damit die zu versteuernden Einkünfte.

Auf den Zahlungszeitpunkt der Forderungen und Verbindlichkeiten kommt es also bei bilanzierenden Unternehmen nicht an.

In die Bilanz des Gewerbebetriebs werden alle Vermögens- und Schuldposten aufgenommen, so dass sie zusammen mit der Gewinn- und Verlustrechnungen einen genauen Einblick in die Ertrags-, Finanz- und Vermögenslage des Unternehmens gibt.

Der in der Gewinn- und Verlustrechnung bzw. der Einnahmen-Überschussrechnung ermittelte Gewinn fließt als Einkünfte aus dem Gewerbebetrieb in die Einkommensteuer ein.

Neben der Einkommensteuer unterliegt der Gewerbetrieb der *Gewerbesteuer*. Die Gewerbesteuer ist eine zusätzliche Steuer auf den Ertrag des gewerblichen Unternehmens. Die Begründung hierfür ist unter anderem, dass Gewerbebetriebe den Gemeinden Lasten aufbürden, für die diese selbst einen Beitrag leisten sollen. Deshalb steht das Gewerbesteueraufkommen auch den Gemeinden zu. Sie haben über ein bestimmtes Verfahren maßgeblichen Einfluss auf die Höhe der Gewerbesteuerbelastung. Die Gemeinden haben ein eigenes so genanntes „Heberecht". Der Hebesatz kann von Gemeinde zu Gemeinde verschieden sein. Großstädte haben im Allgemeinen wesentlich höhere Hebesätze (450 Prozent der Bemessungsgrundlage und höher), Randgemeinden liegen mit ihren Hebesätzen meist unter den Großstadthebesätzen und in ländlichen Gemeinden können Sie noch Hebesätze unter 300 Prozent finden. Welche Auswirkungen diese unterschiedlichen Hebesätze auf die Höhe der Gewerbesteuer haben, wird noch zu erläutern sein. Deutlich wird aber bereits an dieser Stelle, dass die Gemeinden über die Hebesätze in Konkurrenz zueinander treten können, was die gewerblichen Standorte betrifft.

Bemessungsgrundlage für die Gewerbesteuer ist der Gewerbeertrag, der seinerseits auf dem für die Einkommensteuer ermittelten Gewinn fußt. Allerdings werden bestimmte bei der Gewinnermittlung als Betriebsausgaben abgezogene Ausgaben bei der Berechnung des Gewerbeertrags wieder hinzugerechnet. Die Gewerbesteuer besteuert also auch Ausgaben. Mit anderen Worten: Die Gewerbesteuer besteuert Beträge, die dem Unternehmen gar nicht mehr zur Verfügung stehen.

Der Gewerbebetrieb unterliegt ebenso wie der Freiberufler neben der Einkommen- und Gewerbesteuer auch der *Umsatzsteuer*. Hierbei werden nicht Gewinn oder Gewerbeertrag besteuert, sondern Bemessungsgrundlage für die Umsatzsteuer sind die Umsätze.

4 Gesellschaft bürgerlichen Rechts – GbR

Die Gesellschaft bürgerlichen Rechts (GbR) ist gesetzlich im Bürgerlichen Gesetzbuch (§§ 705 ff.) geregelt. Deshalb wird sie auch BGB-Gesellschaft genannt. Zur Gründung einer GbR gehören mindestens 2 Personen, die Gesellschafter genannt werden. Ein Unternehmer allein kann also keine GbR gründen. Kennzeichen einer GbR ist es, dass die beteiligten Gesellschafter sich verpflichten, die Erreichung eines gemeinsamen Zwecks zu fördern und dazu die vereinbarten Beiträge in Geld oder Arbeitsleistung zu erbringen. Diese gegenseitige Verpflichtung wird zweckmäßiger Weise in einem schriftlichen Vertrag niedergelegt. Mündliche Absprachen gelten auch, haben sich in der Praxis aber nicht als sinnvoll erwiesen. Insbesondere bei Auflösung der GbR gibt es immer wieder Schwierigkeiten, die durch einen zu Beginn der Gesellschaft ausgearbeiteten Vertrag umgangen werden können.

Praxisempfehlung

Lassen Sie sich durch einen gesellschaftsrechtlich versierten Rechtsanwalt bei der Erstellung des schriftlichen Gesellschaftsvertrags beraten. Sie sollten das Honorar nicht scheuen. Ein guter Vertrag spart im Leben der GbR weitaus mehr Geld, als eine Erstberatung kostet. Zudem schont es die Nerven, wenn die Gesellschafter eindeutige Vereinbarung zu einem Zeitpunkt getroffen haben, zu dem der „Vorrat an Gemeinsamkeiten" noch sehr groß ist. Sollte es später mal auf eine Trennung hinaus laufen, ist es kaum noch möglich, einvernehmliche Regelungen zu treffen. Oftmals müssen dann die Anwälte der Gesellschafter die Trennung durchfechten, was letztlich wesentlich teuer ist, als das Honorar zu Beginn der gemeinsamen Arbeit aufzuwenden. Weiterer Vorteil der Rechtsberatung: Sie beschäftigen sich mit Ihrem Rechtskleid und lernen so zunächst einmal, wo die Unterschiede zum Einzelunternehmer liegen.

Verzichten Sie auf eigene Vereinbarungen, so treten an deren Stelle die Vorschriften des Bürgerlichen Gesetzbuches.

Gemeinschaftliche Geschäftsführung

Sie steht den Gesellschaftern gemeinschaftlich zu, wobei für jedes Geschäft die Zustimmung aller Gesellschafter notwendig ist. Dies ist bei größeren Gesellschaften kaum handhabbar. Deshalb kann die Geschäftsführung einem Gesellschafter übertragen werden. In diesem Fall sind die übrigen Gesellschafter von der Geschäftsführung ausgeschlossen (es sei denn, der Gesellschaftsvertrag sieht etwas anderes vor). Natürlich kann die alleinige Geschäftsführung dem Geschäftsführer durch die Gesellschafterversammlung entzogen werden, wenn ein wichtiger Grund vorliegt. Ist im Gesellschaftsvertrag nichts anderes geregelt, ist hierzu Einstimmigkeit notwendig.

Vertretung nach außen

Der Geschäftsführer vertritt die Gesellschaft auch nach außen (Vertretungsmacht), wobei er im Zweifel auch die anderen Gesellschafter Dritten gegenüber vertreten kann.

Kontrollrechte

Ein Gesellschafter kann, auch wenn er von der Geschäftsführung ausgeschlossen ist, sich von den Angelegenheiten der Gesellschaft persönlich unterrichten, die Geschäftsbücher und Papiere der Gesellschaft einsehen und sich aus ihnen eine Übersicht über den Stand des Gesellschaftsvermögens anfertigen.

Übertragbarkeit der Gesellschaftsrechte

Die Ansprüche, die den Gesellschaftern aus dem Gesellschaftsverhältnis gegeneinander zustehen, sind im Wesentlichen nicht übertragbar.

Gesamthänderische Bindung

Ein Gesellschafter kann nicht über seinen Anteil an dem Gesellschaftsvermögen und an den einzelnen dazu gehörenden Gegenständen verfügen. Er kann auch keine Teilung verlangen.

Haftung

Als GbR-Gesellschafter haften Sie für die gesamten Gesellschaftsverbindlichkeiten mit Ihrem gesamten Privatvermögen (Gesamthandshaftung). Eine Begrenzung der Haftung auf Ihren Gesellschaftsteil ist nicht möglich.

Gewinn- und Verlustverteilung

Ein Gesellschafter kann den Rechnungsabschluss und die Verteilung des Gewinns oder Verlustes erst nach der Auflösung der Gesellschaft verlangen. Ist die Gesellschaft über eine längere Dauer tätig – was bei Gewerbebetrieben meist der Fall ist – so hat der Jahresabschluss und die Gewinn- und Verlustverteilung zum Schluss eines jeden Geschäftsjahrs zu erfolgen. Die Aufteilung erfolgt „nach Köpfen": Jeder Gesellschafter hat einen gleichen Anteil am Betriebsergebnis. Die Aufteilung kann im Gesellschaftsvertrag anders geregelt sein (z. B. nach Kapitalaufbringung oder persönlichem Einsatz).

Kündigung

Der einzelne Gesellschafter kann seine Zugehörigkeit zur Gesellschaft jederzeit kündigen. Allerdings darf der Gesellschaft aus der Kündigung kein Schaden entstehen.

Auflösung der Gesellschaft durch Tod

Stirbt ein Gesellschafter, so sieht das BGB eine Auflösung der Gesellschaft vor, soweit sich aus dem Gesellschaftsvertrag nichts anderes ergibt (hier besteht also dringender Regelungsbedarf im Gesellschaftsvertrag).

Auseinandersetzung bei Ausscheiden

Hier sieht das BGB vor, dass der Anteil des ausscheidenden Gesellschafters den verbleibenden Gesellschaftern zuwächst. Diese sind verpflichtet, dem Ausscheidenden die Gegenstände, die er der Gesellschaft zur Benutzung überlassen hat, zurückzugeben. Weiterhin müssen sie ihn von den gemeinsamen Schulden befreien und ihm seinen Anteil an dem Auseinandersetzungsguthaben auszahlen. Wie sich das Auseinandersetzungsguthaben bestimmt, ist in der Praxis meist streitig. Deshalb sollten auch hier eindeutige Regeln in den Gesellschaftsvertrag aufgenommen werden (Abfindung nach Buchwerten, Ertragswerten, Verkehrswerten).

5 Sozietät

Die Sozietät ist eine GbR für Freie Berufe. Deshalb gelten auch hier die Vorschriften des Bürgerlichen Gesetzbuches, wie oben beschrieben.

6   Partnerschaftsgesellschaft

Mit dem Partnerschaftsgesetz (PartGG) wollte der Gesetzgeber Angehörigen Freier Berufe eine besondere, auf ihre konkreten Bedürfnisse hin zugeschnittene Gesellschaftsform zur Verfügung stellen. Die Partnerschaftsgesellschaft soll den Freien Berufen eine Form des Zusammenschlusses anbieten, die dem traditionellen Berufsbild des Freien Berufs entspricht, gleichzeitig aber flexibel zu handhaben ist.

Voraussetzungen für eine Partnerschaftsgesellschaft

Die Partnerschaft ist eine Gesellschaft, in der sich Angehörige Freier Berufe zur Ausübung ihrer Berufe zusammenschließen. Sie übt kein Handelsgewerbe aus. Angehörige einer Partnerschaft können nur natürliche Personen sein.

Alle Freien Berufe (siehe unter „Selbstständige Freiberufler") können sich als Partnerschaftsgesellschaft organisieren. Auf die Partnerschaft finden, soweit in diesem Gesetz nichts anderes bestimmt ist, die Vorschriften des Bürgerlichen Gesetzbuchs über die Gesellschaft Anwendung.

> **Achtung:**
>
> Die Berufsausübung in der Partnerschaft kann in Vorschriften über einzelne Berufe ausgeschlossen oder von weiteren Voraussetzungen abhängig gemacht werden. Hier spielt insbesondere das Berufsrecht der einzelnen Berufe eine entscheidende Rolle.

Name der Partnerschaft

Der Name der Partnerschaft muss den Namen mindestens eines Partners, den Zusatz „und Partner" oder „Partnerschaft" sowie die Berufsbezeichnungen aller in der Partnerschaft vertretenen Berufe enthalten. Die Beifügung von Vornamen ist nicht erforderlich. Die Namen anderer Personen als der Partner dürfen nicht in den Namen der Partnerschaft aufgenommen werden.

Partnerschaftsvertrag

Der Partnerschaftsvertrag bedarf – anders als der GbR-Vertrag – der Schriftform. Es muss enthalten

den Namen und den Sitz der Partnerschaft,

den Namen und den Vornamen sowie den in der Partnerschaft ausgeübten Beruf und den Wohnort jedes Partners,

den Gegenstand der Partnerschaft.

Anmeldung der Partnerschaft

Die Partnerschaftsgesellschaft wird in das Partnerschaftsregister eingetragen. Die Anmeldung hat die unter „Partnerschaftsvertrag" vorgeschriebenen Angaben enthalten, ferner

das Geburtsdatum jedes Partners und

die Vertretungsmacht der Partner.

In der Anmeldung ist die Zugehörigkeit jedes Partners zu dem Freien Beruf, den er in der Partnerschaft ausübt, anzugeben.

Rechtsverhältnis der Partner untereinander

Die Partner erbringen ihre beruflichen Leistungen unter Beachtung des für sie geltenden Berufsrechts. Einzelne Partner können im Partnerschaftsvertrag nur von der Führung der sonstigen Geschäfte ausgeschlossen werden. Im Übrigen richtet sich das Rechtsverhältnis der Partner untereinander nach dem Partnerschaftsvertrag. Soweit der Partnerschaftsvertrag keine Bestimmungen enthält, sind die Vorschriften des Handelsgesetzbuchs zur OHG anzuwenden.

Wirksamkeit im Verhältnis zu Dritten, Vertretung

Die Partnerschaft wird im Verhältnis zu Dritten mit ihrer Eintragung in das Partnerschaftsregister wirksam. Zur Vertretung der Gesellschaft ist jeder Gesellschafter ermächtigt, wenn er nicht durch den Gesellschaftsvertrag von der Vertretung ausgeschlossen ist. Die Vertretungsmacht erstreckt sich auf alle gerichtlichen und außergerichtlichen Geschäfte und Rechtshandlungen einschließlich der Veräußerung und Belastung von Grundstücken sowie die Erteilung und des Widerrufs einer Prokura. Die Partnerschaft kann als Prozess- oder Verfahrensbevollmächtigte beauftragt werden. Sie handelt durch ihre Partner und Vertreter, in deren Person die für die Erbringung rechtsbesorgender Leistungen gesetzlich vorgeschriebenen Voraussetzungen im Einzelfalle vorliegen müssen, und ist in gleichem Umfang wie diese postulationsfähig.

Angabe auf Geschäftsbriefen

Auf allen Geschäftsbriefen der Gesellschaft, die an einen bestimmten Empfänger gerichtet werden, müssen folgende Angaben angegeben werden:

die Rechtsform,

der Sitz der Gesellschaft,

das Registergericht und die Nummer, unter der die Gesellschaft in das Handelsregister eingetragen ist.

Haftung für Verbindlichkeiten der Partnerschaft

Für Verbindlichkeiten der Partnerschaft haften den Gläubigern neben dem Vermögen der Partnerschaft die Partner als Gesamtschuldner. Durch Gesetz kann für einzelne Berufe eine Beschränkung der Haftung für Ansprüche aus Schäden wegen fehlerhafter Berufsausübung auf einen bestimmten Höchstbetrag zugelassen werden, wenn zugleich eine Pflicht zum Abschluss einer Berufshaftpflichtversicherung der Partner oder der Partnerschaft begründet wird.

Praxishinweis:

Waren nur einzelne Partner mit der Bearbeitung eines Auftrags befasst, so haften nur sie für berufliche Fehler neben der Partnerschaft. Ausgenommen hiervon sind Bearbeitungsbeiträge von untergeordneter Bedeutung.

Ausscheiden eines Partners; Auflösung der Partnerschaft

Die Partnerschaftsgesellschaft wird aufgelöst durch:

- den Ablauf der Zeit, für welche sie eingegangen ist,
- Beschluss der Gesellschafter,
- die Eröffnung des Insolvenzverfahrens über das Vermögen der Gesellschaft,
- gerichtliche Entscheidung.

Folgende Gründe führen mangels abweichender vertraglicher Bestimmung zum Ausscheiden eines Gesellschafters:

- Tod des Gesellschafters,
- Eröffnung des Insolvenzverfahrens über das Vermögen des Gesellschafters,
- Kündigung des Gesellschafters,
- Kündigung durch den Privatgläubiger des Gesellschafters,
- Eintritt von weiteren im Gesellschaftsvertrag vorgesehenen Fällen,
- Beschluss der Gesellschafter.

Verliert ein Partner eine erforderliche Zulassung zu dem Freien Beruf, den er in der Partnerschaft ausübt, so scheidet er mit deren Verlust aus der Partnerschaft aus.

Die Beteiligung an einer Partnerschaft ist nicht vererblich. Der Partnerschaftsvertrag kann jedoch bestimmen, dass sie an Dritte vererblich ist, die Partner im Sinne des Partnerschaftsgesetzes sind.

7   Offene Handelsgesellschaft – OHG

Die offene Handelsgesellschaft ist die typische Gesellschaftsform für mehrere Gesellschafter, die neben dem Betriebsvermögen auch jeweils mit ihrem Privatvermögen haften.

Definition

Eine Gesellschaft, deren Zweck auf den Betrieb eines Handelsgewerbes unter gemeinschaftlicher Firma gerichtet ist, ist eine offene Handelsgesellschaft, wenn bei keinem der Gesellschafter die Haftung gegenüber den Gesellschaftsgläubigern beschränkt ist.

Eine Gesellschaft, deren Gewerbebetrieb nicht schon nach § 1 Abs. 2 HGB Handelsgewerbe ist oder die nur eigenes Vermögen verwaltet, ist offene Handelsgesellschaft, wenn die Firma des Unternehmens in das Handelsregister eingetragen ist (Beispiel: eine gewerbliche GbR lässt sich in das Handelsregister eintragen; durch die Eintragung wird sie zu einer OHG).

Gesetzliche Vorschriften

Soweit das Handelsgesetzbuch nichts anderes bestimmt, sind die Vorschriften des Bürgerlichen Gesetzbuchs über die Gesellschaft auf die OHG anzuwenden. Deshalb werden hier nur die Abweichungen zur GbR erwähnt.

Anmeldung zum Handelsregister

Die Gesellschaft ist bei dem Gericht, in dessen Bezirke sie ihren Sitz hat, zur Eintragung in das Handelsregister anzumelden.

Die Anmeldung hat zu enthalten:

den Namen, Vornamen, Geburtsdatum und Wohnort jedes Gesellschafters,

die Firma der Gesellschaft und den Ort, wo sie ihren Sitz hat,

die Vertretungsmacht der Gesellschafter.

Wird die Firma einer Gesellschaft geändert oder der Sitz der Gesellschaft an einen anderen Ort verlegt, tritt ein neuer Gesellschafter in die Gesellschaft ein oder ändert sich die Vertretungsmacht eines Gesellschafters, so ist dies ebenfalls zur Eintragung in das Handelsregister anzumelden. Die Anmeldungen sind von sämtlichen Gesellschaftern zu bewirken. Die Gesellschafter, welche die Gesellschaft vertreten sollen, haben ihre Namensunterschrift unter Angabe der Firma zur Aufbewahrung bei dem Gericht zu zeichnen.

Gesellschaftsvertrag

Grundsätzlich richten sich die Rechtsverhältnisse zunächst nach dem Gesellschaftsvertrag. Nur wenn der Gesellschaftsvertrag keine Aussagen zu bestimmten Fragen enthält, sind die Vorschriften des HGB anzuwenden. Im Folgenden einige wichtige Fragen, die das HGB regelt, die aber als so genanntes „dispositives Recht" im Gesellschaftsvertrag anders geregelt sein können.

Wettbewerbsverbot

Ein Gesellschafter darf ohne Einwilligung der anderen Gesellschafter weder in dem Handelszweige der Gesellschaft Geschäfte machen noch an einer anderen gleichartigen Handelsgesellschaft als persönlich haftender Gesellschafter teilnehmen. Die Einwilligung zur Teilnahme an einer anderen Gesellschaft gilt als erteilt, wenn den übrigen Gesellschaftern bei Eingehung der Gesellschaft bekannt ist, dass der Gesellschafter an einer anderen Gesellschaft als persönlich haftender Gesellschafter teilnimmt, und gleichwohl die Aufgabe dieser Beteiligung nicht ausdrücklich bedungen wird.

Geschäftsführung

Zur Führung der Geschäfte der Gesellschaft sind alle Gesellschafter berechtigt und verpflichtet. Ist im Gesellschaftsvertrag die Geschäftsführung einem Gesellschafter oder mehreren Gesellschaftern übertragen, so sind die übrigen Gesellschafter von der Geschäftsführung ausgeschlossen. Steht die Geschäftsführung allen oder mehreren Gesellschaftern zu, so ist jeder von ihnen allein zu handeln berechtigt. Widerspricht jedoch ein anderer geschäftsführender Gesellschafter der Vornahme einer Handlung, so muss diese unterbleiben. Ist im Gesellschaftsvertrage bestimmt, dass die Gesellschafter, denen die Geschäftsführung zusteht, nur zusammen handeln können, so bedarf es für jedes Geschäft der Zustimmung aller geschäftsführenden Gesellschafter, es sei denn, dass Gefahr im Verzug ist.

Die Befugnis zur Geschäftsführung erstreckt sich auf alle Handlungen, die der gewöhnliche Betrieb des Handelsgewerbes der Gesellschaft mit sich bringt. Zur Vornahme von Handlungen, die darüber hinausgehen, ist ein Beschluss sämtlicher Gesellschafter erforderlich. Zur Bestellung eines Prokuristen bedarf es der Zustimmung aller geschäftsführenden Gesellschafter, es sei denn, dass Gefahr im Verzug ist. Der Widerruf der Prokura kann von jedem der zur Erteilung oder zur Mitwirkung bei der Erteilung befugten Gesellschafter erfolgen.

Die Befugnis zur Geschäftsführung kann einem Gesellschafter auf Antrag der übrigen Gesellschafter durch gerichtliche Entscheidung entzogen werden, wenn ein wichtiger Grund vorliegt; ein solcher Grund ist insbesondere grobe Pflichtverletzung oder Unfähigkeit zur ordnungsmäßigen Geschäftsführung.

Kontrollrecht des Gesellschafters

Ein Gesellschafter kann, auch wenn er von der Geschäftsführung ausgeschlossen ist, sich von den Angelegenheiten der Gesellschaft persönlich unterrichten, die Handelsbücher und die Papiere der Gesellschaft einsehen und sich aus ihnen eine Bilanz und einen Jahresabschluss anfertigen.

Beschlussfassung

Für die von den Gesellschaftern zu fassenden Beschlüsse bedarf es der Zustimmung aller zur Mitwirkung bei der Beschlussfassung berufenen Gesellschafter. Hat nach dem Gesellschaftsvertrage die Mehrheit der Stimmen zu entscheiden, so ist die Mehrheit im Zweifel nach der Zahl der Gesellschafter zu berechnen.

Gewinn und Verlust

Am Schluss jedes Geschäftsjahrs wird auf Grund der Bilanz der Gewinn oder der Verlust des Jahres ermittelt und für jeden Gesellschafter sein Anteil daran berechnet. Der einem Gesellschafter zukommende Gewinn wird dem Kapitalanteil des Gesellschafters zugeschrieben; der auf einen Gesellschafter entfallende Verlust sowie das während des Geschäftsjahrs auf den Kapitalanteil entnommene Geld wird davon abgeschrieben. Von dem Jahresgewinn gebührt jedem Gesellschafter zunächst ein Anteil in Höhe von vier Prozent seines Kapitalanteils. Reicht der Jahresgewinn hierzu nicht aus, so bestimmen sich die Anteile nach einem entsprechend niedrigeren Satz. Bei der Berechnung des einem Gesellschafter zukommenden Gewinnanteils werden Leistungen, die der Gesellschafter im Laufe des Geschäftsjahrs als Einlage gemacht hat, nach dem Verhältnis der seit der Leistung abgelaufenen Zeit berücksichtigt. Hat der Gesellschafter im Laufe des Geschäftsjahrs Geld auf seinen Kapitalanteil entnommen, so werden die entnommenen Beträge nach dem Verhältnisse der bis zur Entnahme abgelaufenen Zeit berücksichtigt. Derjenige Teil des Jahresgewinns, welcher die nach den Absätzen 1 und 2 zu berechnenden Gewinnanteile übersteigt, sowie der Verlust eines Geschäftsjahrs wird unter die Gesellschafter nach Köpfen verteilt.

Entnahmen

Jeder Gesellschafter ist berechtigt, aus der Gesellschaftskasse Geld bis zum Betrag von 4 Prozent seines für das letzte Geschäftsjahr festgestellten Kapitalanteils zu seinen Lasten zu erheben und, soweit es nicht zum offenbaren Schaden der Gesellschaft gereicht, auch die Auszahlung seines den bezeichneten Betrag übersteigenden Anteils am Gewinn des letzten Jahres zu verlangen. Im Übrigen ist ein Gesellschafter nicht befugt, ohne Einwilligung der anderen Gesellschafter seinen Kapitalanteil zu vermindern.

Wichtig:

Steuerrechtlich gilt die Entnahme als vorweg gezahlter Gewinnanteil, der den Gewinn als solchen nicht mindern darf. Die Entnahme erfolgt also gewinnneutral (ebenso wie die Einlage nicht gewinnerhöhend gebucht wird).

Vertretung nach außen

Zur Vertretung der Gesellschaft ist jeder Gesellschafter ermächtigt, wenn er nicht durch den Gesellschaftsvertrag von der Vertretung ausgeschlossen ist. Im Gesellschaftsvertrag kann bestimmt werden, dass alle oder mehrere Gesellschafter nur in Gemeinschaft zur Vertretung der Gesellschaft ermächtigt sein sollen (Gesamtvertretung). Die zur Gesamtvertretung berechtigten Gesellschafter können einzelne von ihnen zur Vornahme bestimmter Geschäfte oder bestimmter Arten von Geschäften ermächtigen. Ist der Gesellschaft gegenüber eine Willenserklärung abzugeben, so genügt die Abgabe gegenüber einem der zur Mitwirkung bei der Vertretung befugten Gesellschafter. Im Gesellschaftsvertrag kann bestimmt werden, dass die Gesellschafter, wenn nicht mehrere zusammen handeln, nur in Gemeinschaft mit einem Prokuristen zur Vertretung der Gesellschaft ermächtigt sein sollen.

Die Vertretungsmacht der Gesellschafter erstreckt sich auf alle gerichtlichen und außergerichtlichen Geschäfte und Rechtshandlungen einschließlich der Veräußerung und Belastung von Grundstücken sowie der Erteilung und des Widerrufs einer Prokura. Eine Beschränkung des Umfanges der Vertretungsmacht ist Dritten gegenüber unwirksam; dies gilt insbesondere von der Beschränkung, dass sich die Vertretung nur auf gewisse Geschäfte oder Arten von Geschäften erstrecken oder dass sie nur unter gewissen Umständen oder für eine gewisse Zeit oder an einzelnen Orten stattfinden soll.

Angaben in Geschäftsbriefen

Auf allen Geschäftsbriefen der Gesellschaft, die an einen bestimmten Empfänger gerichtet werden, müssen die Rechtsform und der Sitz der Gesellschaft, das Registergericht und die Nummer, unter der die Gesellschaft in das Handelsregister eingetragen ist, angegeben werden. Bei einer Gesellschaft, bei der kein Gesellschafter eine natürliche Person ist, sind auf den Geschäftsbriefen der Gesellschaft ferner die Firmen der Gesellschafter anzugeben sowie für die Gesellschafter die nach § 35a GmbHG oder § 80 AktG für Geschäftsbriefe vorgeschriebenen Angaben zu machen.

Persönliche Haftung der Gesellschafter

Die Gesellschafter haften für die Verbindlichkeiten der Gesellschaft den Gläubigern als Gesamtschuldner persönlich mit ihrem gesamten Privatvermögen. Eine entgegenstehende Vereinbarung ist Gläubigern gegenüber unwirksam, das heißt, ein Gläubiger kann sich mit seinen gesamten Forderungen an alle Gesellschafter wenden. Wohl aber können entsprechende Verabredungen Ansprüche innerhalb der Gesellschaft auslösen.

8   Kommanditgesellschaft – KG

Soll die Haftung eines oder mehrerer Gesellschafter z. B. innerhalb einer OHG nach außen gegenüber Gläubigern beschränkt werden, so bietet sich die Kommanditgesellschaft an.

Definition

Eine Gesellschaft, deren Zweck auf den Betrieb eines Handelsgewerbes unter gemeinschaftlicher Firma gerichtet ist, ist eine Kommanditgesellschaft, wenn bei einem oder bei einigen von den Gesellschaftern die Haftung gegenüber den Gesellschaftsgläubigern auf den Betrag einer bestimmten Vermögenseinlage beschränkt ist

(*Kommanditisten*), während bei dem anderen Teile der Gesellschafter eine Beschränkung der Haftung nicht stattfindet (persönlich haftende Gesellschafter – *Komplementär*).

Gesetzliche Vorschriften

Soweit das HGB nichts anderes vorschreibt, finden auf die Kommanditgesellschaft die für die offene Handelsgesellschaft geltenden Vorschriften Anwendung. Deshalb werden hier nur die Abweichungen zur GbR erwähnt.

Anmeldung zum Handelsregister

Die Anmeldung der Gesellschaft hat außer den für die OHG vorgesehenen Angaben

die Bezeichnung der Kommanditisten und

den Betrag der Einlage eines jeden von ihnen zu enthalten.

Ist eine Gesellschaft bürgerlichen Rechts Kommanditist, so sind auch deren Gesellschafter in der Zusammensetzung der Gesellschafter zur Eintragung anzumelden. Bei der Bekanntmachung der Eintragung der Gesellschaft sind keine Angaben zu den Kommanditisten zu machen

Geschäftsführung

Die Kommanditisten sind von der Führung der Geschäfte der Gesellschaft ausgeschlossen; sie können einer Handlung der persönlich haftenden Gesellschafter nicht widersprechen, es sei denn, dass die Handlung über den gewöhnlichen Betrieb des Handelsgewerbes der Gesellschaft hinausgeht (z. B. Veräußerung betriebsnotwendiger Grundstücke, Einstellung des Geschäftsbetriebs).

Wettbewerbsverbot: Hier gilt das zur Offenen Handelsgesellschaft Gesagte. Diese Vorschriften finden allerdings auf den Kommanditisten keine Anwendung, er ist also in seinen gewerblichen Aktivitäten frei, es sei denn, der Gesellschaftsvertrag sieht etwas anderes vor.

Kontrollrechte

Der Kommanditist ist berechtigt, den Jahresabschluss einzusehen und dessen Richtigkeit unter Einsicht der Bücher und Papiere zu prüfen. Weitergehende Rechte – wie etwa den Gesellschaftern einer OHG – stehen dem Kommanditisten nicht zu. Auf Antrag eines Kommanditisten kann das Registergericht bei Vorliegen wichtiger Gründe die Mitteilung einer Bilanz und eines Jahresabschlusses oder sonstiger Aufklärungen sowie die Vorlegung der Bücher und Papiere jederzeit anordnen.

Gewinn und Verlust

An dem Verlust nimmt der Kommanditist nur bis zum Betrag seines Kapitalanteils und seiner noch rückständigen Einlage teil. Die Anteile der Gesellschafter am Gewinn bestimmen sich, soweit der Gewinn den Betrag von 4 Prozent der Kapitalanteile nicht übersteigt, nach den Vorschriften zur OHG.

Gewinnauszahlung

Der Kommanditist hat – anders als der OHG-Gesellschafter – kein Recht auf die Vornahme von Entnahmen. Er hat nur Anspruch auf Auszahlung des ihm zukommenden Gewinns; er kann auch die Auszahlung des Gewinns nicht fordern, solange sein Kapitalanteil durch Verlust unter den auf die gezeichnete Einlage geleisteten Betrag herabgemindert ist oder durch die Auszahlung unter diesen Betrag herabgemindert werden würde.

> **Wichtig:**
>
> Der Kommanditist ist nicht verpflichtet, den bezogenen Gewinn wegen späterer Verluste zurückzuzahlen.

Vertretung nach außen

Der Kommanditist ist zur Vertretung der Gesellschaft nicht ermächtigt.

Haftung des Kommanditisten

Der Kommanditist haftet den Gläubigern der Gesellschaft bis zur Höhe seiner Einlage unmittelbar. Die Haftung ist *ausgeschlossen*, soweit die Einlage geleistet ist. Ist über das Vermögen der Gesellschaft das Insolvenzverfahren eröffnet, so wird während der Dauer des Verfahrens das den Gesellschaftsgläubigern zustehende Recht durch den Insolvenzverwalter oder den Sachwalter ausgeübt.

Für die Gläubiger ist der Kommanditbetrag maßgebend, der im Handelsregister eingetragen ist. Auf eine nicht eingetragene Erhöhung der aus dem Handelsregister ersichtlichen Einlage können sich die Gläubiger nur berufen, wenn die Erhöhung in handelsüblicher Weise kundgemacht oder ihnen in anderer Weise von der Gesellschaft mitgeteilt worden ist. Eine Vereinbarung der Gesellschafter, durch die einem Kommanditisten die Einlage erlassen oder gestundet wird, ist den Gläubigern gegenüber unwirksam. Soweit die Einlage eines Kommanditisten zurückbezahlt wird, gilt sie den Gläubigern gegenüber als nicht geleistet – das heißt, sie können den Kommanditisten insoweit in Haftung nehmen. Das Gleiche gilt, soweit ein Kommanditist Gewinnanteile entnimmt, während sein Kapitalanteil durch Verlust unter den Betrag der geleisteten Einlage herabgemindert ist, oder soweit durch die Entnahme der Kapitalanteil unter den bezeichneten Betrag herabgemindert wird.

Was ein Kommanditist auf Grund einer in gutem Glauben errichteten Bilanz in gutem Glauben als Gewinn bezieht, ist er in keinem Fall zurückzuzahlen verpflichtet.

Haftung vor Eintragung

Hat die Gesellschaft ihre Geschäfte begonnen, bevor sie in das Handelsregister des Gerichts, in dessen Bezirk sie ihren Sitz hat, eingetragen ist, so haftet jeder Kommanditist, der dem Geschäftsbeginn zugestimmt hat, für die bis zur Eintragung begründeten Verbindlichkeiten der Gesellschaft gleich einem persönlich haftenden Gesellschafter, es sei denn, dass seine Beteiligung als Kommanditist dem Gläubiger bekannt war. Tritt ein Kommanditist in eine bestehende Handelsgesellschaft ein, so findet die Vorschrift für die in der Zeit zwischen seinem Eintritt und dessen Eintragung in das Handelsregister begründeten Verbindlichkeiten der Gesellschaft entsprechende Anwendung.

Tod des Kommanditisten

Stirbt der Kommanditist, wird die Gesellschaft mit den Erben fortgesetzt, es sei denn, der Gesellschaftsvertrag sieht etwas anderes vor. Hier empfiehlt es sich wieder dringend, rechtliche Regelungen vorzusehen.

9 Gesellschaft mit beschränkter Haftung – GmbH

Definition

Soll aus der Haftung für gewerbliche Arbeit das Privatvermögen des Gesellschafters ganz heraus gehalten werden, so empfiehlt sich die Gesellschaft mit beschränkter Haftung – GmbH. Hierbei haftet der Gesellschafter überhaupt nicht. Er ist lediglich verpflichtet, seine Einlage zu erbringen. Diese geht als Stammeinlage in das Haftungskapital der GmbH ein. Die GmbH haftet mit ihrem Gesellschaftsvermögen unbeschränkt.

Gesetzliche Grundlagen

Die GmbH ist als Kapitalgesellschaft ein eigenständiges Rechtssubjekt mit eigenen Rechten und Pflichten. Geregelt ist diese Gesellschaftsform im GmbH-Gesetz.

Gesellschaftsvertrag

Der Gesellschaftsvertrag bedarf notarieller Form. Er ist von sämtlichen Gesellschaftern zu unterzeichnen. Er muss folgende Angaben enthalten:

die Firma und den Sitz der Gesellschaft,

den Gegenstand des Unternehmens,

den Betrag des Stammkapitals,

den Betrag der von jedem Gesellschafter auf das Stammkapital zu leistenden Einlage (Stammeinlage).

Soll das Unternehmen auf eine gewisse Zeit beschränkt sein oder sollen den Gesellschaftern außer der Leistung von Kapitaleinlagen noch andere Verpflichtungen gegenüber der Gesellschaft auferlegt werden, so bedürfen auch diese Bestimmungen der Aufnahme in den Gesellschaftsvertrag.

Firmenzusatz

Die Firma der Gesellschaft – also der eingetragene Name der Gesellschaft – muss die Bezeichnung „Gesellschaft mit beschränkter Haftung" oder „GmbH" enthalten.

Firmensitz

Sitz der Gesellschaft ist der Ort, den der Gesellschaftsvertrag bestimmt. Als Sitz der Gesellschaft hat der Gesellschaftsvertrag in der Regel den Ort, an dem die Gesellschaft einen Betrieb hat, oder den Ort zu bestimmen, an dem sich die Geschäftsleitung befindet oder die Verwaltung geführt wird.

Stammkapital

Das Stammkapital der Gesellschaft muss mindestens 25 000 € betragen. Die Stammeinlage jedes Gesellschafters muss mindestens 100 € betragen. Die Übernahme mehrerer Stammeinlagen durch einen Gesellschafter ist bei der Gründung nicht gestattet. Der Gesetzentwurf zur Herabsetzung des Stammkapitals auf 10 000 € ist derzeit noch nicht verabschiedet.

Sachgründung

Sollen Sacheinlagen geleistet werden, so müssen der Gegenstand der Sacheinlage und der Betrag der Stammeinlage, auf die sich die Sacheinlage bezieht, im Gesellschaftsvertrag festgesetzt werden. Die Gesellschafter haben in einem Sachgründungsbericht die für die Angemessenheit der Leistungen für Sacheinlagen wesentlichen Umstände darzulegen und beim Übergang eines Unternehmens auf die Gesellschaft die Jahresergebnisse der beiden letzten Geschäftsjahre anzugeben.

Geschäftsführung

Die Gesellschaft muss einen oder mehrere Geschäftsführer haben. Geschäftsführer kann nur eine natürliche, unbeschränkt geschäftsfähige Person sein. Zu Geschäftsführern können Gesellschafter (als so genannter Gesellschafter-Geschäftsführer) oder andere Personen bestellt werden. Die Bestellung erfolgt entweder im Gesellschaftsvertrag oder in einem eigenen Geschäftsführervertrag.

Handelsregistereintragung

Die Gesellschaft ist bei dem Gericht, in dessen Bezirk sie ihren Sitz hat, durch einen Notar zur Eintragung in das Handelsregister anzumelden. Die Anmeldung darf erst erfolgen, wenn auf jede Stammeinlage, soweit nicht Sacheinlagen vereinbart sind, ein *Viertel* eingezahlt ist. Insgesamt muss auf das Stammkapital mindestens soviel eingezahlt sein, dass der Gesamtbetrag der eingezahlten Geldeinlagen zuzüglich des Gesamtbetrags der Stammeinlagen, für die Sacheinlagen zu leisten sind, die Hälfte des Mindeststammkapitals – also 12 500 € – erreicht. Wird die Gesellschaft nur *durch eine Person* errichtet, so darf die Anmeldung erst erfolgen, wenn mindestens 25 000 € geleistet sind und der Gesellschafter für den übrigen Teil der Geldeinlage eine Sicherung bestellt hat.

Die Sacheinlagen sind vor der Anmeldung der Gesellschaft zur Eintragung in das Handelsregister so an die Gesellschaft zu bewirken, dass sie endgültig zur freien Verfügung der Geschäftsführer stehen.

Anmeldungsunterlagen

Der Anmeldung müssen beigefügt sein:

der Gesellschaftsvertrag, die Vollmachten der Vertreter, welche den Gesellschaftsvertrag unterzeichnet haben, oder eine beglaubigte Abschrift dieser Urkunden,

die Legitimation der Geschäftsführer, sofern dieselben nicht im Gesellschaftsvertrag bestellt sind,

eine von den Anmeldenden unterschriebene Liste der Gesellschafter, aus welcher Name, Vorname, Geburtsdatum und Wohnort der letzteren sowie der Betrag der von einem jeden derselben übernommenen Stammeinlage ersichtlich ist,

bei Sachgründungen der Sachgründungsbericht,

wenn Sacheinlagen vereinbart sind, Unterlagen darüber, dass der Wert der Sacheinlagen den Betrag der dafür übernommenen Stammeinlagen erreicht,

in dem Fall, dass der Gegenstand des Unternehmens der staatlichen Genehmigung bedarf, die Genehmigungsurkunde,

die Unterschriften der Geschäftsführer, die beim Registergericht hinterlegt werden.

In der Anmeldung ist die Versicherung abzugeben, dass

die Leistungen auf die Stammeinlagen bewirkt sind und

der Gegenstand der Leistungen sich endgültig in der freien Verfügung der Geschäftsführer befindet.

Wird die Gesellschaft nur durch eine Person (so genannte Ein-Personengesellschaft) errichtet und die Geldeinlage nicht voll eingezahlt, so ist auch zu versichern, dass die erforderliche Sicherung bestellt ist.

In der Anmeldung haben die Geschäftsführer zu versichern, dass

keine Umstände vorliegen, die ihrer und

sie über ihre unbeschränkte Auskunftspflicht gegenüber dem Gericht belehrt worden sind.

In der Anmeldung ist ferner anzugeben, welche Vertretungsbefugnis die Geschäftsführer haben.

Haftung vor Eintragung

Vor der Eintragung in das Handelsregister des Sitzes der Gesellschaft besteht die Gesellschaft mit beschränkter Haftung als solche nicht. Ist vor der Eintragung im Namen der Gesellschaft gehandelt worden, so haften die Handelnden persönlich und solidarisch.

10   GmbH & Co. KG

Die GmbH & Co. KG ist eine Sonderform der Kommanditgesellschaft. Allerdings fungiert bei dieser Gesellschaftsform als Vollhafter (Komplementär) eine GmbH. Dies hat den Vorteil, dass auch der Komplementär sein Privatvermögen aus der Haftung heraus halten kann. Gesellschaftsrechtlich sind sowohl die Vorschriften zur Kommanditgesellschaft als auch die Vorschriften zur GmbH anzuwenden.

Die GmbH wird meist als reine Beteiligungsgesellschaft errichtet. Sie dient keinem anderen Zweck, als die Vollhaftung der KG zu übernehmen.

11   Aktiengesellschaft – AG

Definition

Neben der Gesellschaft mit beschränkter Haftung ist die Aktiengesellschaft eine weitere Kapitalgesellschaft mit eigener Rechtspersönlichkeit (= juristische Person). Die Gesellschafter heißen Aktionäre und sind in der Regel nicht aktiv tätig. Sie sind vielmehr mit ihren Einlagen auf das in Aktien aufgeteilte Grundkapital beteiligt. Für die Verbindlichkeiten der Gesellschaft haftet nur das Gesellschaftsvermögen. Die Aktionäre haften den Gläubigern der AG gegenüber nicht. Das wirtschaftliche Risiko liegt im Kursverlust der Aktien. Die Leitung der Aktiengesellschaft übernimmt der Vorstand.

Gesetzliche Grundlagen

Die Aktiengesellschaft ist als Kapitalgesellschaft ein eigenständiges Rechtssubjekt mit eigenen Rechten und Pflichten. Geregelt ist diese Gesellschaftsform im Aktiengesetz – AktG.

Formkaufmann

Die Aktiengesellschaft gilt als Handelsgesellschaft, auch wenn der Gegenstand des Unternehmens nicht im Betrieb eines Handelsgewerbes besteht.

Börsennotierung

Börsennotiert im Sinne dieses Gesetzes sind Gesellschaften, deren Aktien zu einem Markt zugelassen sind, der von staatlich anerkannten Stellen geregelt und überwacht wird, regelmäßig stattfindet und für das Publikum mittelbar oder unmittelbar zugänglich ist.

Firma

Die Firma der Aktiengesellschaft muss, auch wenn sie nach § 22 des Handelsgesetzbuchs oder nach anderen gesetzlichen Vorschriften fortgeführt wird, die Bezeichnung „Aktiengesellschaft" oder eine allgemein verständliche Abkürzung dieser Bezeichnung enthalten.

Sitz der Gesellschaft ist der Ort, den die Satzung bestimmt. Die Satzung hat als Sitz in der Regel den Ort, wo die Gesellschaft einen Betrieb hat, oder den Ort zu bestimmen, wo sich die Geschäftsleitung befindet oder die Verwaltung geführt wird.

Grundkapital

Mindestnennkapital: Das Haftungskapital wird „Grundkapital" genannt. Es muss mindestens 50000 € betragen.

Form und Mindestbeträge der Aktien

Die Aktien können entweder als Nennbetragaktien oder als Stückaktien begründet werden. Nennbetragaktien müssen auf mindestens einen € lauten. Aktien über einen geringeren Nennbetrag sind nichtig. Stückaktien lauten auf keinen Nennbetrag. Die Stückaktien einer Gesellschaft sind am Grundkapital in gleichem Umfang beteiligt. Der auf die einzelne Aktie entfallende anteilige Betrag des Grundkapitals darf einen € nicht unterschreiten. Der Anteil am Grundkapital bestimmt sich bei Nennbetragsaktien nach dem Verhältnis ihres Nennbetrags zum Grundkapital, bei Stückaktien nach der Zahl der Aktien. Die Aktien sind unteilbar.

Stimmrecht

Jede Aktie gewährt das Stimmrecht. Mehrheitsstimmrechte sind nicht zulässig. Vorzugsaktien können auch ohne Stimmrecht ausgegeben werden.

Satzung

Die Satzung muss durch notarielle Beurkundung festgestellt werden. In der Satzung sind anzugeben

die Gründer,

bei Nennbetragsaktien der Nennbetrag, bei Stückaktien die Zahl, der Ausgabebetrag und, wenn mehrere Gattungen bestehen, die Gattung der Aktien, die jeder Gründer übernimmt,

der eingezahlte Betrag des Grundkapitals.

Die Satzung muss bestimmen

die Firma und den Sitz der Gesellschaft,

den Gegenstand des Unternehmens; namentlich ist bei Industrie- und Handelsunternehmen die Art der Erzeugnisse und Waren, die hergestellt und gehandelt werden sollen, näher anzugeben, die Höhe des Grundkapitals,

die Zerlegung des Grundkapitals entweder in Nennbetragsaktien oder in Stückaktien, bei Nennbetragsaktien deren Nennbeträge und die Zahl der Aktien jeden Nennbetrags, bei Stückaktien deren Zahl, außerdem, wenn mehrere Gattungen bestehen, die Gattung der Aktien und die Zahl der Aktien jeder Gattung,

ob die Aktien auf den Inhaber oder auf den Namen ausgestellt werden,

die Zahl der Mitglieder des Vorstands oder die Regeln, nach denen diese Zahl festgelegt wird.

Die Satzung muss ferner Bestimmungen über die Form der Bekanntmachungen der Gesellschaft enthalten.

Bestellung des Aufsichtsrats, der Vorstands und der Abschlussprüfer

Die Gründer haben den ersten Aufsichtsrat der Gesellschaft und den Abschlussprüfer für das erste Voll- oder Rumpfgeschäftsjahr zu bestellen. Die Bestellung bedarf notarieller Beurkundung. Die Mitglieder des ersten Aufsichtsrats können nicht für längere Zeit als bis zur Beendigung der Hauptversammlung bestellt werden, die über die Entlastung für das erste Voll- oder Rumpfgeschäftsjahr beschließt. Der Aufsichtsrat bestellt den ersten Vorstand.

Gründungsbericht

Die Gründer haben einen schriftlichen Bericht über den Hergang der Gründung zu erstatten. Im Gründungsbericht sind die wesentlichen Umstände darzulegen, von denen die Angemessenheit der Leistungen für Sacheinlagen oder Sachübernahmen abhängt. Dabei sind anzugeben

die vorausgegangenen Rechtsgeschäfte, die auf den Erwerb durch die Gesellschaft hingezielt haben,

die Anschaffungs- und Herstellungskosten aus den letzten beiden Jahren,

beim Übergang eines Unternehmens auf die Gesellschaft die Betriebserträge aus den letzten beiden Geschäftsjahren.

Im Gründungsbericht ist ferner anzugeben, ob und in welchem Umfang bei der Gründung für Rechnung eines Mitglieds des Vorstands oder des Aufsichtsrats Aktien übernommen worden sind und ob und in welcher Weise ein Mitglied des Vorstands oder des Aufsichtsrats sich einen besonderen Vorteil oder für die Gründung oder ihre Vorbereitung eine Entschädigung oder Belohnung ausbedungen hat.

Gründungsprüfung

Die Mitglieder des Vorstands und des Aufsichtsrats haben den Hergang der Gründung zu prüfen. Außerdem hat eine Prüfung durch einen oder mehrere Prüfer (Gründungsprüfer) stattzufinden, wenn ein Mitglied des Vorstands oder des Aufsichtsrats zu den Gründern gehört,

bei der Gründung für Rechnung eines Mitglieds des Vorstands oder des Aufsichtsrats Aktien übernommen worden sind,

ein Mitglied des Vorstands oder des Aufsichtsrats sich einen besonderen Vorteil oder für die Gründung oder ihre Vorbereitung eine Entschädigung oder Belohnung ausbedungen hat,

eine Gründung mit Sacheinlagen oder Sachübernahmen vorliegt.

Anmeldung beim Handelsregister

Die Gesellschaft ist bei dem Gericht von allen Gründern und Mitgliedern des Vorstands und des Aufsichtsrats zur Eintragung in das Handelsregister anzumelden. Die Anmeldung darf erst erfolgen, wenn auf jede Aktie, soweit nicht Sacheinlagen vereinbart sind, der eingeforderte Betrag ordnungsgemäß eingezahlt worden ist und, soweit er nicht bereits zur Bezahlung der bei der Gründung angefallenen Steuern und Gebühren verwandt wurde, endgültig zur freien Verfügung des Vorstands steht. Wird die Gesellschaft nur durch eine Person errichtet, so hat der Gründer zusätzlich für den Teil der Geldeinlage, der den eingeforderten Betrag übersteigt, eine Sicherung zu bestellen.

Es ist nachzuweisen, dass der eingezahlte Betrag endgültig zur freien Verfügung des Vorstands steht. In der Anmeldung ist ferner anzugeben, welche Vertretungsbefugnis die Vorstandsmitglieder haben. Der Anmeldung sind beizufügen

die Satzung und die Urkunden, in denen die Satzung festgestellt worden ist und die Aktien von den Gründern übernommen worden sind,

im Fall der Sachgründung die Verträge, die den Festsetzungen zugrunde liegen oder zu ihrer Ausführung geschlossen worden sind, und eine Berechnung des der Gesellschaft zur Last fallenden Gründungsaufwands; in der Berechnung sind die Vergütungen nach Art und Höhe und die Empfänger einzeln anzuführen,

die Urkunden über die Bestellung des Vorstands und des Aufsichtsrats,

der Gründungsbericht und die Prüfungsberichte der Mitglieder des Vorstands und des Aufsichtsrats sowie der Gründungsprüfer nebst ihren urkundlichen Unterlagen,

wenn der Gegenstand des Unternehmens oder eine andere Satzungsbestimmung der staatlichen Genehmigung bedarf, die Genehmigungsurkunde.

Die Vorstandsmitglieder haben ihre Namensunterschrift zur Aufbewahrung beim Gericht zu zeichnen.

12   Europäische Aktiengesellschaft

Rechtsgrundlage

Seit dem 08.10.2004 steht mit der Rechtsform der Europäischen Aktiengesellschaft
(SE) im Gemeinschaftsgebiet eine neue supranationale Gesellschaftsform zur Verfügung, die in allen EU-Mitgliedsstaaten in Kraft treten wird. Dies wurde durch die
EG-Verordnung Nr. 2157/2001 des Rates vom 08.10.2001 über das Statut der Europäischen Gesellschaft (SE) möglich gemacht.

Die einzelnen Mitgliedsstaaten waren zur weiteren Ausführung dieser Verordnung
aufgefordert, ein nationales Ausführungsgesetz zu erlassen. Die Bundesrepublik
Deutschland ist dem durch das Gesetz zur Ausführung der Verordnung Nr. 2157/2001
des Rates vom 08.10.2001 über das Statut der Europäischen Gesellschaft – SE-Aus-
führungsgesetz – SEAG – nachgekommen.

Statut der Europäischen Aktiengesellschaft

Die Europäische Aktiengesellschaft (*Societas Europaea* – „SE") tritt als Rechtsform *sui
generis* neben die bereits existierenden Gesellschaftsformen. Von diesen unterscheidet
sie sich durch ihren mit den Gründungsvorschriften sichergestellten transnationalen
Bezug. Sie unterliegt den Regelungen der Verordnung, den verordnungskonformen
Satzungsbestimmungen und – subsidiär – den Rechtsvorschriften des jeweiligen Sitzstaats über die SE und die Aktiengesellschaft (AG).

Die SE steht allen Aktiengesellschaften und GmbHs offen, die gemeinschaftsweit
vertreten sind, d. h. die ihren Sitz in verschiedenen Mitgliedstaaten oder die Tochtergesellschaften oder Niederlassungen in einem anderen Mitgliedstaat als dem ihres
Sitzes haben. Gleiches gilt für die Gründung einer Europäischen Aktiengesellschaft
in Form einer gemeinsamen Tochtergesellschaft durch Körperschaften des öffentlichen oder privaten Rechts.

Die SE ist eine juristische Person mit einem in Aktien eingeteilten Kapital von mindestens 120000 €. Höhere Kapitalanforderungen des jeweiligen Sitzrechts für Gesellschaften mit bestimmtem Unternehmensgegenstand gelten auch für die SE. Für Kapitalaufbringung, Kapitalerhaltung, Kapitalmaßnahmen und die Ausgabe von
Wertpapieren findet das Aktienrecht des jeweiligen Sitzstaats Anwendung.

Die Abkürzung „SE" muss Firmenbestandteil sein. Die SE wird in ein Register des
Sitzstaats, in Deutschland das Handelsregister, eingetragen. Der Sitz der SE muss in
dem Mitgliedstaat liegen, in dem sich ihre Hauptverwaltung befindet.

Der in der Satzung bestimmte Sitz der SE muss dem Ort ihrer Hauptverwaltung entsprechen, d. h. ihrem tatsächlichen Sitz. Der Sitz kann unter Beachtung der hierfür
vorgesehenen Verfahren innerhalb der Gemeinschaft verlegt werden.

Anders als nationale Rechtsformen bietet die SE die Möglichkeit der grenzüberschreitenden Sitzverlegung in einen anderen Mitgliedstaat, ohne dass es einer Auflösung und Neugründung bedarf. Das Leitungs- oder Verwaltungsorgan stellt dazu einen Verlegungsplan auf, dessen Inhalt bestimmten Mindestanforderungen genügen muss. Zum Schutz der Gläubiger vor der Verlegung entstandener Forderungen wird diesen mittels einer Fiktion, dass die Verlegung nicht stattgefunden hat, der ursprüngliche Gerichtsstand erhalten.

Gründungsformen

Die Gründung einer SE ist in vier verschiedenen Konstellationen möglich:

1. *Verschmelzung:* Aktiengesellschaften mit Sitz in der Gemeinschaft können durch zur Aufnahme oder Neugründung eine SE gründen, sofern mindestens zwei von ihnen dem Recht verschiedener Mitgliedstaaten unterliegen. Bei der Verschmelzung durch Aufnahme wandelt sich die aufnehmende Gesellschaft in eine SE um.

2. *Holding-SE:* Aktiengesellschaften und Gesellschaften mit beschränkter Haftung mit Sitz in der Gemeinschaft können eine SE gründen, wenn mindestens zwei von ihnen dem Recht verschiedener Mitgliedstaaten unterliegen oder seit mindestens zwei Jahren eine dem Recht eines anderen Mitgliedstaats unterliegende Tochtergesellschaft oder Niederlassung haben. Von jeder an der Gründung beteiligten Gesellschaft müssen Aktien bzw. Geschäftsanteile in die Holding-SE eingebracht werden, mit denen mindestens 50 Prozent der Stimmrechte verbunden sind.

3. *Tochter-SE:* Gesellschaften und sonstige Körperschaften des öffentlichen oder privaten Rechts mit Sitz in der Gemeinschaft können eine als Gemeinschaftsunternehmen gründen, sofern mindestens zwei von ihnen dem Recht verschiedener Mitgliedstaaten unterliegen oder seit mindestens zwei Jahren eine dem Recht eines anderen Mitgliedstaats unterliegende Tochtergesellschaft oder Niederlassung haben.

4. *Umwandlung:* Eine Aktiengesellschaft mit Sitz in der Gemeinschaft kann in eine SE umgewandelt werden, wenn sie seit mindestens zwei Jahren eine dem Recht eines anderen Mitgliedstaats unterliegende Tochtergesellschaft hat. Diese Umwandlung entspricht einem Formwechsel nach dem deutschen Umwandlungsgesetz, bei dem die Identität des Rechtsträgers nicht tangiert wird und eine Vermögensübertragung nicht stattfindet. Mittels einer Prüfung muss bescheinigt werden, dass das Nettovermögen mindestens die Höhe des SE-Kapitals zuzüglich der nicht ausschüttungsfähigen Rücklagen erreicht. Anlässlich der Umwandlung ist eine gleichzeitige Sitzverlegung in einen anderen Mitgliedstaat nicht zulässig.

Verfassung

Die SE hat eine Hauptversammlung der Aktionäre. Für ihre Organisation und ihren Ablauf sowie die Abstimmungsverfahren gilt subsidiär das Aktienrecht des Sitzstaats. Bezüglich Einberufung und Tagesordnungsergänzung sichert die Verordnung Aktionären, deren Kapitalanteil zusammen mindestens 10 Prozent beträgt, Minderheitsrechte. Die ordentliche Hauptversammlung findet in den ersten sechs Monaten nach Abschluss des Geschäftsjahrs statt.

Leitungs- und Aufsichtssysteme einer SE

Hinsichtlich *Leitung und Aufsicht der Geschäfte* besteht ein Wahlrecht zwischen den zwei in der Gemeinschaft existierenden Systemen.

Hier gibt es zwei Möglichkeiten:

das dualistische System mit einer Trennung zwischen Leitungs- und Aufsichtsorgan, die Vorstand bzw. Aufsichtsrat nach deutschem Aktienrecht entsprechen,

das monistische System mit einem einheitlichen Verwaltungsorgan, dem sowohl Leitungs- als auch Aufsichtsfunktionen obliegen, dessen Mitglieder von der Hauptversammlung bestellt werden und das mindestens alle drei Monate zusammentritt.

Nach dem *dualistischen System* führt das Leitungsorgan die Geschäfte der SE. Das oder die Mitglieder des Leitungsorgans sind befugt, die SE gegenüber Dritten zu verpflichten und sie gerichtlich zu vertreten. Sie werden vom Aufsichtsorgan bestellt und abberufen. Die Tätigkeit als Mitglied des Leitungsorgans ist mit der Mitgliedschaft im Aufsichtsorgan derselben Gesellschaft unvereinbar. Fällt jedoch ein Mitglied des Leitungsorgans aus, so kann das Aufsichtsorgan eines seiner Mitglieder zur Wahrnehmung der Aufgaben des Mitglieds des Leitungsorgans bestellen. Während dieser Zeit darf die betreffende Person ihr Amt als Mitglied des Aufsichtsorgans nicht ausüben.

Nach dem *monistischen System* werden die Geschäfte der SE vom Verwaltungsorgan geführt. Das oder die Mitglieder des Verwaltungsorgans sind befugt, die SE gegenüber Dritten zu verpflichten und sie gerichtlich zu vertreten. Nur die Geschäftsführung der Europäischen Aktiengesellschaft kann vom Verwaltungsorgan einem oder mehreren seiner Mitglieder übertragen werden.

Die Mitglieder der Organe der SE werden für eine Amtsperiode von höchstens sechs Jahren bestellt. Ihre Haftung richtet sich nach dem Aktienrecht des Sitzstaats.

Die Aufstellung des Jahresabschlusses unterliegt dem Recht des Sitzstaates. Dasselbe gilt für Auflösung, Liquidation und Insolvenz der SE.

Nach einer Wartefrist von zwei Jahren kann eine SE in eine Aktiengesellschaft ihres Sitzstaates umgewandelt werden.

Registereintragungen

Die Eintragung und der Abschluss der Liquidation einer Europäischen Aktiengesellschaft werden zur Information im Amtsblatt der Europäischen Gemeinschaften veröffentlicht. Jede Europäischen Aktiengesellschaft wird in das vom Mitgliedstaat des Sitzes bezeichnete Register eingetragen.

Alle SE müssen ihren satzungsmäßigen Sitz und ihre Hauptverwaltung (tatsächlicher Sitz) in demselben Mitgliedstaat haben. Keine SE kann eingetragen werden, wenn sie nicht die Bedingungen der Richtlinie erfüllt außer im Fusionsfall, wenn vor der Fusion keine Mitbestimmung vorgesehen war.

Zustimmungspflichtige Vorgänge

Folgende Vorgänge bedürfen der Zustimmung des Aufsichtsorgans oder eines Beschlusses des Verwaltungsorgans:

jedes Investitionsvorhaben, dessen Umfang mehr als den nach Maßgabe des letzten Gedankenstrichs festgesetzten Prozentsatz des gezeichneten Kapitals der SE beträgt;

die Errichtung, der Erwerb, die Veräußerung oder Auflösung von Unternehmen, Betrieben oder Betriebsteilen, wenn der Kaufpreis oder der Veräußerungserlös mehr als den nach Maßgabe des letzten Gedankenstrichs festgesetzten Prozentsatz des gezeichneten Kapitals der SE beträgt;

die Aufnahme oder Gewährung von Krediten, die Ausgabe von Schuldverschreibungen und die Übernahme von Verbindlichkeiten Dritter oder deren Garantie, wenn der Gesamtvorgang den nach Maßgabe des letzten Gedankenstrichs festgesetzten Prozentsatz des gezeichneten Kapitals der SE ersteigt;

der Abschluss von Liefer- und Leistungsverträgen, wenn der darin vorgesehene Gesamtumsatz den nach Maßgabe des letzten Gedankenstrichs festgesetzten Prozentsatz des Umsatzes des letzten Geschäftsjahres übersteigt;

der oben genannte Prozentsatz wird im Statut festgesetzt. Er darf nicht weniger als 5 Prozent und nicht mehr als 25 Prozent betragen.

Jahresabschluss

Die Europäischen Aktiengesellschaft stellt einen Jahresabschluss auf, der aus der Bilanz, der Gewinn- und Verlust-Rechnung, dem Anhang zum Jahresabschluss sowie dem Bericht über den Geschäftsverlauf und die Lage der Gesellschaft besteht. Gegebenenfalls stellt die SE einen konsolidierten Jahresabschluss auf.

Auflösung, Liquidation, Zahlungsunfähigkeit

Für die Auflösung, Liquidation, Zahlungsunfähigkeit und Zahlungseinstellung gilt weitgehend das nationale Recht. Die Verlegung des Sitzes aus der Gemeinschaft führt auf Antrag eines Beteiligten oder einer zuständigen Behörde zur Auflösung der SE.

Beteiligung der Arbeitnehmer

Die Beteiligung der Arbeitnehmer wird durch die Richtlinie geregelt. Vorrangig sollen sich die Leitungs- oder Verwaltungsorgane der beteiligten Gesellschaften und deren Arbeitnehmer, die durch ein so genanntes „besonderes Verhandlungsgremium" vertreten werden, in Verhandlungen auf ein Mitbestimmungsmodell einigen. Die

Vereinbarung unterliegt bestimmten inhaltlichen Mindestanforderungen und muss insbesondere die Zusammensetzung des Vertretungsorgans der Arbeitnehmer, die Befugnisse und das Verfahren zur Unterrichtung und Anhörung des Vertretungsorgans sowie die Mitbestimmung auf der Ebene des Aufsichts- oder Verwaltungsorgans beinhalten.

Scheitert eine solche Einigung, greift eine Auffangregelung, die von jedem Mitgliedstaat auf der Basis von in der Richtlinie festgelegten Mindeststandards eingeführt werden muss. Sie sichert Unterrichtungs- und Anhörungsrechte des Vertretungsorgans für transnationale Sachverhalte und einen Bestandsschutz für die bisherigen Mitbestimmungsstandards der an der Gründung der SE beteiligten Gesellschaften. Die Mitbestimmung richtet sich hierbei stets nach dem höchsten bisherigen Mitbestimmungsgrad.

Kommt keine Einigung zustande, gelten die Standardvorschriften im Anhang der Richtlinie. Diese sehen in jedem Fall auf der Grundlage regelmäßiger Berichte der Unternehmensleitung der SE die Information und Konsultation der Arbeitnehmer in genau bestimmten Bereichen vor. Darüber hinaus gilt Folgendes:

- Bei Gründung einer Holding oder einer gemeinsamen Tochtergesellschaft erhalten die Arbeitnehmer ein Mitspracherecht, wenn die Mehrheit der Arbeitnehmer der beteiligten Gesellschaften zuvor Mitbestimmungsrechte hatten;

- Bei Gründung durch Umwandlung gilt die vor der Umwandlung gültige Regelung über die Mitbestimmung in der SE weiter;

- Bei einer Fusion gilt die Mitbestimmungsregelung wenn 25 Prozent der Arbeitnehmer vor der Fusion Mitbestimmungsrechte hatten (die Mitgliedstaaten brauchen bei den durch Fusion entstandenen Gesellschaften die Mitbestimmungsregeln nicht anzuwenden; eine Eintragung der SE ist unter diesen Umständen allerdings nur möglich, wenn sich Geschäftsleitung und Arbeitnehmer auf ein Mitbestimmungsmodell verständigen oder die Arbeitnehmer zuvor keine Mitbestimmungsrechte hatten).

Steuerliche Hindernisse

Eine einheitliche Besteuerung der SE ist bedauerlicherweise nicht vorgesehen. Es gelten die Vorschriften des einzelnen Staaten sowie die Doppelbesteuerungsabkommen bei staatenübergreifenden Aktivitäten. Dem reibungslosen Weg in die SE mit Sitz im EU-Ausland stehen derzeit noch steuerliche Hürden entgegen. Soll eine deutsche AG in eine SE mit deutschem Hauptsitz umgewandelt werden, so kommt die steuerneutrale formwechselnde Umwandlung in Frage. Stille Reserven werden nicht aufgedeckt, so dass von daher kein Hindernis auftritt. Eine formwechselnde Umwandlung mit gleichzeitiger Sitzverlegung ins EU-Ausland ist nicht vorgesehen.

Will die SE allerdings ihren Sitz beispielsweise nach London verlegen, müssen etwa vorhandene Stille Reserven (Tatsächlicher Wert der SE abzüglich Bilanzwert) aufgedeckt und in Deutschland versteuert werden.

Ist statt der Stillen Reserven ein Verlustvortrag aus früheren Wirtschaftsjahren vorhanden, so kann dieser Verlust bislang nicht in den neuen SE-Staat mitgenommen werden. Die EU arbeitet derzeit an einer Richtlinie zur Übertragung des Verlustvortrags. Eine Einigung ist aber noch nicht in Sicht.

Sollen bestehende Mehrheitsanteile an einer inländischen AG in eine SE mit Sitz im europäischen Ausland eingebracht werden, so ist dies bereits nach bestehendem Recht steuerneutral möglich. Ähnliche Regelungen sind EU-weit für die grenzüberschreitende Verschmelzung vorgesehen.

Steuern bei grenzüberschreitender Unternehmenstätigkeit

Die EU-Kommission hat eine Reihe von Bereichen ermittelt, in denen unternehmenssteuerliche Vorschriften die grenzüberschreitende Wirtschaftstätigkeit im Binnenmarkt hemmen und damit die Wettbewerbsfähigkeit von EU-Unternehmen auf internationaler Ebene untergraben. Im Einzelnen handelt es sich dabei um folgende Problembereiche:

Das Vorhandensein von 15 verschiedenen Regelungen zur Festsetzung der Steuerbemessungsgrundlage im Binnenmarkt verursacht nicht nur zahlreiche Probleme bei der Besteuerung von konzerninternen Vorgängen (Verrechnungspreise), sondern ist auch mit hohen Befolgungskosten und dem Risiko der Doppelbesteuerung verbunden.

Grenzüberschreitende Einkommensströme zwischen verbundenen Unternehmen unterliegen oftmals einer zusätzlichen Besteuerung. Weder die Mutter-/Tochter- noch die Fusionsrichtlinie (90/435/EWG und 90/434/EWG) haben alle Probleme in diesem Bereich beseitigen können.

Ein grenzübergreifender Verlustausgleich ist nach wie vor nur sehr eingeschränkt möglich, so dass Konzerne für in einem Land des Binnenmarktes erzielte Gewinne besteuert werden, ohne dass dabei in einem anderen Land des Binnenmarktes erlittene Verluste angerechnet werden.

Mechanismen zur Vermeidung der Doppelbesteuerung grenzüberschreitender Tätigkeiten, etwa bilaterale Doppelbesteuerungsabkommen und das 1990 vereinbarte Übereinkommen zur Beilegung von Meinungsverschiedenheiten zwischen nationalen Steuerbehörden im Falle von Gewinnberichtigungen zwischen verbundenen Unternehmen (das so genannte „Schiedsübereinkommen" – 90/436/EWG), sind nicht sehr effizient.

Laufende Besteuerung in Deutschland

Die SE wird derzeit nach den Steuergesetzen des Sitzstaates besteuert. In Deutschland unterliegt sie damit der Körperschaftsteuer, Umsatzsteuer und Gewerbesteuer.

13   Andere beliebte Rechtsformen innerhalb der EU-Staaten

Seit der Europäische Gerichtshof eine Diskriminierung von nationalen Rechtsformen in anderen EU-Staaten in mehreren Urteilen untersagt hat – die Nationalstaaten also die innergemeinschaftlichen Rechtsformen auf ihrem Hoheitsgebiet anerkennen müssen – werden auch von mittelständischen deutschen Unternehmen ausländische Unternehmensformen immer beliebter. Gerade boomartig breitet sich die englische Private Limited bei Shares – kurz Ltd. genannt – aus. Im Einzelnen können die Gesellschaftsformen der EU an dieser Stelle nicht vorgestellt werden. In der folgenden Übersicht finden Sie aber zur ersten Information Vor- und Nachteile der Ltd. und der spanischen SLNE.

14   Vor- und Nachteile der einzelnen Gesellschaftsformen

Einzelunternehmen

für Einsteiger gut geeignet (z. B. für Handwerker, Kleingewerbetreibende, Dienstleister),

entsteht automatisch bei Geschäftsführung,

nur ein Betriebsinhaber, keine Konflikte mit Partnern,

kein Mindestkapital,

volle Haftung mit Privatvermögen.

Gesellschaft bürgerlichen Rechts (GbR)

einfacher Zusammenschluss von Partnern/Sozietäten,

für jede Geschäftspartnerschaft geeignet (Kleingewerbe, Freie Berufe, Arbeitsgemeinschaft), großer Freiraum für den Einzelnen möglich,

keine Formalitäten, schriftlicher Vertrag aber sinnvoll,

kein Mindestkapital,

Teilhaber haften mit Gesellschaftsvermögen und Privatvermögen.

Offene Handelsgesellschaft (OHG)

hohes Ansehen, aber Haftungsrisiko,

geeignet für Handelspartner,

nur für Kaufleute, nicht für Kleingewerbe,

kein Mindestkapital,

Gesellschafter haften mit Gesellschaftsvermögen und Privatvermögen,

hohes Ansehen wegen Bereitschaft zu persönlicher Haftung.

Partnerschaftsgesellschaft (PartGG)

eigenverantwortlich trotz Partner,

nur für Freie Berufe, wenn das Berufsrecht dies zulässt,

für Unternehmen, die mit Partnern kooperieren, aber trotzdem eigenverantwortlich bleiben wollen,

Gesellschaft haftet mit Gesellschaftsvermögen, Gesellschafter haften bei fehlerhaftem Handeln mit Privatvermögen.

Kommanditgesellschaft (KG)

leichtes Startkapital, große Unabhängigkeit des Unternehmers,

für Unternehmer, die zusätzlich Startkapital suchen, aber eigenverantwortlich bleiben wollen,

- Komplementär ist der vollhaftende Unternehmer, Kommanditist als Teilhaber haftet mit seiner Einlage,

- Komplementär führt die Geschäfte allein,

- Kommanditist ist finanziell am Unternehmen beteiligt.

Gesellschaft mit beschränkter Haftung (GmbH)

- für Unternehmer, die Haftung beschränken und das Betriebsvermögen vom Privatvermögen trennen wollen,

- steuerliche Vorteile bei höheren Gewinnen,

- Gründungsformalitäten und Buchführung etwas aufwändiger,

- Geschäftsführer entweder ein Gesellschafter oder ein Fremdgeschäftsführer,

- Gesellschaft haftet mit dem gesamten Gesellschaftsvermögen,

- die Haftung der Gesellschafter bei Haftungsansprüchen an die Gesellschaft beschränkt auf ihre Kapitaleinlage (insgesamt mindestens 25 000 €),

- steuergünstige Altersversorgung.

Ein-Personen-GmbH

- gut geeignet für Einzelunternehmer,

- Umwandlung eines Einzelunternehmens in GmbH gut möglich,

- Unternehmer kann aus steuerlichen Gründen Angestellter seines Unternehmens werden,

- Gründungsformalitäten und Buchführung etwas aufwändiger,

- Gesellschaft haftet mit dem gesamten Gesellschaftsvermögen,

- Haftung des Gesellschafters bei Haftungsansprüchen an die Gesellschaft beschränkt auf seine Kapitaleinlage (mindestens 25 000 €),

- bei Krediten werden vom Gesellschafter in der Regel zusätzliche private Sicherheiten gefordert.

GmbH & Co. KG

für Unternehmer, die ihre Haftung beschränken und die Flexibilität einer Personengesellschaft genießen wollen,

KG mit GmbH (anstelle einer natürlichen Person) als persönlich haftende Gesellschafterin (Komplementärin),

Kommanditisten sind die Gesellschafter der GmbH,

Haftung wie bei einer GmbH,

Entscheidungsbefugnis beim Komplementär.

Kleine AG

gute Alternative für Mittelständler,

für Unternehmen, die sich Wege zu zusätzlichem Eigenkapital offen halten wollen,

Unternehmer können weitere Anleger durch die Ausgabe von Belegschaftsaktien für Mitarbeiter oder durch Hereinnahme von Kunden als Gesellschafter beteiligen,

Kleine AG ist ohne Börsennotierung, aber nicht unbedingt mit geringem Umsatz oder geringer Arbeitnehmerzahl,

Unternehmer kann alleiniger Aktionär und Vorstand sein,

Entscheidungsbefugnis durch Aufsichtsrat beschränkt.

Europäische Aktiengesellschaft SE

geplante neue Rechtsform nach EU-Recht,

für alle Kapitalgesellschaften, die entweder EU-weit mit Tochtergesellschaften tätig sind oder es planen,

Wahlrecht zwischen deutscher dualistischer und angelsächsischer monistischer Verfassung,

Mitbestimmungsrechte werden liberaler gehandhabt, es wird mehr auf innerbetriebliche Einigung gesetzt,

- formwechselnde Umwandlung innerhalb von Deutschland steuerneutral,

- bei Sitzverlegung ins EU-Ausland gibt es unter steuerlichen Aspekten derzeit noch Hindernisse wegen etwaiger Übertragung stiller Reserven.

Englische Private Limited Company (Ltd.)

- Kurzer Gründungszeitraum von wenigen Tagen, unkompliziert, wenn gewünscht über Internet; empfohlen wird aber eine deutsche Gründungsorganisation oder ein deutscher Rechtsanwalt, der sich mit der Materie auskennt,

- Gründungskosten gering (meist zwischen 250 und 1 000 € bei Organisationen, die Massengründungen vornehmen, bei deutschen Rechtsanwälten meist doppelt so teuer bei häufig sehr guter und objektiver Beratung); Folgekosten vor der Gründung klären,

- ggf. zusätzliche Kosten durch Errichtung deutscher Zweigniederlassungen mit Eintrag ins Handelsregister,

- bei der Eröffnung eines deutschen Bankkontos kann es nach unserer Praxiserfahrung zu Schwierigkeiten kommen; Ausweg: Eröffnung eines englischen Bankkontos oder bei der deutschen Niederlassung einer englischen Bank,

- Eigenkapital von einem britischen Pfund,

- die Haftung beschränkt sich auf das Gesellschaftsvermögen, der Gesellschafter haftet im Allgemeinen nicht mit dem Privatvermögen,

- Gesellschafterwechsel und -aufnahme leicht, ebenso Kapitalerhöhung,

- mit einer Limited ist ein geschäftlicher Neustart nach einer Insolvenz möglich,

- die Limited unterliegt dem englischen, firmenfreundlichen Gesellschaftsrecht (z. B. wird bei Satzungsänderungen kein Notar benötigt).

- Auflösung einfach,

- es kommt englisches Recht zur Anwendung (Gesellschaftsrecht, aber auch Zivil- und Arbeitsrecht); Gläubiger können in England klagen oder vor deutschen Gerichten die Anwendung englischen Rechts verlangen,

- bei Klagen in England hohe Anwaltskosten,

- Gesellschaften, die in Deutschland tätig sind, unterliegen deutschem Steuerrecht (Buchführung, Jahresabschluss, Steuererklärungen); daher keine besonderen Steuervorteile.

Zypriotische IBC International Business Company

EU-Gesellschaft, mithin EU-Niederlassungsfreiheit, kein Offshore-Status,

kann außerhalb Zyperns als unselbstständige Zweigstelle/Repräsentanz auftreten, keine Besteuerung außerhalb Zyperns, sofern die Gesellschaft keine Betriebsstätte im Ausland auslöst; steuerlich wird geprüft, wo sich der Sitz der Geschäftsleitung befindet; danach richtet sich das Besteuerungsland,

Achtung: In Deutschland ist das Außensteuergesetz zu beachten, dass über Hinzurechnungsvorschriften Steuervorteile in Niedrigsteuerländern zunichte machen kann,

bei Niederlassung (Betriebsstätte) außerhalb Zyperns ist das Recht des Sitzstaates (Zyperns) anzuwenden; Besteuerung richtet sich nach Niederlassungsstaat,

anonyme Gründung möglich; schützt aber letztlich nicht vor Steuerfolgen in Deutschland, da hier Meldepflichten für ausländische Gesellschaftsanteile bestehen; Unterlassen dieser Meldepflichten kann als Steuerhinterziehung ausgelegt werden; Treuhandwirtschaftsgüter werden dem Treugeber zugerechnet (§ 39 AO).

Körperschaftsteuersatz auf Gewinne: 10 Prozent, andere Steuern gibt es nicht,

auf Zypern wird nur die Gesellschaft besteuert, Gewinnausschüttungen bleiben in Zypern steuerfrei; Ausschüttungen an in Deutschland ansässige Gesellschafter müssen hier als Einkünfte aus Kapitalvermögen versteuert werden; der Zugriff des Gesellschafters auf zypriotische Geschäftskonten kann Gewinnverwendung sein und löst die inländische Besteuerung aus; Anrechnung fiktiver Quellensteuer in Deutschland in Höhe von 15 Prozent auf Dividenden und 10 Prozent auf Zinsen (fiktiv deshalb, weil Zypern auf die Erhebung eigener Quellensteuer aus Gründen der Förderung der eigenen wirtschaftlichen Entwicklung verzichtet und in Deutschland – obwohl keine Quellensteuer in Zypern gezahlt wurde – ein im Doppelbesteuerungsabkommen Deutschland – Zypern festgelegter Steuersatz bei der inländischen Besteuerung angerechnet wird),

kurze Gründungszeiten (zwei bis drei Wochen), empfehlenswert sind renommierte Rechtsanwälte (zypriotische Handelsvertretung in Deutschland erteilt Auskünfte),

Stammkapital ca. 1800 €, sofern Büro auf Zypern: ca. 14000 €,

Eröffnung eines Geschäftskontos, inkl. Kreditkarte und Online-Banking einfach,

ausländische Angestellte, die auf Zypern arbeiten, zahlen nur die halbe zyprische Einkommensteuer,

Konten mit frei konvertierbarer Währung können sowohl auf Zypern als auch im Ausland geführt werden.

Empfehlung: Gründen Sie keine Briefkastenfirma, sonst ist der Ärger mit dem deutschen Außensteuerrecht programmiert; mieten Sie Geschäftsräume in Zypern[1] und stellen Sie für die Leitung der Gesellschaft einen Fachmann ein, der von seiner Kompetenz her in der Lage ist, die Firma sowohl kaufmännisch, aber auch branchenspezifisch zu leiten (möglichst keinen Rechtsanwalt, der für eine Vielzahl von Gesellschaften verantwortlich zeichnet, sondern einen versierten Kaufmann mit Branchenkenntnissen),

- keine Durchgriffshaftung für Geschäftsführer, wie sie beispielsweise bei einer deutschen GmbH möglich ist,

- keine Übergangsfristen bei der Einstellung von Mitarbeitern aus den neuen EU-Beitrittsländern, mithin interessant z. B. für Transportdienstleister.

Empfehlung vor Gründung: Zypern gilt in Deutschland als Niedrigsteuerland. Lassen Sie sich deshalb darüber beraten, ob das deutsche Außensteuergesetz bei Ihnen zur Anwendung kommen kann und welche Auswirkungen es auf die Besteuerung im Inland für Sie hat; das schützt Sie vor Überraschungen und finanziellen Nachteilen.

Spanische SLNE – Sociedad Limitada Nueva Impresa

- Seit 2003 als neue Rechtsform für den Mittelstand geschaffen worden,

- schnelles und vereinfachtes Gründungsverfahren,

- steuerlicher Erleichterungen gegenüber anderen Rechtsformen,

- Gründung durch Ausfüllen eines einzigen Dokumentes, Geschäftsaufnahme innerhalb von 48 Stunden möglich, Einreichen des Antrags per Internet (Elektronische Einheitsdokument (Documento Unico Electrónico, DUE),

- zulässig sind max. fünf Gesellschafter. Die Einmanngesellschaft ist möglich, der Gesellschafter darf allerdings keine weitere SLNE gründen,

- das Stammkapital muss zwischen 3012 € und 120202 € liegen und kann nur durch Geldeinlage eingebracht werden; Sachgründung ist also nicht möglich,

- vereinfachtes Buchhaltungssystem, nach dem die gesamten finanziellen Urkunden durch ein einzelnes Buch ersetzt werden, keine Bilanz, lediglich Aufzeichnung des Warenverkehrs,

- Aussetzung von bestimmten Steuerzahlungen (Verkehrs-, Körperschaft-, Stempel-, sowie Einkommensteuer während der ersten zwei Jahre der Tätigkeit); gilt nur für Spanien; errichtet die SLNE in Deutschland eine Niederlassung, unterliegt sie deutschem Steuerrecht.

---

1   Ob die Niederlassungsfreiheit innerhalb der EU dazu führt, dass der deutssche Fiskus auf die engen Betriebsstätten-Vorschriften verzichtet, ist derzeit noch nicht abschließend geklärt.

II Unternehmer als Arbeitgeber

Beschäftigen Sie in Ihrem Gewerbebetrieb oder als Freiberufler Arbeitnehmer, so hat der Gesetzgeber Ihnen die Pflicht zur Berechnung einzubehaltender Lohnsteuer und Sozialabgaben sowie deren Meldung und Abführung an die zuständigen Stellen auferlegt. Diese Leistungen für den Staat haben Sie als Arbeitgeber unentgeltlich zu erbringen – obwohl das Abrechnungsverfahren trotz EDV-Unterstützung kompliziert ist und Sie auf die Hilfe von Fachleuten (entweder Steuerberater oder auch eine Arbeitnehmer) nicht verzichten können. Die folgenden Erläuterungen sollen Sie nicht zum absoluten Lohnabrechnungsfachmann machen. Allerdings ist es unter anderem auch aus haftungsrechtlichen Gründen wichtig, dass Sie als Arbeitgeber die Grundprinzipien des Abrechnungsverfahrens kennen und ein Problembewusstsein für diese schwierige Materie entwickeln können.

1 Lohnsteuer, Solidaritätszuschlag, Kirchensteuer

Lohnsteuerkarte

Als Arbeitgeber berechnen Sie heutzutage meist monatlich die auszuzahlenden Gehälter Ihrer Arbeitnehmer. Auszugehen ist von Bruttoarbeitslohn. Dieser Arbeitslohn ist die Ausgangsgröße für die Höhe der Lohnsteuer. Die Besteuerungsmerkmale entnehmen Sie der Lohnsteuerkarte, die den Arbeitnehmern jedes Jahr im Herbst zugestellt wird. Hierbei handelt es sich um die Fragen, ob der Arbeitnehmer

- ledig oder verheiratet ist,

- Kinder hat,

- einer Religionsgemeinschaft angehört und wenn ja welcher (wegen der Berechnung der Kirchensteuer),

- sich einen Freibetrag wegen höherer Werbungskosten hat eintragen lassen.

Weiterhin weist die Lohnsteuerkarte die Steuerklasse aus, nach der Sie ihn der Besteuerung unterwerfen müssen. Von den auf der Lohnsteuerkarte ausgewiesenen Kriterien dürfen Sie nicht abweichen.

Die Lohnsteuerkarte lassen Sie sich zu Beginn des Arbeitsverhältnisses vorlegen und dann wieder zu Beginn eines jeden Kalenderjahres. Ausnahmen gibt es nur bei folgenden Beschäftigungsverhältnissen:

kurzfristige Beschäftigung (§ 40a Abs. 1 EStG),

geringfügige Beschäftigung (so genannter „Minijob", der mit pauschalen Abgaben belegt wird),

Aushilfskräften in der Land- und Forstwirtschaft (§ 40a Abs. 3 EStG).

Aufgrund pauschaler Regelungen bei der Besteuerung wird bei diesen Beschäftigungsverhältnissen keine Lohnsteuerkarte zugrunde gelegt.

Praxishinweis: Legt der Arbeitnehmer trotz Aufforderung schuldhaft die Lohnsteuerkarte nicht vor, so sind Sie als Arbeitgeber verpflichtet, die Lohnsteuer nach der ungünstigsten Lohnsteuerklasse IV abzurechnen. Sie sollten sich an diese Regelung im eigenen Interesse halten, auch wenn der Arbeitnehmer dies nicht gern sehen wird. Folgen Sie der Vorschrift nicht, können Sie für die Lohnsteuer nach Klasse IV in Haftung genommen werden.

Die *Höhe der Lohnsteuer* ist nach den amtlichen Lohnsteuertabellen zu berechnen. Natürlich werden Sie sich zur Bewältigung der Abrechnung heutzutage eines Softwareprogramms bedienen, in denen die Tabellen oder die amtlichen Berechnungsformeln hinterlegt sind.

Solidaritätszuschlag

Weiterhin ist der Solidaritätszuschlag als Ergänzungsabgabe zur Lohnsteuer zu berechnen und abzuführen. Der Zuschlag beträgt 5,5 Prozent der Lohnsteuer.

Wichtig:

Bei der Berechnung werden die auf der Lohnsteuerkarte eingetragenen Kinder mit berücksichtigt. Es ergibt sich deshalb in diesen Fällen eine von der Lohnsteuer abweichende Bemessungsgrundlage. Für Geringverdiener ist eine Nullzone vorgesehen. Der Solidaritätszuschlag wird danach nur erhoben, wenn die Bemessungsgrundlage im jeweiligen Lohnzahlungszeitraum – also z. B. die monatliche Lohnsteuer –

in der Steuerklasse III mehr als 162 €,

in den übrigen Steuerklassen mehr als 81 €

beträgt.

Kirchensteuer

Gehört der Arbeitnehmer einer Religionsgemeinschaft an – dies ist auf der Steuer-
karte vermerkt –, so ist auch die Kirchensteuer zu berechnen. Auch die Kirchensteuer
ist eine Zuschlagsteuer zur Lohnsteuer. Die Vorschriften werden durch Landesrecht
festgelegt. Der Kirchensteuersatz ist in den Bundesländern unterschiedlich. Er beträgt

8 Prozent in Baden-Württemberg und Bayern,

9 Prozent in allen übrigen Ländern.

Eine Besonderheit bei der Kirchensteuer ist die Begrenzung der Steuer auf einen be-
stimmten Betrag bei höheren Einkommen (in allen Ländern außer Bayern und
Mecklenburg-Vorpommern). Diese so genannte „Kappung" wird entweder durch
Rechtsanspruch oder auf Antrag gewährt.

Lohnabrechnungszeitraum

Das ist der Zeitraum, für den der Arbeitslohn gezahlt wird. In der Regel wird es ein
Monatszeitraum sein, es ist aber auch ein wöchentlicher oder täglicher Zeitraum
möglich. Hierzu gibt es jeweils entsprechende Abrechnungstabellen. In den Abrech-
nungsprogrammen hinterlegen Sie den gültigen Lohnabrechnungszeitraum (monatlich, wöchentlich, täglich), damit die Lohnsteuerhöhe richtig berechnet wird.

Lohnsteueranmeldung

Nachdem Sie die Lohnsteuer berechnet haben, behalten Sie diese vom Bruttoarbeitslohn der Arbeitnehmers ein. Bis zum 10. des auf den Lohnzahlungszeitraum folgenden Monats muss die Lohnsteuer aller Ihrer Arbeitnehmer (ohne Namensnennung
der Arbeitnehmer) in einer Summe beim Finanzamt angemeldet werden. Zuständig
ist das Finanzamt Ihres Betriebssitzes – nicht etwa das Wohnsitzfinanzamt des Arbeitnehmers. Die Anmeldung muss mittlerweile elektronisch durchgeführt werden.
Nur in genehmigten Ausnahmefällen können Sie noch das Formular benutzen.

Achtung:

Die bis Ende 2004 gewährte Schonfrist bis zu fünf Tagen nach dem 10. eines Monats gilt für die Anmeldung gilt nicht mehr. Fällt allerdings der 10. des Monats auf

einen Samstag, Sonntag oder Feiertag, so muss die Anmeldung spätestens am nächsten Werktag beim Finanzamt eingegangen sein.

Praxishinweis:

Halten Sie die Anmeldefrist strikt ein. Geht die Anmeldung nach dem 10. des Monats beim Finanzamt ein, wird ein Verspätungszuschlag gegen Sie festgesetzt. Natürlich können Sie eine Aufhebung des Zuschlags beantragen, wenn Sie die Anmeldung unverschuldet zu spät abgegeben haben (so kann z. B. mal der Computer streiken oder Sie erhalten keine Verbindung zum Finanzamtsrechner; auch Krankheit kann ein Entschuldigungsgrund sein, wenngleich Sie verpflichtet sind, Ihren Geschäftsbetrieb so einzurichten, dass Verspätungen ausgeschlossen werden können).

Abführen der Lohnsteuer

Grundsätzlich muss die einbehaltene und angemeldete Lohnsteuer ebenfalls bis zum 10. des auf den Lohnzahlungszeitraum folgenden Monats bei der Finanzkasse des Betriebsstättenfinanzamts gutgeschrieben sein. Allerdings gewährt die Finanzverwaltung eine Schonfrist von drei Tagen. Auch hier gilt: fällt der Zahlungstag auf einen Samstag, Sonntag oder Feiertag, so muss die Lohnsteuer spätestens am nächsten Werktag bei der Finanzkasse gutgeschrieben sein. Bei der Überweisung sind anzugeben:

- die Steuernummer,
- der Gesamtbetrag der Lohnsteuer,
- der Gesamtbetrag des Solidaritätszuschlags,
- der Gesamtbetrag der Kirchensteuer.

Praxishinweis:

Versäumen Sie die Zahlungsfrist, wird gegen Sie ein Säumniszuschlag festgesetzt. Gegen diesen können Sie wieder Entschuldigungsgründe vorbringen. Allerdings gilt auch hier: Richten Sie Ihren Geschäftsbetrieb so ein, dass Sie die Fristen einhalten können. Wenn Sie beispielsweise dem Finanzamt eine Einzugsermächtigung ausstellen, so brauchen Sie sich um die Einhaltung der Frist nicht mehr zu kümmern. Das Finanzamt zieht nur den von Ihnen angemeldeten Betrag ein. Der Einzugstermin liegt meist zwischen dem 12. und 15. eines Monats. Versäumt das Finanzamt den Einzug (was im Zeitalter der EDV-Organisation aber nur noch selten vorkommt), so kann gegen Sie kein Säumniszuschlag festgesetzt werden.

Lohnsteuerbescheinigung

Bis Ende 2003 musste der Arbeitgeber alle Angaben aus dem Lohnabrechnungsverfahren auf der Lohnsteuerkarte bescheinigen. Seit 2004 gilt das elektronische Bescheinigungsverfahren.

Nach § 41b EStG sind Arbeitgeber mit maschineller Lohnabrechnung verpflichtet, ab dem Kalenderjahr 2004 auf Grund der Eintragungen im Lohnkonto Lohnsteuerbescheinigungen spätestens bis zum 28. Februar des Folgejahres nach amtlich vorgeschriebenem Datensatz durch Datenfernübertragung an die amtlich bestimmte Stelle zu übermitteln (elektronische Lohnsteuerbescheinigung). Bei Beendigung des Dienstverhältnisses während des Kalenderjahres kann die Datenübermittlung zu einem früheren Zeitpunkt erfolgen. Dem Arbeitnehmer ist ein nach amtlich vorgeschriebenem Muster gefertigter Ausdruck der elektronischen Lohnsteuerbescheinigung mit Angabe des lohnsteuerlichen Ordnungsmerkmals auszuhändigen oder elektronisch bereitzustellen.

Technisch wird das elektronische Bescheinigungsverfahren über das Programm der Finanzverwaltung zur Übermittlung elektronischer Steuererklärungen ELSTER durchgeführt. Dieses Programm haben alle namhaften Softwarehersteller in ihre Lohnabrechnungsprogramme integriert.

Eine Anmeldung des einzelnen Arbeitgebers zum Verfahren der elektronischen Datenübermittlung ist zur Zeit nicht erforderlich. Erforderlich ist eine Software zur Datenübermittlung mittels ELSTER, die dafür von der Oberfinanzdirektion München entsprechend lizenziert wurde. Arbeitgeber, die Datenübermittlungsprogramme selbst erstellen, und Softwarehersteller benötigen für den Einsatz der Programme eine Hersteller-ID, die von der Oberfinanzdirektion München vergeben wird.

Die *Papier-Lohnsteuerkarte* wird für die Dauer des Dienstverhältnisses beim Arbeitgeber aufbewahrt. Der Arbeitgeber darf dem Arbeitnehmer die Lohnsteuerkarte nur aushändigen, wenn das Dienstverhältnis vor Ablauf des Kalenderjahres beendet wird. Nach Ablauf des Kalenderjahres darf der Arbeitgeber die Lohnsteuerkarte nur aushändigen, wenn sie eine Lohnsteuerbescheinigung enthält und der Arbeitnehmer zur Einkommensteuer veranlagt wird. Dem Arbeitnehmer nicht ausgehändigte Lohnsteuerkarten ohne Lohnsteuerbescheinigung können Sie als Arbeitgeber hingegen *vernichten*; nicht ausgehändigte Lohnsteuerkarten mit Lohnsteuerbescheinigungen müssen Sie dem Betriebsstättenfinanzamt einreichen.

Bei den Lohnsteuerbescheinigungsdaten erhalten Sie nach der elektronischen Übermittlung zeitverzögert (asynchron) das so genannte „Ergebnisprotokoll", das Ihnen Informationen zur Verarbeitung der elektronisch übermittelten Lohnsteuerbescheinigungsdaten zur Verfügung stellt.

Die Übertragung kann auch mit dem finanzamtseigenen Programm „ELSTER-LOHN" übertragen werden. Hinweise hierzu finden Sie unter *www. elsterlohn.de*.

Die Übertragung unterliegt dem Datenschutz. Jeder Zugriff auf das Internetangebot www.elsterlohn.de wird in einer Protokolldatei gespeichert. In der Protokolldatei werden folgende Daten gespeichert:

- Name der abgerufenen Datei

- Datum und Uhrzeit des Abrufs

- übertragene Datenmenge

- Meldung, ob der Abruf erfolgreich war

- aktuelle IP-Adresse Ihres Rechners

Die Finanzverwaltung versichert, dass die gespeicherten Daten nur zur Optimierung des Internetangebotes ausgewertet werden (was immer das sein mag). Eine Weitergabe an Dritte, weder zu kommerziellen noch zu nichtkommerziellen Zwecken, soll nicht stattfinden – was auf Grund der Festschreibung des Steuergeheimnisses in der Abgabenordnung – dem Grundgesetz des Steuerrechts – auch gar nicht statthaft wäre.

Weiterhin versichert die Finanzverwaltung, weder „Cookies" noch andere Techniken einzusetzen, um das Zugriffsverhalten der Nutzer nachzuvollziehen oder die Darstellung oder Inhalte der Websites zu beeinflussen.

Die Finanzverwaltung hat zur Lösung von Übertragungsproblemen eine kostenpflichtige Hotline eingerichtet. Sollten Sie Fragen haben, so wenden Sie sich bitte an diese Hotline:

E-Mail: Hotline@elster.de
Telefon: 01805/235055 (0,12 €/min)
Telefax: 01805/235054 (0,12 €/min)
täglich zwischen 7.00 Uhr und 22.00 Uhr

Die durch den Arbeitgeber übermittelten Lohnsteuerbescheinigungsdaten werden den Einkünften aus nichtselbständiger Arbeit des Arbeitnehmers zugeordnet. Diese Zuordnung und die Übernahme auf Grund einer Steuererklärung erfolgt bundesweit – unabhängig von der Steuernummer des Steuerpflichtigen – derzeit (bis die steuerliche Identifikationsnummer nach § 139b AO zur Verfügung steht) über das lohnsteuerliche Ordnungsmerkmal, die so genannte eTIN (electronic Taxpayer Identification Number). Die eTIN müssen Sie als Arbeitgeber nach amtlicher Regel aus Namen, Vornamen und Geburtsdatum des Arbeitnehmers bilden und verwenden (§ 41b Abs. 2 EStG). Alle namhaften Abrechnungsprogramme übernehmen diese Aufgabe für Sie. Deshalb wird auf die Darstellung der amtlichen Regel verzichtet.

Der Arbeitgeber hat die eTIN mit den an die Finanzverwaltung übermittelten Daten dem Arbeitnehmer auf einem Papierausdruck nach amtlich bestimmtem Muster (siehe Tz. 5) mitzuteilen oder elektronisch bereitzustellen. Die so mitgeteilten Daten sind Grundlage für die Eintragungen des Arbeitnehmers in der Anlage N der Einkommensteuererklärung.

2 Sozialversicherungsrechtliches Verfahren

Neben den Lohnsteuern müssen Sie auch die Sozialbeiträge berechnen, einbehalten, anmelden und abführen. Das Abrechnungsverfahren betrifft folgende Versicherungsarten:

Rentenversicherung,

Arbeitslosenversicherung,

Krankenversicherung,

Pflegeversicherung.

Der Arbeitnehmer meldet Ihnen, bei welcher Krankenversicherung er versichert ist. Unmittelbar nach Aufnahme der Beschäftigung müssen Sie den Arbeitnehmer bei der Krankenkasse anmelden. Diese Meldung erfolgt auf einem besonderen Formblatt. Hierzu müssen Sie die Sozialversicherungsnummer des Arbeitnehmers, aber auch Ihre eigene Betriebsnummer kennen. Die Betriebsnummer wird für jeden Betrieb, der mindestens einen Arbeitnehmer beschäftigt einmalig von der Bundesagentur für Arbeit vergeben. Sollte Ihnen noch keine Betriebsnummer zugeteilt worden sein, wenden Sie sich an Ihre zuständige Arbeitsagentur. Hierzu sollten Sie folgende Angaben bereit halten:

genauer Firmenname; bei Einzelfirma: Name des Inhabers/der Inhaberin. Rechtsform/Gesellschaftsform (GmbH, KG, GbR einschl. Angabe der Gesellschafter usw.),

Anschrift des Betriebes,

Telefonnummer, Fax-Nummer oder E-Mail-Adresse des Betriebes (Ansprechpartner für die Betriebsnummernstelle der Agentur für Arbeit),

genaue Angaben zur Branche, Produktion bzw. Art der wirtschaftlichen Betätigung; Gegenstand des Unternehmens.

Ist der Betrieb verlegt worden? Wenn ja: Alte Anschrift mit Betriebsnummer.

Weitere Niederlassung/en im gleichen Ort?

Anschrift und Sitz der Personalverwaltung mit Betriebsnummer bzw. die Meldungen zur Sozialversicherung werden erstattet von; ggf. abweichende Postanschrift des Betriebes.

Ausschließlich sozialversicherungspflichtig Beschäftigte?

Ausschließlich geringfügig Beschäftigte?

Sozialversicherungspflichtig und geringfügig Beschäftigte?

Nach Erteilung der Betriebsnummer können Sie nun den Arbeitnehmer auf einem besonderen Formblatt anmelden. Diese Formblätter erhalten Sie entweder bei jeder Krankenkasse oder Sie erzeugen es aus Ihrer Abrechnungssoftware heraus.

Der Beitragsabrechnung legen Sie den individuellen Krankenkassenbeitragssatz sowie die gesetzlich festgelegten Beitragssätze für die Renten-, Pflege- und Arbeitslosenversicherung zugrunde.

Die Betragssätze sind für 2005 wie folgt festgesetzt:

Beitragssätze 2005	Alte Bundesländer	Neue Bundesländer
	Monatlich	
Arbeitslosenversicherung	6,50 %	6,50 %
Rentenversicherung	19,50 %	19,50 %
Pflegeversicherung	1,70 %	1,70 %
Pflegeversicherung für Kinderlose	1,95 %	1,95 %

Zu beachten ist, dass es für die Beitragsbemessung bestimmte Höchstgrenzen gibt, die meist jährlich festgelegt werden. Die Grenzen sind in alten und neuen Bundesländern unterschiedlich.

Beitragsbemessungsgrenzen 2005	Alte Bundesländer	Neue Bundesländer
	Monatlich	
Kranken- und Pflegeversicherung	3525 €	3525 €
Renten- und Arbeitslosenversicherung	5200 €	4400 €

Von dem Gesamtsozialversicherungsbeitrag tragen Arbeitnehmer und Arbeitgeber ab 800 € Arbeitslohn derzeit jeder 50 Prozent. Ab 400,01 € bis zu 800 € trägt der Arbeitgeber seine Beiträge in voller Höhe. Der Arbeitnehmerbeitrag ist ermäßigt (so genannte „Gleitzone"). Arbeitseinkommen bis 400 € sind von der Sozialversicherungspflicht befreit.

Als Arbeitgeber haben Sie die Pflicht, die berechneten Sozialversicherungsbeiträge monatlich bei der Krankenkasse des Arbeitnehmers anzumelden. Hierzu stellen Sie einen Beitragsnachweis aus. Ändern sich die Werte des einzelnen Arbeitnehmers nicht jeden Monat, so kann auch ein Dauerbeitragsnachweis abgegeben werden. Dieser gilt so lange, bis ein neuer Nachweis ausgestellt wird.

Bis einschließlich 2005 muss die Anmeldung und Abführung des Beitrags bis zum 15. eines jeden Monats erfolgen. Ab 2006 ist der Melde- und Abführungszeitpunkt auf das Ende eines Monats festgesetzt worden. Damit will der Gesetzgeber erreichen, dass im Jahr 2006 statt 12 einmalig 13 mal der Sozialversicherungsbeitrag abgeführt wird. Ob diese theoretische Überlegung aufgeht, ist höchst ungewiss, da die Fristen sehr knapp kalkuliert und in der Praxis kaum einzuhalten sind.

Praxishinweis:

Im Rahmen dieses Buches kann nur auf die Grundzüge des Beitragsrechts eingegangen werden. Es gibt in der Praxis eine Vielzahl weiterer Abrechnungskriterien (so z. B. erhöhte und ermäßigte Beitragssätze, volle oder halbe Beitragssätze, Besonderheiten bei der Beschäftigung von Studenten, branchenabhängige Besonderheiten). Deshalb empfiehlt es sich für alle, die die Lohnabrechnungen selbst durchführen wollen, weitergehende Literatur zu studieren.

3 Lohnfortzahlung bei Kleinbetrieben

Durch das Lohnfortzahlungsgesetz ist jeder Arbeitgeber verpflichtet, u. a. bei

Krankheit,

Kurzarbeiter- und Schlechtwetter,

Mutterschaft

in gewissem Umfang den Lohn an die Arbeitnehmer weiterzuzahlen. Für Betriebe mit nicht mehr als 20 Arbeitnehmern wurde zum Lastenausgleich eine Lohnfortzahlungsversicherung eingerichtet. Zur Finanzierung wurden so genannte „Umlagesätze" eingeführt.

Die Finanzierung hierzu wird über Umlagen geregelt. Diese Umlagen sind von den Betrieben aufzubringen. Der Beitragssatz U1 wird für Erstattungen der Aufwendungen für Krankheit erhoben, der Beitragssatz U2 für Ersatz der Aufwendungen bei Mutterschaft.

Die Beiträge sind jeweils an die Betriebsstätten-AOKs abzuführen.

4   Lohnkonto

Mit der Abrechnung des Lohns sind Ihre Pflichten als Arbeitgeber noch nicht er-
schöpft. Vielmehr müssen Sie alle Ergebnisse der Abrechnung eines jeden Arbeitnehmers fortlaufend in einem Lohnkonto aufzeichnen. Dieses Lohnkonto dient als
Nachweis für die Abrechnungsbeträge sowie als Unterlage zur Überprüfung der Ordnungsmäßigkeit der Abrechnung sowohl für die Finanzverwaltung als auch für die
Sozialversicherungsprüfungen. Im Einzelnen muss das Lohnkonto folgende
Grundangaben zu dem jeweiligen Arbeitnehmer ausweisen:

- Nachname, Vorname,
- Geburtstag,
- Wohnort, Straße, Hausnummer,
- amtlicher Gemeindeschlüssel,
- Finanzamt, in dessen Bezirk die Lohnsteuerkarte ausgestellt ist,
- Steuerklasse,
- Zahl der Kinderfreibeträge,
- Religionszugehörigkeit,
- eingetragene Freibeträge,
- Beschäftigungsdauer,
- Anzahl der Sozialversicherungstage,
- Beitragsgruppen,
- Zeitraum, für den die Lohnsteuerkarte nicht vorgelegen hat,

Je nach Lohnzahlungszeitraum (monatlich, wöchentlich, täglich) sind aufzuzeichnen:

- Bruttoarbeitslohn,
- Höhe der Lohnsteuer,
- Höhe der Sozialversicherungsbeiträge im Einzelnen,
- Sachbezüge,
- steuerfreie Bezüge,
- sonstige Bezüge,
- Pauschal versteuerter Arbeitslohn,
- vermögenswirksame Leistungen,

Auszahlungsbetrag (Nettolöhne).

Formvorschriften für das Lohnkonto bestehen nicht. Die Unterlagen sind bis zum sechsten Kalenderjahr, das auf die letzte eingetragene Lohnzahlung folgt, aufzubewahren. Für 2005 sind die Lohnkonten folglich bis 2011 aufzubewahren.

5 Haftung des Arbeitgebers

Der Gesetzgeber verlangt von Ihnen nicht nur die kostenlose Durchführung des Lohnabrechnungs-, Melde- und Zahlungsverfahrens. Sie werden auch noch in Haftung genommen, wenn Sie als Arbeitgeber diese Pflichten nicht richtig einhalten. Auch aus diesem Grund empfiehlt es sich, einen sachkundigen Mitarbeiter oder aber einen Steuerberater mit der komplizierten Materie zu beauftragen. Das Finanzamt wird in unregelmäßigen Abständen bei Ihnen Lohnsteueraußenprüfungen durchführen, um die Richtigkeit des Lohnabzugs zu überprüfen. Die Bundesversicherungsanstalt für Angestellte überprüft alle vier Jahre die Richtigkeit der Sozialversicherungsabrechnung – jeweils lückenlos für die vergangenen vier Jahre.

6 Mini-Jobs – geringfügige Beschäftigung – kurzfristige Beschäftigung

Geringfügige Beschäftigung

Das Sozialgesetzbuch unterscheidet zwischen drei Arten von Minijobs:

Geringfügig entlohnte Minijobs,

Minijobs in Privathaushalten,

kurzfristige Minijobs.

Minijobs sind geringfügig entlohnt, wenn der monatliche Verdienst die Höchstgrenze von 400 € nicht überschreitet. Ein kurzfristiger Minijob liegt vor, wenn die Beschäftigung in einem Kalenderjahr auf zwei Monate oder insgesamt 50 Arbeitstage befristet ist. Als Arbeitgeber zahlen Sie für geringfügig entlohnte Beschäftigte sowie für Beschäftigte im Privathaushalt Pauschalbeiträge zur Renten- und Krankenversicherung sowie eine einheitliche Pauschalsteuer.

Alle drei Minijobs sind für die Arbeitnehmer sozialversicherungsfrei.

Pauschalabgaben

Für geringfügig entlohnte Minijobs zahlen Sie Pauschalbeiträge in Höhe von insgesamt 25 Prozent des Verdienstes (12 Prozent Renten- und 11 Prozent Krankenversicherung). Für Minijobber, die privat oder gar nicht krankenversichert sind, zahlen Sie keinen Pauschalbeitrag zur Krankenversicherung. Außerdem zahlen Sie noch eine einheitliche Pauschsteuer von 2 Prozent sowie eine Umlage von 1,3 Prozent zur Lohnfortzahlungsversicherung. Die Abgaben bei Minijobs in Privathaushalten sind geringer. Hierfür zahlen Sie nur insgesamt 12 Prozent des Verdienstes. Hinzu kommt auch hier die geringfügige Umlage zur Lohnfortzahlungsversicherung von 1,3 Prozent des Verdienstes. Bei kurzfristigen Minijobs brauchen Sie keine Pauschalabgaben zu leisten.

Die Umlagen zur Lohnfortzahlungsversicherung besteht aus den Umlagen U1 bei Krankheit bzw. Kur (1,2 Prozent) und U2 für den Ausgleich der Aufwendungen nach dem Mutterschutzgesetz (0,1 Prozent).

Mehrere Minijobs

Arbeitnehmer können mehrere Minijobs gleichzeitig ausüben, allerdings nicht beim selben Arbeitgeber. Damit soll verhindert werden, dass normale Beschäftigungsverhältnisse in mehrere Minijobs aufgespaltet werden, um Sozialbeiträge zu sparen. Die Verdienste aus allen Beschäftigungen werden zusammengerechnet. Sie dürfen nicht über 400 € liegen. Ist das der Fall, sind sie sozialversicherungspflichtig. Und zwar von dem Zeitpunkt an, von dem die Minijob-Zentrale die Versicherungspflicht festgestellt und dem Arbeitgeber mitgeteilt hat.

Beispiel:

Herr G. arbeitet regelmäßig seit 01. Juni 2003 beim Arbeitgeber A und verdient monatlich 400 €. Einen Monat später, am 01. Juli 2003, beginnt er beim Arbeitgeber B einen weiteren Minijob und erhält dort monatlich 300 €. Herr G. ist für den Monat Juni noch versicherungsfrei, weil sein Monatsverdienst nicht über 400 € liegt. Mit seinem zweiten Minijob übersteigt er jedoch insgesamt die 400 €-Grenze und muss Sozialversicherungsbeiträge für beide Beschäftigungen zahlen.

Hauptberuf und Minijob

Ab dem 01. April 2003 können Arbeitnehmer neben ihrem Hauptberuf noch einen 400 €-Job ausüben, der sozialversicherungsfrei bleibt. Sie als Arbeitgeber zahlen die für Minijobs üblichen Pauschalabgaben. Alle weiteren 400 €-Jobs werden allerdings mit der Hauptbeschäftigung zusammengerechnet und sind dann versicherungs- und beitragspflichtig. Dies gilt auch für 400 €-Jobs, die Bezieher von Vorruhestandsgeld ausüben. Kurzfristige Beschäftigungen neben einem Hauptberuf werden mit der Hauptbeschäftigung nicht zusammen gerechnet.

Verdienstgrenzen

Falls Sie Ihren Minijobbern Urlaubs- und Weihnachtsgeld bezahlen, kann die 400 €-Grenze überschritten werden, so dass die Beschäftigung versicherungs- und beitragspflichtig ist.

Beispiel:

Frau A. verdient 380 € im Monat und erhält jedes Jahr im Dezember ihr vertraglich zugesichertes Weihnachtsgeld in Höhe von 380 €. Frau A. erhält also im Jahr 4560 € plus 380 € Weihnachtsgeld. Das macht zusammen 4940 €. Ihr monatlicher Verdienst beträgt folglich 411.67 €. Damit liegt sie über der 400 €-Grenze und ist sozialversicherungspflichtig.

Schwankender Verdienst

Maßgeblich für die Versicherungspflicht ist die Summe aller Verdienste für den Zeitraum von zwölf Monaten. Angenommen, in den Monaten September bis April verdient der Arbeitnehmer mit dem Minijob monatlich 500 €, in den Monaten Mai bis August jedoch nur 250 €. Danach kommt er auf einen durchschnittlichen monatlichen Verdienst von 416,67 € und liegt über der 400 €-Grenze. Die Beschäftigung ist also versicherungspflichtig.

Unvorhersehbarer Arbeitseinsatz

Wird bei einer geringfügig entlohnten Beschäftigung der regelmäßige monatliche Verdienst von 400 € überschritten, so tritt wieder Sozialversicherungspflicht ein. Wird die 400 €-Grenze allerdings nur gelegentlich und nicht vorhersehbar überschritten, so führt dies nicht gleich zur Versicherungspflicht. Als gelegentlich ist dabei ein Zeitraum von bis zu zwei Monaten innerhalb eines Jahres anzusehen. Vorhersehbar ist zum Beispiel die regelmäßige Zahlung eines Urlaubsgeldes oder Weihnachtsgeldes. Nicht vorhersehbar ist aber zum Beispiel ein Überschreiten der 400 €-Grenze wegen Mehrarbeit bei Ausfall von anderen Arbeitskräften.

Beispiel:

Eine Minijobberin wird von ihrem Arbeitgeber gebeten, Ende Juni wider Erwarten für einen Monat zusätzlich eine Urlaubsvertretung zu übernehmen. Ihr bisheriger monatlicher Verdienst von 125 € erhöht sich für diese Zeit auf 600 €. Die Minijobberin bleibt versicherungsfrei, da es sich nur um ein gelegentliches und unvorhersehbares Überschreiten der Verdienstgrenze für die Dauer von einem Monat handelt.

Aufstockung der Rentenversicherungsbeiträge

Als Arbeitgeber sind Sie gesetzlich verpflichtet, Ihre Minijobber darüber zu informieren, dass sie den vollen Anspruch auf die Leistungen der gesetzlichen Rentenversicherung wie etwa Maßnahmen zur Rehabilitation oder vorzeitigen Rentenbeginn erwerben können. Minijobber müssen dafür die Differenz von derzeit 7,5 Prozent zwischen dem Pauschalbetrag des Arbeitgebers (12 Prozent) und dem vollen Rentenversicherungsbetrag (19,5 Prozent) selbst zahlen. So erlangen sie mit einem relativ geringen Eigenbeitrag vollwertige Beitragszeiten. Auch geringfügig Beschäftigte in Privathaushalten haben die Möglichkeit Rentenversicherungsbeiträge aufzustocken. Die Differenz beträgt hier 14,5 Prozent (19,5 Prozent abzüglich 5 Prozent). Ein Minijobber muss Ihnen schriftlich erklären, dass er eigene Rentenversicherungsbeiträge zahlen will. Sie ziehen ihm diesen Anteil von seinem Verdienst ab und leiten ihn zusammen mit Ihrer Pauschale an die Minijob-Zentrale weiter. Die Erklärung kann jederzeit abgegeben werden, auch wenn der Minijob schon lange Zeit besteht.

Eine Ausnahmeregelung existiert für die von der Rentenversicherungspflicht befreiten Mitglieder berufsständischer Versorgungswerke (Ärzte, Apotheker, Rechtsanwälte, Steuerberater, Wirtschaftsprüfer, Steuerbevollmächtigte, Architekten).

Für den Fall, dass ein Arbeitnehmer dieser Personengruppe auf die Rentenversicherungsfreiheit verzichtet und die geringfügige Beschäftigung in einem Beruf ausgeübt wird, für den die Befreiung erfolgt ist, sind die Beiträge zur Rentenversicherung nicht an die Minijob-Zentrale, sondern an das berufsständische Versorgungswerk zu zahlen.

Minijob in Privathaushalten

Beschäftigen Sie eine Haushaltshilfe in Ihrem Privathaushalt, gilt auch hier die 400 €-Regelung. Neu ist, dass Sie einen Pauschalbeitrag von nur 12 Prozent zahlen. Je 5 Prozent des Verdienstes gehen an die Renten- und Krankenversicherung. Hinzu kommt die einheitliche Pauschsteuer von 2 Prozent sowie eine Umlage von 1,3 Prozent zur Lohnfortzahlungsversicherung. Die Beiträge werden per Haushaltsscheckverfahren und Einzugsermächtigung von der Minijob-Zentrale abgebucht. Minijobber im Privathaushalt übernehmen so genannte haushaltsnahe Dienstleistungen, die normalerweise Familienmitglieder ausführen, wie Kochen, Putzen, die Betreuung von Kindern, Kranken, alten und pflegebedürftigen Menschen sowie Gartenarbeit.

Meldeverfahren

Verwenden Sie für die An-, Ab- und Jahresentgeltmeldungen bitte den allgemeinen Meldebeleg „Meldung zur Sozialversicherung".

Die Meldungen sind einzureichen bei der
Bundesknappschaft, 45115 Essen

Darüber hinaus können die Meldungen anstatt auf Vordrucken auf maschinell verwertbaren Datenträgern erstattet werden, sofern Ihr Betrieb von einer Einzugsstelle zu diesem Verfahren zugelassen ist.

Maschinelle Meldungen für geringfügig Beschäftigte sind unter der Einzugsstellennummer 980 0000 6 zu erstellen und an die Bundesknappschaft in 45115 Essen weiterzuleiten.

Datenfernübertragung/E-Mail

DEÜV-Meldungen und Beitragsnachweise können im Rahmen der Datenferübertragung (DFÜ) an die Bundesknappschaft übermittelt werden. Voraussetzung dafür ist, dass die eingesetzte Software nach den Richtlinien der Spitzenverbände der Krankenkassen zu den Datensätzen „Beitragsnachweis/DEÜV" zertifiziert ist.

Haben Sie Fragen hinsichtlich der Zertifizierung oder der technischen Spezifikation zu diesem Verfahren, setzen Sie sich bitte mit Ihrem Software-Hersteller in Verbindung. Darüber hinaus erhalten Sie weitere Informationen unter der Internet-Adresse www.itsg.de von der Informationstechnischen Servicestelle der Gesetzlichen Krankenversicherung GmbH (ITSG GmbH).

Ferner können die zum maschinellen Meldeverfahren nach der DEÜV zugelassenen Arbeitgeber Meldungen sowie Beitragsnachweise per E-Mail versenden. Um einen Zugriff von Unberechtigten auf die personenbezogenen Daten zu verhindern, müssen diese Daten verschlüsselt übermittelt werden. Die Daten werden an die Adresse **dav01@b2b.mailorbit.de** gesendet. Ein Anmeldeverfahren zur DFÜ ist nicht erforderlich.

Besteuerung des Arbeitsentgelts aus geringfügigen Beschäftigungen

Aufgrund der Neuregelungen durch das Zweite Gesetz für moderne Dienstleistungen am Arbeitsmarkt wurde die Steuerfreiheit des Arbeitgebers aus geringfügig entlohnten Beschäftigungen mit Wirkung vom 01. April 2003 an aufgehoben. Das Arbeitsentgelt für Lohnzahlungszeiträume ist damit seit dem 01. April 2003 stets steuerpflichtig. Eine Freistellungsbescheinigung wirkt letztmals für Arbeitsentgelte der am 31. März 2003 endenden Lohnzahlungszeiträume. Die Lohnsteuer vom Arbeitsentgelt für geringfügig entlohnte Beschäftigungen ist pauschal oder nach den Merkmalen der Lohnsteuerkarte zu erheben.

Auf folgenden Seiten werden die maßgeblichen Regelungen dargestellt und erläutert:

Besteuerung des Arbeitsentgelts aus geringfügig entlohnten Minijobs (Minijobs auf 400 € Basis)

Generell besteht die Möglichkeit die Lohnsteuer vom Arbeitsentgelt aus geringfügig entlohnten Beschäftigungsverhältnissen pauschal oder nach den Merkmalen der Lohnsteuerkarte zu erheben.

Bei den Formen der pauschalen Besteuerung ist der Arbeitgeber Steuerschuldner. Der Arbeitgeber kann jedoch die von ihm übernommene Steuer im arbeitsrechtlichen Innenverhältnis auf den Arbeitnehmer abwälzen. Der pauschal versteuerte Lohn bleibt in jedem Fall bei der persönlichen Einkommensteuerveranlagung des Arbeitnehmers unberücksichtigt. Seit dem 01. April 2003 unterscheidet das Steuerrecht zwischen einer 2-prozentigen einheitlichen Pauschsteuer und einem Pauschsteuersatz von 20 Prozent plus Solidaritätszuschlag und Kirchensteuer.

Die Versteuerung über eine Lohnsteuerkarte führt in den Fällen der Steuerklasse V und VI im Regelfall schon im Geringfügigkeitsbereich zu einem monatlichen Steuerabzug. Unabhängig von der Steuerklasse – und damit auch in den Fällen der Steuerklassen I bis IV, in denen es im Geringfügigkeitsbereich noch keinen monatlichen Steuerabzug gibt – ist der in der Lohnsteuerkarte eingetragene Lohn bei der jährlichen Einkommensveranlagung zu berücksichtigen.

Lohnsteuerpauschalierung

Für die Lohnsteuerpauschalierung ist zu unterscheiden zwischen der neuen einheitlichen Pauschalsteuer i. H. v. 2 Prozent (§ 40a Abs. 2 EStG) und der pauschalen Lohnsteuer – wie bisher – mit einem Steuersatz i. H. v. 20 Prozent des Arbeitsentgelts (§ 40a Abs. 2a EStG). In beiden Fällen der Lohnsteuerpauschalierung ist nunmehr Voraussetzung, dass eine geringfügige Beschäftigung im Sinne des SGB IV vorliegt. Das Steuerrecht knüpft damit an die Voraussetzungen des SGB IV an.

Einheitliche Pauschsteuer i. H. v. 2 Prozent

Der Arbeitgeber kann unter Verzicht auf die Vorlage einer Lohnsteuerkarte die Lohnsteuer einschließlich Solidaritätszuschlag und Kirchensteuer für das Arbeitsentgelt aus einer geringfügigen Beschäftigung i. S. des § 8 Abs. 1 Nr. 1 (geringfügige Beschäftigung) oder des § 8a SGB IV (geringfügige Beschäftigung in Privathaushalten), für das er Beiträge zur gesetzlichen Rentenversicherung i. H. v. 12 Prozent oder 5 Prozent nach § 168 Abs. 1 Nr. 1b oder 1c (geringfügig versicherungspflichtig Beschäftigte) oder nach § 172 Abs. 3 oder 3a (versicherungsfrei geringfügig Beschäftigte) SGB VI zu entrichten hat, mit einem einheitlichen Pauschsteuersatz i. H. v. insgesamt 2 Prozent des Arbeitsentgelts erheben (einheitliche Pauschsteuer, § 40a Abs. 2 EStG).

Die günstige einheitliche Pauschsteuer gilt auch für von der Rentenversicherungspflicht befreite Mitglieder berufsständischer Versorgungswerke, die im Rahmen einer berufsgleichen geringfügig entlohnten Beschäftigung volle Rentenversicherungsbeiträge an das berufsständische Versorgungswerk entrichten. Dies setzt allerdings voraus, dass der Arbeitnehmer in seiner geringfügig entlohnten Beschäftigung nach § 5 Abs. 2 Satz 2 SGB VI auf die Rentenversicherungsfreiheit verzichtet hat.

In dieser einheitlichen Pauschsteuer ist neben der Lohnsteuer auch der Solidaritätszuschlag und die Kirchensteuer enthalten. Der einheitliche Pauschsteuersatz von 2 Prozent ist auch anzuwenden, wenn der Arbeitnehmer keiner erhebungsberechtigten Religionsgemeinschaft angehört.

Pauschaler Lohnsteuersatz i. H. v. 20 Prozent

Hat der Arbeitgeber für das Arbeitsentgelt einer geringfügigen Beschäftigung i. S. des § 8 Abs. 1 Nr. 1 oder des § 8a SGB IV den Beitrag zur gesetzlichen Rentenversicherung i. H. v. 12 Prozent oder 5 Prozent nicht zu entrichten, kann er die pauschale Lohnsteuer mit einem Steuersatz i. H. v. 20 Prozent des Arbeitsentgelts erheben. Hinzu kommen der Solidaritätszuschlag (5,5 Prozent der Lohnsteuer) und die Kirchensteuer nach dem jeweiligen Landesrecht.

Besteuerung nach Lohnsteuerkarte

Wählt der Arbeitgeber für eine geringfügige Beschäftigung im Sinne des SGB IV nicht die pauschale Lohnsteuererhebung, so ist die Lohnsteuer vom Arbeitsentgelt nach Maßgabe der vorgelegten Lohnsteuerkarte zu erheben. Die Höhe des Lohnsteuerabzugs hängt dann von der Lohnsteuerklasse ab. Bei den Lohnsteuerklassen I (Alleinstehende), II (bestimmte Alleinerziehende mit Kind) oder III und IV (verheiratete Arbeitnehmer/innen) fällt für das Arbeitsentgelt einer geringfügigen Beschäftigung (höchstens 400 € monatlich) keine Lohnsteuer an; anders jedoch bei Lohnsteuerklasse V oder VI.

Anmeldung und Abführung der Lohnsteuer

Das Verfahren für die Anmeldung und die Abführung der Lohnsteuer bei geringfügiger Beschäftigung richtet sich danach, ob einheitliche Pauschsteuer i. H. v. 2 Prozent erhoben wird. In diesem Fall ist ab dem 01. April 2003 stets – wie für die pauschalen Beiträge zur gesetzlichen Renten- und Krankenversicherung – die Bundesknappschaft zuständig. Wird die Lohnsteuer nicht mit der einheitlichen Pauschsteuer i. H. v. 2 Prozent erhoben, so ist das Betriebsstättenfinanzamt zuständig (Lohnsteuer-Anmeldung).

Für die Fälle der einheitlichen Pauschsteuer i. H. v. 2 Prozent des Arbeitsentgelts ist stets die Bundesknappschaft zuständig. Das gilt sowohl für den Privathaushalt als auch für andere Arbeitgeber.

Bei geringfügiger Beschäftigung in Privathaushalten ist seit dem 01. April 2003 ausschließlich der Haushaltsscheck zu verwenden. Auf dem Haushaltsscheck teilt der Arbeitgeber das Arbeitsentgelt mit und ob die Lohnsteuer mit der einheitlichen Pauschsteuer erhoben werden soll. Die Bundesknappschaft berechnet die einheitliche Pauschsteuer und zieht sie zusammen mit den pauschalen Beiträgen zur gesetzlichen Sozialversicherung jeweils am 15. Juli und zum 15. Januar vom Arbeitgeber ein.

Andere Arbeitgeber berechnen die einheitliche Pauschsteuer und teilen der Bundes-knappschaft den Betrag mit dem Beitragsnachweis mit.

Für die Fälle der Lohnsteuerpauschalierung i. H. v. 20 Prozent des Arbeitsentgelts oder der Besteuerung nach Maßgabe der vorgelegten Lohnsteuerkarte ist stets das Betriebsstättenfinanzamt zuständig. Dies ist für den Privathaushalt als Arbeitgeber regelmäßig das für die Veranlagung zur Einkommensteuer zuständige Wohnsitzfi-nanzamt, für andere Arbeitgeber das Finanzamt, in dessen Bezirk sich der Betrieb befindet.

Die Lohnsteuer ist in der Lohnsteuer-Anmeldung anzugeben und an das Betriebs-stättenfinanzamt abzuführen. Ggf. ist eine Nullmeldung abzugeben. Der Arbeitgeber braucht keine weiteren Lohnsteuer-Anmeldungen abzugeben, wenn er dem Betriebs-stättenfinanzamt mitteilt, dass er im Lohnsteuer-Anmeldungszeitraum keine Lohn-steuer einzubehalten oder zu übernehmen hat, weil der Arbeitslohn nicht steuerbe-lastet ist.

Kriterien für die Wahl der Besteuerungsform bei Minijobs auf Basis von 400 €

Bei der Wahl einer Besteuerungsform bei geringfügig entlohnten Beschäftigungsver-hältnissen sind verschiedene Kriterien zu berücksichtigen:

Wann ist die Besteuerung nach Lohnsteuerkarte empfehlenswert?

Wann ist die pauschale Besteuerung vorteilhaft?

Wann ist die Besteuerung nach Lohnsteuerkarte empfehlenswert?

Die Versteuerung über die Lohnsteuerkarte ist zumindest in all den Fällen die rich-tige Wahl, in denen der Lohn aus dem Minijob bei der persönlichen jährlichen Ein-kommensteuererklärung überhaupt nicht zu einer Steuerbelastung führt (Steuer Null). Das trifft bei folgenden Sachverhalten zu:

Das Jahresbruttoeinkommen aus der Arbeitnehmertätigkeit liegt unter dem jährli-chen Arbeitnehmer-Pauschbetrag von 920 €: Jedem Arbeitnehmer steht bei der Ermittlung der Einkünfte ein Pauschbetrag für Werbungskosten zu. Sofern also der Minijob die einzige Beschäftigung ist, verringert sich der steuerpflichtige Lohn zumindest um den jährlichen Arbeitnehmer-Pauschbetrag, so dass im Jahr 2004 bis zu einem Brutto von 920 € bei der Einkommenssteuerveranlagung kein zu ver-steuernder Arbeitslohn verbleibt.

Das zu versteuernde Jahreseinkommen übersteigt nicht den steuerlichen Grund-freibetrag von 7426 € bzw. 14853 €: Bei einem Jahresbruttoeinkommen von über

920 € fällt im Rahmen der persönlichen jährlichen Einkommensteuerveranlagung dann noch keine Steuer an, wenn das zu versteuernde Jahreseinkommen den steuerlichen Grundfreibetrag nicht übersteigt. Dieser beträgt im Jahr 2004 für Alleinstehende *7426 €* und für Verheiratete (bei Zusammenveranlagung) *14853 €*. Der Grundfreibetrag wird häufig nicht erreicht von Schülern, Studenten, alleinerziehenden Frauen sowie von Rentnern, die neben dem Lohn aus einem geringfügig entlohnten Minijob und einer gesetzlichen Rente keine weiteren steuerpflichtigen Einkünfte haben.

Kein abschließendes Entscheidungskriterium bei der Wahl der Besteuerungsform sollte die Steuerklasse des Arbeitnehmers auf der Lohnsteuerkarte sein, da diese nur hinsichtlich des monatlichen Steuerabzugs, nicht jedoch bezüglich der endgültigen jährlichen Einkommensteuerfestsetzung relevant ist. So kommt es zwar bei den Steuerklassen I bis IV bei einem Monatslohn von 400 € noch zu keinem monatlichen Steuerabzug, während im Jahr 2004 bei der Steuerklasse V 56,30 € Lohnsteuer und bei der Steuerklasse VI 69,76 € Lohnsteuer zum Abzug kommen. Diese monatliche Momentaufnahme wird allerdings möglicherweise bei der späteren jährlichen Einkommensteuerveranlagung korrigiert. Wenn nämlich in den Fällen der Steuerklassen I bis IV neben dem Minijob noch weitere steuerpflichtigen Einkünfte erzielt werden – allein oder im Fall der Zusammenveranlagung durch den Ehegatten – und dadurch der Grundfreibetrag überschritten wird, führt das zu einer nachträglichen Versteuerung des auf der Lohnsteuerkarte eingetragenen Lohns. Liegen die jährlichen steuerpflichtigen Einkünfte hingegen unter dem maßgebenden Grundfreibetrag, so wird evtl. unterjährig gezahlte Lohnsteuer (z. B. bei den Steuerklassen V und VI) im Rahmen der Einkommensteuerveranlagung zurückgezahlt.

Wann ist die pauschale Besteuerung vorteilhaft?

Sobald das Jahresbruttoeinkommen die Summe des jährlichen steuerlichen Grundfreibetrags und des Werbungskostenpauschbetrages von derzeit 920 € übersteigt, liegt es nahe, zumindest dann den Weg der Pauschalversteuerung zu wählen, wenn die niedrige neue einheitliche Pauschsteuer von 2 Prozent zur Anwendung kommen würde. Einzige Voraussetzung ist, dass der Arbeitgeber die Pauschalbeiträge an die gesetzliche Rentenversicherung entrichtet. Diese Beitragslast kann übrigens nicht auf den Beschäftigten verlagert werden.

Wenn die Alternative zur Versteuerung über eine Lohnsteuerkarte allerdings der höhere pauschale Lohnsteuersatz von 20 Prozent ist, so lässt sich eine eindeutige Empfehlung zur günstigsten Besteuerungsform nicht geben. Im Hinblick auf den derzeitigen Eingangssteuersatz von 16 Prozent kommt es u. a. darauf an, in welcher Höhe weitere steuerpflichtige Einkünfte vorhanden sind und ggf. zu einem höheren persönlichen Grenzsteuersatz führen. Insoweit wird die Besteuerungsform auch ein Teilaspekt der Lohnvereinbarung sein.

Beispiele zu verschiedenen Fallkonstellationen

Geringfügig entlohnte Beschäftigung, monatliches Einkommen in Höhe von 400 €.

In diesen Beispielen wird von einem Kirchensteuersatz i. H. v. 9 Prozent ausgegangen. Es ist zu beachten, dass der Kirchensteuersatz in einzelnen Bundesländern unterschiedlich hoch ausfällt.

Gewählte Besteuerungsform (in €)	Arbeitgeber			Arbeitnehmer			Summe
	Lohnsteuer	Solidaritätszuschlag	Kirchensteuer	Lohnsteuer	Solidaritätszuschlag	Kirchensteuer	
Einheitliche Pauschsteuer i. H. v. 2%	insgesamt 8,00 (Abwälzung auf Arbeitnehmer möglich)			0,00	0,00	0,00	**8,00**
Pauschale Lohnsteuer i. H. v. 20%	80,00	4,40	7,20	0,00	0,00	0,00	**91,60**
Individualbesteuerung nach Steuerklasse I bis IV	0,00	0,00	0,00	0,00	0,00	0,00	**0,00**
Individualbesteuerung nach Steuerklasse V	0,00	0,00	0,00	51,66	0,00	4,64	**56,30**
Individualbesteuerung nach Steuerklasse VI	0,00	0,00	0,00	64,00	0,00	5,76	**69,76**

(Stand: Januar 2004)

Besteuerung des Arbeitsentgelts aus kurzfristigen Minijobs

Im Gegensatz zu den geringfügig entlohnten Beschäftigungsverhältnissen knüpft die unverändert gebliebene steuerliche Behandlung von kurzfristigen Beschäftigungsverhältnissen nicht direkt an die sozialversicherungsrechtlichen Regelungen an.

Für eine kurzfristige Beschäftigung kann der Arbeitgeber nach § 40a Abs. 1 EStG die Lohnsteuer pauschal mit 25 Prozent des Arbeitsentgelts zuzüglich Solidaritätszuschlag (5,5 Prozent der pauschalen Lohnsteuer) und Kirchensteuer erheben, wenn der Arbeitnehmer bei dem Arbeitgeber nur gelegentlich, nicht regelmäßig wiederkehrend beschäftigt wird,

die Beschäftigung nicht mehr als 18 zusammenhängende Arbeitstage – ohne arbeitsfreie Samstage, Sonn- und Feiertage, Krankheits- und Urlaubstage – andauert,

der durchschnittliche Stundenlohn nicht mehr als 12 € beträgt und

der Arbeitslohn während der Beschäftigungsdauer 62 € durchschnittlich je Arbeitstag nicht übersteigt (Ausnahme: unvorhersehbarer Bedarf an Arbeitskräften).

Liegen diese Voraussetzungen nicht vor, hat die Versteuerung grundsätzlich anhand der Merkmale der vorgelegten Lohnsteuerkarte zu erfolgen.

Lohnausgleichskasse – allgemeine Erläuterungen

Als Ausgleich für die Verpflichtung zur Entgeltfortzahlung hat der Gesetzgeber für kleine bis mittlere Betriebe eine Erstattung der Arbeitgeberaufwendungen vorgesehen (gesetzl. Vorschrift: Lohnfortzahlungsgesetz; §§ 10 – 19 LFZG).

Zuständigkeit

Ab 01. April 2003 ist die Bundesknappschaft für alle geringfügig Beschäftigten die zuständige Lohnausgleichskasse, unabhängig davon, bei welcher Krankenkasse die Krankenversicherung durchgeführt wird.

Kreis der Arbeitgeber

Am Ausgleichsverfahren bei der Bundesknappschaft nehmen gemäß § 10 LFZG i. V. m. § 6 der Anlage 4 der Satzung der Bundesknappschaft grundsätzlich alle Arbeitgeber mit maximal 30 Beschäftigten teil (Ausnahme: öffentlich-rechtliche Arbeitgeber).

Ein Arbeitgeber beschäftigt in der Regel nicht mehr als 30 Arbeitnehmer, wenn er in dem Kalenderjahr, das demjenigen, für das die Feststellung zu treffen ist, vorangegangen ist, für mindestens acht Monate nicht mehr als 30 Mitarbeiter beschäftigt hat. Falls ein Betrieb nicht das ganze maßgebliche Kalenderjahr bestanden hat, nimmt der Arbeitgeber am Ausgleich der Arbeitgeberaufwendungen teil, wenn er während des Zeitraumes des Bestehens des Betriebes in der überwiegenden Zahl der Kalendermonate nicht mehr als 30 Mitarbeiter beschäftigt hat.

Für die Ermittlung der Mitarbeiterzahl sind alle Arbeitnehmer maßgebend, die ein Arbeitgeber beschäftigt. Hierbei werden ggf. auch Beschäftigte mehrerer Betriebe eines Arbeitgebers zusammengezählt.

Grundsätzlich sind alle Arbeiter und Angestellten zu berücksichtigen, ungeachtet ihrer Krankenkassenzugehörigkeit

Nicht mitgezählt werden:

- Auszubildende, egal, ob diese für den Beruf eines Arbeiters oder Angestellten ausgebildet werden; gleichgestellt sind Volontäre und Praktikanten,

- Schwerbehinderte,

- Bezieher von Vorruhestandsgeld,

- Wehr- und Zivildienst Leistende.

Unterschiedlich berücksichtigt werden Teilzeitbeschäftigte:

- bei regelmäßiger wöchentlicher Arbeitszeit von bis zu 30 Stunden mit einem Faktor 0,75,

- bei regelmäßiger wöchentlicher Arbeitszeit von bis zu 20 Stunden mit einem Faktor 0,5,

- Beschäftigte mit einer regelmäßigen wöchentlichen Arbeitszeit von bis zu zehn Stunden bleiben unberücksichtigt.

Die Teilnahme am Ausgleichsverfahren wird jeweils zu Beginn eines Kalenderjahres für das gesamte Kalenderjahr festgestellt.

Umlageverfahren

Die für die Durchführung des Erstattungsverfahrens erforderlichen Mittel werden durch Umlagen von den am Ausgleich beteiligten Arbeitgebern aufgebracht.

Umlage 1 (U1)

Die U1 ist für den Ausgleich der Arbeitgeberaufwendungen bei Krankheit bzw. Kur zu entrichten. Sie errechnet sich aus den Bruttoarbeitsentgelten aller im Betrieb geringfügig beschäftigten Arbeiter und Auszubildenden. Der Umlagesatz beträgt bei der Bundesknappschaft ab dem 01. April 2003 bundeseinheitlich 1,2 Prozent.

Umlage 2 (U2)

Die U2 ist für den Ausgleich der Aufwendungen nach dem Mutterschutzgesetz (MuSchG) zu entrichten. Im Unterschied zur U1 errechnet sie sich grundsätzlich aus den Bruttoarbeitsentgelten aller im Betrieb geringfügig beschäftigten Arbeitnehmer, also auch der Angestellten (Frauen und Männer). Der Umlagesatz beträgt bei der Bundesknappschaft ab dem 01. April 2003 bundeseinheitlich 0,1 Prozent.

Erstattungsfähige Beträge

Geringfügig Beschäftigte, die durch Arbeitsunfähigkeit infolge Krankheit oder infolge einer medizinischen Vorsorge- bzw. Rehabilitationsmaßnahme an ihrer Arbeitsleistung verhindert sind, haben grundsätzlich Anspruch auf Entgeltfortzahlung durch den Arbeitgeber für längstens 42 Tage.

Die Erstattung durch die Lohnausgleichskasse der Bundesknappschaft beträgt für Arbeiter und Auszubildende 70 Prozent des fortgezahlten Bruttoarbeitsentgelts ohne Einmalzahlungen; bei Angestellten ist eine Erstattung gesetzlich nicht vorgesehen.

Des Weiteren gehören Leistungen nach dem Mutterschutzgesetz zu den erstattungsfähigen Arbeitgeberaufwendungen. Danach erstattet die Bundesknappschaft für Arbeiter und Angestellte

100 Prozent des Arbeitgeberzuschusses zum Mutterschaftsgeld während der Schutzfristen vor und nach der Entbindung.

100 Prozent des fortgezahlten Entgelts für die Dauer von Beschäftigungsverboten zuzüglich der darauf entfallenden pauschalen Kranken- und Rentenversicherungsbeiträge.

Die Erstattung wird auf Antrag gewährt und kann sofort nach geleisteter Entgeltfortzahlung erfolgen.
Die Anträge sind bei der **Bundesknappschaft**, 45115 Essen einzureichen.

Niedriglohn-Jobs

Ab einem monatlichen Arbeitsentgelt von 400,01 bis 800 €, arbeiten sie in einem so genannten Niedriglohn-Job. Ab dem 01. April 2003 können Arbeitnehmer geringere Sozialversicherungsbeiträge zahlen. Arbeitgeber zahlen allerdings stets den Beitragsanteil von derzeit ca. 21 Prozent des tatsächlichen Entgelts. Der Beitragsanteil des Arbeitnehmers wächst nun schrittweise von rund 4 Prozent bei einem Verdienst in Höhe von 400,01 € bis auf rund 21 Prozent bei einem Verdienst von 800 €. Die Beitragsbemessungsgrundlage ist dabei nicht das volle Gehalt, sondern ein Betrag, der nach einer bestimmten Formel errechnet wird. Die Besteuerung erfolgt individuell. Mit Einrichtung der Gleitzone wird die so genannte Niedriglohnschwelle beseitigt. Sie war durch das sprunghafte Ansteigen der Sozialversicherungsbeiträge entstanden, wenn die nach dem alten Recht fest gelegten Höchstgrenze für geringfügige Beschäftigungen überschritten und damit sozialversicherungspflichtig wurde. Anders als bei geringfügigen Beschäftigungsverhältnissen liegt die Abwicklung des Melde- und Beitragswesens bei Niedriglohn-Jobs nicht im Zuständigkeitsbereich der Minijob-Zentrale, sondern bei der jeweiligen Krankenkasse des Arbeitnehmers.

Unfallschutz für Minijobber

Neben der Meldepflicht bei der Minijob-Zentrale als einheitlicher Einzugsstelle besteht eine Beitragspflicht zur gesetzlichen Unfallversicherung.

Sie kommt für die Folgen von Arbeitsunfällen oder Berufskrankheiten auf und wird nicht automatisch über die Minijob-Zentrale abgedeckt. Für den Bereich der gewerblichen Wirtschaft sind die Berufsgenossenschaften die Träger der gesetzlichen Unfallversicherung, für die Landwirtschaft sind es die landwirtschaftlichen Berufsgenossenschaften und für die Beschäftigten der öffentlichen Hand die Gemeindeunfallversicherungsverbände und Unfallkassen.

Für gewerblich Beschäftige heißt das also, der Arbeitgeber muss auch die Entgelte der Minijobber gegenüber der zuständigen Berufsgenossenschaft im jährlichen Lohnnachweis aufführen.

Die Berufsgenossenschaften sind nach Branchen, teilweise auch regional gegliedert. Eine Übersicht findet sich unter www.berufsgenossenschaften.de.

III Buchführungs- und Aufzeichnungspflichten

Die Abgabenordnung bestimmt, wer nach steuerrechtlichen Vorschriften zur Buchführung verpflichtet ist. Zunächst verweist die Abgabenordnung darauf, dass derjenige, der bereits nach Handelsrecht verpflichtet ist, Bücher zu führen und Abschlüsse zu machen, diese auch für die Besteuerung zugrunde zu legen hat. Vom Grundsatz her sind handelsrechtlich alle Kaufleute zur Buchführung verpflichtet, die in das Handelsregister eingetragen werden. Dies sind

der eingetragene Kaufmann, e. K.,

die Offene Handelsgesellschaft, OHG,

die Kommanditgesellschaft, KG,

die Gesellschaft mit beschränkter Haftung, GmbH,

die Aktiengesellschaft, AG.

Alle diese Kaufleute müssen Bücher führen und als Jahresabschluss eine Bilanz mit Gewinn- und Verlustrechnung erstellen.

In der Praxis gibt es aber eine Vielzahl von kleineren Unternehmen und Freiberuflern, die nicht von der Buchführungspflicht des Handelsgesetzbuchs erfasst werden. Für diese Personengruppe sieht die Abgabenordnung eigene Buchführungsgrenzen vor. Gewerbliche Unternehmer, die nach Feststellung der Finanzbehörde für den einzelnen Betrieb

Umsätze von mehr als 350000 € im Kalenderjahr oder

einen Gewinn aus Gewerbebetrieb von mehr als 30000 €

gehabt haben, sind verpflichtet, Bücher zu führen, auch wenn diese Pflicht sich nicht aus anderen Gesetzen ergibt.

Bücher zu führen. Dies bedeutet u. a., dass

Freiberufler keine Bücher führen müssen (allerdings für umsatzsteuerliche Zwecke bestimmte Aufzeichnungen machen müssen),

die Finanzbehörde feststellen muss, dass die Buchführungsgrenzen überschritten worden sind und den Steuerpflichtigen aufgefordert hat, zu Beginn des nächsten Kalenderjahres Bücher zu führen.

Bücher führen heißt, folgende Aufzeichnungen zu machen:

- die Geschäftsfälle anhand von Belegen nach Umsätzen und Aufwendungen trennen,

- Aufwendungen nach Kostenarten auf entsprechend dafür einzurichtende Buchführungskonten,

- Aufwendungen nach Kreditoren,

- Umsätze nach Debitoren,

- Geldvorgänge nach Bank- und Kassenvorgängen, wobei offene Kreditoren und Debitoren auszugleichen sind.

Nach Abschluss eines Geschäftsjahres sind die Buchführungsergebnisse in den Jahresabschluss zu überführen und zu einer Bilanz und einer Gewinn- und Verlustrechnung zusammen zu stellen.

Freiberufler und Gewerbetreibende, die keine Bücher führen müssen, sind dennoch verpflichtet, den steuerlichen Gewinn nach bestimmten Vorschriften zu ermitteln. Dies bestimmt § 4 Abs. 3 EStG. Im Unterschied zu den buchführungspflichtigen Gewerbetreibenden brauchen sie jedoch nicht nach entstandenem Aufwand (kreditorisch) oder entstandenem Ertrag (debitorisch) zu buchen. Vielmehr wird bei ihnen der Geldverkehr zugrunde gelegt, es wird also nach Geldeingang und Geldausgang gebucht bzw. aufgezeichnet. Das Ergebnis wird „Einnahmen-Überschussrechnung" genannt. Zu beachten ist, dass das Einkommensteuergesetz auch hierfür bestimmte Regeln aufgestellt hat, die im Verlauf weiter erläutert werden.

1   Aufzeichnungs- und Buchführungspflichten nach Steuerrecht

Pflichten nach der Abgabenordnung

Buchführungspflichten aufgrund anderer Gesetze (§ 140 AO)

Die Abgabenordnung, in der allgemeine Vorschriften zum gesamten Steuerrecht zusammengefasst sind, bezieht sich zunächst auf die Buchführungspflichten, die sich bereits aus anderen Gesetzen ergeben. Durch die Vorschrift werden die so genannten außersteuerlichen Buchführungs- und Aufzeichnungsvorschriften, die auch für die Besteuerung von Bedeutung sind, für das Steuerrecht nutzbar gemacht. In Betracht kommen einmal die allgemeinen Buchführungs- und Aufzeichnungsvorschriften des Handels-, Gesellschafts- und Genossenschaftsrechts. Vergleichen Sie hierzu bitte die

Ausführungen zu den handelsrechtlichen Vorschriften von Kaufleuten, Personen- und Kapitalgesellschaften.

Zum anderen fallen hierunter die Buchführungs- und Aufzeichnungspflichten für bestimmte Betriebe und Berufe, die sich aus einer Vielzahl von Gesetzen und Verordnungen ergeben. Verstöße gegen außersteuerliche Buchführungs- und Aufzeichnungspflichten stehen den Verstößen gegen steuerrechtliche Buchführungs- und Aufzeichnungsvorschriften gleich.

Das bedeutet für Sie:

Selbst wenn Sie nach den im Folgenden erläuterten Vorschriften nicht buchführungspflichtig sind – z. B. wegen Unterschreitens der Buchführungsgrenzen – sollten Sie genau prüfen, ob Sie nicht nach Handelsrecht oder auch speziellem Berufsrecht buchführungs- oder aufzeichnungspflichtig sind. Diese Aufzeichnungen sind dann auch für die Besteuerung zugrunde zu legen.

Buchführungspflichten bestimmter Steuerpflichtiger (§ 141 AO)

Gewerbliche Unternehmer sowie Land- und Forstwirte, die nach den Feststellungen der Finanzbehörde für den einzelnen Gewerbebetrieb

Umsätze einschließlich der steuerfreien Umsätze von mehr als **350 000 €** im Kalenderjahr oder

einen Gewinn aus Gewerbebetrieb von mehr als **30 000 €** im Wirtschaftsjahr

gehabt haben, sind auch dann verpflichtet, für diesen Betrieb Bücher zu führen und auf Grund jährlicher Bestandsaufnahmen Abschlüsse zu machen, wenn sich eine Buchführungspflicht nach anderen Gesetzen nicht ergibt. Sollten Sie mit Ihrem Gewerbebetrieb zunächst unter den Buchführungsgrenzen liegen, Sie aber im Verlauf der Zeit überschreiten, so wird die Finanzverwaltung Sie darauf hinweisen, dass Sie zu Beginn des nächsten Wirtschaftsjahres buchführungspflichtig werden.

Die Verpflichtung endet mit dem Ablauf des Wirtschaftsjahrs, das auf das Wirtschaftsjahr folgt, in dem die Finanzbehörde feststellt, dass die Voraussetzungen nicht mehr vorliegen.

Die Buchführungspflicht geht auf denjenigen über, der den Betrieb im Ganzen zur Bewirtschaftung als Eigentümer oder Nutzungsberechtigter übernimmt.

Praxishinweis:

Unter die Buchführungspflicht der Abgabenordnung fallen alle gewerbliche Unternehmer sowie Land- und Forstwirte, *nicht jedoch Freiberufler*. Gewerbliche Unternehmer sind solche Unternehmer, die einen Gewerbebetrieb i. S. des § 15 Abs. 2 oder 3 EStG bzw. des § 2 Abs. 2 oder 3 GewStG ausüben. Die Finanzbehörde kann die Feststellung zur Buchführungspflicht

– im Rahmen eines Steuer- oder Feststellungsbescheides oder

– durch einen selbstständigen feststellenden Verwaltungsakt

treffen.

Die Mitteilung soll Ihnen als Steuerpflichtigen mindestens einen Monat vor Beginn des Wirtschaftsjahres bekannt gegeben werden, von dessen Beginn ab die Buchführungsverpflichtung zu erfüllen ist. Werden die Buchführungsgrenzen nicht mehr überschritten, so wird der Wegfall der Buchführungspflicht dann nicht wirksam, wenn die Finanzbehörde vor dem Erlöschen der Verpflichtung wiederum das Bestehen der Buchführungspflicht feststellt.

Beim einmaligen Überschreiten der Buchführungsgrenze soll auf Antrag Befreiung von der Buchführungspflicht bewilligt werden, wenn nicht zu erwarten ist, dass die Grenze auch später überschritten wird.

Wichtig bei mehreren Betrieben

Die Buchführungsgrenzen beziehen sich grundsätzlich auf den einzelnen Betrieb, auch wenn der Steuerpflichtige mehrere Betriebe der gleichen Einkunftsart hat. Eine Ausnahme gilt für steuerbegünstigte Körperschaften, bei denen mehrere steuerpflichtige wirtschaftliche Geschäftsbetriebe als ein Betrieb zu behandeln sind.

In den maßgebenden Umsatz sind auch die nicht steuerbaren Auslandsumsätze einzubeziehen. Sie sind ggf. zu schätzen.

Aufzeichnung des Wareneingangs

Als gewerblicher Unternehmer müssen Sie den Wareneingang gesondert aufzeichnen. Aufzuzeichnen sind alle Waren einschließlich der Rohstoffe, unfertigen Erzeugnisse, Hilfsstoffe und Zutaten, die der Unternehmer im Rahmen seines Gewerbebetriebs zur Weiterveräußerung oder zum Verbrauch entgeltlich oder unentgeltlich, für eigene oder für fremde Rechnung, erwirbt. Dies gilt auch dann, wenn die Waren vor der Weiterveräußerung oder dem Verbrauch be- oder verarbeitet werden sollen.

Waren, die nach Art des Betriebs üblicherweise für den Betrieb zur Weiterveräußerung oder zum Verbrauch erworben werden – auch wenn sie für betriebsfremde Zwecke verwendet werden.

Die Aufzeichnungen müssen die folgenden Angaben enthalten:

- den Tag des Wareneingangs oder das Datum der Rechnung,

- den Namen oder die Firma und die Anschrift des Lieferers,

- die handelsübliche Bezeichnung der Ware,

- den Preis der Ware,

- einen Hinweis auf den Beleg.

Aufzeichnung des Warenausgangs

Weiterhin müssen Sie als gewerblicher Unternehmer die Warenausgänge aufzeichnen, die Sie nach der Art ihres Geschäftsbetriebs Waren regelmäßig an andere gewerbliche Unternehmer zur Weiterveräußerung oder zum Verbrauch als Hilfsstoffe liefern.

Aufzuzeichnen sind auch alle Waren, die der Unternehmer

auf Rechnung (auf Ziel, Kredit, Abrechnung oder Gegenrechnung), durch Tausch oder unentgeltlich liefert, oder

gegen Barzahlung liefert, wenn die Ware wegen der abgenommenen Menge zu einem Preis veräußert wird, der niedriger ist als der übliche Preis für Verbraucher.

Dies gilt nicht, wenn die Ware erkennbar nicht zur gewerblichen Weiterverwendung bestimmt ist.

Die Aufzeichnungen müssen die folgenden Angaben enthalten:

den Tag des Warenausgangs oder das Datum der Rechnung,

den Namen oder die Firma und die Anschrift des Abnehmers,

die handelsübliche Bezeichnung der Ware,

den Preis der Ware,

einen Hinweis auf den Beleg.

Sie müssen als Unternehmer über jeden Warenausgang einen Beleg erteilen, der die genannten Angaben sowie Ihren eigenen Namen oder die Firma und Ihre Anschrift enthält (Ausnahme: Gutschriftabrechnungen durch den Leistungsempfänger).

Weitere Vorschriften zum Inhalt einer Rechnung regelt das Umsatzsteuerrecht. Vergleichen Sie bitte hierzu das Kapitel „Vorsteuerabzugsberechtigung und Inhalt einer Rechnung").

Allgemeine Anforderungen an Buchführung und Aufzeichnungen

Die Buchführung muss so beschaffen sein, dass sie einem sachverständigen Dritten innerhalb angemessener Zeit einen Überblick über die Geschäftsvorfälle und über die Lage des Unternehmens vermitteln kann. Die Geschäftsvorfälle müssen sich in ihrer Entstehung und Abwicklung verfolgen lassen.

Aufzeichnungen sind also so vorzunehmen, dass der Zweck, den sie für die Besteuerung erfüllen sollen, erreicht wird.

Ordnungsvorschriften für die Buchführung und für Aufzeichnungen

Die Abgabenordnung sieht im Einzelnen weitere Ordnungsvorschriften für Buchführung und Aufzeichnungen vor, die Sie zu beachten haben:

- Die Buchungen und die sonst erforderlichen Aufzeichnungen sind vollständig, richtig, zeitgerecht und geordnet vorzunehmen. Kasseneinnahmen und Kassenausgaben sollen täglich festgehalten werden.

- Bücher und die sonst erforderlichen Aufzeichnungen sind in Deutschland zu führen und aufzubewahren. Dies gilt nicht, soweit für Betriebstätten außerhalb Deutschlands nach dortigem Recht eine Verpflichtung besteht, Bücher und Aufzeichnungen zu führen, und diese Verpflichtung erfüllt wird. In diesem Fall müssen die Ergebnisse der dortigen Buchführung in die Buchführung des hiesigen Unternehmens übernommen werden, soweit sie für die Besteuerung von Bedeutung sind. Dabei sind die erforderlichen Anpassungen an die deutschen steuerrechtlichen Vorschriften vorzunehmen und kenntlich zu machen.

- Die Buchungen und die sonst erforderlichen Aufzeichnungen sind in einer lebenden Sprache vorzunehmen. Wird eine andere als die deutsche Sprache verwendet, so kann die Finanzbehörde Übersetzungen verlangen.

- Werden Abkürzungen, Ziffern, Buchstaben oder Symbole verwendet, muss im Einzelfall deren Bedeutung eindeutig festliegen.

- Eine Buchung oder eine Aufzeichnung darf nicht in einer Weise verändert werden, dass der ursprüngliche Inhalt nicht mehr feststellbar ist. Auch dürfen solche Veränderungen nicht vorgenommen werden, deren Beschaffenheit es ungewiss lässt, ob sie ursprünglich oder erst später gemacht worden sind.

- Die Bücher und die sonst erforderlichen Aufzeichnungen können auch in der geordneten Ablage von Belegen bestehen oder auf Datenträgern geführt werden, soweit diese Formen der Buchführung einschließlich des dabei angewandten Verfahrens den Grundsätzen ordnungsmäßiger Buchführung entsprechen; bei Aufzeichnungen, die allein nach den Steuergesetzen vorzunehmen sind, bestimmt sich die Zulässigkeit des angewendeten Verfahrens nach dem Zweck, den die Aufzeichnungen für die Besteuerung erfüllen sollen.

- Bei der Führung der Bücher und der sonst erforderlichen Aufzeichnungen auf Datenträgern muss insbesondere sichergestellt sein, dass während der Dauer der Aufbewahrungsfrist die Daten jederzeit verfügbar sind und unverzüglich lesbar gemacht werden können.

Achtung: Die genannten Ordnungsvorschriften gelten auch dann, wenn der Unternehmer Bücher und Aufzeichnungen, die für die Besteuerung von Bedeutung sind, führt, ohne hierzu verpflichtet zu sein.

Aufbewahrung von Unterlagen

Die folgenden Unterlagen sind geordnet aufzubewahren und zwar

zehn Jahre

Bücher und Aufzeichnungen, Inventare, Jahresabschlüsse, Lageberichte, die Eröffnungsbilanz sowie die zu ihrem Verständnis erforderlichen Arbeitsanweisungen und sonstigen Organisationsunterlagen,

Buchungsbelege,

Unterlagen, die einer mit Mitteln der Datenverarbeitung abgegebenen Zollanmeldung beizufügen sind, sofern die Zollbehörden auf ihre Vorlage verzichtet oder sie nach erfolgter Vorlage zurückgegeben haben.

sechs Jahre

die empfangenen Handels- oder Geschäftsbriefe,

Wiedergaben der abgesandten Handels- oder Geschäftsbriefe,

sonstige Unterlagen, soweit sie für die Besteuerung von Bedeutung sind.

Praxishinweis:

Die Aufbewahrungsfrist läuft nicht ab, soweit und solange die Unterlagen für Steuern von Bedeutung sind, für welche die Festsetzungsfrist noch nicht abgelaufen ist.

Beispiel:

In einem Insolvenzverfahren sind auch nach zehn Jahren die erforderlichen Umsatzsteuererklärungen noch nicht abgegeben worden. Die Rechtsfolge: die für die Umsatzbesteuerung erforderlichen Belege – insbesondere auch diejenigen, aus denen die Höhe der verrechnenbaren Vorsteuer hervorgeht – müssen auch nach Ablauf von zehn Jahren aufbewahrt werden. Verstößt der Insolvenzverwalter gegen diese Vorschrift, sollte ein Haftungsanspruch gegen ihn geprüft werden, wenn das Finanzamt z. B. nicht mehr nachweisbare Vorsteuerbeträge nicht anerkennt.

Mit Ausnahme der Jahresabschlüsse, der Eröffnungsbilanz und der Unterlagen können die Unterlagen auch als Wiedergabe auf einem Bildträger oder auf anderen Datenträgern aufbewahrt werden, wenn dies den Grundsätzen ordnungsmäßiger Buchführung entspricht und sichergestellt ist, dass die Wiedergabe oder die Daten

mit den empfangenen Handels- oder Geschäftsbriefen und den Buchungsbelegen bildlich und mit den anderen Unterlagen inhaltlich übereinstimmen, wenn sie lesbar gemacht werden,

während der Dauer der Aufbewahrungsfrist jederzeit verfügbar sind, unverzüglich lesbar gemacht und maschinell ausgewertet werden können.

Die Aufbewahrungsfrist beginnt mit dem Schluss des Kalenderjahrs,

in dem die letzte Eintragung in das Buch gemacht,

- das Inventar, die Eröffnungsbilanz, der Jahresabschluss oder der Lagebericht aufgestellt,

- der Handels- oder Geschäftsbrief empfangen oder abgesandt worden oder der Buchungsbeleg entstanden ist,

- die Aufzeichnung vorgenommen worden ist oder die sonstigen Unterlagen entstanden sind.

Praxishinweis zur EDV-Buchführung

Wer aufzubewahrende Unterlagen in der Form einer Wiedergabe auf einem Bildträger oder auf anderen Datenträgern vorlegt, ist verpflichtet, auf seine Kosten diejenigen Hilfsmittel zur Verfügung zu stellen, die erforderlich sind, um die Unterlagen lesbar zu machen. Auf Verlangen der Finanzbehörde hat er auf seine Kosten die Unterlagen unverzüglich ganz oder teilweise auszudrucken oder ohne Hilfsmittel lesbare Reproduktionen beizubringen. Sind die Unterlagen mithilfe eines Datenverarbeitungssystems erstellt worden, hat die Finanzbehörde im Rahmen einer Außenprüfung das Recht, Einsicht in die gespeicherten Daten zu nehmen und das Datenverarbeitungssystem zur Prüfung dieser Unterlagen zu nutzen. Sie kann im Rahmen einer Außenprüfung auch verlangen, dass die Daten nach ihren Vorgaben maschinell ausgewertet oder ihr die gespeicherten Unterlagen und Aufzeichnungen auf einem maschinell verwertbaren Datenträger zur Verfügung gestellt werden. Die Kosten hierfür tragen Sie als Steuerpflichtiger (schon wieder eine Vorschrift, mit der der Staat Ihnen Kosten aufbürdet).

Bewilligung von Erleichterungen

Die Finanzbehörden können für einzelne Fälle oder für bestimmte Gruppen von Fällen Erleichterungen bewilligen, wenn die Einhaltung der durch die Steuergesetze begründeten Buchführungs-, Aufzeichnungs- und Aufbewahrungspflichten Härten mit sich bringt und die Besteuerung durch die Erleichterung nicht beeinträchtigt wird. Die Bewilligung kann widerrufen werden.

Achtung:

Die Bewilligung von Erleichterungen kann sich nur auf steuerrechtliche Buchführungs-, Aufzeichnungs- und Aufbewahrungspflichten erstrecken; die bewilligten Erleichterungen gelten somit nicht für Pflichten nach dem Handelsrecht.

Persönliche Gründe, wie Alter und Krankheit des Steuerpflichtigen, rechtfertigen i. d. R. keine Erleichterungen (BFH-Urteil vom 14.07.1954, BStBl III S. 253). Erleichterungen stehen unter Widerrufsvorbehalt, sie sollen auch rückwirkend bewilligt werden, z. B. bei einer Außenprüfung, wenn sie bei rechtzeitigem Antrag bewilligt worden wären. Eine Bewilligung soll nur ausgesprochen werden, wenn der Steuerpflichtige sie beantragt oder zustimmt.

Mängel der Buchführung

Enthält die Buchführung formelle Mängel, so wird ihre Ordnungsmäßigkeit nicht beanstandet, wenn das sachliche Ergebnis der Buchführung dadurch nicht beeinflusst wird und die Mängel kein erheblicher Verstoß gegen die Anforderungen an die zeitgerechte Erfassung der Geschäftsvorfälle, die besonderen Anforderungen bei Kreditgeschäften, die Aufbewahrungsfristen sowie die Besonderheiten bei der Buchführung auf Datenträgern sind.

Enthält die Buchführung *materielle* Mängel, z. B. wenn Geschäftsvorfälle nicht oder falsch gebucht sind, so wird ihre Ordnungsmäßigkeit dadurch nicht berührt, wenn es sich dabei um unwesentliche Mängel handelt, z. B. wenn nur unbedeutende Vorgänge nicht oder falsch dargestellt sind. Die Fehler sind dann zu berichtigen, oder das Buchführungsergebnis ist durch eine Zuschätzung richtig zu stellen.

Bestandsaufnahme des Vorratsvermögens – Inventur

Das Vorratsvermögen muss *zum* Bilanzstichtag gesondert aufgezeichnet werden (Inventur). Die Inventur für den Bilanzstichtag braucht nicht *am* Bilanzstichtag vorgenommen zu werden. Sie muss aber *zeitnah* – in der Regel innerhalb einer Frist von *zehn Tagen* vor oder nach dem Bilanzstichtag – durchgeführt werden. Dabei muss sichergestellt sein, dass die Bestandsveränderungen zwischen dem Bilanzstichtag und dem Tag der Bestandsaufnahme anhand von Belegen oder Aufzeichnungen ordnungsgemäß berücksichtigt werden. Können die Bestände aus besonderen, insbesondere klimatischen Gründen nicht zeitnah, sondern erst in einem größeren Zeitabstand vom Bilanzstichtag aufgenommen werden, so sind an die Belege und Aufzeichnungen über die zwischenzeitlichen Bestandsveränderungen strenge Anforderungen zu stellen.

Zeitverschobene Inventur

Nach § 241 Abs. 3 HGB kann die jährliche körperliche Bestandsaufnahme ganz oder teilweise innerhalb der letzten drei Monate vor oder der ersten zwei Monate nach dem Bilanzstichtag durchgeführt werden. Der dabei festgestellte Bestand ist nach Art und Menge in einem besonderen Inventar zu verzeichnen, das auch auf Grund einer permanenten Inventur erstellt werden kann. Der in dem besonderen Inventar erfasste Bestand ist auf den Tag der Bestandsaufnahme (Inventurstichtag) nach allgemeinen Grundsätzen zu bewerten. Der sich danach ergebende Gesamtwert des Bestands ist dann wertmäßig auf den Bilanzstichtag fortzuschreiben oder zurückzurechnen. Der Bestand braucht in diesem Fall auf den Bilanzstichtag nicht nach Art und Menge festgestellt zu werden; es genügt die Feststellung des Gesamtwerts des Bestands auf den Bilanzstichtag. Die Bestandsveränderungen zwischen dem Inventurstichtag und dem Bilanzstichtag brauchen ebenfalls nicht nach Art und Menge aufgezeichnet zu werden. Sie müssen nur wertmäßig erfasst werden.

Das Verfahren zur wertmäßigen Fortschreibung oder Rückrechnung des Gesamtwerts des Bestands am Inventurstichtag auf den Bilanzstichtag muss den Grundsätzen ordnungsmäßiger Buchführung entsprechen. Die Fortschreibung des Warenbestands kann dabei nach der folgenden Formel vorgenommen werden, wenn die Zusammensetzung des Warenbestands am Bilanzstichtag von der des Warenbestands am Inventurstichtag nicht wesentlich abweicht: Wert des Warenbestands am Bilanzstichtag = Wert des Warenbestands am Inventurstichtag zuzüglich Wareneingang abzüglich Wareneinsatz (Umsatz abzüglich des durchschnittlichen Rohgewinns). Voraussetzung für die Inanspruchnahme von steuerlichen Vergünstigungen, für die es auf die Zusammensetzung der Bestände am Bilanzstichtag ankommt, wie z. B. bei der Bewertung nach § 6 Abs. 1 Nr. 2a EStG, ist jedoch, dass die tatsächlichen Bestände dieser Wirtschaftsgüter am Bilanzstichtag durch körperliche Bestandsaufnahme oder durch permanente Inventur nachgewiesen werden.

Nichtanwendbarkeit der permanenten und der zeitverschobenen Inventur

Eine permanente oder eine zeitverschobene Inventur ist nicht zulässig für Bestände, bei denen durch Schwund, Verdunsten, Verderb, leichte Zerbrechlichkeit oder ähnliche Vorgänge ins Gewicht fallende unkontrollierbare Abgänge eintreten, es sei denn, dass diese Abgänge auf Grund von Erfahrungssätzen schätzungsweise annähernd zutreffend berücksichtigt werden können;

Fehlerhafte Bestandsaufnahme

Fehlt eine körperliche Bestandsaufnahme, oder enthält das Inventar in formeller oder materieller Hinsicht nicht nur unwesentliche Mängel, so ist die Buchführung nicht als ordnungsmäßig anzusehen. In diesen Fällen kann das aus der Buchführung ermittelte steuerliche Ergebnis durch Schätzung korrigiert werden.

Bestandsmäßige Erfassung des beweglichen Anlagevermögens

Nach § 240 Abs. 2 HGB, §§ 140 und 141 AO besteht die Verpflichtung, für jeden Bilanzstichtag auch ein Verzeichnis der Gegenstände des beweglichen Anlagevermögens aufzustellen (*Bestandsverzeichnis*). In das Bestandsverzeichnis müssen sämtliche im Betrieb vorhandenen beweglichen Gegenstände des Anlagevermögens, auch wenn sie bereits in voller Höhe abgeschrieben sind, aufgenommen werden.

Das Bestandsverzeichnis muss

    die genaue Bezeichnung des Gegenstandes und

    seinen Bilanzwert am Bilanzstichtag

enthalten.

Verzicht auf Erfassung

Geringwertige Anlagegüter, die einen Anschaffungs- oder Herstellungswert von 410 € nicht übersteigen (ohne Umsatzsteuer), können im Jahr der Anschaffung oder Herstellung in voller Höhe abgeschrieben werden. Sie brauchen nicht in das Bestandsverzeichnis aufgenommen zu werden.

Keine Inventur bei fortlaufendem Bestandsverzeichnis

Der Steuerpflichtige braucht die jährliche körperliche Bestandsaufnahme für steuerliche Zwecke nicht durchzuführen, wenn er jeden Zugang und jeden Abgang laufend in das Bestandsverzeichnis einträgt und die am Bilanzstichtag vorhandenen Gegenstände des beweglichen Anlagevermögens auf Grund des fortlaufend geführten Bestandsverzeichnisses ermittelt werden können; in diesem Fall müssen aus dem Bestandsverzeichnis außer den genannten Angaben noch ersichtlich sein:

der Tag der Anschaffung oder Herstellung des Gegenstandes,

die Höhe der Anschaffungs- oder Herstellungskosten

der Tag des Abgangs.

Wird das Bestandsverzeichnis in der Form einer *Anlagekartei* geführt, so ist der Bilanzansatz aus der Summe der einzelnen Bilanzwerte der Anlagekartei nachzuweisen.

2 Funktion des Kontenrahmens

Die Vorschriften zur Buchführung und Aufzeichnung werden im Allgemeinen im Rahmen einer EDV-Buchführung erfüllt. Grundlage der Buchführung sind die Belege Ihrer Geschäftsfälle. Diese Belege müssen einzeln auf „Buchführungskonten" gebucht werden. Die Summe aller denkbaren Konten bildet der der Kontenrahmen. Gewerbebetriebe buchen in der Regel nach dem Industriekontenrahmen. Für kleinere Unternehmen haben sich in der Praxis die DATEV-Kontenrahmen SKR 03 und SKR 04 durchgesetzt. Andere Softwarehersteller folgen dem Schema dieser Kontenrahmen mit geringen Abweichungen.

Der Kontenrahmen ist in Kontenklassen gegliedert, die wiederum die Einzelkonten umfassen. So kann jeder Geschäftsfall innerhalb einer Klasse einem Konto zugeordnet werden. Zu den Kontenarten zählen:

Bestandskonten, wie z. B. Wirtschaftsgüter des Anlagevermögens, Bankkonten und Kasse, Darlehen, Verbindlichkeiten,

Kostenkonten, wie z. B. Personal, Mieten, Kfz, Büro, Beratung,

Erlöskonten,

Personenkonten, die Ihre Lieferanten und Kundenbuchungen aufnehmen.

Für den Jahresabschluss werden die Salden der einzelnen Konten in die Posten der Bilanz (Bestandskonten) und die Gewinn- und Verlustrechnung (Erfolgskonten) eingesteuert. Das Ergebnis der Gewinn- und Verlustrechnung ist der vorläufige Gewinn. Sollten während der Buchführung steuerliche Grundsätze nicht berücksichtigt worden sein, sind sie im Jahresabschluss nachzuholen, um den steuerlich richtigen Gewinn oder Verlust feststellen zu können.

IV   Jahresabschluss

1   Grundsätze bei Einzelkaufleuten

Der steuerrechtliche Begriff des Jahresabschlusses folgt im Grundsatz zunächst dem Handelsrecht. Nach § 242 HGH gilt das Folgende:

Eröffnungsbilanz

Der Kaufmann hat zu Beginn seines Handelsgewerbes und für den Schluss eines jeden Geschäftsjahrs einen das Verhältnis seines Vermögens und seiner Schulden darstellenden Abschluss (Eröffnungsbilanz, Bilanz) aufzustellen. Auf die Eröffnungsbilanz sind die für den Jahresabschluss geltenden Vorschriften entsprechend anzuwenden, soweit sie sich auf die Bilanz beziehen.

Jahresabschluss

Der Kaufmann hat für den Schluss eines jeden Geschäftsjahrs eine Gegenüberstellung der Aufwendungen und Erträge des Geschäftsjahrs (Gewinn- und Verlustrechnung) aufzustellen.

Die Bilanz und die Gewinn- und Verlustrechnung bilden den Jahresabschluss. Für Kapitalgesellschaften wird der Jahresabschluss erweitert um den Anhang und den Lagebericht.

Ordnungsmäßigkeit

Der Jahresabschluss ist nach den Grundsätzen ordnungsmäßiger Buchführung aufzustellen. Er muss klar und übersichtlich sein, in deutscher Sprache und in € aufzustellen.

Vollständigkeit

Der Jahresabschluss hat sämtliche Vermögensgegenstände, Schulden, Rechnungsabgrenzungsposten, Aufwendungen und Erträge zu enthalten.

Saldierungsverbot

Posten der Aktivseite dürfen nicht mit Posten der Passivseite, Aufwendungen nicht mit Erträgen, Grundstücksrechte nicht mit Grundstückslasten verrechnet werden.

Inhalt

In der Bilanz sind das Anlage- und das Umlaufvermögen, das Eigenkapital, die Schulden sowie die Rechnungsabgrenzungsposten gesondert auszuweisen und hinreichend aufzugliedern. Beim Anlagevermögen sind nur die Gegenstände auszuweisen, die bestimmt sind, dauernd dem Geschäftsbetrieb zu dienen. Passivposten, die für Zwecke der Steuern vom Einkommen und vom Ertrag zulässig sind, dürfen in der Bilanz gebildet werden. Sie sind als Sonderposten mit Rücklageanteil auszuweisen und nach Maßgabe des Steuerrechts aufzulösen. Einer Rückstellung bedarf es insoweit nicht.

Ausweis und Gliederung

In der Bilanz sind das Anlage- und das Umlaufvermögen, das Eigenkapital, die Schulden sowie die Rechnungsabgrenzungsposten gesondert auszuweisen und hinreichend aufzugliedern.

Anlagevermögen

Als Anlagevermögen sind nur die Gegenstände auszuweisen, die bestimmt sind, dauernd dem Geschäftsbetrieb zu dienen.

Rückstellungen sind für ungewisse Verbindlichkeiten und für drohende Verluste aus schwebenden Geschäften zu bilden. Ferner sind Rückstellungen zu bilden für

im Geschäftsjahr unterlassene Aufwendungen für Instandhaltung, die im folgenden Geschäftsjahr innerhalb von drei Monaten, oder für Abraumbeseitigung, die im folgenden Geschäftsjahr nachgeholt werden,

Gewährleistungen, die ohne rechtliche Verpflichtung erbracht werden.

Rückstellungen dürfen für unterlassene Aufwendungen für Instandhaltung auch gebildet werden, wenn die Instandhaltung nach Ablauf der Frist nach Satz 2 Nr. 1 innerhalb des Geschäftsjahrs nachgeholt wird.

Rückstellungen dürfen außerdem für ihrer Eigenart nach genau umschriebene, dem Geschäftsjahr oder einem früheren Geschäftsjahr zuzuordnende Aufwendungen gebildet werden, die am Abschlussstichtag wahrscheinlich oder sicher, aber hinsichtlich ihrer Höhe oder des Zeitpunkts ihres Eintritts unbestimmt sind.

Für andere als den bezeichneten Zwecke dürfen Rückstellungen nicht gebildet werden. Aufgelöst werden dürfen sie nur, soweit der Grund hierfür entfallen ist.

Wertansätze

Bei der Bewertung der im Jahresabschluss ausgewiesenen Vermögensgegenstände und Schulden gilt insbesondere Folgendes:

Die Wertansätze in der Eröffnungsbilanz des Geschäftsjahrs müssen mit denen der Schlussbilanz des vorhergehenden Geschäftsjahrs übereinstimmen.

Bei der Bewertung ist von der Fortführung der Unternehmenstätigkeit auszugehen, sofern dem nicht tatsächliche oder rechtliche Gegebenheiten entgegenstehen.

Die Vermögensgegenstände und Schulden sind zum Abschlussstichtag einzeln zu bewerten.

Es ist vorsichtig zu bewerten, namentlich sind alle vorhersehbaren Risiken und Verluste, die bis zum Abschlussstichtag entstanden sind, zu berücksichtigen, selbst wenn diese erst zwischen dem Abschlussstichtag und dem Tag der Aufstellung des Jahresabschlusses bekannt geworden sind; Gewinne sind nur zu berücksichtigen, wenn sie am Abschlussstichtag realisiert sind.

Aufwendungen und Erträge des Geschäftsjahrs sind unabhängig von den Zeitpunkten der entsprechenden Zahlungen im Jahresabschluss zu berücksichtigen.

Die auf den vorhergehenden Jahresabschluss angewandten Bewertungsmethoden sollen beibehalten werden.

Vermögensgegenstände sind höchstens mit den Anschaffungs- oder Herstellungskosten, vermindert um Abschreibungen anzusetzen. Verbindlichkeiten sind zu ihrem Rückzahlungsbetrag, Rentenverpflichtungen, für die eine Gegenleistung nicht mehr zu erwarten ist, zu ihrem Barwert und Rückstellungen nur in Höhe des Betrags anzusetzen, der nach vernünftiger kaufmännischer Beurteilung notwendig ist; Rückstellungen dürfen nur abgezinst werden, soweit die ihnen zugrunde liegenden Verbindlichkeiten einen Zinsanteil enthalten.

Abschreibungen

Bei Vermögensgegenständen des Anlagevermögens, deren Nutzung zeitlich begrenzt ist, sind die Anschaffungs- oder Herstellungskosten um planmäßige Abschreibungen zu vermindern. Der Plan muss die Anschaffungs- oder Herstellungskosten auf die Geschäftsjahre verteilen, in denen der Vermögensgegenstand voraussichtlich genutzt werden kann. Ohne Rücksicht darauf, ob ihre Nutzung zeitlich begrenzt ist, können bei Vermögensgegenständen des Anlagevermögens außerplanmäßige Abschreibungen vorgenommen werden, um die Vermögensgegenstände mit dem niedrigeren Wert anzusetzen, der ihnen am Abschlussstichtag beizulegen ist; sie sind vorzunehmen bei einer voraussichtlich dauernden Wertminderung.

Niedrigerer Wert

Bei Vermögensgegenständen des Umlaufvermögens sind Abschreibungen vorzunehmen, um diese mit einem niedrigeren Wert anzusetzen, der sich aus einem Börsen- oder Marktpreis am Abschlussstichtag ergibt. Ist ein Börsen- oder Marktpreis nicht festzustellen und übersteigen die Anschaffungs- oder Herstellungskosten den Wert, der den Vermögensgegenständen am Abschlussstichtag beizulegen ist, so ist auf diesen Wert abzuschreiben. Außerdem dürfen Abschreibungen vorgenommen werden, soweit diese nach vernünftiger kaufmännischer Beurteilung notwendig sind, um zu verhindern, dass in der nächsten Zukunft der Wertansatz dieser Vermögensgegenstände auf Grund von Wertschwankungen geändert werden muss.

Außerordentliche Abschreibungen sind außerdem im Rahmen vernünftiger kaufmännischer Beurteilung zulässig.

Steuerliche Abschreibungen

Abschreibungen können auch vorgenommen werden, um Vermögensgegenstände des Anlage- oder Umlaufvermögens mit dem niedrigeren Wert anzusetzen, der auf einer nur steuerrechtlich zulässigen Abschreibung beruht.

Anschaffungskosten sind die Aufwendungen, die geleistet werden, um einen Vermögensgegenstand zu erwerben und ihn in einen betriebsbereiten Zustand zu versetzen, soweit sie dem Vermögensgegenstand einzeln zugeordnet werden können. Zu den Anschaffungskosten gehören auch die Nebenkosten sowie die nachträglichen Anschaffungskosten. Anschaffungspreisminderungen sind abzusetzen.

Herstellungskosten sind die Aufwendungen, die durch den Verbrauch von Gütern und die Inanspruchnahme von Diensten für die Herstellung eines Vermögensgegenstands, seine Erweiterung oder für eine über seinen ursprünglichen Zustand hinausgehende wesentliche Verbesserung entstehen. Dazu gehören die Materialkosten, die Fertigungskosten und die Sonderkosten der Fertigung. Bei der Berechnung der Herstellungskosten dürfen auch angemessene Teile der notwendigen Materialgemeinkosten, der notwendigen Fertigungsgemeinkosten und des Wertverzehrs des Anlagevermögens, soweit er durch die Fertigung veranlaßt ist, eingerechnet werden. Kosten der allgemeinen Verwaltung sowie Aufwendungen für soziale Einrichtungen des Betriebs, für freiwillige soziale Leistungen und für betriebliche Altersversorgung brauchen nicht eingerechnet zu werden.

Zinsen für Fremdkapital gehören nicht zu den Herstellungskosten. Zinsen für Fremdkapital, das zur Finanzierung der Herstellung eines Vermögensgegenstands verwendet wird, dürfen angesetzt werden, soweit sie auf den Zeitraum der Herstellung entfallen; in diesem Falle gelten sie als Herstellungskosten des Vermögensgegenstands.

Als *Geschäfts- oder Firmenwert* darf der Unterschiedsbetrag angesetzt werden, um den die für die Übernahme eines Unternehmens bewirkte Gegenleistung den Wert der einzelnen Vermögensgegenstände des Unternehmens abzüglich der Schulden im Zeitpunkt der Übernahme übersteigt. Der Betrag ist in jedem folgenden Geschäftsjahr zu mindestens einem Viertel durch Abschreibungen zu tilgen. Die Abschreibung des Geschäfts- oder Firmenwerts kann aber auch planmäßig auf die Geschäftsjahre verteilt werden, in denen er voraussichtlich genutzt wird.

Aufbewahrung von Unterlagen. Aufbewahrungsfristen

Jeder Kaufmann ist verpflichtet, die folgenden Unterlagen geordnet aufzubewahren:

Zehn Jahre lang

▪ Handelsbücher, Inventare, Eröffnungsbilanzen, Jahresabschlüsse, Einzelabschlüsse nach Lageberichte, Konzernabschlüsse, Konzernlageberichte sowie die zu ihrem Verständnis erforderlichen Arbeitsanweisungen und sonstigen Organisationsunterlagen,

▪ Wiedergaben der abgesandten Handelsbriefe.

Sechs Jahre lang

die empfangenen Handelsbriefe (Handelsbriefe sind nur Schriftstücke, die ein Handelsgeschäft betreffen),

Belege für Buchungen in den von ihm zu führenden Büchern (Buchungsbelege).

Mit Ausnahme der Eröffnungsbilanzen und Abschlüsse können aufgeführten Unterlagen auch als Wiedergabe auf einem Bildträger oder auf anderen Datenträgern aufbewahrt werden, wenn dies den Grundsätzen ordnungsmäßiger Buchführung entspricht und sichergestellt ist, dass die Wiedergabe oder die Daten

mit den empfangenen Handelsbriefen und den Buchungsbelegen bildlich und mit den anderen Unterlagen inhaltlich übereinstimmen, wenn sie lesbar gemacht werden,

während der Dauer der Aufbewahrungsfrist verfügbar sind und jederzeit innerhalb angemessener Frist lesbar gemacht werden können.

Die Aufbewahrungsfrist beginnt mit dem Schluss des Kalenderjahrs,

in dem die letzte Eintragung in das Handelsbuch gemacht,

das Inventar aufgestellt,

die Eröffnungsbilanz oder der Jahresabschluss festgestellt,

der Einzelabschluss oder der Konzernabschluss aufgestellt,

der Handelsbrief empfangen oder abgesandt worden oder

der Buchungsbeleg entstanden ist.

2 Grundsätze bei Kapitalgesellschaften

Pflicht zur Aufstellung

Die gesetzlichen Vertreter einer Kapitalgesellschaft haben den Jahresabschluss um einen Anhang zu erweitern, der mit der Bilanz und der Gewinn- und Verlustrechnung eine Einheit bildet, sowie einen Lagebericht aufzustellen. Der Jahresabschluss und der Lagebericht sind von den gesetzlichen Vertretern in den ersten drei Monaten des Geschäftsjahrs für das vergangene Geschäftsjahr aufzustellen.

Kleine Kapitalgesellschaften brauchen den Lagebericht nicht aufzustellen; sie dürfen den Jahresabschluss auch später aufstellen, wenn dies einem ordnungsgemäßen Geschäftsgang entspricht, jedoch innerhalb der ersten sechs Monate des Geschäftsjahres.

Ordnungsmäßigkeit der Buchführung

Der Jahresabschluss der Kapitalgesellschaft hat unter Beachtung der Grundsätze ordnungsmäßiger Buchführung ein den tatsächlichen Verhältnissen entsprechendes Bild der Vermögens-, Finanz- und Ertragslage der Kapitalgesellschaft zu vermitteln. Führen besondere Umstände dazu, dass der Jahresabschluss ein den tatsächlichen Verhältnissen entsprechendes Bild nicht vermittelt, so sind im Anhang zusätzliche Angaben zu machen.

3 Gliederung des Jahresabschlusses

Bilanzgliederung

Die Bilanz ist in Kontoform aufzustellen. Dabei haben große und mittelgroße Kapitalgesellschaften

Aktivseite

A. Anlagevermögen:
  I.   Immaterielle Vermögensgegenstände:
    1. Konzessionen, gewerbliche Schutzrechte und ähnliche Rechte und Werte sowie Lizenzen an solchen Rechten und Werten;
    2. Geschäfts- oder Firmenwert;
    3. geleistete Anzahlungen;
  II. Sachanlagen:
    1. Grundstücke, grundstücksgleiche Rechte und Bauten einschließlich der Bauten auf fremden Grundstücken;
    2. technische Anlagen und Maschinen;
    3. andere Anlagen, Betriebs- und Geschäftsausstattung;
    4. geleistete Anzahlungen und Anlagen im Bau;
  III. Finanzanlagen:
    1. Anteile an verbundenen Unternehmen;
    2. Ausleihungen an verbundene Unternehmen;
    3. Beteiligungen;
    4. Ausleihungen an Unternehmen, mit denen ein Beteiligungsverhältnis besteht;
    5. Wertpapiere des Anlagevermögens;
    6. sonstige Ausleihungen.

B. Umlaufvermögen:
  I.   Vorräte:
    1. Roh-, Hilfs- und Betriebsstoffe;
    2. unfertige Erzeugnisse, unfertige Leistungen;
    3. fertige Erzeugnisse und Waren;
    4. geleistete Anzahlungen;
  II. Forderungen und sonstige Vermögensgegenstände:
    1. Forderungen aus Lieferungen und Leistungen;
    2. Forderungen gegen verbundene Unternehmen;
    3. Forderungen gegen Unternehmen, mit denen ein Beteiligungsverhältnis besteht;
    4. sonstige Vermögensgegenstände;
  III. Wertpapiere:
    1. Anteile an verbundenen Unternehmen;
    2. eigene Anteile;
    3. sonstige Wertpapiere;
  IV. Kassenbestand, Bundesbankguthaben, Guthaben bei Kreditinstituten und Schecks.

C. Rechnungsabgrenzungsposten.

Passivseite

A. Eigenkapital:
  I.   Gezeichnetes Kapital;
  II. Kapitalrücklage;
  III. Gewinnrücklagen:
    1. gesetzliche Rücklage;
    2. Rücklage für eigene Anteile;
    3. satzungsmäßige Rücklagen;
    4. andere Gewinnrücklagen;
  IV. Gewinnvortrag/Verlustvortrag;
  V. Jahresüberschuss/Jahresfehlbetrag.

B. Rückstellungen:
  1. Rückstellungen für Pensionen und ähnliche Verpflichtungen;
  2. Steuerrückstellungen;
  3. sonstige Rückstellungen.

C. Verbindlichkeiten:
  1. Anleihen, davon konvertibel;
  2. Verbindlichkeiten gegenüber Kreditinstituten;
  3. erhaltene Anzahlungen auf Bestellungen;
  4. Verbindlichkeiten aus Lieferungen und Leistungen;
  5. Verbindlichkeiten aus der Annahme gezogener Wechsel und der Ausstellung eigener Wechsel;

6. Verbindlichkeiten gegenüber verbundenen Unternehmen;
7. Verbindlichkeiten gegenüber Unternehmen, mit denen ein Beteiligungsverhältnis besteht;
8. sonstige Verbindlichkeiten,
    davon aus Steuern,
    davon im Rahmen der sozialen Sicherheit.

D. Rechnungsabgrenzungsposten.

Gliederung der Gewinn- und Verlustrechnung

Die Gewinn- und Verlustrechnung ist in Staffelform nach dem Gesamtkostenverfahren oder dem Umsatzkostenverfahren aufzustellen.

Bei Anwendung des Gesamtkostenverfahrens sind auszuweisen:
1. Umsatzerlöse
2. Erhöhung oder Verminderung des Bestands an fertigen und unfertigen Erzeugnissen
3. andere aktivierte Eigenleistungen
4. sonstige betriebliche Erträge
5. Materialaufwand:
    a) Aufwendungen für Roh-, Hilfs- und Betriebsstoffe und für bezogene Waren
    b) Aufwendungen für bezogene Leistungen
6. Personalaufwand:
    a) Löhne und Gehälter
    b) soziale Abgaben und Aufwendungen für Altersversorgung und für Unterstützung, davon für Altersversorgung
7. Abschreibungen:
    a) auf immaterielle Vermögensgegenstände des Anlagevermögens und Sachanlagen sowie auf aktivierte Aufwendungen für die Ingangsetzung und
        Erweiterung des Geschäftsbetriebs
    b) auf Vermögensgegenstände des Umlaufvermögens, soweit diese die in der
        Kapitalgesellschaft üblichen Abschreibungen überschreiten
8. sonstige betriebliche Aufwendungen
9. Erträge aus Beteiligungen, davon aus verbundenen Unternehmen
10. Erträge aus anderen Wertpapieren und Ausleihungen des Finanzanlagevermögens, davon aus verbundenen Unternehmen
11. sonstige Zinsen und ähnliche Erträge, davon aus verbundenen Unternehmen
12. Abschreibungen auf Finanzanlagen und auf Wertpapiere des Umlaufvermögens
13. Zinsen und ähnliche Aufwendungen, davon an verbundene Unternehmen
14. Ergebnis der gewöhnlichen Geschäftstätigkeit

15. außerordentliche Erträge
16. außerordentliche Aufwendungen
17. außerordentliches Ergebnis
18. Steuern vom Einkommen und vom Ertrag
19. sonstige Steuern
20. Jahresüberschuss/Jahresfehlbetrag.

Bei Anwendung des Umsatzkostenverfahrens sind auszuweisen:
1. Umsatzerlöse
2. Herstellungskosten der zur Erzielung der Umsatzerlöse erbrachten Leistungen
3. Bruttoergebnis vom Umsatz
4. Vertriebskosten
5. allgemeine Verwaltungskosten
6. sonstige betriebliche Erträge
7. sonstige betriebliche Aufwendungen
8. Erträge aus Beteiligungen, davon aus verbundenen Unternehmen
9. Erträge aus anderen Wertpapieren und Ausleihungen des Finanzanlagevermögens, davon aus verbundenen Unternehmen
10. sonstige Zinsen und ähnliche Erträge, davon aus verbundenen Unternehmen
11. Abschreibungen auf Finanzanlagen und auf Wertpapiere des Umlaufvermögen
12. Zinsen und ähnliche Aufwendungen, davon an verbundene Unternehmen
13. Ergebnis der gewöhnlichen Geschäftstätigkeit
14. außerordentliche Erträge
15. außerordentliche Aufwendungen
16. außerordentliches Ergebnis
17. Steuern vom Einkommen und vom Ertrag
18. sonstige Steuern
19. Jahresüberschuss/Jahresfehlbetrag.

Erläuterung der Bilanz und der Gewinn- und Verlustrechnung

In den *Anhang* sind diejenigen Angaben aufzunehmen, die zu den einzelnen Posten der Bilanz oder der Gewinn- und Verlustrechnung vorgeschrieben oder die im Anhang zu machen sind, weil sie in Ausübung eines Wahlrechts nicht in die Bilanz oder in die Gewinn- und Verlustrechnung aufgenommen wurden.

Im Anhang müssen

die auf die Posten der Bilanz und der Gewinn- und Verlustrechnung angewandten Bilanzierungs- und Bewertungsmethoden angegeben werden,

- die Grundlagen für die Umrechnung in € angegeben werden, soweit der Jahresabschluss Posten enthält, denen Beträge zugrunde liegen, die auf fremde Währung lauten oder ursprünglich auf fremde Währung lauteten,

- Abweichungen von Bilanzierungs- und Bewertungsmethoden angegeben und begründet werden; deren Einfluss auf die Vermögens-, Finanz- und Ertragslage ist gesondert darzustellen,

- bei Anwendung einer Bewertungsmethode die Unterschiedsbeträge pauschal für die jeweilige Gruppe ausgewiesen werden, wenn die Bewertung im Vergleich zu einer Bewertung auf der Grundlage des letzten vor dem Abschlussstichtag bekannten Börsenkurses oder Marktpreises einen erheblichen Unterschied aufweist,

- Angaben über die Einbeziehung von Zinsen für Fremdkapital in die Herstellungskosten gemacht werden.

Im Lagebericht sind der Geschäftsverlauf einschließlich des Geschäftsergebnisses und die Lage der Kapitalgesellschaft so darzustellen, dass ein den tatsächlichen Verhältnissen entsprechendes Bild vermittelt wird. Er hat eine ausgewogene und umfassende, dem Umfang und der Komplexität der Geschäftstätigkeit entsprechende Analyse des Geschäftsverlaufs und der Lage der Gesellschaft zu enthalten. In die Analyse sind die für die Geschäftstätigkeit bedeutsamsten finanziellen Leistungsindikatoren einzubeziehen und unter Bezugnahme auf die im Jahresabschluss ausgewiesenen Beträge und Angaben zu erläutern. Ferner ist im Lagebericht die voraussichtliche Entwicklung mit ihren wesentlichen Chancen und Risiken zu beurteilen und zu erläutern; zugrunde liegende Annahmen sind anzugeben.

Der *Lagebericht* soll auch eingehen auf:

- Vorgänge von besonderer Bedeutung, die nach dem Schluss des Geschäftsjahrs eingetreten sind,

- die Risikomanagementziele und -methoden der Gesellschaft einschließlich ihrer Methoden zur Absicherung aller wichtigen Arten von Transaktionen, die im Rahmen der Bilanzierung von Sicherungsgeschäften erfasst werden, sowie die Preisänderungs-, Ausfall- und Liquiditätsrisiken sowie die Risiken aus Zahlungsstromschwankungen, denen die Gesellschaft ausgesetzt ist,

- den Bereich Forschung und Entwicklung,

- bestehende Zweigniederlassungen der Gesellschaft.

Größenklassen

Kleine Kapitalgesellschaften sind solche, die mindestens zwei der drei nachstehenden Merkmale nicht überschreiten:

4015000 € Bilanzsumme nach Abzug eines auf der Aktivseite ausgewiesenen Fehlbetrags,

8030000 € Umsatzerlöse in den zwölf Monaten vor dem Abschlussstichtag,

im Jahresdurchschnitt 50 Arbeitnehmer.

Mittelgroße Kapitalgesellschaften sind solche, die mindestens zwei der bezeichneten Merkmale überschreiten und jeweils mindestens zwei der drei nachstehenden Merkmale nicht überschreiten:

16060000 € Bilanzsumme nach Abzug eines auf der Aktivseite ausgewiesenen Fehlbetrags,

32120000 € Umsatzerlöse in den zwölf Monaten vor dem Abschlussstichtag,

im Jahresdurchschnitt 250 Arbeitnehmer.

Große Kapitalgesellschaften sind solche, die mindestens zwei der drei bezeichneten Merkmale überschreiten.

Als durchschnittliche Zahl der Arbeitnehmer gilt der vierte Teil der Summe aus den Zahlen der jeweils am 31. März, 30. Juni, 30. September und 31. Dezember beschäftigten Arbeitnehmer einschließlich der im Ausland beschäftigten Arbeitnehmer, jedoch ohne die zu ihrer Berufsausbildung Beschäftigten.

V Steuerliche Gewinnermittlung

Für die Ermittlung des steuerlichen Betriebsergebnisses sind neben den Vorschriften des Handelsrechts die Gewinnermittlungsvorschriften des Einkommensteuerrechts zu berücksichtigen. Diese gelten grundsätzlich auch für die Gewinnermittlungen von Kapitalgesellschaften, obwohl diese statt der Einkommensteuer der Körperschaft unterliegen. Die Bemessungsgrundlage für die Körperschaftsteuer richtet sich jedoch in weiten Teilen nach den Gewinnermittlungsvorschriften des Einkommensteuerrechts.

1 Definition des steuerlichen Gewinns

Das Einkommensteuergesetz definiert in § 4 den steuerlichen Gewinn als Unterschiedsbetrag zwischen dem Betriebsvermögen am Schluss des Wirtschaftsjahres und dem Betriebsvermögen am Schluss des vorangegangenen Wirtschaftsjahres. Dem Ergebnis dieses „Vermögensbestandsvergleichs" werden die Entnahmen aus dem Betriebsvermögen hinzugezählt, die Einlagen werden abgezogen. Dies hat zur Folge, dass Entnahmen und Einlagen gewinnneutral behandelt werden, das steuerliche Betriebsergebnis also nicht verändern dürfen.

Entnahmen sind alle Wirtschaftsgüter, die Sie als Steuerpflichtiger im Verlauf des Wirtschaftsjahres dem Betrieb für sich, Ihren Haushalt oder für andere betriebsfremde Zwecke entnehmen.

Beispiele:

– Barentnahmen,

– Waren,

– Erzeugnisse,

– Nutzungen,

– Leistungen.

Unterjährige Entnahmen kommen im Wirtschaftsleben bei Einzelunternehmen und Personengesellschaften ständig vor, da der Kaufmann in der Regel vom Ergebnis seines Unternehmens leben muss und nicht warten kann, bis das steuerliche Betriebsergebnis am Ende des Wirtschaftsjahres festgestellt wird.

Einlagen sind alle Wirtschaftsgüter, die Sie dem Betrieb im Laufe des Wirtschaftsjahres zuführen.

Beispiele:

- Bareinzahlungen,

- bisher rein privat genutzte Wirtschaftsgüter.

Einlagen spielen insbesondere bei Betriebseröffnungen oder betrieblichen Liquiditätsengpässen eine wesentliche Rolle.

Praxisempfehlung:

Die Vorschrift über Entnahmen bedeutet also für Sie: Sie dürfen aus Ihrem Betrieb Geld für Ihre privaten Zwecke jederzeit entnehmen, ohne den Jahresabschluss und die Höhe der Steuern abwarten zu müssen. Der Entnahme werden nur Grenzen durch die betriebliche Liquidität gesetzt . Mit anderen Worten: Solange die Liquiditätssituation es erlaubt, können Sie Geld in Ihr Privatvermögen überführen. Grenzen setzt Ihnen letztlich Ihr Kreditinstitut. Aber: Sie müssen als Einzelunternehmer oder Gesellschafter einer Personengesellschaft auch für Ihre Einkommensteuerverpflichtungen gegenüber dem Finanzamt gerade stehen. Die Einkommensteuer muss also nicht auf dem betrieblichen Konto angesammelt werden. Sie sollten jedoch zumindest in Ihrem privaten Bereich eine Steuerreserve ansparen. Hierzu ist es notwendig, mehrmals im Jahr eine Einkommensteuerhochrechnung vorzunehmen. Sprechen Sie deshalb mit Ihrem Steuerberater, damit er Ihnen die Berechnungen zur Verfügung stellt. Und richten Sie Ihr Ausgabenverhalten nach den zu erwartenden Steuernachzahlungen. Nur wenn Sie eine Reserve hierfür angesammelt haben, können Sie dem nächsten Steuerbescheid gelassen entgegen sehen.

2   Betriebseinnahmen

Definition

Der Begriff „Betriebseinnahmen" ist der einkommensteuerrechtliche Begriff für den betriebswirtschaftlichen Begriff „Erlöse". Betriebseinnahmen unterliegen der Einkommen- und Körperschaftsteuer und – soweit sie im Gewerbeertrag enthalten sind – auch der Gewerbesteuer.

Eine einheitliche Bestimmung des Begriffs der Betriebseinnahmen (Erwerbsbezüge) enthält das EStG nicht. Nach der Rechtsprechung des Bundesfinanzhofs sind unter Betriebseinnahmen alle Zugänge in Geld oder Geldeswert zu verstehen, die durch den Betrieb veranlasst sind (z. B. (BFH 14.03.1989 – I R 83/85; BStBl II 1989 S. 650). Betrieblich veranlasst ist ein solcher Wertzuwachs, wenn er in einem nicht nur äußerlichen, sondern sachlichen, wirtschaftlichen Zusammenhang zum Betrieb steht.

Betriebseinnahmen liegen danach regelmäßig vor, wenn die Zuwendungen im weitesten Sinne eine Gegenleistung für ein betriebliches Handeln oder auch Unterlassen darstellen. Es kommt für die Erfassung als Betriebseinnahme beim Empfänger nicht darauf an, wie die Zuwendung beim Geber zu behandeln ist.

Eine derartige Vermögensmehrung muss – sofern nur objektiv betrieblich veranlasst – nicht notwendig als Entgelt auf eine konkrete betriebliche Leistung bezogen werden können, weswegen z. B. grundsätzlich auch Zuschüsse für Investitionen oder Existenzgründungen zu den Betriebseinnahmen gehören. Da es außerdem nicht darauf ankommt, dass sich der Wertzuwachs im Betriebsvermögen auswirkt und insoweit auch die Art der Verwendung unbeachtlich ist, zählen zu den Betriebseinnahmen ferner:

Geschenke an den Steuerschuldner, die durch die steuerbare Leistung veranlasst sind, aber zusätzlich zum dafür geschuldeten Entgelt erbracht werden,

von einem Geschäftsfreund zugewendete Auslandsreisen,

das dem Zahnarzt unentgeltlich überlassene Altgold,

betriebsbezogene Preise,

freiwillige Sozialleistungen eines Versicherungsunternehmens an seine Vertreter.

ABC der Betriebseinnahmen

Abfindungen

Vertragliche Abfindungen sind als Betriebseinnahmen anzusetzen, ebenso wie Entschädigungen oder Schadensersatzleistungen.

Beteiligungserträge

Wird die Beteiligung im Betriebsvermögen gehalten, so ist auch der Beteiligungsertrag als Betriebseinnahme anzusetzen.

Buchgewinn

Ergibt sich bei Veräußerung von Wirtschaftsgütern des Anlagevermögen ein Erlös, der über dem Buchwert des Wirtschaftsguts liegt (Buchwert = Anschaffungskosten minus Abschreibungen), so ist dieser Veräußerungserlös als Betriebseinnahme anzusetzen.

Investitionszulagen

Zulagen, die nach dem Investitionszulagengesetz oder dem Fördergebietsgesetz gezahlt werden, sind regelmäßig keine Betriebseinnahmen, sondern steuerfreie Zuwendungen.

Incentive-Reisen

Behandlung der Reise beim Empfänger

Wendet der Unternehmer einem Geschäftspartner, der in einem Einzelunternehmen betriebliche Einkünfte erzielt, eine Incentive-Reise zu, hat der Empfänger den Wert der Reise im Rahmen seiner steuerlichen Gewinnermittlung als Betriebseinnahme zu erfassen (BFH-Urteile vom 22. Juli 1988, BStBl II S. 995; vom 20. April 1989, BStBl II S. 641). Wird der Wert der Incentive-Reise einer Personengesellschaft oder einer Kapitalgesellschaft zugewandt, haben sie in Höhe des Sachwerts der Reise eine Betriebseinnahme anzusetzen. Der Wert einer Reise ist auch dann als Betriebseinnahme anzusetzen, wenn das die Reiseleistungen gewährende Unternehmen die Aufwendungen nicht als Betriebsausgaben abziehen darf (BFH-Urteil vom 26. September 1995, BStBl II 1996 S. 273).

Verwendung der erhaltenen Reiseleistungen

Mit der Teilnahme an der Reise wird eine Entnahme verwirklicht, da mit der Reise regelmäßig allgemein-touristische Interessen befriedigt werden. Dies gilt auch, wenn eine Personengesellschaft die empfangene Reiseleistung an ihre Gesellschafter weiterleitet. Leitet die Kapitalgesellschaft die erhaltene Reiseleistung an ihre Gesellschafter weiter, so liegt hierin grundsätzlich eine verdeckte Gewinnausschüttung.

Preise

Werden sie als Gegenleistung für eine mit Gewinnstreben betriebene Tätigkeit gezahlt, so sind sie Betriebseinnahmen.

Beispiele aus der Finanz-Rechtsprechung:

- Architektenentwurf wird bepreist,
- Filmpreise,
- Förderpreis für Habilitation,
- Projektentwicklungspreis,
- Preis als Schönheitskönigin.

Preise, die das Gesamtwerk oder die Forschungstätigkeit würdigen, sind keine Betriebseinnahmen:

Beispiele aus der Finanzrechtsprechung:

- Deutscher Zukunftspreis für Technik und Innovation,

- Goethepreis,

- Nobelpreis,

- Theodor-Wolff-Preis für Journalisten.

Sachzuwendungen

Sind sie als Gegenleistung für betriebliche Leistungen anzusehen, sind sie Betriebseinnahmen.

Schmiergelder

Können grundsätzlich Betriebseinnahmen sein, wenn sie im Zusammenhang mit einer betrieblichen oder selbstständigen Tätigkeit stehen.

Sponsoring

Die im Zusammenhang mit dem Sponsoring erhaltenen Leistungen können, wenn der Empfänger eine steuerbegünstigte Körperschaft ist, steuerfreie Einnahmen im ideellen Bereich, steuerfreie Einnahmen aus der Vermögensverwaltung oder steuerpflichtige Einnahmen eines wirtschaftlichen Geschäftsbetriebs sein. Die steuerliche Behandlung der Leistungen beim Empfänger hängt grundsätzlich nicht davon ab, wie die entsprechenden Aufwendungen beim leistenden Unternehmen behandelt werden. Für die Abgrenzung gelten die allgemeinen Grundsätze (vgl. insbesondere Anwendungserlass zur Abgabenordnung, zu § 67 a, Tz. I/9). Danach liegt kein wirtschaftlicher Geschäftsbetrieb vor, wenn die steuerbegünstigte Körperschaft dem Sponsor nur die Nutzung ihres Namens zu Werbezwecken in der Weise gestattet, dass der Sponsor selbst zu Werbezwecken oder zur Imagepflege auf seine Leistungen an die Körperschaft hinweist. Ein wirtschaftlicher Geschäftsbetrieb liegt auch dann nicht vor, wenn der Empfänger der Leistungen z. B. auf Plakaten, Veranstaltungshinweisen, in Ausstellungskatalogen oder in anderer Weise auf die Unterstützung durch einen Sponsor lediglich hinweist. Dieser Hinweis kann unter Verwendung des Namens, Emblems oder Logos des Sponsors, jedoch ohne besondere Hervorhebung, erfolgen. Ein wirtschaftlicher Geschäftsbetrieb liegt dagegen vor, wenn die Körperschaft an den Werbemaßnahmen mitwirkt. Der wirtschaftliche Geschäftsbetrieb kann kein Zweckbetrieb (§§ 65 bis 68 AO) sein.

Streikunterstützungszahlungen

Leistungen von Arbeitgeberverbänden im Zusammenhang mit Streiks gehören zu den steuerpflichtigen Betriebseinnahmen.

Tausch

Beim Tausch ist der Wert der Gegenleistung als Erlös anzusehen. In Höhe der Differenz des Buchwerts und des Verkehrswerts des hingegebenen Wirtschaftsguts ist ein Gewinn realisiert, der versteuert werden muss.

Veräußerungsvorgänge

Sie sind immer mit Betriebseinnahmen verbunden. Ggf. ist ein Buchwert gegen die Erlöse zu rechnen.

Versicherungsentschädigungen

Diese Entschädigungen können steuerpflichtige Betriebseinnahmen sein, es sei denn, dass sie einen tatsächlich erlittenen Vermögensverlust ersetzen, der nicht zu Betriebsausgaben geführt hat.

Verzicht auf Betriebseinnahmen

Ein Verzicht auf einem Unternehmen zustehende Zahlungen (z. B. Forderungsverzicht) führen nicht zu Betriebeinnahmen.

Wertpapiererträge

Gehören die Wertpapiere zum Betriebsvermögen, sind auch die Erträge hieraus Betriebseinnahmen (und werden zusammen mit dem übrigen Gewerbeertrag der Gewerbesteuer unterworfen).

Zinsen

Werden die Kapitalforderungen im Betriebsvermögen gehalten, so sind auch die Zinsen als Betriebseinnahmen zu behandelt (und werden zusammen mit dem übrigen Gewerbeertrag der Gewerbesteuer unterworfen).

3   Betriebsausgaben

Begriff

Der Begriff „Betriebsausgaben" ist der einkommensteuerrechtliche Begriff für den betriebswirtschaftlichen Begriff „Aufwendungen" oder auch „Kosten" Betriebsausgaben mindern den steuerlichen Gewinn und somit auch die Einkommen- und Körperschaftsteuer und gewerbesteuerlichen Gewerbeertrag.

Betriebsausgaben sind Ausgaben, die durch den Betrieb verlasst sind. So definiert § 4 Abs. 4 EStG den Begriff. Gemeint ist damit eine ganz überwiegende bzw. ausschließlich betriebliche bedingte Veranlassung. Die Betriebsausgaben sind somit abzugrenzen von den Ausgaben für die private Lebensführung, die als solche nicht den steuerlichen Gewinn aus Gewerbebetrieb oder freiberuflicher Arbeit mindern dürfen, das heißt, sie gehen in keinem Fall in die steuerliche Gewinnermittlung als Betriebsausgaben ein. Ausnahmen lässt das Einkommensteuergesetz als Sonderausgaben oder außergewöhnliche Belastungen zu. Diese privat bedingten Ausgaben sind jedoch nur in der Einkommensteuererklärung selbst anzusetzen, also in der letzten Stufe des Deklarationsverfahren: Gewinnermittlung – Ausfüllen der Anlage GSE – Ausfüllen des Mantelbogens der Einkommensteuererklärung. In letzterem werden die Sonderausgaben und außergewöhnlichen Belastungen eingetragen.

Sind die Aufwendungen sowohl durch den Betrieb veranlasst als auch durch die private Lebensführung, so kommt es darauf an, ob sie nach objektiven Maßstäben leicht voneinander abzugrenzen sind. In diesem Fall sind sie aufzuteilen. Ist eine Abgrenzung nicht möglich, fallen die gesamten Aufwendungen unter das Abzugsverbot.

ABC der Betriebsausgaben

Abschreibungen

Aufwendungen für abnutzbare Wirtschaftsgüter des Anlagevermögens – das sind Wirtschaftsgüter, die Ihrem Betrieb über mehrere Jahre hinweg dienen – müssen in der Regel über die betriebsgewöhnliche Nutzungsdauer abgeschrieben werden. Die betriebsgewöhnliche Nutzungsdauer wird normalerweise nicht betriebsindividuell festgelegt. Die Finanzverwaltung stellt in Abstimmung mit den Spitzenverbänden der deutschen Wirtschaft „Abschreibungstabellen" auf, aus denen für die gängigsten Wirtschaftsgüter gegliedert nach allgemein verwendbaren und branchenspezifischen Wirtschaftsgütern die Nutzungsdauern festgelegt werden.

Mit dieser Regelung folgt das Steuerrecht der betriebswirtschaftlichen Betrachtungsweise, Aufwendungen den Jahren der tatsächlichen Nutzung zuzuordnen. Aus Vereinfachungsgründen ist es steuerrechtlich gestattet, Anlagegüter, deren Anschaffungs- oder Herstellungskosten nicht über 410 € (ohne USt) liegen, im Jahr der Anschaffung oder Herstellung in voller Höhe als Betriebsausgaben abzuziehen.

Praxishinweis zur Verwendung der Abschreibungstabellen

Die Abschreibungstabellen der Finanzverwaltung sind als Hilfsmittel zu betrachten. Weichen die betriebsindividuellen Nutzungsdauern von den amtlichen Tabellen ab, so sind die individuellen Werte maßgebend. Natürlich möchte das Finanzamt in diesen Fällen eine genaue Begründung dafür, dass in Ihrem Betrieb die Nutzungsdauern bestimmter Wirtschaftgüter kürzer sind, als allgemein üblich. Diese Begründung müssen Sie liefern und dann muss das Finanzamt Ihre Werte für die Steuerbelastung zugrunde legen. Lassen Sie sich nicht mit dem Hinweis auf die Allgemeinverbindlichkeit der amtlichen AfA-Tabellen abfertigen. Diese Allgemeinverbindlichkeit gibt es nicht.

Praxishinweis zum Begriff

Das Steuerrecht verwendet nicht den betriebswirtschaftlichen Begriff „Abschreibungen", sondern spricht von „Absetzung für Abnutzung". Da sich im allgemeinen Sprachgebrauch jedoch der Begriff Abschreibungen durchgesetzt hat (und auch unter Steuerrechtlern häufig verwendet wird), werde ich ihn im Folgenden ebenfalls benutzen.

Abschreibungsmethoden

Das Steuerrecht gestattet mehrere Abschreibungsmethoden. Die Basismethode ist die *lineare Abschreibung*. Dies bedeutet, dass die Aufwendungen für ein Anlagegut in gleichen Beträgen auf die Jahre der Nutzungsdauer verteilt werden.

Beispiel:

Sie schaffen für Ihr Unternehmen ein neues Auto an. Die Anschaffungskosten ohne Umsatzsteuer betragen 60000 €.

Steuerrechtliche Behandlung: Die betriebsgewöhnliche Nutzungsdauer beträgt laut AfA-Tabelle sechs Jahre. Werden die Anschaffungskosten gleichmäßig auf die sechs Jahre verteilt, steht für jedes Jahr der betriebsgewöhnlichen Nutzung ein Betrag von 10000 € als Betriebsausgabe zur Verfügung.

Im Jahr der Anschaffung darf nur zeitanteilig abgeschrieben werden. Dies bedeutet, dass nicht der volle Jahresbetrag abgesetzt werden kann, sondern nur der Betrag, der auf die Monate der Betriebszugehörigkeit entfallen.

Beispiel:

Das Auto wird am 01.09.05 angeschafft. Der für die Abschreibung zur Verfügung stehende Jahresbetrag beträgt 10000 €. Steuerrechtliche Behandlung: Da das Auto erst am 01.09. für den Betrieb gekauft worden ist, können auch nur 4/12 (für die Monate September bis Dezember) = 3333 € als Betriebsausgaben abgeschrieben werden. Der dadurch verbleibende Rest wird im letzten Jahr der Nutzungsdauer mit abgeschrieben.

Degressive Methode

Neben der linearen Abschreibungsmethode erkennt das Steuerrecht auch die degressive Methode an. Nach dieser Methode wird der Anschaffungsbetrag des Anlageguts nicht gleichmäßig auf die Nutzungsdauer verteilt, sondern der Abschreibungssatz kann bis zum Doppelten des linearen Satzes, höchstens aber bis zu 20 Prozent der Anschaffungskosten betragen. Mit diese Prozentsatz berechnet sich der Abschreibungsbetrag jeweils vom Buchwert. Buchwert ist der Wert, der am Ende des Wirtschaftsjahres nach Abzug der Abschreibungen verbleibt.

Beispiel:

Sie entschließen sich, die Anschaffungskosten des Autos nicht gleichmäßig über 6 Jahre zu verteilen, sondern die degressive Methode zu nutzen.

Steuerliche Folge: Es stehen Ihnen im ersten Jahr nicht 4000 € als Abschreibungsbetrag zur Verfügung, sondern es wird wie folgt gerechnet:

Anschaffungskosten	60000 €
Davon 20 Prozent im ersten Jahr	12000 €
Davon 4/12 (September bis Dezember)	4000 €
Buchwert zum 31.12.2005	56000 €

Übergang auf lineare Methode

Die degressive Methode führt also anfangs zu höheren Abschreibungsbeträgen als die lineare Methode. Da allerdings der Buchwert durch die Abschreibung ständig abnimmt, sinkt je nach Nutzungsdauer der Jahresabschreibungsbetrag unter die Höhe des Betrages, wie er sich bei Anwendung der linearen Methode errechnen würde. Für diesen Fall sieht das Steuerrecht den Übergang auf die lineare Methode vor. Nicht erlaubt ist der Wechsel von der linearen zur degressiven Methode.

Nachholen unterlassener Abschreibungen

Wird in einem Wirtschaftsjahr die Abschreibung eines Wirtschaftsgutes nicht vorgenommen, so kann der reguläre Betrag nur noch nachgeholt werden, solange der Steuerbescheid für dieses Wirtschaftsjahr noch nicht bestandskräftig ist. Dies ist der Fall, wenn die Einspruchsfrist noch nicht abgelaufen ist (die Frist beträgt grundsätzlich vier Wochen ab Bescheidsdatum) oder der Bescheid unter dem Vorbehalt der Nachprüfung besteht. Ist der Bescheid bereits bestandskräftig, bedeutet dies, dass er nicht mehr geändert werden kann. In diesem Fall ist der unterlassene Abschreibungsbetrag nicht mehr nachholbar. Um eine nachteilige Wirkung durch die fehlende Abschreibung zu vermeiden, sollten Sie das Abschreibungsverzeichnis, dass jährlich zu erstellen ist, genau auf Vollständigkeit hin überprüfen.

Praxishinweis:

Durch das Nachholverbot ist der Restbuchwert des Anlageguts steuerlich zu hoch ausgewiesen. Deshalb können Sie den überhöhten Restbuchwert auf die Restnutzungsdauer übertragen. Dies bedeutet für Sie: Der unterlassene Betrag ist nicht endgültig für Sie verloren. Die steuersenkende Wirkung verteilt sich allerdings auf die Restnutzungsdauer.

Achtung:

Unterlassen Sie die Abschreibung deshalb, weil Sie sich für künftige Veranlagungszeiträume eine Steuervorteil verschaffen wollen, so besteht ein Nachholverbot.

Zur Steuergestaltung eignet sich die Unterlassung eines Abschreibungsbetrags also nicht.

Noch ein Hinweis:

In der Praxis kommt es immer wieder vor, dass ein Wirtschaftsgut noch mit einem Buchwert im Abschreibungsverzeichnis oder Anlagespiegel steht, obwohl es bereits aus dem Betriebsvermögen ausgeschieden ist – etwa, weil es unbrauchbar geworden ist. In diesem Fall können Sie den Restbuchwert in voller Höhe als Betriebsausgabe absetzen. Haben Sie allerdings das Wirtschaftsgut verkauft, so ist der Verkaufspreis zunächst um die Höhe der Abschreibung zu kürzen. Die verbleibende Differenz ist entweder als Veräußerungsgewinn zu versteuern oder mindert als Veräußerungsverlust den laufenden Gewinn.

Abschreibungen bei Immobilien

Im Prinzip werden Immobilien linear abgeschrieben und zwar mit einem Basissatz von 2 Prozent. Damit beträgt die Abschreibungsdauer also 50 Jahre. Bei Betriebsgebäuden lässt das Finanzamt meist geringere Nutzungsdauern zu, da betrieblich genutzte Gebäude in den seltensten Fällen über eine solch lange Zeit genutzt werden können.

Auch bei den Immobilien werden höhere Abschreibungssätze je nach Nutzung, Anschaffungs- oder Herstellungszeitpunkt zugelassen. Gemeinhin spricht man dann auch hier von degressiver Abschreibung, weil die Gebäude schneller abgeschrieben werden als bei der linearen Methode. Allerdings wird der Abschreibungssatz meist nicht vom Buchwert, sondern von den ursprünglichen Anschaffungs- oder Herstellungskosten berechnet. Es handelt sich also systematisch um eine Mischform von linearer und degressiver Methode.

Teilwertabschreibung

Ist ein Wirtschaftsgut tatsächlich weniger wert, als der Buchwert ausweist, so kann auch der niedrigere Wert – der „Teilwert" abgeschrieben werden. Damit trägt das Steuerrecht dem Grundsatz eines ordentlichen Kaufmanns Rechnung, nach dem er sein Vermögen nicht höher als tatsächlich vorhanden ausweisen darf.

Andere Methoden

Neben den beiden erwähnten Methoden gibt es noch einige andere Möglichkeiten, die Aufwendungen für Anlagegüter steuersparend abzusetzen. So kommen im Einzelfall erhöhte Abschreibungen, Sonderabschreibungen, außergewöhnliche Abschreibungen in Betracht. Diese Möglichkeiten beziehen sich allerdings meist nur auf ganz spezielle Sachverhalte und werden deshalb hier nicht weiter ausgeführt.

Nicht abschreibbare Wirtschaftsgüter

Abschreibbar sind nur abnutzbare Wirtschaftsgüter. Nicht bebauter Grund und Boden gilt beispielsweise nicht als abnutzbar. Deshalb mindert die Anschaffung solcher

Wirtschaftsgüter den steuerlichen Gewinn nicht. Das Gleiche gilt beispielsweise für hochwertige Kunst anerkannter Künstler, die keinem Wertverfall unterliegt. Schmücken Sie beispielsweise Ihre Geschäftsräume mit echten Gemälden von Gerhard Richter, einem der weltweit bedeutensten deutschen Gegenwartsmaler, so dürfen Sie davon ausgehen, dass die Preise dieser Gemälde derzeit keinem Wertverzehr unterliegen. Damit ist eine regelmäßige Abschreibung ausgeschlossen.

Praxishinweis:

Natürlich können auch nicht abnutzbare Wirtschaftsgüter einem Wertverlust unterliegen. Allerdings wird dieser als nicht regelmäßig angesehen und ist deshalb von der regelmäßigen Abschreibung ausgeschlossen. Im Einzelfall ist ein Wertverzehr nachzuweisen. In diesem Fall kann der Verlust steuermindernd geltend gemacht werden (so kann es zu einer Teilwertabschreibung kommen oder auch zu einer außerordentlichen Abschreibung. Die Wertverluste sollten durch Gutachten nachgewiesen werden.

Aktentasche

Wird die Aktentasche ausschließlich oder nahezu ausschließlich für berufliche Zwecke eingesetzt, so steht einer steuerlichen Absetzung nichts im Wege. Für das Finanzamt ist es eine Frage der Beweisfähigkeit.

Beispiele:

– Sie nehmen häufig Aktenvermerke mit nach Hause nehmen, um sie in aller Ruhe abends oder am Wochenende zu bearbeiten.

– Sie besuchen Ihre Kunden oder Lieferanten.

– Sie machen aus den verschiedensten Gründen Geschäftsreisen.

In diesen Fällen benutzen Sie häufig und wahrscheinlich so gut wie ausschließlich Ihre Aktentasche beruflich.

All dies sind Argumente für eine berufliche Veranlassung. Tragen Sie lediglich Ihr Butterbrot in der Tasche, ist zumindest zu bezweifeln, ob dies als dienstlich veranlasst ausreicht. Auf den Preis kommt es hierbei nicht an. Sie können sich auch eine sehr hochwertige Tasche zulegen.

Anlaufkosten

Aufwendungen, die im Zusammenhang mit der Betriebseröffnung vor und bei Betriebseröffnung entstehen, gelten stets als betrieblich veranlasste Aufwendungen und sind somit Betriebsausgaben. Zu beachten ist allerdings § 259 HGB, nach dem bestimmte Kosten für Ingangsetzung eines bilanzierungspflichtigen Betriebs aktiviert werden müssen.

Ansparabschreibung, -rücklage

Steuerliche Wirkung

Nach § 7g Abs. 3 EStG kann ein Teil zukünftig geplanter Investitionen steuermindernd in frühere Veranlagungszeiträume vorgezogen werden. Dies bedeutet für Sie: Durch die Aufstellung eines Investitionsplans für die Zukunft steht Ihnen bereits gegenwärtig ein Betriebsausgabenpotenzial zur Verfügung. Dies, obwohl Sie im laufenden Wirtschaftsjahr für diese zukünftigen Investitionen noch keine realen Ausgaben vorgenommen haben. Dadurch beteiligt sich der Staat durch Steuererleichterungen an dem Ansparvorgang für die Investitionen. Natürlich gibt es einige Voraussetzungen, die erfüllt sein müssen.

Begünstigte Betriebe

Die Bildung von Ansparabschreibungen ist ausschließlich bei Betrieben möglich, die aktiv am wirtschaftlichen Verkehr teilnehmen und eine in diesem Sinne werbende Tätigkeit ausüben. Steuerpflichtige, die ihren Betrieb ohne Aufgabeerklärung durch Verpachtung im Ganzen fortführen (Betriebsverpachtung im Ganzen), können die Regelungen in § 7g EStG nicht in Anspruch nehmen (vgl. BFH-Urteil vom 27. September 2001, BStBl 2002 II S. 136). Im Falle einer Betriebsaufspaltung können sowohl das Besitzunternehmen als auch das Betriebsunternehmen Ansparabschreibungen bilden.

Personengesellschaften können Ansparabschreibungen sowohl im Gesamthandsvermögen als auch im Sonderbetriebsvermögen vornehmen.

Begünstigte Wirtschaftsgüter

Ansparabschreibungen können für die künftige Anschaffung oder Herstellung von neuen beweglichen Wirtschaftsgütern des Anlagevermögens vorgenommen werden. Die Rücklagenbildung ist unabhängig davon zulässig, ob das später tatsächlich angeschaffte oder hergestellte Wirtschaftsgut die in § 7g Abs. 2 EStG genannten Voraussetzungen erfüllen wird.

Praxishinweis:

Auch die beabsichtigte Anschaffung oder Herstellung eines geringwertigen Wirtschaftsgutes berechtigt zur Bildung einer Rücklage.

Gewinnmindernde Rücklage

Die Rücklage muss den für die Besteuerung maßgebenden Gewinn im Wirtschaftsjahr der Rücklagenbildung tatsächlich mindern. Ansparabschreibungen kommen daher nur für begünstigte Wirtschaftsgüter in Betracht, die voraussichtlich in einem dem Wirtschaftsjahr der Bildung folgenden Jahr angeschafft oder hergestellt werden. Eine Rücklagenbildung im Wirtschaftsjahr der Anschaffung oder Herstellung des Wirtschaftsgutes ist dagegen nicht möglich.

Voraussichtliche Anschaffung oder Herstellung des begünstigten Wirtschaftsgutes

Eine Rücklage kann nur gebildet werden, wenn das begünstigte Wirtschaftsgut *voraussichtlich* angeschafft oder hergestellt wird. Für die hinreichende Konkretisierung der geplanten Investition ist eine Prognoseentscheidung über das künftige Investitionsverhalten erforderlich (BFH-Urteil vom 19. September 2002, BStBl 2004 II S. 184). Maßgebend sind die Verhältnisse am Ende des Wirtschaftsjahres der Rücklagenbildung. Zu diesem Zeitpunkt muss die Investition auch noch durchführbar sein.

Benennung des Wirtschaftsguts

Es reicht grundsätzlich aus, das einzelne Wirtschaftsgut, das voraussichtlich angeschafft oder hergestellt werden soll, seiner Funktion nach zu benennen und die Höhe der voraussichtlichen Anschaffungs- oder Herstellungskosten anzugeben (vgl. BFH-Urteil vom 12. Dezember 2001, BStBl 2002 II S. 385).

Darüber hinaus ist das Wirtschaftsjahr zu benennen, in dem die Investition voraussichtlich getätigt wird. Die Vorlage eines Investitionsplanes (über die Benennung der Wirtschaftsgüter hinaus) oder eine feste Bestellung eines bestimmten Wirtschaftsgutes ist dagegen nicht erforderlich.

Nachträgliche Rücklagenbildung und Erfordernis eines Finanzierungszusammenhanges

Wird eine Ansparabschreibung nachträglich, d. h. nicht bereits in der ursprünglich eingereichten Gewinnermittlung, geltend gemacht (z. B. Einspruchsverfahren oder sonstige Änderungsanträge), sind an die erforderliche Konkretisierung erhöhte Anforderungen zu stellen. Insbesondere ist glaubhaft darzulegen, aus welchen Gründen die Rücklage trotz voraussichtlicher Investitionsabsicht nicht bereits in der ursprünglichen Gewinnermittlung gebildet worden ist. Sie haben als Steuerpflichtiger anhand geeigneter Unterlagen oder Erläuterungen (z. B. angeforderte Prospekte oder Informationen) glaubhaft zu machen, dass im Wirtschaftsjahr der Rücklagenbildung eine voraussichtliche Investitionsabsicht bestanden hat. Die Behauptung, die Passivierung der Rücklage sei versehentlich unterblieben, reicht nicht aus.

Grundsätzlich ist die erstmalige Ausübung des Wahlrechtes zur Bildung einer Ansparabschreibung zu einem Zeitpunkt, in dem der Betrieb bereits veräußert oder aufgegeben worden ist und tatsächlich *keine Investition* getätigt wurde, nicht zulässig.

Achtung: Ist die maßgebende Investitionsfrist bereits abgelaufen, scheidet die Bildung einer Ansparabschreibung aus. Dies bedeutet für Sie: Sie müssen die Steuererklärungen so früh abgeben, dass Sie die Investition nach Abgabe der Steuererklärung noch in der vorgesehenen Frist faktisch möglich ist.

Beispiel:

Sie geben die Steuererklärung 2003 erst Anfang 2006 ab. Der begünstigte Investitionszeitraum läuft aber bereits Ende 2005 aus und Sie haben tatsächlich noch gar keine Investition vorgenommen. Dann ist die Investition zum Zeitpunkt der Abgabe der Steuererklärung für Sie gar nicht mehr steuermindernd möglich. Sie hätte spätestens Ende 2005 vorgenommen werden müssen.

Finanzierungszusammenhang

Ansparabschreibungen erfordern in zeitlicher Hinsicht, dass die Rücklagen die ihnen zugedachte Funktion der Finanzierungserleichterung erfüllen können. Zwischen den Zeitpunkten der Rücklagenbildung und der tatsächlichen Investition muss ein Finanzierungszusammenhang bestehen (BFH-Urteil vom 14. August 2001, BStBl 2004 II S. 181). Ein solcher Zusammenhang liegt bei einer Rücklagenbildung in der der Steuererklärung beizufügenden Bilanz regelmäßig vor. Eine nachträgliche Inanspruchnahme oder Erhöhung von Ansparabschreibungen für *Investitionen, die zum Zeitpunkt der Rücklagenbildung bereits durchgeführt* worden sind, ist dagegen grundsätzlich nicht zulässig, da in diesen Fällen der o. g. Finanzierungszusammenhang regelmäßig nicht mehr besteht, es sein denn, er wird vom Steuerpflichtigen nachgewiesen oder glaubhaft gemacht.

Betriebsgrößenmerkmale

Die Ansparrücklage kann nur von Betrieben in Anspruch genommen werden, deren Betriebsvermögen am Schluss des der Investition vorangegangenen Wirtschaftsjahrs 204 517 € nicht übersteigt. Es ist nicht erforderlich, dass die Betriebsgröße in einem Verwaltungsakt festgestellt worden sind; es reicht aus, wenn sie nach den für die Wertermittlung maßgebenden Grundsätzen berechnet werden.

Hinweis:

Liegt eine Betriebsaufspaltung vor, sind bei der Prüfung der Betriebsgrößenmerkmale des § 7g Abs. 2 Nr. 1 EStG das Besitz- und das Betriebsunternehmen getrennt zu beurteilen (BFH vom 17. Juli 1991, BStBl 1992 II S. 246). Soll die Höhe der Rücklage in einem Folgejahr geändert werden (z. B. Anpassung an geänderte voraussichtliche Anschaffungs- oder Herstellungskosten), ist eine erneute Prüfung der Betriebsgrößenmerkmale nicht erforderlich.

Verfolgbarkeit der Bildung und Auflösung einer Rücklage in der Buchführung

Die Bildung und Auflösung von Ansparabschreibungen muss in der Buchführung verfolgt werden können. Dabei ist jede einzelne Rücklage getrennt zu buchen und zu erläutern; die voraussichtliche Investition ist genau zu bezeichnen.

Achtung:

Sammelbezeichnungen wie „Maschinen" oder „Fuhrpark" sind nicht ausreichend. Eine Zusammenfassung der getrennt gebuchten Einzelrücklagen in einem Sammelkonto ist zulässig.

Die erforderliche Dokumentation der jeweiligen Rücklage ist zeitnah, d. h. im Zusammenhang mit der Rücklagenbildung, vorzunehmen.

Praxishinweis:

Zur Vermeidung von Rückfragen sollten die erforderlichen Angaben dem Finanzamt in der Einkommen- oder Körperschaftsteuererklärung mitgeteilt werden.

Rücklagen in Jahren vor Abschluss der Betriebseröffnung

Die Eröffnung eines Betriebes beginnt zu dem Zeitpunkt, in dem der Steuerpflichtige mit Tätigkeiten beginnt, die objektiv erkennbar auf die Vorbereitung der betrieblichen Tätigkeit gerichtet sind (BFH-Urteil vom 9. Februar 1983, BStBl II S. 451), und ist erst abgeschlossen, wenn alle wesentlichen Grundlagen vorhanden sind (vgl. BFH-Urteil vom 10. Juli 1991, BStBl II S. 840). Einer Betriebseröffnung gleichzusetzen ist eine geplante wesentliche Erweiterung eines bereits bestehenden Betriebes.

In den Jahren vor Abschluss der Betriebseröffnung kann eine Rücklage nach § 7g Abs. 3 ff. EStG für die künftige Anschaffung oder Herstellung eines begünstigten Wirtschaftsgutes nur gebildet werden, wenn die Investitionsentscheidungen hinsichtlich der wesentlichen Betriebsgrundlagen am Ende des Jahres, für das die Rücklage gebildet wird, ausreichend konkretisiert sind. Bei Rücklagen für wesentliche Betriebsgrundlagen ist es darüber hinaus erforderlich, dass das Wirtschaftsgut, für das die Rücklage gebildet wird, bis zum Ende des Jahres der Rücklagenbildung verbindlich bestellt worden ist (BFH vom 25. April 2002, BStBl 2004 II S. 182). Im Falle der Herstellung muss eine Genehmigung verbindlich beantragt oder – falls eine Genehmigung nicht erforderlich ist – mit der Herstellung des Wirtschaftsgutes bereits tatsächlich begonnen worden sein.

Praxishinweis:

Sind keine wesentlichen Betriebsgrundlagen erforderlich, können Rücklagen bei Vorliegen der weiteren Voraussetzungen am Ende des Wirtschaftsjahres der Betriebseröffnung, d. h. dem nach außen erkennbaren Beginn der betrieblichen Aktivität, gebildet werden.

Ist die Rücklage zulässigerweise gebildet worden, kommt es später aber wider Erwarten nicht zum Abschluss der Betriebseröffnung, ist die Rücklage zum Schluss des Jahres gewinnerhöhend aufzulösen, in dem erstmals feststeht, dass der Betrieb nicht eröffnet werden wird.

Auflösung von Rücklagen

Wird das begünstigte Wirtschaftsgut für das eine Rücklage nach § 7g Abs. 3 ff. EStG gebildet wurde, angeschafft oder hergestellt, ist die Rücklage im Wirtschaftsjahr der Anschaffung oder Herstellung zwingend in Höhe von 40 Prozent der tatsächlichen Anschaffungs- oder Herstellungskosten gewinnerhöhend aufzulösen. Welche Absetzungen für Abnutzung, erhöhten Absetzungen oder Sonderabschreibungen in Anspruch genommen werden, ist unerheblich.

Soweit die gebildete Rücklage 40 Prozent der tatsächlichen Anschaffungs- oder Herstellungskosten des begünstigten Wirtschaftsgutes übersteigt, *kann* auch der Restbetrag gewinnerhöhend aufgelöst werden. Er *ist* spätestens nach Ablauf der Investitionsfrist aufzulösen. Fallen innerhalb des verbleibenden Investitionszeitraumes nachträgliche Anschaffungs- oder Herstellungskosten für das begünstigte Wirtschaftsgut an, ist eine verbleibende nicht aufgelöste Restrücklage Höhe von 40 Prozent der nachträglichen Kosten.

Nicht gleichartige Investitionen

Sind die beabsichtigte Investition, für die eine Rücklage nach § 7g Abs. 3 EStG gebildet worden ist, und die später tatsächlich durchgeführte Investition nicht gleichartig, ist die Rücklage spätestens am Ende des Wirtschaftsjahres, in dem der Investitionszeitraum endet, gewinnerhöhend aufzulösen.

Achtung:

Es ist nicht zulässig, die für eine bestimmte künftige Investition gebildete Rücklage ganz oder teilweise für eine Investition anderer Art zu verwenden. Das bei Bildung der Rücklage benannte Wirtschaftsgut und das später tatsächlich angeschaffte oder hergestellte Wirtschaftsgut müssen *zumindest funktionsgleich* sein.

Beispiel:

Von Funktionsgleichheit spricht die Finanzverwaltung z. B. wenn Sie anstelle der geplanten Anschaffung eines Lkw der Marke A einen Lkw der Marke B erwerben.

Dagegen ist die Funktionsgleichheit zu verneinen, wenn z. B. anstelle der geplanten Anschaffung eines Lkw ein Pkw erworben wird.

Freiwillige Auflösung von Ansparabschreibungen

Gebildete Rücklagen oder Teilrücklagen können innerhalb des Investitionszeitraumes freiwillig gewinnerhöhend aufgelöst werden

Nach § 7g Abs. 4 Satz 2 EStG sind Rücklagen oder Teilrücklagen zwingend am Ende des zweiten auf ihre Bildung folgenden Wirtschaftsjahres (Investitionszeitraum) gewinnerhöhend aufzulösen.

Im Wirtschaftsjahr der Betriebsveräußerung oder Betriebsaufgabe sind die in den Vorjahren gebildeten Ansparabschreibungen gewinnerhöhend aufzulösen. Der dabei entstehende Gewinn rechnet nicht zum Veräußerungsgewinn.

Auflösung ohne Investition

Wird die geplante Investition nicht durchgeführt, so muss sie zum einen am Ende des Planungszeitraums gewinnerhöhend aufgelöst werden, zum anderen ist der Gewinn zusätzlich um 6 Prozent der aufgelösten Rücklage pro Jahr Wirtschaftsjahr zu erhöhen. Der Staat bestraft Sie also für die Nicht-Investition. **Zum Verständnis:** Sie brauchen nicht etwa 6 Prozent der Rücklagensumme an den Staat abzuführen. Sie müssen diese 6 Prozent der Einkommen- bzw. Körperschaftsteuer unterwerfen.

Inanspruchnahme von Sonderabschreibungen im Jahr der Anschaffung

Zwar muss die Rücklage im Jahr der Anschaffung gewinnerhöhend aufgelöst werden. Dennoch kommt es in der Regel nicht zu einer Nachversteuerung, weil aus den neu angeschafften Wirtschaftsgütern die Abschreibungsbeträge zur Verfügung stehen. Dies bedeutet konkret: Sie können die Investitionen

zum einen mit einem 20-prozentigen degressiven Abschreibungssatz,

zum anderen darüber hinaus noch mit einem 20-prozentigen Sonderabschreibungssatz (nach § 7g Abs. 1 EStG)

abschreiben. Damit wird die 40-prozentige Gewinnerhöhung neutralisiert, so dass Sie im Normalfall nicht mit einer höheren Steuer rechnen müssen.

Praxishinweis:

Die Ansparrücklage bzw. -abschreibung ist normalerweise eine vorgezogene Liquiditätshilfe des Staates durch Steuererleichterung auf einen Zeitraum vor den geplanten Investitionszeitraum. Nehmen Sie später die Investitionen nicht vor, so kommt es zu einer Nachversteuerung in dem Zeitraum, in dem Sie die Rücklage gewinnerhöhend auflösen müssen. Somit kommt es in der Regel zu keiner endgültigen Steuerersparnis. Hiervon kann es jedoch Ausnahmen geben, bei denen es zu einer endgültigen Steuerersparnis kommen kann:

– **Ihr persönlicher Steuersatz** ist im Auflösungszeitraum niedriger als im Zeitraum der Rücklagenbildung (z. B. weil der Gewinn niedriger ist oder im Auflösungszeitraum steuersparende Kapitalanlagen Ihr zu versteuerndes Einkommen gesenkt haben): Dies hat den Effekt, dass Sie bei der Bildung mehr Steuern sparen, als Sie später bei der Auflösung zahlen müssen.

– **Der Steuertarif** wird gesenkt (so geschehen in den letzten Jahren sowohl bei der Einkommensteuer als auch bei der Körperschaftsteuer). In diesem Fall sparen Sie die Steuer auch dann endgültig, wenn sich an Ihrem persönlichen Steuersatz nichts geändert hat.

– Tritt **beides zusammen** ein (allgemeine Tarifsenkung und abgesenkter persönlicher Steuersatz, kumuliert sich der endgültige Spareffekt – ist also am größten.

Sie sehen: Die Ansparrücklage will genau überlegt sein. Es ist dringend zu empfehlen, sich mit einem Steuerberater abzustimmen.

Besonderheiten bei Existenzgründern

Für Existenzgründer gelten hinsichtlich der Ansparabschreibungen besondere Regelungen. So verlängert sich der Planungszeitraum auf das Gründungsjahr und die darauf folgenden fünf Wirtschaftsjahre. Der Gründer hat also einen wesentlich längeren Begünstigungszeitraum als andere Unternehmer. Zudem braucht er bei Nicht-Investition keinen Strafzins versteuern.

Die gründende natürliche Person darf innerhalb der letzten fünf Jahre vor dem Wirtschaftsjahr der Betriebseröffnung (Vorgründungszeitraum)

- weder an einer Kapitalgesellschaft unmittelbar oder mittelbar zu mehr als einem Zehntel beteiligt gewesen sein

- noch Einkünfte aus Land- und Forstwirtschaft, Gewerbebetrieb oder selbstständiger Arbeit und die Einkünfte aus den entsprechenden ehemaligen Tätigkeiten, erzielt haben

Bei einer Rücklagenbildung in Jahren vor Abschluss der Betriebseröffnung tritt der Beginn des Jahres der Rücklagenbildung an die Stelle des Wirtschaftsjahres der Betriebseröffnung:

Beispiel:

U meldet zum 10. März 2003 (Beginn der betrieblichen Aktivität) seine gewerbliche Tätigkeit an, für die er die Wirtschaftsgüter A und B als wesentliche Betriebsgrundlagen benötigt. Wirtschaftsgut A schafft er am 31. Oktober 2003 an, am 15. Januar 2004 erfolgt die Anschaffung von Wirtschaftsgut B. Anschließend beginnt U mit der Produktion.

Der Betrieb wird am 15. Januar 2004 eröffnet, da dann die für den Beginn der Produktion erforderlichen wesentlichen Betriebsgrundlagen vorhanden sind. Somit beginnt zu diesem Zeitpunkt auch das Wirtschaftsjahr der Betriebseröffnung.

Vorgründungszeitraum

Die Dauer der im Vorgründungszeitraum ausgeübten anderen Tätigkeit und der Umfang dieser Einkünfte ist unerheblich. So führen beispielsweise bereits geringfügige Gewinne oder Verluste aus einer kurzzeitig ausgeübten gewerblichen Nebentätigkeit innerhalb der letzten fünf Jahre vor der Betriebseröffnung dazu, dass die Existenzgründerrücklage nicht in Anspruch genommen werden kann.

Werden Einkünfte nachträglich nicht mehr berücksichtigt (z. B. wegen fehlender Gewinnerzielungsabsicht, Liebhaberei) und liegen infolgedessen die Voraussetzungen für die Existenzgründerrücklage vor, stellen bislang gebildete Rücklagen rückwirkend Existenzgründerrücklagen dar.

Betriebsgründung

Begünstigt sind Betriebsgründungen von Existenzgründern. Nicht erforderlich ist die Gründung eines neuen, bisher nicht existierenden Betriebes. Auch der entgeltliche Erwerb eines Unternehmens ist eine Betriebseröffnung.

Achtung:

Die Übernahme eines Betriebes im Wege der vorweggenommenen Erbfolge oder der Auseinandersetzung einer Erbengemeinschaft unmittelbar nach dem Erbfall ist keine Existenzgründung. In diesen Fällen kann jedoch eine vom Rechtsvorgänger zulässigerweise gebildete Existenzgründerrücklage bis zum Ablauf des Investitionszeitraumes fortgeführt werden.

Antiquitäten

Antiquitäten können unabhängig von ihrem Wert Arbeitsmittel sein. Und wenn die Arbeitsmittel in Gebrauch sind, so unterliegen sie auch der Abnutzung – eines der wesentlichen Voraussetzungen dafür, dass Abschreibungen über die betriebsgewöhnliche Nutzungsdauer geltend gemacht werden können.

Genau hier setzen aber vielfach die Finanzämter an: Möbel, die wertvoll sind und im Laufe der Zeit immer wertvoller werden, unterlägen gerade nicht der Abnutzung und deshalb könnten auch keine Betriebsausgaben nach sich ziehen. Die technische Abnutzung durch den ständigen Gebrauch wird allerdings bei dieser Argumentation ignoriert. Sie sei durch die Wertsteigerungen als Antiquität mehr als ausgeglichen.

Weiterhin wird argumentiert, Aufwendungen für Antiquitäten seien ganz überwiegend der privaten Lebensführung zuzurechnen. In einem solchen Fall sei eine Aufteilung in nicht abziehbare Aufwendungen für die Lebensführung und in Werbungskosten nur zulässig, wenn objektive Merkmale und Unterlagen eine zutreffende und leicht nachprüfbare Trennung ermöglichten und außerdem der berufliche Nutzungsanteil nicht von untergeordneter Bedeutung sei.

Ein Finanzgericht hat sogar in einem Fall argumentiert, dass für die Anschaffung der bequemen Antiquitäten Gründe der privaten Lebensführung mit ausschlaggebend gewesen, da sie auch der persönlichen Annehmlichkeit der Klägerin dienen sollten. Zudem seien sie so ausgewählt, dass sie besonders gut zu der sonstigen Einrichtung passten. Und weiter: Im Übrigen gingen die Aufwendungen aufgrund von Art und Güte der Möbelstücke über die rein berufliche Zweckbestimmung hinaus.

Die so ausmanövrierten Steuerbürger gaben aber nicht auf und klagten vor dem obersten deutschen Finanzgericht, dem Bundesfinanzhof. Und der entschied glasklar:

Betriebsausgaben sind auch Aufwendungen für Arbeitsmittel. Hierunter fallen alle Wirtschaftsgüter, die unmittelbar der Erledigung beruflicher Aufgaben dienen.

- Auch ein Schreibtisch nebst den dazu gehörenden Gegenständen, wie insbesondere einem Schreibtischsessel, sind Arbeitsmittel, wenn einwandfrei feststeht, dass diese Wirtschaftsgüter weit überwiegend zu beruflichen Zwecken benutzt werden.

- Sind es Arbeitsmittel, deren Anschaffungskosten 410 € (zzgl. USt) übersteigen, so müssen sie über die gewöhnliche Nutzungsdauer abgeschrieben werden.

- Abschreibungen sind allerdings bei Gegenständen nur möglich und denkbar, wenn diese abnutzbar sind. Schreibtisch und Sessel unterliegen grundsätzlich einer technischen Abnutzung. Auch wenn man im Streitfall davon ausgehen sollte, dass alte Möbelstücke Antiquitäten darstellen und wirtschaftlich an Wert nicht verlieren sollten, so unterliegen sie doch – ebenso wie ein neu angefertigter Schreibtisch nebst Sessel – bei ständigem Gebrauch in der Regel einer technischen Abnutzung.

- Eine Abschreibung ist gerechtfertigt, auch wenn durch Zeitablauf wirtschaftlich ein Wertverzehr nicht eintreten sollte.

- Eine technische oder eine wirtschaftliche AfA kann sogar unabhängig voneinander geltend gemacht werden. Sie können sich auf eine technische AfA berufen, auch wenn wirtschaftlich kein Wertverzehr eintritt

- eine wirtschaftliche AfA kann geltend gemacht werden, wenn das Wirtschaftsgut sich technisch bisher kaum abgenutzt hat (so etwa nach Anschaffung einer Maschine, die kurze Zeit später durch neue Fertigungsmethoden wirtschaftlich wertlos geworden ist).

Auch die übrigen Argumente von Finanzamt und Finanzgericht widerlegte der BFH.

Für den Betriebsausgabenabzug ist es *nicht* von Bedeutung, dass ein Schreibtisch und Sessel auch der persönlichen Annehmlichkeit bei der täglichen Nutzung dienen können, da letztlich jedes Arbeitsmittel vom Benutzer nach Gesichtspunkten der individuellen Ingebrauchnahme ausgesucht zu werden pflegt.

Auch die *Angemessenheit* des Preises für ein Arbeitsmittel hat das Finanzamt nicht zu beanstanden. Ausschlaggebend ist die Tatsache, dass die Möbel ausschließlich dem Beruf der Steuerbürger dienen.

Als Ergebnis ist nochmals festzuhalten: Antiquitäten sind nicht bereits deshalb keine Arbeitsmittel, weil sie teuer sind, immer wertvoller werden oder zu den privaten Einrichtungsgegenständen passen. Es kommt allein darauf an, ob sie tatsächlich für den Beruf genutzt werden und dass sie deshalb einer technischen Abnutzung unterliegen.

Arbeitsmittel

Arbeitsmittel sind Gegenstände, die zur Erledigung betrieblicher Aufgaben dienen und ausschließlich oder fast ausschließlich dazu genutzt werden. Ist dies der Fall, sind die Kosten für die Arbeitsmittel in vollem Umfang abzugsfähig. Eine private Mitbenutzung muss von ganz untergeordneter Bedeutung sein (BFH BStBl II 1992, 106).

Immer wieder ist die Frage der privaten Mitbenutzung bei der Frage der Abzugsfähigkeit streitig. Was eine „ganz untergeordnete Bedeutung" ist, wird im Einkommensteuergesetz nicht definiert. Gehen Sie davon aus, dass eine private Mitbenutzung von bis zu 10 Prozent nicht schädlich für den Webungskostenabzug ist.

Das Finanzamt verlangt einen Nachweis über die Verwendung. Die bloße Behauptung der beruflichen Nutzung reicht häufig nicht aus.

Der Praxistipp:

Führen Sie den Verwendungsnachweis in Form von Aufzeichnungen für ein Quartal. Das ist zwar lästig, hilft aber beim Steuern sparen.

Aus Vereinfachungsgründen kann im Jahr der Anschaffung oder Herstellung für die im ersten Halbjahr angeschafften oder hergestellten Arbeitsmittel der volle und für die im zweiten Halbjahr angeschafften oder hergestellten Arbeitsmittel der halbe Jahresbetrag abgezogen werden.

Wird ein als Arbeitsmittel genutztes Wirtschaftsgut veräußert, so ist ein sich eventuell ergebender Veräußerungserlös bei den Einkünften aus nichtselbstständiger Arbeit nicht zu erfassen. (Lohnsteuer-Richtlinien Abschn. 44).

Arbeitszimmer, häusliches/Home-Office

Grundsätzlich sind Kosten für das häusliche Arbeitszimmer sowie die Kosten der Ausstattung bei Gewerbetreibenden und Freiberuflern nicht abzugsfähig. Allerdings greift diese Regelung nur solche Fälle ab, in denen ein weiteres auswärtiges Büro zur Verfügung steht.

Beispiel:

Sie haben für Ihr Unternehmen eine Büroetage in einem Gewerbegebiet gemietet. Weil der Weg dorthin von Ihrer Wohnung aus sehr weit ist, richten Sie sich zusätzlich ein Home-Office ein, in dem Sie jedoch nur sehr selten arbeiten (ca. 20 Prozent Ihrer gesamten Arbeitszeit).

Steuerliche Folge: Die Kosten für das Arbeitszimmer sowie für die Ausstattung sind nicht als Betriebsausgaben abzugsfähig.

Können Sie nachweisen, dass die betriebliche Nutzung mehr als 50 Prozent Ihrer gesamten betrieblichen Tätigkeit ausmacht, so können Sie Aufwendungen in Höhe von 1250 € als Betriebsausgaben absetzen. Achtung: Dieser Betrag ist kein Pauschbetrag, die Kosten müssen vielmehr nachgewiesen werden.

Ist das häusliche Arbeitszimmer Mittelpunkt Ihrer gesamten betrieblichen Betätigung, können Sie die gesamten Kosten steuermindernd abziehen (vgl. auch das Stichwort „Büromiete").

Berufsverbände

Beiträge zu Ihren eigenen Berufsverbänden sind ohne Einschränkung berufsbedingt und damit als Betriebsausgaben abzugsfähig.

Bewirtungsaufwendungen

Nach § 4 Abs. 5 Satz 1 Nr. 2 Satz 1 EStG dürfen Anwendungen für die Bewirtung von Personen aus geschäftlichem Anlass den Gewinn nicht mindern, soweit sie 70 Prozent. der Aufwendungen übersteigen, die nach der allgemeinen Verkehrsauffassung als angemessen anzusehen und deren Höhe und betriebliche Veranlassung nachgewiesen sind.

Zum Nachweis der Höhe und der betrieblichen Veranlassung der Aufwendungen müssen Sie als Steuerpflichtiger schriftlich

- Ort,
- Tag,
- Name der Teilnehmer,
- Anlass der Bewirtung,
- die Höhe der Aufwendungen,

angeben. Hat die Bewirtung in einer Gaststätte stattgefunden, so genügen Angaben zu dem Anlass und den Teilnehmern der Bewirtung.

Der Nachweis ist von Ihnen zu unterschreiben. Mit der Unterschrift dokumentieren Sie, dass es sich um eine von Ihnen autorisierte Erklärung handelt. Fehlt die Unterschrift des Steuerpflichtigen, so fehlt es an einer schriftlichen Angabe des Steuerpflichtigen im Sinne des Einkommensteuergesetzes.

Wie die Finanzrechtsprechung mehrfach entschieden hat, ist diese Form des Nachweises eine entscheidende Voraussetzung für den Abzug der Bewirtungskosten als Betriebsausgaben .

Achtung:

Aufwendungen für Bewirtung in Ihrer Privatwohnung werden regelmäßig nicht zu den betrieblich veranlassten Aufwendungen gezählt. Die Finanzverwaltung ordnet sie der privaten Lebensführung zu.

Die Aufwendungen sind in der Buchführung auf ein gesondertes Konto aufzuzeichnen.

Auskunftsverweigerungsrecht

Einige Berufsgruppen unterliegen einer besonderen Geheimhaltungspflicht gegenüber ihrem Mandanten (z. B. Steuerberater, Rechtsanwälte, Ärzte). Die Finanzrechtsprechung sieht auch für diese Berufe vor, dass die erforderlichen Angaben auf dem Bewirtungsbeleg vollständig ausgefüllt sind.

Brillen

Grundsätzlich werden die Anschaffungskosten für Brillen, auch wenn sie als Arbeitsbrillen genutzt werden, nicht als Betriebsausgaben anerkannt. Dies gilt auch dann, wenn Sie ohne Brille Ihren Beruf nicht ausüben können. Dies ist zwar steuersystematisch nicht korrekt, wird aber derzeit von den Finanzämtern so gehandhabt.

Ausnahme

Schutzbrillen, die als Arbeitsschutzmaßnahme vorgeschrieben sind. Hier sind die Kosten eindeutig Betriebsausgaben, da sie vom Gesetz her vorgeschrieben sind. Stellen Sie also Ihren Arbeitnehmern Schutzbrillen zur Verfügung, so sind die Aufwendungen immer Betriebsausgaben.

Buchverlust

Ergibt sich bei Veräußerung von Wirtschaftsgütern des Anlagevermögen ein Erlös, der unter dem Buchwert des Wirtschaftsguts liegt (Buchwert = Anschaffungskosten minus Abschreibungen), so ist dieser Veräußerungsverlust als Betriebsausgabe anzusetzen.

Bücher

Aufwendungen für Fachbücher und Fachzeitschriften sind Betriebsausgaben. Die Frage ist jedoch, was wie der fachliche Aspekt gegenüber dem Finanzamt nachgewiesen wird. Handelt es sich um Literatur, die ausschließlich für berufliche Zwecke geeignet ist, so ist die Sachlage eindeutig. Da dies dem Finanzamt nachzuweisen ist, empfiehlt sich dringend, den Titel des Buches, den Kaufpreis und das Kaufdatum auf den Beleg schreiben zu lassen. Zusammen mit Ihrer beruflichen Tätigkeit wird so für Eindeutigkeit gesorgt.

Problematisch wird es immer dann, wenn ein Buch oder eine Zeitschrift sowohl fachlichen als auch allgemeinbildenden Inhalt verbreitet. Bücher können nur dann Arbeitsmittel sein, wenn sie, wie z. B. die spezielle Fachliteratur, ausschließlich oder doch weitaus überwiegend für berufliche Zwecke benutzt werden. Das gilt auch für die Literatur eines Lehrers. Aufwendungen für Bücher, die allgemeinbildender Natur sind und ebenso von zahlreichen anderen Personen gekauft und gelesen werden, gehören, selbst wenn der Lehrer sie für seinen Unterricht verwendet, zu den nichtabsetzbaren Kosten der Lebensführung (BFH-Urteil VI R 305/69).

Ein Universallexikon dient der Erweiterung des Allgemeinwissens und betrifft damit die persönliche Sphäre, auch wenn die aus einem allgemeinbildenden Nachschlagewerk gewonnenen Kenntnisse dem Beruf zugute kommen und berufliche Anregungen vermitteln können. Aus diesen Erwägungen hat der BFH die Aufwendungen eines Lehrers für „Den großen Brockhaus" BStBl III 1957, 328) und „Den großen Herder" (BStBl III 1959, 292) nicht als Betriebsausgaben anerkannt. An dieser mittlerweile uralten Rechtsprechung hält der Bundesfinanzhof auch heute noch fest.

So handele es sich bei der „Brockhaus-Enzyklopädie" um ein Nachschlagewerk, das auf allen Wissensgebieten und über Lebensbereiche jeder Art Auskunft gibt (BFH BStBl II 1977, 716). Es soll der Lebenserfahrung widersprechen, dass ein solch umfassendes Werk nur beruflich benutzt wird. Der private Anteil der Benutzung ist erfahrungsgemäß nicht so gering, dass er nicht ins Gewicht fällt. Art und Umfang des Nachschlagewerks lassen vielmehr vermuten, dass es nicht „ganz überwiegend aus dienstlichen Gründen" angeschafft wird und nicht nur beruflich nutzt. Nur dann, wenn einwandfrei feststeht, dass die erworbenen Bücher ausschließlich oder ganz überwiegend dem beruflichen Zweck dienen, könnten sie steuerlich als Arbeitsmittel angesehen werden.

Völlig unverständlich ist das Urteil, nach dem einem selbstständigen Publizisten die Aufwendungen für Bücher allgemeinbildenden Inhalts nicht anerkannt wurden, obwohl er den Inhalt bei der Abfassung einer eigenen Veröffentlichung mit herangezogen hatte (BFH BStBl II 1992, 1015).

Auch reicht es als Nachweis nicht aus, wenn Sie z. B. weitere Lexika besitzen, die sich aber nach Art und Umfang wesentlich von dem abzusetzenden Werk unterscheiden.

Bei der eindeutigen Rechtslage fällt es nicht ganz leicht, Argumente für eine Absetzung von im Grundsatz allgemeinbildender Literatur zu finden.

Argumente für eine Anerkennung als Arbeitsmittel

- Sie besitzen zwei Exemplare desselben Werks (rechtlich abgesichert durch BFH-Urteil VI R 305/69)

- Sie stellen das Werk Ihren Schülern zur Verfügung, um im Unterricht damit zu arbeiten und leihen es auch anderen Klassen aus

- Sie sind Englisch-Lehrer und haben sich die *Encyclopaedia Britannica* zugelegt. Da dieses Werk kaum von anderen für private Zwecke angeschafft wird, können die Aufwendungen hierfür Werbungskosten sein (BFH BStBl II 1982, 67).

- Überprüfen Sie, ob die Literatur ggf. in einer anderen Einkunftsart angesetzt werden kann, z. B. bei Einkünften aus Kapitalvermögen oder Vermietung und Verpachtung.

- In manchen Fällen geht aus dem Titel nicht eindeutig hervor, ob es sich um ein Fachbuch handelt (Beispiel: „Der Termin" von Tom DeMarco ist nicht etwa ein spannender Krimi, sondern ein spannendes Buch über Projektmanagement in Romanform; jedem, der Projektarbeit macht, zu empfehlen).

Praxishinweis:

legen Sie hier ggf. das Inhaltsverzeichnis vor.

Sollten Sie den Beleg verloren haben, so versuchen Sie die Anschaffung glaubhaft zu machen, in dem Sie das Buchdeckblatt kopieren, ggf. Inhaltsverzeichnis dazu legen.

Allgemeinbildende Literatur, die **anerkannt** worden ist:

Steuerbeamter: ein steuerliches Sammelwerk,

Biologielehrer: Grzimeks Tierleben,

Englischlehrer: Encyclopaedia Britannica (BFH BStBl II 1982, 67).

Datenverarbeitende Berufe: Computerliteratur.

Allgemeinbildende Literatur, die **nicht anerkannt** worden ist:

Großer Brockhaus für Lehrer,

Konversationslexikon eines Rechtsanwalts,

Tageszeitungen eines Englischlehrers.

Bücherregal

Wenn Sie Ihre Fachbücher auf einem besonderen Regal unterbringen möchten und dieses ausschließlich für die beruflich genutzten Bücher verwenden, so sind die Kosten für das Bücherregal Betriebsausgaben.

Sollten Sie ein besonders kostbares Regal erworben haben, so wird der Preis regelmäßig auf 475,60 € (einschl. USt) liegen. Damit können die Anschaffungskosten nicht im Jahr der Anschaffung in voller Höhe steuermindernd geltend gemacht werden, sondern sie müssen über die Nutzungsdauer des Regals mit gleichmäßigen Beträgen abgeschrieben werden. Möbel werden allgemein innerhalb von zehn Jahren abgeschrieben.

Büromiete

Mieten, die Sie für die Anmietung eines Büros – und natürlich erst recht von Produktions- oder Lagerstätten – aufwenden, sind immer Betriebsausgaben. Dies im Gegensatz zu den Kosten eines eigenen Home-Office – also eines häuslichen Arbeitszimmers, die nur unter bestimmten Voraussetzungen in voller Höhe abzugsfähig sind.

Praxishinweis:

Sind Sie Geschäftsführer oder Gesellschafter einer GmbH, so kann die Gesellschaft bei Ihnen einen Raum zu marktüblichen Preisen anmieten und Ihnen als Arbeitsraum zur Verfügung stellen. In diesem Fall gelten die Beschränkungen für ein häusliches Arbeitszimmer nicht. Denken Sie aber daran, den Mietvertrag schriftlich zu formulieren und die Miete auch auf Ihr Privatkonto zu überweisen. Sie selbst haben in diesem Fall Einkünfte aus Vermietung, die allerdings durch eigene Mietzahlungen gemindert werden.

Darlehnenstilgungen

Bei Darlehen, die Sie aufgenommen haben sind die Rückzahlungsbeträge nicht steuermindernd absetzbar – weder als Betriebsausgaben, Sonderausgaben noch als außergewöhnliche Belastung. Begründung: Als Sie das Darlehen erhalten haben, ist der Geldzufluss nicht versteuert worden. Warum nicht: Weil das Darlehen keine Vermögensmehrung ist – der Darlehensvereinnahmung steht die Darlehensschuld gegenüber. Sie sind also durch das Darlehen nicht reicher geworden. Bei Rückzahlung erfolgt keine Vermögensminderung, da der Rückzahlung die sinkende Darlehensschuld gegenüber steht. Deshalb: Tilgungsleistungen sind keine Betriebsausgaben.

Die auf das Darlehen zu zahlenden Zinsen sind allerdings grundsätzlich Betriebsausgaben.

Diebstahlsverluste

Grundsätzlich gilt: Werden Ihnen als Unternehmer während einer Dienstreise Gegenstände Ihres für die Durchführung der Reise notwendigen persönlichen Gepäcks gestohlen, obwohl Sie die nach den Umständen des Einzelfalles zumutbaren Sicherheitsvorkehrungen zum Schutz seines Reisegepäcks getroffen hat, so können Sie den Verlust dem Grunde nach als Betriebsausgaben abziehen (BFH BStBl II 1995, 744).

Das Finanzamt wendet gern ein, dass das Risiko des Bestohlenwerdens uneingeschränkt der allgemeinen Lebensführung i. S. des § 12 Nr. 1 Satz 2 EStG zuzuordnen und damit nicht abzugsfähig ist. Zudem wird des Öfteren argumentiert, das diese Behandlung ja auch der Steuervereinfachung dienen würde. Es würde dadurch Verwaltungsarbeit entfallen, die andernfalls erforderlich sein würde.

Hier die Gegenargumente: Bei der Abwägung, ob ein Vorgang der beruflichen (betrieblichen) oder privaten Sphäre eines Steuerbürgers zuzuordnen ist, können zwar auch Gesichtspunkte der Verwaltungsökonomie berücksichtigt werden; diese mögen in Grenzfällen möglicherweise sogar den Ausschlag geben. Doch erscheint es nicht gerechtfertigt, selbst solche erheblichen Nachteile des Arbeitnehmers seiner Privatsphäre zuzuweisen, die er *ohne seinen Beruf* mit Sicherheit nicht gehabt hätte und bei denen ausgeschlossen werden kann, dass mit den Nachteilen irgendwelche Vorteile zusammenhängen, die in die Privatsphäre fallen.

Dies trifft aber dem Grunde nach bei den Aufwendungen im Zusammenhang mit einem Diebstahl des für die Dienstreise verwendeten privaten Auto oder dem Diebstahl des notwendigen Reisegepäcks zu, wenn letzteres trotz getroffener Sicherheitsvorkehrungen entwendet wird. In diesen Fällen stellt sich der eingetretene Schaden am Privatvermögen des Arbeitnehmers als eine Konkretisierung der spezifischen Gefahr einer Reise dar, die der Arbeitnehmer ausschließlich aus beruflichen Gründen auf sich genommen hat. Irgendwelche privaten Vorteile hat der Arbeitnehmer aus dem Schaden nicht.

Der Verlust aus Diebstahl ist letztlich vergleichbar mit Mehraufwendungen während einer Dienstreise, die der Befriedigung des menschlichen Nahrungs-, Schlaf- und Reinigungsbedürfnisses dienen. Es ist anerkannt, dass die Aufwendungen zur Befriedigung dieser Bedürfnisse zwar grundsätzlich der Lebensführung i. S. des § 12 Nr. 1 Satz 2 EStG zuzuordnen sind, aber etwas anderes für beruflich veranlasste Mehraufwendungen aus Anlass von Dienstreisen gilt.

Beweisen Sie den Schaden: Oftmals glaubt das Finanzamt dem Steuerbürger den behaupteten Diebstahlsschaden ganz einfach nicht. Deshalb gilt es, Beweise zu erbringen. Denn: Zweifel, die auch nach Ausschöpfung der vorhandenen Beweismöglichkeiten bestehen bleiben, gehen zu Ihren Lasten. Sie selbst tragen die objektive Feststellungslast für den behaupteten Schadenseintritt auf einer Dienstreise. Wenn Sie also geschädigt wurden, melden Sie den Diebstahl der Polizei, dem Hotel, der Pension, der Gaststätte oder Ihrem Gesprächspartner und lassen Sie sich über diese Meldung einen Vermerk unterschreiben. Denn, wie sagt der Bundesfinanzhof in diesem Zusammenhang: „Einer gewissen Missbrauchsanfälligkeit des Werbungskostenabzugs in diesem Bereich ist durch ein entsprechendes Beweismaß Rechnung zu tragen." Dies gilt sinngemäß natürlich auch für den Betriebsausgabenabzug.

In welcher Höhe kann ein Diebstahlschaden angesetzt werden? Wenn Sie den Diebstahlschaden nachgewiesen haben, so stellt sich die Frage, ob der gesamte ehemalige Anschaffungspreis für die gestohlenen Gegenstände zum Abzug zugelassen werden. Und – Sie werden es erraten – hier zeigt sich das Finanzamt knauserig: Es darf nur der Teil der Anschaffungskosten als Werbungskosten abgezogen werden, der bei einer Verteilung der Anschaffungskosten auf die geschätzte Gesamtnutzungsdauer des Gegenstands auf die Zeit nach dem Diebstahl entfällt. Es wird also etwas wie ein Zeitwert errechnet.

Direktversicherungen

Begriff: Eine Direktversicherung ist eine Lebensversicherung auf das Leben des Arbeitnehmers, die durch den Arbeitgeber abgeschlossen worden ist und bei der der Arbeitnehmer oder seine Hinterbliebenen hinsichtlich der Leistungen des Versicherers ganz oder teilweise bezugsberechtigt sind. Dasselbe gilt für eine Lebensversicherung auf das Leben des Arbeitnehmers, die nach Abschluss durch den Arbeitnehmer vom Arbeitgeber übernommen worden ist. Dagegen liegt begrifflich keine Direktversicherung vor, wenn der Arbeitgeber für den Ehegatten eines verstorbenen früheren Arbeitnehmers eine Lebensversicherung abschließt.

Als Versorgungsleistungen können Leistungen der Alters-, Invaliditäts- oder Hinterbliebenenversorgung in Betracht kommen. Es ist gleichgültig, ob es sich um Kapitalversicherungen – einschließlich Risikoversicherungen –, Rentenversicherungen oder fondsgebundene Lebensversicherungen handelt und welche Laufzeit vereinbart wird. Unfallversicherungen sind keine Lebensversicherungen, auch wenn bei Unfall mit Todesfolge eine Leistung vorgesehen ist. Dagegen gehören Unfallzusatzversicherungen und Berufsunfähigkeitszusatzversicherungen, die im Zusammenhang mit Lebensversicherungen abgeschlossen werden, sowie selbstständige Berufsunfähigkeitsversicherungen und Unfallversicherungen mit Prämienrückgewähr, bei denen der Arbeitnehmer Anspruch auf die Prämienrückgewähr hat, zu den Direktversicherungen.

Die Bezugsberechtigung des Arbeitnehmers oder seiner Hinterbliebenen muss vom Versicherungsnehmer (Arbeitgeber) der Versicherungsgesellschaft gegenüber erklärt werden (§ 166 VVG). Die Bezugsberechtigung kann widerruflich oder unwiderruflich sein; bei widerruflicher Bezugsberechtigung sind die Bedingungen eines Widerrufs steuerlich unbeachtlich.

Behandlung bei der Gewinnermittlung

Die Beiträge zu Direktversicherungen sind sofort abziehbare Betriebsausgaben. Eine Aktivierung der Ansprüche aus der Direktversicherung kommt beim Arbeitgeber erst in Betracht, wenn eine erforderliche Voraussetzungen weggefallen ist, z. B. wenn der Arbeitgeber von einem Widerrufsrecht Gebrauch gemacht hat. In diesen Fällen ist der Anspruch grundsätzlich mit dem geschäftsplanmäßigen Deckungskapital der Versicherungsgesellschaft zu aktivieren zuzüglich eines etwa vorhandenen Guthabens aus Beitragsrückerstattungen.

Sind der Arbeitnehmer oder seine Hinterbliebenen nur für bestimmte Versicherungsfälle oder nur hinsichtlich eines Teils der Versicherungsleistungen bezugsberechtigt, so sind die Ansprüche aus der Direktversicherung insoweit zu aktivieren, als der Arbeitgeber bezugsberechtigt ist.

Die Verpflichtungserklärung des Arbeitgebers muss an dem Bilanzstichtag schriftlich vorliegen, an dem die Ansprüche aus dem Versicherungsvertrag ganz oder zum Teil abgetreten oder beliehen sind. Liegt diese Erklärung nicht vor, so sind die Ansprüche aus dem Versicherungsvertrag dem Arbeitgeber zuzurechnen.

Ehrenamt

Kosten für ein Ehrenamt sind in der Regel keine Betriebsausgaben. Aber: Steht das Ehrenamt mit dem Beruf in enger Beziehung und wird das berufliche Fortkommen durch das Ehrenamt gefördert, so können Betriebsausgaben gegeben sein. Ist das der Fall, so denken Sie daran, alle Kosten belegmäßig nachzuweisen. Zusätzlich sollten Sie die Fahrten mit dem eigenen Auto durch ein Fahrtenbuch nachweisen können.

Günstig ist in der Regel die Inanspruchnahme der Kilometerpauschale für Dienstfahrten. Sie beträgt 0,30 € pro gefahrenem Kilometer – also nicht lediglich pro Entfernungskilometer.

Einsatzwechseltätigkeit

Eine Einsatzwechseltätigkeit liegt vor, wenn ein Arbeitnehmer oder Unternehmer aufgrund seiner beruflichen Tätigkeit ständig an verschiedenen Arbeitsstellen eingesetzt wird. Beispiel: Ein IT-Freiberufler erhält ständig von seinen Auftraggebern Aufträge, die er an unterschiedlichen Betriebsstätten zu erbringen hat.

Die Reisekosten zwischen seiner eigenen Betriebsstätte und seinem Einsatzort können als Geschäftsreisen angesetzt werden. *Dies bedeutet*: Es gelten nicht die so genannten „Entfernungskilometer" zwischen Wohnort und Arbeitsstätte, die nur eine einfache Strecke berücksichtigen, sondern es kommen die gesamten gefahrenen Kilometer zum Ansatz. Allerdings darf der Einsatz an derselben auswärtigen Tätigkeitsstätte nicht über einen Zeitraum von drei Monaten hinausgehen. Ist dies der Fall, sieht die Finanzverwaltung den Einsatzort als neue Betriebsstätte an. Die Drei-Monatsfrist beginnt mit jedem Wechsel des Einsatzortes neu. Abgestellt wird auf die politische Gemeinde. Liegt ein Einsatzort in einer gegenüber dem bisherigen Einsatzort anderen, aber sehr nahe gelegenen Gemeinde, so gilt dies gleichwohl als neuer Einsatzort. Die Drei-Monats-Frist beginnt also neu zu laufen.

Für die ersten drei Monate können neben den Fahrtkosten auch Verpflegungsmehraufwendungen in Höhe der jeweiligen Pauschbeträge geltend gemacht werden.

Fachzeitschriften

Aufwendungen für Fachzeitschriften sind Betriebsausgaben. Die Frage ist jedoch, wie der fachliche Aspekt gegenüber dem Finanzamt nachgewiesen wird. Handelt es sich um Literatur, die ausschließlich für berufliche Zwecke geeignet ist, so ist die Sachlage eindeutig. Da dies dem Finanzamt nachzuweisen ist, empfiehlt sich dringend, den Titel der Fachzeitschrift, den Kaufpreis und das Kaufdatum auf den Beleg schreiben zu lassen. Zusammen mit Ihrer beruflichen Tätigkeit wird so für Eindeutigkeit gesorgt.

Problematisch wird es immer dann, wenn eine Zeitschrift sowohl fachlichen als auch allgemein bildenden Inhalt verbreitet. Zeitschriften können nur dann Arbeitsmittel sein, wenn sie, wie z. B. die spezielle Fachliteratur, ausschließlich oder doch weitaus überwiegend für berufliche Zwecke benutzt werden.

Bei Tages- und Wochenzeitschriften werden Sie in der Regel kein Argument haben, um die Kosten dafür abzusetzen. Aber auch bei Zeitschriften, die überwiegend wirtschaftliche Inhalte haben, ist es schwer, schlagkräftige Argumente zu finden.

Anerkannt worden sind von der Rechtsprechung bisher:

> Handelsblatt bei wirtschaftsberatenden Berufen

Nicht anerkannt worden sind von der Rechtsprechung bisher bei Angestellten:

- FAZ

- Die Zeit bei einem Kulturkritiker

- Impulse

- Wirtschaftswoche

- Schachzeitung für Lehrer

- Der Spiegel

- Test

- Wirtschaftsbild

- GEO

- Wirtschaftswoche

- Capital

- Managermagazin

- Schachzeitschrift

- Zeitschrift Test: Kaum Chancen der Anerkennung haben Sie bei der Zeitschrift Test wegen erheblichen privaten Interesses (BFH BFH/NV 1990, 701). Sollten Sie allerdings z. B. hauptberuflich als Verbraucherschützer arbeiten oder als Anwalt für Verbraucherfragen tätig sein, rate ich, die Kosten abzusetzen. Sollten Sie eine individuelle Argumentation benötigen, so lassen Sie sich über unsere Onlineberatung ein Angebot machen.

Der geldwerte Tipp:

Wenn Sie Einkünfte aus Kapitalvermögen oder Vermietung und Verpachtung haben, so setzen Sie zumindest die Wirtschaftszeitschriften hier als Werbungskosten an. Denn in vielen Zeitschriften dreht sich alles um das liebe Geld. Und wenn Sie Ihre Zinsen oder Dividenden versteuern müssen, ist nicht einzusehen, warum Sie Kosten für Zeitschriften, die Ihren Tipps und Hintergrundinformationen geben, nicht absetzen sollten.

Geben Sie sich nicht mit dem Hinweis des Finanzamts auf die Rechtsprechung zu Arbeitnehmern zufrieden. Sie als Unternehmer haben einen weitaus höheren Informationsbedarf auf vielen Gebieten der Wirtschaft. Allein die Risikovorsorge für Ihr Unternehmen dürfte ausreichen, die Kosten für Wirtschaftszeitschriften als Betriebsausgaben absetzen zu können. Liefern Sie dem Finanzamt hierfür gute Argumente aus Ihrem Wirkungsbereich.

Fernsehgerät

Benutzen Sie ein Fernsehgerät beruflich? Dann werden Sie die Urteile der obersten deutschen Steuerrichter nicht verstehen können. Denn: Selbst wenn Sie Kritiker sind, oder Schriftsteller, sind die Kosten für das Gerät nicht als Betriebsausgaben anerkannt, wenn es in Ihren privaten Räumen steht. Und selbstverständlich sind – nach der Logik der Richter – auch die Gebühren nicht abzugsfähig.

Der Ausweg: Stellen Sie Ihr Gerät in Ihr Büro oder in das steuerlich anerkannte häusliche Arbeitszimmer. Und benutzen Sie es nur für berufliche Zwecke. Wenn Sie privat fernsehen, müssen Sie ein weiteres Gerät anschaffen und es in Ihre privaten Räume stellen. Dann haben Sie vielleicht eine reelle Chance, die Kosten für den Berufsfernseher doch noch abzusetzen.

Finanzierungskosten

Bereitstellungskosten, Vermittlungsprovisionen sind in de Regel als Betriebsausgaben abzugsfähig. Beachten Sie dabei: Tilgungen sind keine Finanzierungskosten, sondern lediglich Vermögensumschichtungen. Sie sind deshalb nicht als Betriebsausgaben abzugsfähig. Für Schuldzinsen gibt es unter bestimmten Voraussetzungen eine Beschränkung. Vergleichen Sie bitte unter „Schuldzinsen".

Fischerei

Aufwendungen für die Fischerei sind nicht als Betriebsausgaben abzugsfähig. Dies gilt auch für die hiermit in Zusammenhang stehenden Bewirtungskosten.

Fortbildung

Aufwendungen, die Sie als Unternehmer im Rahmen Ihres bestehenden Unternehmens für die Fortbildung leisten, sind Betriebsausgaben.

Fortbildungskosten im Unterschied zu den Ausbildungskosten der Höhe nach nicht begrenzt. Zu den typischen Fortbildungskosten gehören die Kosten für

Kurs- und Prüfungsgebühren, Meisterprüfungen,

Fachliteratur,

Lehrbücher,

Lehr- und Übungsmaterial,

Schreibmaterial,

Fahrkosten mit der Entfernungspauschale von 0,30 € pro Entfernungskilometer zwischen Wohnort und Ausbildungsstätte,

Verpflegungsmehraufwand, wenn die Abwesenheit von Betrieb oder Wohnung acht Stunden oder mehr beträgt (vgl. Stichwort Verpflegungsmehraufwand),

Umschulungskosten,

- Zweitstudium als Zusatz-, Ergänzungs- oder Aufbaustudium; dabei ist nicht Voraussetzung, dass das Erststudium vertieft wird oder das Zweitstudium einen Wechsel des Berufs ermöglicht,

- Promotionskosten; dazu gehören auch die Druckkosten, die im Rahmen der Dissertation anfallen,

- Habilitationskosten,

- Seminare, Fortbildung.

Aufwendungen für Ihre Fort- und Weiterbildung sind in vollem Umfang Betriebsausgaben. Das gilt insbesondere für die Teilnahme an Seminaren und Kongressen, die geeignet sind, berufliches Wissen zu erlangen, zu erhalten oder zu erweitern.

- Stellen Sie einen längerfristigen Fortbildungsplan für Ihr Unternehmen und natürlich auch für sich auf; dann ist es einfacher, die Finanzverwaltung auch von unüblichen Themen und Ort zu überzeugen. Nebeneffekt: Sie kommen zu einem heute immer wichtiger werdenden Fortbildungsmanagement, mit dem Sie auch letztendlich die Kosten für Ihren Betrieb in Grenzen halten.

- Machen Sie sich Notizen zu den Referenten (geht meist auch aus den Veranstaltungsunterlagen hervor); es kommt gar nicht so selten vor, dass allein der Ort der Veranstaltung zum Anlass genommen wird, private Veranlassung zu vermuten (Beispiel aus der Praxis: Seminarort auf Fuerteventura im Robinson Club); in diesem Fall müssen Sie nachweisen, dass eine Veranstaltung des Referenten zum gleichen Thema und zu ungefähr der gleichen Zeit an einem anderen Ort nicht durchgeführt wurde.

- Sollten Sie an Seminaren teilnehmen, bei denen die Mittagspausen sehr lang sind (häufig in südländischen Ländern der Fall), so weisen Sie eindeutig nach, dass der Unterricht sich meist in den Abend hineinzieht.

- Wenn Sie an seminarbegleitenden Arbeitsgemeinschaften teilnehmen, notieren Sie sich die Namen der Teilnehmer und auch des Gruppenleiters.

- Lassen Sie sich grundsätzlich die tatsächliche Teilnahme vom Seminarleiter bestätigen.

- Heben Sie die Veranstaltungsunterlagen auf: Im Zweifel müssen Sie nachweisen, dass der vermittelte Stoff tatsächlich Ihren betrieblichen Zwecken nutzt.

Fremdsprachenkurse

Hier wird nach wie vor geprüft, ob Fremdsprachenkenntnisse für das berufliche Fortkommen notwendig sind. Meines Erachtens sind Sprachkurse in Englisch heutzutage in allen Berufen notwendig und die Kosten hierfür demnach Betriebsausgaben. Bei Kursen in anderen Sprachen hängt es davon ab, zu welchen Ländern Sie berufliche Kontakte haben oder aufbauen wollen. Möchten Sie Ihre Geschäftsaktivitäten nach

Lateinamerika ausdehnen, sind Spanischkenntnisse unerlässlich, ggf müssen Sie auch portugiesisch lernen (wenn Sie in Brasilien tätig werden wollen).

Erstmalige Berufsausbildung

Keine Betriebsausgaben sondern private Lebensführungskosten sind Aufwendungen für die erstmalige Berufsausbildung (so genannte „Ausbildungskosten"). Hierzu zählt z. B. die Ausbildung in einem Lehrberuf. Auch die Kosten für ein Erststudium gehören grundsätzlich zu den beschränkt abzugsfähigen Ausgaben. Ausnahme: Das Erststudium wird im Rahmen eines Ausbildungsverhältnisses abgeleistet.

Beispiel:

Sie schließen mit Ihrem Sohn oder Ihrer Tochter ein Ausbildungsverhältnis ab. Das Ausbildungsplan sieht u. a. auch ein Hochschulstudium vor (kann meines Erachtens im Ausbildungsvertrag vereinbart sein). Die Kosten für das Studium sind für den Auszubildenden beschränkt abzugsfähig.

Die Höhe der abzugsfähigen Ausgaben sind im Rahmen des Sonderausgabenabzugs auf höchstens 4000 € begrenzt. Der Abzugsbetrag für Ausbildungskosten wird nicht pauschal bewährt. Die Kosten müssen – wie auch die Fortbildungskosten in einem ausgeübten Beruf – durch Belege nachgewiesen werden. Zu den Ausbildungskosten gehören auch die Kosten für ein Erststudium.

Fotoausrüstung

Wenn Sie gern fotografieren, so werden Ihnen nicht unerhebliche Kosten entstehen. Kamera, Ausrüstung und Filme sind teuer. Ebenso Leinwand und Diaprojektor. Aber wenn Sie keinerlei berufliche Verwendung für die Ausrüstung haben, ist Ihnen der Werbungskostenabzug verwehrt.

Selbst ein Lehrer, der seinen aufgenommenen Bilder im Unterricht verwendete, hatte kein Glück beim Ansatz der Kosten als steuermindernde Werbungskosten. Auch ein Geistlicher fand keine Gnade vor den Finanzbeamten.

Wenn Sie allerdings Fotograf sind oder Fotoreporter – und sei es nur nebenberuflich –, so gehört die Fotoausrüstung natürlich zu Ihrem Handwerkszeug. Setzen Sie die Kosten von der Einkommensteuer ab. Allerdings: Sie müssen schon Einnahmen aus Ihrer Tätigkeit als Fotograf haben. Dann sind die Kosten allerdings keine Werbungskosten, sondern Betriebsausgaben. Sie mindern Ihren Gewinn und somit ersparen Sie sich Steuern.

Was ist mit der Nutzung der Kamera für private Zwecke? Hierfür sollten Sie sich eine billige Zweitkamera anschaffen. Für die Urlaubsschnappschüsse reicht die auch aus.

Führerschein

Kosten für den Führerschein der Klasse C 1 E sind nach wie vor vom Grundsatz her privat veranlasst. Aber es gibt Ausnahmen, wenn der Führerschein für bestimmte Berufsgruppen verlangt wird. Wenn beispielsweise ein Büroserviceunternehmen auch Kurierdienste anbietet und der Geschäftsinhaber steht für diese Kurierdienste auch selbst zur Verfügung, so benötigt er dafür einen Führerschein. Hat er bisher noch keinen erworben, so ist der Erwerb nunmehr betriebsnotwendig und die Kosten hierfür unzweifelhaft Betriebsausgaben.

Das Gleiche gilt für selbstständige Taxifahrer, Chauffeure, LKW-Fahrer oder Security-Unternehmer, aber auch alle anderen Unternehmer, die bisher keine Veranlassung sahen, für private Zwecke einen Führerschein zu erwerben und nunmehr beruflich vom Kfz abhängig sind. Diese Argumentation könnte z. B. für Existenzgründer wichtig sein.

Gästehäuser

Aufwendungen für Gästehäuser dürfen den Gewinn nicht mindern. Als Gästehäuser sieht das Einkommensteuergesetz solche Aufwendungen für Einrichtungen des Betriebs an, soweit sie der Bewirtung, Beherbergung oder Unterhaltung von Personen dienen, die nicht Arbeitnehmer sind und die sich außerhalb des Ortes eines Betriebs befinden. Dies gilt auch für die hiermit in Zusammenhang stehenden Bewirtungskosten.

Geldbußen u. Ä.

Geldbußen, Ordnungsgelder und Verwarnungsgelder, die von einem Gericht oder einer Behörde in der Bundesrepublik Deutschland oder von Organen der europäischen Gemeinschaften festgesetzt werden, dürfen nach § 4 Abs. 5 Satz 1 Nr. 8 Satz 1 EStG den Gewinn auch dann nicht mindern, wenn sie betrieblich veranlasst sind. Dasselbe gilt für Leistungen zur Erfüllung von Auflagen oder Weisungen, die in einem berufsgerichtlichen Verfahren erteilt werden, soweit die Auflagen oder Weisungen nicht lediglich der Wiedergutmachung des durch die Tat verursachten Schadens dienen. Dagegen gilt das Abzugsverbot nicht für Nebenfolgen vermögensrechtlicher Art, z. B. die Abführung des Mehrerlöses nach § 8 des Wirtschaftsstrafgesetzes, den Verfall nach § 29a OWiG und die Einziehung nach § 22 OWiG.

Zu den *Geldbußen* rechnen alle Sanktionen, die nach dem Recht der Bundesrepublik Deutschland so bezeichnet sind, insbesondere Geldbußen nach dem Ordnungswidrigkeitenrecht einschließlich der nach § 30 OWiG vorgesehenen Geldbußen gegen juristische Personen oder Personenvereinigungen, Geldbußen nach den berufsgerichtlichen Gesetzen des Bundes oder der Länder, z. B. der Bundesrechtsanwaltsordnung, der Bundesnotarordnung, der Patentanwaltsordnung, der Wirtschaftsprüferordnung oder dem Steuerberatungsgesetz sowie Geldbußen nach den Disziplinargesetzen des Bundes oder der Länder. Betrieblich veranlasste Geldbußen, die von Gerichten oder Behörden anderer Staaten festgesetzt werden, fallen nicht unter das Abzugsverbot.

Einschränkung des Abzugsverbotes für Geldbußen

Das Abzugsverbot für Geldbußen, die von Gerichten oder Behörden in der Bundesrepublik Deutschland oder von Organen der Europäischen Gemeinschaften verhängt werden, gilt uneingeschränkt für den Teil, der die rechtswidrige und vorwerfbare Handlung ahndet. Für den Teil, der den rechtswidrig erlangten wirtschaftlichen Vorteil abschöpft, gelten die folgenden Grundsätze. Wurde bei der Festsetzung der Geldbuße auch der rechtswidrig erlangte Vermögensvorteil abgeschöpft, so gilt das Abzugsverbot für die Geldbuße nur dann uneingeschränkt, wenn bei der Berechnung des Vermögensvorteils die darauf entfallende ertragsteuerliche Belastung – ggf. im Wege der Schätzung – berücksichtigt worden ist. Macht der Steuerpflichtige durch geeignete Unterlagen glaubhaft, dass diese ertragsteuerliche Belastung nicht berücksichtigt und der gesamte rechtswidrig erlangte Vermögensvorteil abgeschöpft wurde, so darf der auf die Abschöpfung entfallende Teil der Geldbuße als Betriebsausgabe abgezogen werden.

Ordnungsgelder

Ordnungsgelder sind die nach dem Recht der Bundesrepublik Deutschland so bezeichneten Unrechtsfolgen, die namentlich in den Verfahrensordnungen oder in verfahrensrechtlichen Vorschriften anderer Gesetze vorgesehen sind, z. B. das Ordnungsgeld gegen einen Zeugen wegen Verletzung seiner Pflicht zum Erscheinen und das Ordnungsgeld nach § 890 ZPO wegen Verstoßes gegen eine nach einem Vollstreckungstitel (z. B. Urteil) bestehende Verpflichtung, eine Handlung zu unterlassen oder die Vornahme einer Handlung zu dulden. Nicht unter das Abzugsverbot fallen Zwangsgelder.

Verwarnungsgelder

Verwarnungsgelder sind die in § 56 OWiG so bezeichneten geldlichen Einbußen, die dem Betroffenen aus Anlass einer geringfügigen Ordnungswidrigkeit, z. B. wegen falschen Parkens, mit seinem Einverständnis auferlegt werden, um der Verwarnung Nachdruck zu verleihen.

Geschäftsreisen

Aufwendungen für betrieblich veranlasste Reisen sind in unterschiedlicher Höhe als Betriebsausgaben abzugsfähig. Abzugsfähig sind Aufwendungen für

Geschäftsfahrzeuge, wie z. B. Benzin,

Öffentliche und private Verkehrsmittel, wie beispielsweise Bahn, Bus, Taxi, Flugzeug,

Verpflegungsmehraufwand in begrenzter Höhe (siehe Stichwort Verpflegungsmehraufwand),

Übernachtungskosten,

Streitig ist immer wieder, ob eine Reise tatsächlich ausschließlich betrieblich veranlasst ist oder ob eine private Mitveranlassung gegeben ist. Ist dies der Fall, so sind die Reisekosten nur teilweise abzugsfähig. So werden beispielsweise die Anreisekosten insgesamt nicht anerkannt. Verpflegungsmehraufwand und Übernachtungskosten werden nur für die unmittelbar dem betrieblichen Anlass dienenden Tage anerkannt.

Insbesondere, wenn eine Reise zu einem Ort „touristischen Interesses" geht, ist die Finanzverwaltung misstrauisch und vermutet nahezu immer eine private Mitveranlassung. Dies kann zu ungerechtfertigten Steuermehrbelastungen führen. Deshalb hier unser

Praxishinweis zu Geschäftsreisen:

- Bereiten Sie alle Geschäftsreisen gut vor.

- Heben Sie Schreiben über Termin- und Gesprächsvereinbarungen auf.

- Machen Sie Telefonprotokolle über getroffene Vereinbarung.

- Erstellen Sie einen Reisebericht, in dem Sie aufzeichnen, wie Sie den Tag verbracht haben; es muss eindeutig belegbar sein, dass Sie während der üblichen acht bis zehn Arbeitsstunden keine Gelegenheit gehabt haben, privaten Dingen nachzugehen.

- Vermeiden Sie es, an Geschäftsreisen noch einen Urlaub anzuhängen; die Aufwendungen für die Verkehrsmittel sind dann extrem gefährdet.

Geschenke

Definiert ist ein Geschenk als eine Zuwendung, der keine Gegenleistung gegenüber steht. Dies ist wichtig für den Betriebsausgabenabzug. Steht einer Zuwendung eine Gegenleistung gegenüber, so handelt es sich um einen Leistungsaustausch, der nach den üblichen betrieblichen Grundsätzen zu behandeln ist.

Geschenke an Arbeitnehmer sind grundsätzlich betrieblich veranlasst und deshalb in vollem Umfang als Betriebsausgabe abzugsfähig. Allerdings ist darauf zu achten, dass diese Zuwendungen in den meisten Fällen beim Arbeitnehmer die Lohnsteuerpflicht auslösen.

Geschenke, die zwar betrieblich veranlasst sind, aber nicht Arbeitnehmern, sondern an Geschäftspartnern gemacht werden sind grundsätzlich abzugsfähig. Es gibt jedoch eine Kleinbetragsregelung: Übersteigen die Anschaffungs- bzw. Herstellungskosten aller Geschenke an einen Geschäftspartner innerhalb eines Jahres 30 € nicht, so können sie als Betriebsausgaben abgezogen werden.

Werden einem Geschäftspartner betriebliche Wirtschaftsgüter zugewendet, so müssen diese beim Empfänger ausschließlich betrieblich genutzt werden können.

Achtung:

Es handelt sich hier um eine so genannte „Freigrenze" und nicht um einen Freibetrag. Dies bedeutet für Sie: Wird die Grenze von 30 € überschritten, entfällt der gesamte Abzug (im Gegensatz zu einem Freibetrag, der auch dann gewährt wird, wenn insgesamt mehr zugewendet wird).

Weiterer Hinweis:

Auch Geschenke an Familienangehörige des Geschäftspartners werden in die Freigrenze einbezogen.

Beispiele für Schenkungen:

Geschenke zum Geburtstag, zu Weihnachten,

Geldwerte Vorteile, z. B. durch Schenken einer Reise, Eintrittskarte oder eines Gutscheins.

Nicht als Geschenke gelten

Kränze und Blumensträuße bei Beerdigungen,

Preise bei Preisausschreiben.

Die Kosten hierfür sind in voller Höhe Betriebsausgaben. Voraussetzung ist auch hier wieder, dass es die Zuwendungen betrieblich veranlasst sind.

Gesonderte Aufzeichnungspflichten

Für die abzugsfähigen Geschenke besteht eine besondere Aufzeichnungspflicht: Sie müssen einzeln und getrennt von einander gebucht werden (es ist also ein eigenes Buchführungskonto zu verwenden; bei Nichtbuchführungspflichtigen empfiehlt sich die gesonderte Aufzeichnung in Tabellen). Die Art der Aufwendung ist anzugeben. Weiterhin muss aus den Aufzeichnungen oder dem Buchungsbeleg der betriebliche Anlass sowie der Name des Empfängers hervorgehen.

Gewerbesteuer

Gewerbesteuerzahlungen sind betrieblich veranlasst und damit als Betriebsausgaben abzugsfähig. Bei Überschussrechnern mindert die Zahlung der Gewerbesteuer den Gewinn, bei Bilanzierern wird für die erwartete Gewerbesteuer eine Rückstellung für das Jahr gebildet, in der die Gewerbesteuer zu zahlen ist (Jahr der wirtschaftlichen Entstehung).

Hund

Die Kosten für Hunde können in der Regel dann geltend gemacht werden, wenn sie den Beruf des Hundehalters unterstützen. Ist das der Fall, können Anschaffungskosten, Futter, Pflege, Hundesteuer und Unterbringungskosten als Werbungskosten geltend gemacht werden.

Beispiele, in denen Hundekosten als Werbungskosten von der Finanzverwaltung und der Rechtsprechung *anerkannt* worden sind:

Wachhund eines Dienstmanns (BMF, Finanzrundschau 1990, 317),

Wachhund eines Hausmeisters, den dieser bei seiner Arbeit einsetzt (FG Hamburg, EFG 1989, 228); wird der Hund dagegen privat gehalten, so werden die Kosten nicht anerkannt (BFH/NV 1991, 234),

Jagdhund eines Försters (BFH, BStBl III 1960, 163),

Beispiel, in denen Hundekosten als Werbungskosten von der Finanzverwaltung und der Rechtsprechung *nicht* anerkannt worden ist:

Hund einer Landärztin, die das Tier zu ihrem Schutz bei Tierbesuchen angeschafft hatte; in gleichgelagerten Fällen kann nur geraten werden, gegen einen ablehnenden Bescheid des Finanzamts Einspruch einzulegen und den Dienstgebrauch des Hundes nochmals sauber zu begründen.

Setzen Sie Hunde zur Bewachung Ihres Firmengeländes ein, so spricht nichts gegen einen Betriebsausgabenabzug der entstehenden Kosten.

Incentive-Reisen

Incentive-Reisen werden von einem Unternehmen gewährt, um Geschäftspartner oder Arbeitnehmer des Betriebs für erbrachte Leistungen zu belohnen und zu Mehr- oder Höchstleistungen zu motivieren. Reiseziel, Unterbringung, Transportmittel und Teilnehmerkreis werden von dem die Reiseleistung gewährenden Unternehmen festgelegt. Der Ablauf der Reise und die einzelnen Veranstaltungen dienen – so das Bundesfinanzministerium in einem amtlichen Schreiben – allgemein-touristischen Interessen.

Behandlung der Aufwendungen bei dem die Reiseleistung gewährenden Unternehmen

Wird eine Incentive-Reise mit Geschäftspartnern des Steuerpflichtigen durchgeführt, ist bei der Beurteilung der steuerlichen Abzugsfähigkeit der für die Reise getätigten Aufwendungen danach zu unterscheiden, ob die Reise als Belohnung zusätzlich zum vereinbarten Entgelt oder zur Anknüpfung, Sicherung oder Verbesserung von Geschäftsbeziehungen gewährt wird. Wird die Reise in sachlichem und zeitlichem Zusammenhang mit den Leistungen des Empfängers als – zusätzliche – Gegenleistung gewährt, sind die tatsächlich entstandenen Fahrtkosten sowie die Unterbringungskosten in vollem Umfang als Betriebsausgaben abzugsfähig. Nutzt der Unternehmer allerdings ein eigenes Gästehaus, das sich nicht am Ort des Betriebs befindet, dürfen die Aufwendungen für die Unterbringung den Gewinn nicht mindern. Die Aufwendungen für die Gewährung von Mahlzeiten sind als Bewirtungskosten in Höhe von 70 Prozent der angemessenen und nachgewiesenen Kosten abzugsfähig.

Wird die Reise mit gegenwärtigen oder zukünftigen Geschäftspartnern durchgeführt, um allgemeine Geschäftsbeziehungen erst anzuknüpfen, zu erhalten oder zu verbessern, handelt es sich nach Auffassung der Finanzverwaltung um ein Geschenk. Fahrt- und Unterbringungskosten dürfen dann den Gewinn nicht mindern (BFH-Urteil vom 23. Juni 1993, BStBl II S. 806).

Aufwendungen für Arbeitnehmer

Wird die Reise mit Arbeitnehmern des Betriebs durchgeführt, sind die hierdurch veranlassten Aufwendungen als Betriebsausgaben in voller Höhe berücksichtigungsfähig.

Interessensverband

Zunächst einmal: Ein Interessensverband muss grundsätzlich als Berufsverband anerkannt sein. Ist er das nicht, so handelt es sich bei der Mitgliedschaft um ein rein privates Vergnügen.

Ist er als Berufsverband anerkannt, so muss er Ihre besonderen beruflichen Interessen vertreten. Ob das der Fall ist, ergibt sich meist aus der Satzung des Verbandes. Es ist aber auch die tatsächliche Verbandstätigkeit zu beurteilen. Werden Verbandsmittel tatsächlich in erheblichem Maß für allgemein-politische Zwecke, insbesondere zur Unterstützung politischer Parteien durch Geld- oder Sachzuwendungen, verwendet, so handelt es sich nach der Finanzrechtsprechung nicht um einen steuerlich anzuerkennenden Berufsverband (BFH BStBl II 1994, 33). Folgt man der Rechtsprechung, so handelt es sich also bei den Ausgaben um Kosten der Lebensführung.

Ein Anhaltspunkt dafür, dass mit der Mitgliedschaft in einem Berufsverband überhaupt der Lebensführung zuzurechnende Interessen verfolgt werden können und die Veranlassung durch den Beruf mithin einer besonderen Überprüfung bedarf, liegt immer dann vor, wenn die Mitgliederstruktur des Verbandes breit ist und dementsprechend der Satzungszweck weit gefasst worden ist. In einem solchen Fall liegt die Annahme, die Mitgliedschaft sei durch der Lebensführung zuzurechnende Gesichtspunkte veranlasst, um so näher, je weniger der Verband die spezifischen Interessen des vom Steuerpflichtigen ausgeübten Berufs oder seines Berufsstandes vertritt.

Ihre Argumentation muss also lauten:

Mein Interessensverband vertritt meine besonderen beruflichen Interessen.

Dies ist aus der Satzung ersichtlich.

Bereits der Name des Verbandes deutet darauf hin, dass keine allgemeinen Interessen der Lebensführung (z. B. politische Interessen) vertreten werden.

Die Mitglieder verfolgen gleichgerichtete Ziele, die Mitgliederstruktur ist dementsprechend homogen und von der Interessenslage her nicht breit gefächert.

Die tatsächliche Verbandsführung, z. B. die Verwendung der Mittel geben keinen Anlass zu der Vermutung, dass Gelder nicht berufsspezifisch verwendet werden.

Jachten

Aufwendungen für Motor- oder Segeljachten sind nicht als Betriebsausgaben abzugsfähig. Dies gilt auch für die hiermit in Zusammenhang stehenden Bewirtungskosten.

Jagd

Aufwendungen für die Jagd sind nicht als Betriebsausgaben abzugsfähig. Dies gilt auch für die hiermit in Zusammenhang stehenden Bewirtungskosten.

Kfz-Kosten

Wird ein Auto für den Betrieb angeschafft, so sind die Anschaffungskosten hierfür grundsätzlich Betriebsausgaben, die im Wege der Abschreibung über die betriebsgewöhnliche Nutzungsdauer von sechs Jahren steuerwirksam abgeschrieben werden können.

Angemessenheit des Autos

In der Praxis wird immer wieder gefragt, ob das Finanzamt ein Mitspracherecht in der Höhe der Anschaffungskosten haben könnte und ab einer bestimmten Größenordnung die steuerliche Abzugsfähigkeit ablehnen könnte. Diese Frage wird unter dem Stichwort „Angemessenheitsprüfung" geführt. Grundsätzlich gilt, dass Sie als Unternehmer selbst darüber entscheiden, welches Auto Sie für Ihr Unternehmen anschaffen. Bei sehr teuren Wagen stellt sich allerdings die Frage nach der Angemessenheit. Dabei ist aber nicht allein ausschlaggebend, wie teuer der Wagen ist. Vielmehr kommt es auf den Einzelfall an. Der Bundesfinanzhof hat vom Grundsatz her geurteilt, dass ein Serienfahrzeug auch der oberen Preisklasse nicht als unangemessen angesehen werden kann. Die Finanzverwaltung ist bisher dieser Einschätzung gefolgt. Dennoch ist Vorsicht geboten.

Praxishinweis:

Bei sehr hochpreisigen Fahrzeugen kann es vorkommen, dass nach der Branchenüblichkeit und -brauchbarkeit gefragt wird. So ist es in der Werbebranche durchaus üblich und aus Repräsentationszwecken deshalb fast schon notwendig, einen hochwertigen, zweisitzigen Sportwagen zu fahren. Im Handwerksbereich ist ein solcher Wagen sicher für betriebliche Zwecke unpraktisch. Nichts spricht aber dagegen, wenn ein Handwerker sich einen sehr hochwertigen „Outdoor"-Wagen zulegt, den er wegen der optimalen Raumnutzung sehr gut für den Betrieb einsetzen kann.

Fahrten zwischen Wohnung und Betriebsstätte

Arbeitnehmer können für Fahrten zwischen Wohnung und Arbeitsstätte lediglich pro Entfernungskilometer einen Pauschbetrag von 0,30 € absetzen. Für Unternehmer gilt, dass auch für sie Kosten für Fahrten zwischen Wohnung und Betriebsstätte nur begrenzt abzugsfähig sind. Ab dem 01.01.2004 gilt die Entfernungspauschale von 0,30 € pro Entfernungskilometer. Hierunter wird die einfache Entfernung zwischen Wohnung und Betriebsstätte verstanden. Die Rückfahrtkosten werden also nicht berücksichtigt. Die Abzugsfähigkeit der Fahrtkosten als Betriebsausgaben wird also auf diese 0,30 € eingeschränkt.

Mehrere Betriebsstätten

Als Fahrten zwischen Wohnung und Betriebsstätte gelten nur die direkten Fahrten. Fahrten zwischen mehreren Betriebsstätten gehören nicht dazu und sind deshalb im vollem Umfang abzugsfähig.

Methoden der Abzugsfähigkeit von Kfz-Kosten

Sie haben folgende Möglichkeiten, die Kfz-Kosten steuermindernd geltend zu machen:

Kfz bleibt im Privatvermögen: Dann können Sie für jeden gefahrenen Kilometer 0,30 € als Betriebsausgabe pauschal geltend machen. Voraussetzung: Sie weisen die gefahrenen Kilometer eindeutig nach. Hierzu empfehle ich dringend ein Fahrtenbuch. Eine Aufstellung der gefahrenen Kilometer allein wird oft von den Finanzämtern angezweifelt, weil eine lückenloser Kilometerstandsentwicklung nicht möglich ist und/oder solche Tabellen mithilfe der EDV in kürzester Zeit im Nachhinein erstellt werden können. Mit den 0,30 € sind alle Kosten abgegolten. Zusätzliche Abschreibungen beispielsweise werden nicht anerkannt.

Kfz befindet sich im Betriebsvermögen und Sie führen ein Fahrtenbuch: Dann kann am Ende des Wirtschaftsjahres genau berechnet werden, wie hoch der Prozentsatz für betriebliche Fahrten war und wieviel privat bedingt angefallen ist. Mit dem betrieblichen Prozentsatz können Sie alle nachgewiesenen Kosten absetzen werden. In Frage kommen insbesondere Kosten für Benzin, Versicherungen, Reparaturen, Inspektionen, aber auch die aus den sich aus den Anschaffungskosten errechneten Abschreibungsbeträge. Der Privatanteil ist nicht als Betriebsausgaben abzugsfähig.

Kfz befindet sich im Betriebsvermögen und Sie führen kein Fahrtenbuch: In diesem Fall sieht das Gesetz vor, dass der Privatanteil, der wegen des fehlenden Fahrtenbuchs nicht exakt ermittelt werden kann, pauschal berücksichtigt wird. Rechnerisch gesehen wird wie folgt vorgegangen: Es werden zunächst alle nachgewiesenen Kosten einschl. Abschreibung zu 100 Prozent als Betriebsausgaben abgesetzt. Der Privatanteil wird mit 1 Prozent des inländischen Bruttolistenneupreises als Nutzungswert den Betriebseinnahmen fiktiv hinzugerechnet. Für die Fahrten zwischen Wohnung und Betriebsstätte ist ein weiterer Korrekturposten hinzuzurechnen. Zusätzlich für jeden Kalendermonat ist ein Betrag in Höhe des positiven Unterschiedsbetrags zwischen 0,03 Prozent des inländischen Bruttolistenpreises für jeden Entfernungskilometer und der Entfernungspauschale hinzuzurechnen. Dabei sind die Anzahl der Tage pro Monat zugrunde zu legen, die das Auto tatsächlich gefahren wurde.

Beispiel:

Sie beschaffen ein Auto für Ihren Betrieb. Der Bruttolistenneupreis beträgt 60 000 €. Der Wagen wird für Privatfahrten, für Fahrten zwischen Wohnung und

Betriebsstätte (20 Tage im Monat, Entfernung 15 km) und für geschäftliche Zwecke verwendet.

Der nicht abzugsfähige Teil der Gesamtkosten wird pauschal nach folgender Rechnung ermittelt:

Monatlicher Nutzungswert für die Privatfahrten:
1 Prozent von 60000 € pro Monat   600 €

zuzüglich Fahrten zwischen Wohnung und Betriebsstätte:
0,03 Prozent von 60000 € (18 €) x Entfernungskilometer (15 km)   270 €

Abzüglich Entfernungskilometer
15 km x : 0,30 € x gefahrene Tage (20 pro Monat)   – 90 €

Es sind monatlich zu versteuern: 780 €

Es sind jährlich zu versteuern: 9360 €

Praxishinweis:

Grundsätzlich muss die Rechnung mit den 0,03 Prozent für die Berücksichtigung der Kosten für Fahrten zwischen Wohnung und Betriebsstätte auch dann gemacht werden, wenn Sie nur selten diese Strecke fahren. Setzen Sie aber einen vollen Monat aus, so unterbleibt der Ansatz.

Fahrtkosten bei doppelter Haushaltsführung

Eine doppelte Haushaltsführung liegt vor, wenn Sie als Unternehmer bei Ihrer Auswärtstätigkeit am Beschäftigungsort in einer eigenen Wohnung übernachten; die Anzahl der Übernachtungen spielt keine Rolle. Eine doppelte Haushaltsführung liegt nicht vor, solange die auswärtige Beschäftigung als Dienstreise anzuerkennen ist.

Berufliche Veranlassung

Das Beziehen einer Zweitwohnung ist regelmäßig

bei einem Wechsel des Beschäftigungsorts auf Grund einer Versetzung,

des Wechsels oder

der erstmaligen Begründung eines Dienstverhältnisses beruflich veranlasst.

Beziehen beiderseits berufstätige Ehegatten am gemeinsamen Beschäftigungsort eine gemeinsame Zweitwohnung, liegt ebenfalls eine berufliche Veranlassung vor.

Auch die Mitnahme des nicht berufstätigen Ehegatten an den Beschäftigungsort steht der beruflichen Veranlassung einer doppelten Haushaltsführung nicht unbedingt entgegen. Allerdings wird in diesem Fall das Finanzamt sehr genau prüfen, wo Ihr Lebensmittelpunkt ist.

Bei Zuzug aus dem Ausland kann das Beziehen einer Zweitwohnung auch dann beruflich veranlasst sein, wenn der Arbeitnehmer politisches Asyl beantragt oder erhält.

Eigener Hausstand

Ein eigener Hausstand setzt eine eingerichtete, den Lebensbedürfnissen entsprechende Wohnung des Arbeitnehmers voraus. In dieser Wohnung muss der Arbeitnehmer einen Haushalt unterhalten, das heißt, er selbst muss die Haushaltsführung bestimmen oder wesentlich mitbestimmen. Es ist nicht erforderlich, dass in der Wohnung am Ort des eigenen Hausstands hauswirtschaftliches Leben herrscht, z. B. wenn der Arbeitnehmer seinen nicht berufstätigen Ehegatten an den auswärtigen Beschäftigungsort mitnimmt oder der Arbeitnehmer nicht verheiratet ist.

Unterhält ein unverheirateter Arbeitnehmer am Ort des Lebensmittelpunkts seinen Haupthausstand, so kommt es für das Vorliegen einer doppelten Haushaltsführung nicht darauf an, ob die Räumlichkeiten den bewertungsrechtlichen Anforderungen an eine Wohnung gerecht werden. Vielmehr reicht es aus, wenn die Räumlichkeiten ihm zur ausschließlichen Nutzung zur Verfügung stehen und diese ihm eine eigenständige Haushaltsführung ermöglichen. Dies kann auch dann der Fall sein, wenn der Steuerpflichtige sich die Sanitäreinrichtungen mit einem anderen Hausbewohner teilen muss BFH 14.10.2004, VI R 82/02).

Die Wohnung muss außerdem der Mittelpunkt der Lebensinteressen des Arbeitnehmers sein. Bei größerer Entfernung zwischen dieser Wohnung und der Zweitwohnung, insbesondere bei einer Wohnung im Ausland, reicht bereits eine Heimfahrt im Kalenderjahr aus, um diese als Lebensmittelpunkt anzuerkennen, wenn in der Wohnung auch bei Abwesenheit des Arbeitnehmers hauswirtschaftliches Leben herrscht, an dem sich der Arbeitnehmer sowohl durch persönliche Mitwirkung als auch finanziell maßgeblich beteiligt.

Bei Arbeitnehmern mit einer Wohnung in weit entfernt liegenden Ländern, z. B. Australien, Indien, Japan, Korea, Philippinen, gilt das Gesagte ebenso, wenn innerhalb der Zweijahresfrist mindestens eine Heimfahrt unternommen wird.

Eine Zweitwohnung in der Nähe des Beschäftigungsorts steht einer Zweitwohnung am Beschäftigungsort gleich.

Doppelter Haushalt bei Eheschließung auswärtig tätiger Unternehmer

Wird ein doppelter Haushalt durch Zuzug zum Lebenspartner begründet, ist er auch dann nicht beruflich veranlasst, wenn beide Partner berufstätig sind und im Folgejahr heiraten (BFH, HFR 2001 Nr. 10, S. 967).

Ausnahmsweise hat der Bundesfinanzhof die Gründung eines doppelten Haushalts dann als beruflich veranlasst angesehen, wenn Ehegatten bereits vor ihrer Heirat an verschiedenen Orten berufstätig waren, an ihren jeweiligen Beschäftigungsorten wohnten und nach der Eheschließung eine der beiden Wohnungen zur Familienwohnung gemacht haben (BFH, BStBl II 1996, 315, HFR 1996, 510). Der entscheidende

Grund liegt hierfür bei Heirat zweier Berufstätiger darin, dass diese – anders als bei der Berufstätigkeit nur eines Partners – sich nicht mit einem einzigen Wohnsitz am Ort der Berufsausübung eines von ihnen begnügen können, ohne die Berufstätigkeit des anderen zu beeinträchtigen. Für die Beurteilung des Werbungskostenabzugs ab dem Zeitpunkt der Eheschließung macht es nach der höchstrichterlichen Rechtsprechung keinen Unterschied, ob die späteren Ehegatten vor ihrer Eheschließung bereits am Beschäftigungsort eines Partners zusammengelebt oder erst nach der Heirat an einem der beiden Beschäftigungsorte einen gemeinsamen Haushalt begründen. Auch im letzteren Fall wird der Werbungskostenabzug in verfassungskonformer Auslegung des § 9 Abs. 1 Satz 3 Nr. 5 EStG (Art. 6 Abs. 1 GG) nicht versagt.

Nichteheliche Lebensgemeinschaften

Auch unter verfassungsrechtlichen Gesichtspunkten hält es der Bundesfinanzhof nicht für erforderlich, die Ausnahme, die die höchstrichterliche Rechtsprechung in Fällen der Eheschließung in Bezug auf die berufliche Veranlassung gemacht hat, in jedem Fall auf nichteheliche Lebensgemeinschaften zu übertragen. Zwar können auch nichteheliche Lebensgemeinschaften mit Kindern eine Familie bilden. Denn eine Familie im Sinne des Grundgesetzes ist die Gemeinschaft von Eltern und Kindern. Nicht in den Schutzbereich des Grundgesetz fallen dagegen Lebensgemeinschaften ohne Kinder. Dennoch muss meines Erachtens anerkannt werden, dass der Lebensmittelpunkt am Ort der gemeinsamen Wohnung besteht und damit die Kosten für eine berufsbedingte auswärtige Wohnung als Betriebsausgaben geltend gemacht werden können.

Notwendige Mehraufwendungen

Als notwendige Mehraufwendungen wegen einer doppelten Haushaltsführung kommen in Betracht:

- die Fahrtkosten aus Anlass der Wohnungswechsel zu Beginn und am Ende der doppelten Haushaltsführung sowie für wöchentliche Heimfahrten an den Ort des eigenen Hausstands oder an den bisherigen Wohnort oder Aufwendungen für wöchentliche Familien-Ferngespräche,

- Verpflegungsmehraufwendungen,

- Aufwendungen für die Zweitwohnung und

- Umzugskosten.

Fahren Sie mehr als einmal wöchentlich heim, so können Sie wählen, ob Sie die in Betracht kommenden Mehraufwendungen wegen doppelter Haushaltsführung oder die Fahrtkosten als Aufwendungen für Fahrten zwischen Wohnung und Arbeitsstätte geltend machen wollen.

Das Wahlrecht können Sie bei derselben doppelten Haushaltsführung für jedes Kalenderjahr nur einmal ausüben.

Hat Ihnen der Arbeitgeber die Zweitwohnung unentgeltlich oder teilentgeltlich zur Verfügung gestellt, so sind die abziehbaren Fahrtkosten um diesen Sachbezug zu kürzen.

Notwendige Fahrtkosten

Als notwendige Fahrtkosten werden anerkannt

die tatsächlichen Aufwendungen für die Fahrten anlässlich des Wohnungswechsels zu Beginn und am Ende der doppelten Haushaltsführung. Für die Ermittlung der Fahrtkosten vergleichen Sie bitte das Stichwort Fahrtkosten,

Reisenebenkosten sind die tatsächlichen Aufwendungen z. B. für Beförderung und Aufbewahrung von Gepäck, Ferngespräche und Schriftverkehr beruflichen Inhalts mit dem Arbeitgeber oder dessen Geschäftspartner, Straßenbenutzung und Parkplatz sowie Schadensersatzleistungen infolge von Verkehrsunfällen,

die Aufwendungen für jeweils eine tatsächlich durchgeführte Heimfahrt wöchentlich.

Nach Ablauf der Zweijahresfrist sind die letzte Fahrt zur Beendigung der doppelten Haushaltsführung und die Fahrten vom Beschäftigungsort zum Ort des eigenen Hausstands und zurück (Familienheimfahrten) als Fahrten zwischen Wohnung und Arbeitsstätte zu behandeln.

Notwendige Verpflegungsmehraufwendungen

Als notwendige Verpflegungsmehraufwendungen sind für einen Zeitraum von drei Monaten nach Bezug der Wohnung am neuen Beschäftigungsort für jeden Kalendertag, an dem der Arbeitnehmer von seiner Wohnung am Lebensmittelpunkt abwesend ist, die bei Dienstreisen ansetzbaren Pauschbeträge anzuerkennen; dabei ist allein die Dauer der Abwesenheit von der Wohnung am Lebensmittelpunkt maßgebend. Ist der Tätigkeit am Beschäftigungsort eine Dienstreise an diesen Beschäftigungsort unmittelbar vorausgegangen, so ist deren Dauer auf die Dreimonatsfrist anzurechnen.

Notwendige Aufwendungen für die Zweitwohnung

Als notwendige Aufwendungen für die Zweitwohnung sind deren tatsächliche Kosten anzuerkennen. Zu den notwendigen Aufwendungen für die Zweitwohnung gehört auch die für diese Wohnung zu entrichtende Zweitwohnungssteuer. Steht die Zweitwohnung im Eigentum des Arbeitnehmers, so sind die Aufwendungen in der Höhe als notwendig anzusehen, in der sie der Arbeitnehmer als Mieter für eine nach Größe, Ausstattung und Lage angemessene Wohnung tragen müsste.

Liegt der Beschäftigungsort im Ausland, so können die notwendigen Aufwendungen für die Zweitwohnung im Ausland ohne Einzelnachweis für die Übergangszeit von drei Monaten mit Pauschbeträgen angesetzt werden. Die Pauschbeträge werden vom Bundesministerium der Finanzen im Einvernehmen mit den obersten Finanzbehörden der Länder auf der Grundlage der höchsten Auslandsübernachtungsgelder nach dem Bundesreisekostengesetz bekannt gemacht.

Nach Ablauf der drei Monate können 40 Prozent dieses Pauschbetrags je Übernachtung angesetzt werden; ein Wechsel zwischen dem Einzelnachweis der Aufwendungen und dem Ansatz der Pauschbeträge ist bei derselben doppelten Haushaltsführung innerhalb eines Kalenderjahrs nicht zulässig.

Checkliste Doppelte Haushaltsführung

Der Fiskus hat an die Abzugsfähigkeit der Kosten für doppelte Haushaltsführung strenge Anforderungen geknüpft. Zu überprüfen ist zum einen die grundlegende Anerkennung einer doppelten Haushaltsführung. Zum anderen werden nur bestimmte Kosten als beruflich veranlasst als Werbungskosten oder Betriebsausgaben anerkannt.

Folgende Punkte sind zu beachten und zu bewerten:

Begründung einer doppelten Haushaltsführung

- Wohnen Sie nicht in dem Ort, in dem Sie auch arbeiten?
- Wie groß ist die Entfernung zwischen Wohnort und Arbeitsort?
- Um wie viel Kilometer wurde der Weg zur Arbeitsstätte kürzer? Wie viel Zeit haben Sie pro Arbeitstag gespart (es sollte mindestens eine Stunde sein)?
- Bei Verheirateten: Haben beide Partner eine kürzere Anfahrt?
- Besitzen Sie zwei Wohnungen?
- Ist die Wohnung am Arbeitsort beruflich veranlasst?
- Wo befindet sich Ihr Lebensmittelpunkt?
- Wenn ja, wie können Sie das nachweisen?
- Haben Sie einen eigenen Hausstand?
- Sind Sie verheiratet oder leben Sie in einer eheähnlichen Partnerschaft? Wenn ja, wo wohnt der Partner?
- Trägt der Partner zum gemeinsamen Hausstand am Arbeitsort bei?
- Wie groß ist die Wohnung am Arbeitsort – wie groß am Wohnort?
- Wie oft besuchen Sie die Wohnung in Ihren Wohnort?

Abzugsfähige Kosten

Wann haben Sie die doppelte Haushaltsführung begründet?

Welche Fahrtkosten haben Sie für die erste Fahrt zum Arbeitsort aufgewendet (Flug, Bus, Bahn, Kfz)?

Wie häufig fahren Sie von Ihrem Arbeitsort zu Ihrem Wohnort? Üblicherweise werden nicht mehr als eine Fahrt pro Woche anerkannt.

Können Sie nachweisen, dass die Heimfahrten tatsächlich durchgeführt worden sind? (Tankquittungen, Fahrtenbuch)

Sind Sie auch innerhalb der Woche heimgefahren? Wenn ja, warum?

Benutzen Sie für die Heimfahrten einen Dienstwagen?

Haben Sie Verpflegungsmehraufwand gehabt? Für die ersten drei Monate werden Pauschalen pro Tag anerkannt.

Wie hoch ist die Miete einschließlich aller Nebenkosten am Arbeitsort?

Haben Sie bei der Wohnungssuche Maklergebühren gezahlt?

Hatten Sie ggf. auch vergebliche Ausgaben (Mietvertrag kam letztlich nicht zustande)?

Haben Sie Kosten für Suchanzeigen aufgewendet?

Wie häufig sind Sie zum Zwecke der Wohnungssuche in den Arbeitsort gefahren? Haben sie dafür Übernachtungskosten aufgewendet?

Haben Sie die Wohnung am Arbeitsort einrichten müssen? Wenn ja, wie hoch waren die Anschaffungskosten für den Hausrat im Einzelnen? (Kosten über 410 € zzgl. Umsatzsteuer müssen auf die Jahre der gewöhnlichen Nutzung verteilt werden).

Welche Umzugskosten haben Sie gehabt (Leihwagen, Fahrer, Spedition, Fahrtkosten weiterer Kfz, Übernachtungskosten)?

Kleidung

Bürgerliche Kleidung, die sowohl im Beruf als auch bei der Arbeit getragen werden kann, wird vom Finanzamt – aber auch von der Rechtsprechung – nicht als berufsbedingt anerkannt. Das gilt immer dann, wenn der Zweck der Kleidung nicht eindeutig ist, so dass ein objektiver Aufteilungsmaßstab fehlt.

Praxishinweis:

Sollten Sie einen Beruf ausüben, der typische Berufskleidung oder auch Schutzkleidung verlangt, so gilt das Abzugsverbot nicht. Allerdings gibt es auch hier immer wieder Streitigkeiten mit dem Finanzamt. Der Ausweg: Kaufen Sie die Berufskleidung in einem Fachgeschäft für Ihren Beruf. Dann haben Sie gute Karten, dass die Aufwendungen als rein berufsbezogen anerkannt werden.

Krankheitskosten

Krankheitskosten sind im Allgemeinen als Kosten der Lebensführung einzustufen. Sie gelten als außergewöhnliche Belastungen und sind als solche abzuziehen.

Aber: Ist eine Krankheit eindeutig durch den Beruf bedingt, so sind die Aufwendungen, die durch sie entstehen, Betriebsausgaben – sofern sie nicht von durch Versicherungen ersetzt werden.

Bei den Berufskrankheiten kann es sich um eine typische Krankheit handeln, was z. B. durch ein Gutachten der Berufsgenossenschaft oder des Gesundheitsamtes nachgewiesen werden kann.

Die Krankheit kann aber auch durch den Beruf oder bei Ausübung des Berufs entstanden sein, ohne dass es sich um eine für diesen Beruf typische Krankheit handelt. Beispiele sind

- Unfall und dadurch bedingte Folgekrankheiten, wenn der Unfall auf dem Weg zur Arbeit geschehen ist,

- Betriebsunfall,

- Unfall auf einem Betriebsausflug.

Also: Aufwendungen, die durch eine berufsbedingte Krankheit entstehen, sind Betriebsausgaben und mindern die Einkünfte aus selbstständiger Arbeit – vorausgesetzt, Sie müssen Sie selbst tragen und erhalten keinen Kostenersatz von Dritten.

Pensionskassen

Als Pensionskassen sind sowohl rechtsfähige Versorgungseinrichtungen als auch rechtlich unselbstständige Zusatzversorgungseinrichtungen des öffentlichen Dienstes anzusehen, die den Leistungsberechtigten (Arbeitnehmer und Personen sowie deren Hinterbliebene) auf ihre Leistungen einen Rechtsanspruch gewähren.

Zuwendungen

Der Betriebsausgabenabzug kommt sowohl für laufende als auch für einmalige Zuwendungen in Betracht. Zuwendungen an eine Pensionskasse sind auch abziehbar, wenn die Kasse ihren Sitz oder ihre Geschäftsleitung im Ausland hat.

Zuwendungen zur Abdeckung von Fehlbeträgen sind auch dann abziehbar, wenn sie nicht auf einer entsprechenden Anordnung der Versicherungsaufsichtsbehörde beruhen. Für die Frage, ob und in welcher Höhe ein Fehlbetrag vorliegt, ist das Vermögen der Kasse nach den handelsrechtlichen Grundsätzen ordnungsmäßiger Buchführung unter Berücksichtigung des von der Versicherungsaufsichtsbehörde genehmigten Geschäftsplans anzusetzen. Für Pensionskassen mit Sitz oder Geschäftsleitung im Ausland sind die für inländische Pensionskassen geltenden Grundsätze anzuwenden.

Zuwendungen an die Kasse dürfen als Betriebsausgaben nicht abgezogen werden, soweit die Leistungen der Kasse, wenn sie vom Trägerunternehmen unmittelbar erbracht würden, bei diesem nicht betrieblich veranlasst wären. Nicht betrieblich veranlasst sind z. B. Leistungen der Kasse an den Inhaber (Unternehmer, Mitunternehmer) des Trägerunternehmens oder seine Angehörigen. Für Angehörige gilt das Verbot nicht, soweit die Zuwendungen im Rahmen eines steuerlich anzuerkennenden Arbeitsverhältnisses gemacht werden.

Für Zuwendungen, die vom Trägerunternehmen nach dem Bilanzstichtag geleistet werden, ist bereits zum Bilanzstichtag ein Passivposten zu bilden, sofern zu diesem Zeitpunkt eine entsprechende Verpflichtung besteht (Bestimmung in der Satzung oder im Geschäftsplan der Kasse, Anordnung der Aufsichtsbehörde). Werden Fehlbeträge der Kasse abgedeckt, ohne dass hierzu eine Verpflichtung des Trägerunternehmens besteht, so kann in sinngemäßer Anwendung des § 4d Abs. 2 EStG zum Bilanzstichtag eine Rückstellung gebildet werden, wenn innerhalb eines Monats nach Aufstellung oder Feststellung der Bilanz des Trägerunternehmens die Zuwendung geleistet oder die Abdeckung des Fehlbetrags verbindlich zugesagt wird.

Pensionsrückstellungen

Begriff

Pensionsrückstellungen sind gewinnmindernde Rückstellungen, die für eine Pensionszusage gebildet werden.

Zulässigkeit von Pensionsrückstellungen

Nach § 249 HGB müssen für unmittelbare Pensionszusagen Rückstellungen in der Handelsbilanz gebildet werden. Entsprechend dem Grundsatz der Maßgeblichkeit der Handelsbilanz hat die handelsrechtliche Passivierungspflicht die Passivierungspflicht für Pensionszusagen in der Steuerbilanz zur Folge, wenn die Voraussetzungen des § 6a Abs. 1 Nr. 1 bis 3 EStG vorliegen. Für die Frage, wann eine Pension oder eine Anwartschaft auf eine Pension rechtsverbindlich zugesagt worden ist, ist die erstmalige, zu einem Rechtsanspruch führende arbeitsrechtliche Verpflichtungserklärung maßgebend. Für Pensionsverpflichtungen, für die der Berechtigte einen Rechtsanspruch auf Grund einer unmittelbaren Zusage erworben hat, gelten die folgenden Absätze.

Rechtsverbindliche Verpflichtung

Eine rechtsverbindliche Pensionsverpflichtung ist z. B. gegeben, wenn sie auf Einzelvertrag, Gesamtzusage (Pensionsordnung), Betriebsvereinbarung, Tarifvertrag oder Besoldungsordnung beruht. Bei Pensionsverpflichtungen, die nicht auf Einzelvertrag beruhen, ist eine besondere Verpflichtungserklärung gegenüber dem einzelnen Be-

rechtigten nicht erforderlich. Ob eine rechtsverbindliche Pensionsverpflichtung vorliegt, ist nach arbeitsrechtlichen Grundsätzen zu beurteilen. Für ausländische Arbeitnehmer sind Pensionsrückstellungen unter den gleichen Voraussetzungen zu bilden
wie für inländische Arbeitnehmer. Für die Zulässigkeit einer Pensionsrückstellung ist
es unerheblich, ob die Pensionsanwartschaft des Berechtigten arbeitsrechtlich bereits
unverfallbar ist.

Schädlicher Vorbehalt

Ein schädlicher Vorbehalt liegt vor, wenn der Arbeitgeber die Pensionszusage nach
freiem Belieben, d. h. nach seinen eigenen Interessen ohne Berücksichtigung der Interessen des Pensionsberechtigten, widerrufen kann. Ein Widerruf nach freiem Belieben ist nach dem Urteil des Bundesarbeitsgerichts (BAG) vom 14.12.1956 (BStBl
1959 I S. 258) gegenüber einem noch aktiven Arbeitnehmer im Allgemeinen zulässig,
wenn die Pensionszusage eine der folgenden Formeln

- „freiwillig und ohne Rechtsanspruch",

- „jederzeitiger Widerruf vorbehalten",

- „ein Rechtsanspruch auf die Leistungen besteht nicht",

- „die Leistungen sind unverbindlich"

oder ähnliche Formulierungen enthält, sofern nicht besondere Umstände eine andere
Auslegung rechtfertigen. Solche besonderen Umstände liegen nicht schon dann vor,
wenn das Unternehmen in der Vergangenheit tatsächlich Pensionszahlungen geleistet
oder eine Rückdeckungsversicherung abgeschlossen hat oder Dritten gegenüber eine
Verpflichtung zur Zahlung von Pensionen eingegangen ist oder wenn die unter den
oben bezeichneten Vorbehalten gegebene Pensionszusage die weitere Bestimmung
enthält, dass der Widerruf nur nach „billigem Ermessen" ausgeübt werden darf oder
dass im Fall eines Widerrufs die gebildeten Rückstellungen dem Versorgungszweck
zu erhalten sind. Vorbehalte der oben bezeichneten Art in einer Pensionszusage
schließen danach die Bildung von Rückstellungen für Pensionsanwartschaften aus.

Enthält eine Pensionszusage die oben bezeichneten allgemeinen Widerrufsvorbe-
halte, so ist die Rückstellungsbildung vorzunehmen sobald der Arbeitnehmer in den
Ruhestand tritt; dies gilt auch hinsichtlich einer etwa zugesagten Hinterbliebenenversorgung.

Sieht die Pensionszusage vor, dass die Pensionsverpflichtung bei Eintritt des Versorgungsfalls auf eine außerbetriebliche Versorgungseinrichtung übertragen wird, ist
eine Rückstellung nicht zulässig. Entsprechendes gilt, wenn das Unternehmen nach
der Pensionszusage berechtigt ist, die Pensionsverpflichtung vor Eintritt des Versorgungsfalls auf eine außerbetriebliche Versorgungseinrichtung zu übertragen, die
keinen Rechtsanspruch gewährt; in einem solchen Fall ist eine Rückstellung erst zulässig, wenn der Versorgungsfall eingetreten ist, ohne dass eine Übertragung vorgenommen wurde.

Unschädlicher Vorbehalt

Ein unschädlicher Vorbehalt liegt vor, wenn der Arbeitgeber den Widerruf der Pensionszusage bei geänderten Verhältnissen nur nach billigem Ermessen (§ 315 BGB), d. h. unter verständiger Abwägung der berechtigten Interessen des Pensionsberechtigten einerseits und des Unternehmens andererseits, aussprechen kann. Das gilt in der Regel für die Vorbehalte, die eine Anpassung der zugesagten Pensionen an nicht voraussehbare künftige Entwicklungen oder Ereignisse, insbesondere bei einer wesentlichen Verschlechterung der wirtschaftlichen Lage des Unternehmens, einer wesentlichen Änderung der Sozialversicherungsverhältnisse oder der Vorschriften über die steuerliche Behandlung der Pensionsverpflichtungen oder bei einer Treupflichtverletzung des Arbeitnehmers vorsehen. Danach sind z. B. die folgenden Vorbehalte als unschädlich anzusehen:

Allgemeiner Vorbehalt

Die Firma behält sich vor, die Leistungen zu kürzen oder einzustellen, wenn die bei Erteilung der Pensionszusage maßgebenden Verhältnisse sich nachhaltig so wesentlich geändert haben, dass der Firma die Aufrechterhaltung der zugesagten Leistungen auch unter objektiver Beachtung der Belange des Pensionsberechtigten nicht mehr zugemutet werden kann.

Spezielle Vorbehalte

Die Firma behält sich vor, die zugesagten Leistungen zu kürzen oder einzustellen, wenn

die wirtschaftliche Lage des Unternehmens sich nachhaltig so wesentlich verschlechtert hat, dass ihm eine Aufrechterhaltung der zugesagten Leistungen nicht mehr zugemutet werden kann, oder

der Personenkreis, die Beiträge, die Leistungen oder das Pensionierungsalter bei der gesetzlichen Sozialversicherung oder anderen Versorgungseinrichtungen mit Rechtsanspruch sich wesentlich ändern, oder

die rechtliche, insbesondere die steuerrechtliche Behandlung der Aufwendungen, die zur planmäßigen Finanzierung der Versorgungsleistungen von der Firma gemacht werden oder gemacht worden sind, sich so wesentlich ändert, dass der Firma die Aufrechterhaltung der zugesagten Leistungen nicht mehr zugemutet werden kann, oder

der Pensionsberechtigte Handlungen begeht, die in grober Weise gegen Treu und Glauben verstoßen oder zu einer fristlosen Entlassung berechtigen würden,

oder inhaltlich ähnliche Formulierungen.

Hat der Arbeitnehmer die Möglichkeit, anstelle einer bisher zugesagten Altersversorgung eine Erhöhung seiner laufenden Bezüge zu verlangen, so liegt hierin kein schädlicher Vorbehalt.

Sonderfälle

In besonderen Vorbehalten werden oft bestimmte wirtschaftliche Tatbestände bezeichnet, bei deren Eintritt die zugesagten Pensionsleistungen gekürzt oder eingestellt werden können. Es wird z. B. vereinbart, dass die Pensionen gekürzt oder eingestellt werden können, wenn der Umsatz, der Gewinn oder das Kapital eine bestimmte Grenze unterschreiten oder wenn mehrere Verlustjahre vorliegen oder wenn die Pensionsleistungen einen bestimmten Vomhundertsatz der Lohn- und Gehaltssumme überschreiten. Diese Vorbehalte sind nur dann als unschädlich anzusehen, wenn sie in dem Sinne ergänzt werden, es müsse bei den bezeichneten Tatbeständen eine so erhebliche und nachhaltige Beeinträchtigung der Wirtschaftslage des Unternehmens vorliegen, dass es

■ dem Unternehmen nicht mehr zumutbar ist, die Pensionszusage aufrechtzuerhalten, oder

■ aus unternehmerischer Verantwortung geboten erscheint, die Versorgungsleistungen einzuschränken oder einzustellen.

Der Vorbehalt, dass der Pensionsanspruch erlischt, wenn das Unternehmen veräußert wird oder aus anderen Gründen ein Wechsel des Unternehmers eintritt (so genannte Inhaberklausel), ist steuerlich ebenso schädlich wie Vorbehalte oder Vereinbarungen, nach denen die Haftung aus einer Pensionszusage auf das Betriebsvermögen beschränkt wird (Ausnahme: gesetzliche Haftungsbeschränkung für alle Verpflichtungen gleichermaßen, wie z. B. bei Kapitalgesellschaften).

Schriftform

Die Pensionszusage ist schriftlich niederzulegen. Für die vorgeschriebene Schriftform kommt jede schriftliche Festlegung in Betracht, aus der sich der Pensionsanspruch nach Art und Höhe ergibt, z. B. Einzelvertrag, Gesamtzusage (Pensionsordnung), Betriebsvereinbarung, Tarifvertrag, Gerichtsurteil. Bei Gesamtzusagen ist eine schriftliche Bekanntmachung in geeigneter Form nachzuweisen, z. B. durch ein Protokoll über den Aushang im Betrieb. Die Schriftform muss am Bilanzstichtag vorliegen. Für Pensionsverpflichtungen, die auf betrieblicher Übung oder auf dem Grundsatz der Gleichbehandlung beruhen, kann wegen der fehlenden Schriftform keine Rückstellung gebildet werden; dies gilt auch dann, wenn arbeitsrechtlich eine unverfallbare Anwartschaft besteht, es sei denn, dem Arbeitnehmer ist beim Ausscheiden eine schriftliche Auskunft erteilt worden. Pensionsrückstellungen müssen insoweit vorgenommen werden, als sich die Versorgungsleistungen aus der schriftlichen Festlegung dem Grunde und der Höhe nach ergeben. Zahlungsbelege allein stellen keine solche Festlegung dar.

Beherrschende Gesellschafter-Geschäftsführer von Kapitalgesellschaften

Für die Bildung von Pensionsrückstellungen für beherrschende Gesellschafter-Geschäftsführer von Kapitalgesellschaften ist zu unterstellen, dass die Jahresbeträge vom Beginn des Dienstverhältnisses, frühestens vom *Alter 30*, bis zur vertraglich vorgesehenen Altersgrenze, mindestens jedoch bis zum *Alter 65*, aufzubringen sind. Als Beginn des Dienstverhältnisses gilt der Eintritt in das Unternehmen als Arbeitnehmer. Das gilt auch dann, wenn der Geschäftsführer die Pensionszusage erst nach Erlangung der beherrschenden Stellung erhalten hat. Für anerkannte Schwerbehinderte kann eine vertragliche Altersgrenze von mindestens 60 Jahren zugrunde gelegt werden.

Höhe der Pensionsrückstellung

Als Beginn des Dienstverhältnisses ist ein früherer Zeitpunkt als der tatsächliche Dienstantritt zugrunde zu legen (so genannte Vordienstzeiten), wenn auf Grund gesetzlicher Vorschriften Zeiten außerhalb des Dienstverhältnisses als Zeiten der Betriebszugehörigkeit gelten (z. B. § 8 Abs. 3 des Soldatenversorgungsgesetzes, § 6 Abs. 2 des Arbeitsplatzschutzgesetzes). Ergibt sich durch die Anrechnung von Vordienstzeiten ein fiktiver Dienstbeginn, der vor der Vollendung des 30. Lebensjahres des Berechtigten liegt, so gilt das Dienstverhältnis als zu Beginn des Wirtschaftsjahres begonnen, bis zu dessen Mitte der Berechtigte das 30. Lebensjahr vollendet.

Bei der Ermittlung des Teilwerts der Pensionsanwartschaft ist das vertraglich vereinbarte Pensionsalter zugrunde zu legen *(Grundsatz)*. Der Steuerpflichtige kann für alle oder für einzelne Pensionsverpflichtungen von einem höheren Pensionsalter ausgehen, sofern mit einer Beschäftigung des Arbeitnehmers bis zu diesem Alter gerechnet werden kann *(erstes Wahlrecht)*. Bei der Ermittlung des Teilwerts der Pensionsanwartschaft nach § 6a Abs. 3 EStG kann mit Rücksicht auf § 6 BetrAVG anstelle des vertraglichen Pensionsalters für alle oder für einzelne Pensionsverpflichtungen als Zeitpunkt des Eintritts des Versorgungsfalls der Zeitpunkt der frühestmöglichen Inanspruchnahme der vorzeitigen Altersrente aus der gesetzlichen Rentenversicherung angenommen werden *(zweites Wahlrecht)*. Voraussetzung für die Ausübung des zweiten Wahlrechts ist, dass in der Pensionszusage festgelegt ist, in welcher Höhe Versorgungsleistungen von diesem Zeitpunkt an gewährt werden. Bei der Ausübung des zweiten Wahlrechts braucht nicht geprüft zu werden, ob ein Arbeitnehmer die sozialversicherungsrechtlichen Voraussetzungen für die vorzeitige Inanspruchnahme der Altersrente erfüllen wird.

Das erste Wahlrecht ist in der Bilanz des Wirtschaftsjahres auszuüben, in dem mit der Bildung der Pensionsrückstellung begonnen wird. Das zweite Wahlrecht ist in der Bilanz des Wirtschaftsjahres auszuüben, in dem die Festlegung getroffen worden ist. Hat der Steuerpflichtige das zweite Wahlrecht ausgeübt und ändert sich danach der Zeitpunkt der frühest möglichen Inanspruchnahme der vorzeitigen Altersrente aus der gesetzlichen Rentenversicherung (z. B. durch Beendigung des Arbeitsverhältnisses), so ist die Änderung zum Ende des betreffenden Wirtschaftsjahres zu berücksichtigen; ist in diesem Wirtschaftsjahr die Festlegung für den neuen Zeitpunkt nicht getroffen worden, so ist das vertragliche Pensionsalter bei der Ermittlung des Teilwerts der Pensionsanwartschaft zugrunde zu legen. Die jeweils getroffene Wahl gilt auch für später zugesagte Erhöhungen der Pensionsleistungen.

Der Rückstellungsbildung kann nur die Pensionsleistung zugrunde gelegt werden, die zusagegemäß bis zu dem Pensionsalter erreichbar ist, für das sich der Steuerpflichtige bei Ausübung der Wahlrechte entscheidet. Setzt der Arbeitnehmer nach Erreichen dieses Alters seine Tätigkeit fort und erhöht sich dadurch sein Ruhegehaltanspruch, so ist der Rückstellung in dem betreffenden Wirtschaftsjahr der Unterschiedsbetrag zwischen der nach den vorstehenden Sätzen höchstzulässigen Rückstellung (Soll-Rückstellung) und dem versicherungsmathematischen Barwert der um den Erhöhungsbetrag vermehrten Pensionsleistungen zuzuführen.

Hat der Steuerpflichtige bei der Ermittlung des Teilwerts einer Pensionsanwartschaft bereits bisher vom zweiten Wahlrecht Gebrauch gemacht, ist er bei einer Änderung des frühest möglichen Pensionsalters auf Grund einer gesetzlichen Neuregelung auch künftig an diese Entscheidung gebunden.

Arbeitgeberwechsel

Übernimmt ein Steuerpflichtiger in einem Wirtschaftsjahr eine Pensionsverpflichtung gegenüber einem Arbeitnehmer, der bisher in einem anderen Unternehmen tätig gewesen ist, unter gleichzeitiger Übernahme von Vermögenswerten, so ist bei der Ermittlung des Teilwerts der Verpflichtung der Jahresbetrag im Sinne des § 6a Abs. 3 Nr. 1 EStG so zu bemessen, dass zu Beginn des Wirtschaftsjahres der Übernahme der Barwert der Jahresbeträge zusammen mit den übernommenen Vermögenswerten gleich dem Barwert der künftigen Pensionsleistungen ist; dabei darf sich kein negativer Jahresbetrag ergeben.

Berücksichtigung von Sozialversicherungsrenten

Sieht die Pensionszusage vor, dass die Höhe der betrieblichen Rente in bestimmter Weise von der Höhe der Sozialversicherungsrente abhängt, so darf die Pensionsrückstellung in diesen Fällen nur auf der Grundlage der von dem Unternehmen nach Berücksichtigung der Sozialversicherungsrenten tatsächlich noch selbst zu zahlenden Beträge berechnet werden.

Doppelfinanzierung

Wenn die gleichen Versorgungsleistungen an denselben Empfängerkreis sowohl über eine Pensions- oder Unterstützungskasse als auch über Pensionsrückstellungen finanziert werden sollen, ist die Bildung einer Pensionsrückstellung nicht zulässig. Eine schädliche Überschneidung liegt dagegen nicht vor, wenn es sich um verschiedene Versorgungsleistungen handelt, z. B. bei der Finanzierung der Invaliditätsrenten über Pensions- oder Unterstützungskassen und der Altersrenten über Pensionsrückstellungen oder der Finanzierung rechtsverbindlich zugesagter Leistungen über Rückstellungen und darüber hinausgehender freiwilliger Leistungen über eine Unterstützungskasse.

Stichtagsprinzip

Für die Bildung der Pensionsrückstellung sind die Verhältnisse am Bilanzstichtag maßgebend. Änderungen der Bemessungsgrundlagen, die erst nach dem Bilanzstichtag wirksam werden, sind zu berücksichtigen, wenn sie am Bilanzstichtag bereits feststehen. Danach sind Erhöhungen von Anwartschaften und laufenden Renten, die nach dem Bilanzstichtag eintreten, in die Rückstellungsberechnung zum Bilanzstichtag einzubeziehen, wenn sowohl ihr Ausmaß als auch der Zeitpunkt ihres Eintritts am Bilanzstichtag feststehen. Wird die Höhe der Pension z. B. von Bezugsgrößen der gesetzlichen Rentenversicherungen beeinflusst, so sind künftige Änderungen dieser Bezugsgrößen, die am Bilanzstichtag bereits feststehen, z. B. die ab 01.01. des Folgejahres geltende Beitragsbemessungsgrenze, bei der Berechnung der Pensionsrückstellung zum Bilanzstichtag zu berücksichtigen.

Ausscheiden eines Anwärters

Die Rückstellung für Pensionsverpflichtungen gegenüber einer Person, die mit einer unverfallbaren Versorgungsanwartschaft ausgeschieden ist, ist beizubehalten, solange das Unternehmen mit einer späteren Inanspruchnahme zu rechnen hat. Sofern dem Unternehmen nicht bereits vorher bekannt ist, dass Leistungen nicht zu gewähren sind, braucht die Frage, ob mit einer Inanspruchnahme zu rechnen ist, erst nach Erreichen der vertraglich vereinbarten Altersgrenze geprüft zu werden. Steht bis zum Ende des Wirtschaftsjahres, das auf das Wirtschaftsjahr des Erreichens der Altersgrenze folgt, die spätere Inanspruchnahme nicht fest, so ist die Rückstellung zu diesem Zeitpunkt aufzulösen.

Zuführung zur Pensionsrückstellung

Nach § 249 HGB in Verbindung mit § 6a Abs. 4 EStG muss in einem Wirtschaftsjahr der Rückstellung der Unterschiedsbetrag zwischen dem Teilwert am Schluss des Wirtschaftsjahres und dem Teilwert am Schluss des vorangegangenen Wirtschaftsjahres zugeführt werden. Die Höhe der Pensionsrückstellung in der Steuerbilanz darf nach dem Grundsatz der Maßgeblichkeit den zulässigen Ansatz in der Handelsbilanz nicht überschreiten. Überschreitet die steuerliche Zuführung in einem Wirtschaftsjahr die in der Handelsbilanz vorgenommene Zuführung, so ist sie nur zu berücksichtigen, soweit in der Steuerbilanz keine höhere Rückstellung ausgewiesen wird als die in der Handelsbilanz berücksichtigte Rückstellung.

Auflösung der Pensionsrückstellung

Auflösungen oder Teilauflösungen in der Steuerbilanz sind nur insoweit zulässig, als sich die Höhe der Pensionsverpflichtung gemindert hat. Ist die Rückstellung ganz oder teilweise aufgelöst worden, ohne dass sich die Pensionsverpflichtung entsprechend geändert hat, so ist die Steuerbilanz insoweit unrichtig. Dieser Fehler ist im Wege der Bilanzberichtigung zu korrigieren. Dabei ist die Rückstellung in Höhe des Betrags anzusetzen, der nicht hätte aufgelöst werden dürfen, höchstens jedoch mit dem Teilwert der Pensionsverpflichtung.

Nach dem Zeitpunkt des vertraglich vorgesehenen Eintritts des Versorgungsfalls ist die Pensionsrückstellung in jedem Wirtschaftsjahr in Höhe des Unterschiedsbetrags zwischen dem versicherungsmathematischen Barwert der künftigen Pensionsleistungen am Schluss des Wirtschaftsjahres und am Schluss des vorangegangenen Wirtschaftsjahres gewinnerhöhend aufzulösen.

Praxishinweis:

Die laufenden Pensionsleistungen sind dabei als Betriebsausgaben abzusetzen.

Eine Pensionsrückstellung ist auch dann aufzulösen, wenn der Pensionsberechtigte nach dem Zeitpunkt des vertraglich vorgesehenen Eintritts des Versorgungsfalls noch weiter gegen Entgelt tätig bleibt („technischer Rentner"), es sei denn, dass bereits die Bildung der Rückstellung auf die Zeit bis zu dem voraussichtlichen Ende der Beschäftigung des Arbeitnehmers verteilt worden ist. Ist für ein Wirtschaftsjahr, das nach dem Zeitpunkt des vertraglich vorgesehenen Eintritts des Versorgungsfalls endet, die am Schluss des vorangegangenen Wirtschaftsjahres ausgewiesene Rückstellung niedriger als der versicherungsmathematische Barwert der künftigen Pensionsleistungen am Schluss des Wirtschaftsjahres, so darf die Rückstellung erst von dem Wirtschaftsjahr ab aufgelöst werden, in dem der Barwert der künftigen Pensionsleistungen am Schluss des Wirtschaftsjahres niedriger ist als der am Schluss des vorangegangenen Wirtschaftsjahres ausgewiesene Betrag der Rückstellung.

In dem Wirtschaftsjahr, in dem eine bereits laufende Pensionsleistung herabgesetzt wird oder eine Hinterbliebenenrente beginnt, darf eine bisher ausgewiesene Rückstellung, die höher ist als der Barwert, nur bis zur Höhe dieses Barwerts aufgelöst werden.

Rückdeckungsversicherung

Hat ein Unternehmen eine betriebliche Pensionsverpflichtung durch Abschluss eines Versicherungsvertrags rückgedeckt, so sind der Versicherungsanspruch (Rückdeckungsanspruch) und die Pensionsverpflichtung (Pensionsrückstellung) in der Steuerbilanz getrennt zu bilanzieren. Der Rückdeckungsanspruch ist grundsätzlich mit dem geschäftsplanmäßigen Deckungskapital der Versicherungsgesellschaft zuzüglich eines etwa vorhandenen Guthabens aus Beitragsrückerstattungen (so genannte Überschussbeteiligung) zu aktivieren; soweit die Berechnung des Deckungskapitals nicht zum Geschäftsplan gehört, tritt an die Stelle des geschäftsplanmäßigen Deckungskapitals der Zeitwert nach § 176 VVG.

Eine aufschiebend bedingte Abtretung des Rückdeckungsanspruchs an den pensionsberechtigten Arbeitnehmer für den Fall, dass der Pensionsanspruch durch bestimmte Ereignisse gefährdet wird.

Beispiel:

Bei einem Konkurs des Unternehmens, wird – soweit er nicht im Insolvenzfall nach § 9 Abs. 2 BetrAVG auf den Träger der Insolvenzsicherung übergeht – erst wirksam, wenn die Bedingung eintritt (§ 158 Abs. 1 BGB). Die Rückdeckungsversicherung behält deshalb bis zum Eintritt der Bedingung ihren bisherigen Charakter bei.

Wird durch Eintritt der Bedingung die Abtretung an den Arbeitnehmer wirksam, so wird die bisherige Rückdeckungsversicherung zu einer Direktversicherung.

Schmiergelder

Können grundsätzlich Betriebsausgaben sein, soweit es sich nicht um einen strafbaren Tatbestand handelt und sie im Zusammenhang mit einer betrieblichen oder selbstständigen Tätigkeit stehen und der Empfänger der Schmiergelder genannt wird (zwecks Besteuerung bei ihm). Wird der Empfänger nicht genannt, wird der Betriebsausgabenabzug verweigert.

Schuldzinsen

Schuldzinsen sind alle laufenden und einmaligen Gegenleistungen in Geld oder Geldeswert (Bar- oder Sachaufwand) für die zeitlich begrenzte Überlassung von Fremdkapital. Sind sie betrieblich veranlasst, sind sie als Betriebsausgaben zu qualifizieren. Häufig kommt es jedoch zu Abgrenzungsschwierigkeiten – beispielsweise, weil ein Unternehmer seine privaten Lebenshaltung durch Entnahmen aus dem Betriebsvermögen finanziert. Um die Abzugsfähigkeit privat veranlasster Schuldzinsen zu vermeiden, sieht § 4 Abs. 4 EStG eine Beschränkung der Abzugsfähigkeit in diesen Fällen vor (zur Berechnung vgl. Schema im Anhang: Ermittlung der nicht abziehbaren Schuldzinsen).

Spenden

Spenden, die aus Werbe- oder Präsentationsgründen getätigt werden, sind ausschließlich betrieblich veranlasst, so gehören sie in voller Höhe zu den Betriebsausgaben. Sind sie nicht betrieblich veranlasst – beispielsweise die Spenden eines Unternehmens bei Flut- oder Erdbebenkatastrophen – so gelten sie als privat veranlasst und sind nur im Rahmen des Sonderausgabenabzugs bei der persönlichen Einkommensteuererklärung beschränkt abzugsfähig:

Sponsoring

Aufwendungen des Sponsors sind Betriebsausgaben, wenn der Sponsor wirtschaftliche Vorteile, die insbesondere in der Sicherung oder Erhöhung seines unternehmerischen Ansehens liegen können (vgl. BFH vom 3. Februar 1993, BStBl II S. 441 – 445), für sein Unternehmen erstrebt oder für Produkte seines Unternehmens werben will. Das ist insbesondere der Fall, wenn der Empfänger der Leistungen auf Plakaten, Veranstaltungshinweisen, in Ausstellungskatalogen, auf den von ihm benutzten Fahrzeugen oder anderen Gegenständen auf das Unternehmen oder auf die Produkte des Sponsors werbewirksam hinweist. Die Berichterstattung in Zeitungen, Rundfunk oder Fernsehen kann einen wirtschaftlichen Vorteil, den der Sponsor für sich anstrebt, begründen, insbesondere wenn sie in seine Öffentlichkeitsarbeit eingebunden ist oder der Sponsor an Pressekonferenzen oder anderen öffentlichen Veranstaltungen des Empfängers mitwirken und eigene Erklärungen über sein Unternehmen oder seine Produkte abgeben kann.

Wirtschaftliche Vorteile für das Unternehmen des Sponsors können auch dadurch erreicht werden, dass der Sponsor durch Verwendung des Namens, von Emblemen oder Logos des Empfängers oder in anderer Weise öffentlichkeitswirksam auf seine Leistungen aufmerksam macht.

Für die Berücksichtigung der Aufwendungen als Betriebsausgaben kommt es nicht darauf an, ob die Leistungen notwendig, üblich oder zweckmäßig sind; die Aufwendungen dürfen auch dann als Betriebsausgaben abgezogen werden, wenn die Geld- oder Sachleistungen des Sponsors und die erstrebten Werbeziele für das Unternehmen nicht gleichwertig sind. Bei einem krassen Missverhältnis zwischen den Leistungen des Sponsors und dem erstrebten wirtschaftlichen Vorteil ist der Betriebsausgabenabzug allerdings zu versagen (§ 4 Abs. 5 Satz 1 Nr. 7 EStG).

Supervision

Lange Zeit waren die Kosten für die Teilnahme an Supervisionskursen nicht als Betriebsausgaben anerkannt. Die Begründung: Solche Kurse dienen der Persönlichkeitsentfaltung und gehören damit zu den Kosten der nicht abzugsfähigen Lebensführung.

Mittlerweile haben mehrere Finanzgerichte erkannt, dass Supervisionskurse in den verschiedensten Berufen dabei helfen, die Aufgaben innerhalb des Berufs wesentlich besser zu bewältigen.

So wurden die Kosten anerkannt bei

- Lehrern,

- Sozialarbeitern,

- Ärzten.

Auch Kurse zur Gesprächsführung und für das Gedächtnistraining wurden durch die Finanzrechtsprechung anerkannt. Insgesamt wird allerdings immer auf den Einzelfall abgestellt. Eine generelle Anerkennung der Supervisionskurse als Fortbildungsmaßnahmen ist bisher leider immer noch nicht gegeben.

Steuerberatung

Steuerberatungskosten sind als Betriebsausgaben abzugsfähig, wenn sie im Zusammenhang mit der Ermittlung der Einkünfte aus Gewerbebetrieb oder selbstständiger Arbeit, stehen.

Die Kosten für sonstige Steuerberatung – und dazu gehören auch die Einkommensteuererklärungskosten – sind privat veranlasste Kosten, können aber als Sonderausgaben im Rahmen der persönlichen Einkommensteuererklärung abgesetzt werden.

Praxishinweis:

Zu den Steuerberatungskosten gehören auch die Fahrtkosten zu Ihrem Steuerberater. Weiterhin können Sie Telefonkosten absetzen und natürlich auch Kosten für die Literaturbeschaffung. Denken Sie auch an die Fahrtkosten zum Finanzamt, wenn Sie die Steuererklärung abgeben (derzeit 0,30 € pro gefahrenem Kilometer). Und wenn Sie einen Freund besuchen, damit er Ihnen bei der Steuererklärung hilft? Hier ist Vorsicht geboten: Sollte der Freund Geld für seine Hilfe nehmen, ohne dass er zur Hilfe in Steuersachen befugt ist, so können Sie diese Kosten nicht nur nicht absetzen, Ihr Freund muss auch noch mit Unannehmlichkeiten rechnen, da er verbotenerweise steuerberatend tätig geworden ist.

Zur Hilfe in Steuersachen sind in Deutschland nur befugt

Steuerberater, Steuerberatungsgesellschaften,

Rechtsanwälte,

Wirtschaftsprüfer, vereidigte Buchprüfer,

Notare im Rahmen ihrer Haupttätigkeit,

Arbeitgeber im Rahmen der Lohnsteuerabrechnung.

Nicht befugt zur Steuerberatung in eigenem Namen sind insbesondere die steuerlichen Assistenzberufe wie Steuerfachangestellte, Steuerfachwirte, Steuerfachassistenten. Auch Diplom-Finanzwirte, die nicht als Steuerberater niedergelassen sind, dürfen keine Steuerberatung betreiben.

Taxifahrten

Sollten Sie aus irgend einem wichtigen beruflich bedingten Grunde statt mit dem eigenen Wagen oder mit öffentlichen Verkehrsmitteln mit dem Taxi zu Ihrer Betriebsstätte fahren, so sind die Kosten hierfür grundsätzlich Betriebsausgaben. Es gibt keine gesetzlichen Vorschriften im Einkommensteuergesetz, die besagen, dass Sie das preiswerteste Verkehrsmittel wählen müssten.

Aber Achtung: Sollten Sie etwa aus Geltungssucht morgens an Ihren Kollegen vorbeifahren, die gerade damit beschäftigt sind, einen Parkplatz zu suchen, so kann Ihnen eine private Mitveranlassung untergeschoben werden. Und dann droht Ihnen der Verlust der steuerlichen Anerkennung.

Also: Nur Taxifahrten, die aus beruflichem Anlass vorgenommen werden, sind abzugsfähig.

Übernachtungskosten

Übernachtungskosten sind im Inland grundsätzlich nachzuweisen. Sollten Sie statt in einem Hotel bei Freunden übernachten und Sie bringen diesen eine kleine Aufmerksamkeit mit, sind die Kosten hierfür m. E. steuermindernd absetzbar.

Pauschalen für Übernachtungskosten gibt es – anders als bei dem steuerfreien Ersatz dieser Kosten durch den Arbeitgeber an seine Arbeitnehmer – für Unternehmer im Inland nicht.

Im Ausland hingegen brauchen Sie die einzelnen Übernachtungskosten nicht nachzuweisen. Es gibt Übernachtungspauschalen, die von Land zu Land unterschiedlich sind. Im Einzelnen vergleichen Sie bitte die Tabelle im Anhang.

Achtung:

Die Pauschalen werden nur dann anerkannt, wenn zweifelsfrei nachgewiesen werden kann, dass tatsächlich Kosten entstanden sind. Sollten Sie z. B. bei einer Indienreise kostenlos in einem Kloster übernachtet haben, so können Sie keine Pauschalen geltend machen.

Umzugskosten

Berufliche Veranlassung

Ein Umzug ist grundsätzlich als beruflich veranlasst anzusehen, wenn sich die arbeitstägliche Fahrzeit zwischen Wohnung und Betriebsstätte um mindestens eine Stunde verringert. Private Motive für den Umzug sind dann auch insoweit unbeachtlich, als sie nicht nur die Auswahl der Wohnung betreffen, sondern den Umzug als solchen (vgl z. B. BFH, HFR 2001 Nr. 10 S. 966).

Berufliche Veranlassung eines Umzugs im Zusammenhang mit der Eheschließung

Erfolgt ein Umzug aus Anlass der Eheschließung von getrennten Wohnorten in eine gemeinsame Familienwohnung, so ist die berufliche Veranlassung des Umzugs eines jeden Ehegatten gesondert zu beurteilen.

Steht bei einem Umzug eine arbeitstägliche Fahrzeitersparnis von mindestens einer Stunde fest, so kommt dem Umstand, dass der Umzug im Zusammenhang mit einer heiratsbedingten Gründung eines gemeinsamen Haushalts steht, grundsätzlich keine Bedeutung mehr zu (BFH, HFR 2001, Nr. 10, S. 904).

Höhe der Umzugskosten

Bei einem beruflich veranlassten Wohnungswechsel können die tatsächlichen Umzugskosten grundsätzlich bis zur Höhe der Beträge als Betriebsausgaben abgezogen werden, die nach dem Bundesumzugskostengesetz (BUKG) und der Auslandsumzugskostenverordnung (AUV) in der jeweils geltenden Fassung als Umzugskostenvergütung höchstens gezahlt werden könnten; dabei sind die Pauschbeträge für Verpflegungsmehraufwendungen nach § 4 Abs. 5 Satz 1 Nr. 5 EStG zu beachten.

Werden die umzugskostenrechtlich festgelegten Grenzen eingehalten, wird nicht geprüft, ob die Umzugskosten Betriebsausgaben darstellen. Werden höhere Umzugskosten im Einzelnen nachgewiesen, so ist zu prüfen, ob und inwieweit die Aufwendungen Werbungskosten oder nicht abziehbare Kosten der Lebensführung sind, z. B. bei Aufwendungen für die Neuanschaffung von Einrichtungsgegenständen.

Die Umzugskostenvergütung umfasst z. B. (ab 01.08.2004):

Kosten der Beförderung des Umzugsgutes von der bisherigen Wohnung zu der neuen Wohnung,

Reisekosten des Umziehenden und seiner Familie,

Mietentschädigung, wenn für alte und neue Wohnung für die gleiche Zeit Miete gezahlt werden muss,

Anschaffungskosten für einen Kochherd bis zu einem Betrag von 225 €, für Öfen werden 160 € je Zimmer anerkannt,

umzugsbedingte Unterrichtskosten pro Kind in Höhe von 1409 €,

Maklergebühren für die Vermittlung einer Mietwohnung und einer Garage bzw. bis zu dieser Höhe auch die Maklergebühren für eine eigene Wohnung,

Pauschbetrag für sonstige Kosten für Verheiratete 1121 €, für Ledige 561 €. Der Pauschbetrag erhöht sich für jede weitere zum Haushalt gehörige Person (ohne Ehegatten) um je 247 €.

Anstelle der in § 10 BUKG pauschal erfassten Umzugskosten können auch die im Einzelfall nachgewiesenen höheren Umzugskosten als Werbungskosten abgezogen werden. Allerdings prüft die Finanzverwaltung, ob die Ausgaben tatsächlich ursächlich mit Umzug zusammenhängen.

Statt der Pauschbeträge für sonstige Kosten können ebenfalls die nachgewiesenen höheren Kosten angesetzt werden. Hierzu zählen z. B. Kosten für

eine Anzeige,

Abbau und Anschluss von Herden und Öfen bzw. anderen Heizgeräten,

Änderung und Erweiterung von Installationen,

Änderungen von bisher angewendeten Elektro- und Gasgeräten,

den Abbau und die Anbringung von Antennen und Fernsprechanschlüssen,

die Anschaffung von Vorhängen,

Renovierung der Wohnung.

Unfall

Haben Sie auf einer beruflich veranlassten Fahrt einen Unfall erlitten? Dann sind die Kosten hierfür grundsätzlich steuermindernd als Betriebsausgaben absetzbar. Aber es gibt – wie so häufig im Steuerrecht – bestimmte Voraussetzungen, die erfüllt sein müssen.

Tankfahrt auf dem Weg zur Arbeit

Sie wollten auf dem Weg zur Arbeit nur noch schnell tanken fahren und machen deshalb einen kleinen Umweg. Dabei ist es geschehen: Eine kurze Unaufmerksamkeit Ihrerseits und Sie sind auf die Stoßstange Ihres Vordermannes geknallt. Der Sachschaden beläuft sich auf 1 000 € die Sie wegen des Schadensfreiheitsrabatts aus eigener Tasche zahlen. Die steuerliche Folge: Wenn das Auftanken der einzige Grund für den Umweg gewesen ist, so haben Sie Glück gehabt: Die Schadenskosten sind Betriebsausgaben.

Tankfahrt am Abend zuvor

Sollten Sie den Unfall zwar nicht bei einem kleinen Umweg auf dem Weg zur Arbeit erlitten haben, sondern am Abend vorher, so ist in diesem Fall das Finanzamt ebenfalls gnädig. Wesentliche Voraussetzung: Sie wollen den Wagen für eine Geschäftsfahrt am nächsten Morgen startklar machen.

Privat veranlasste Umwegstrecken

Hier – Sie werden es schon ahnen – haben Sie keine Chance, Ihre Unfallkosten als Werbungskosten geltend zu machen. Als Privat veranlasst gilt zum Beispiel der Umweg zur Schule, zum Kindergarten oder zum Einkaufen. Auch der kurze Stopp am Kiosk unterbricht die berufsbedingte Fahrt. Erleiden Sie danach einen Unfall, sind die Kosten privat bedingt.

Achtung:

Ereignet sich der Unfall vor Beginn des Umweges oder seinem Ende, so können die Unfallkosten wiederum abgesetzt werden.

Schuldhaftes Verhalten ist in der Regel unerheblich. Die Kosten daraus können trotzdem abgesetzt werden, wenn die übrigen Voraussetzungen vorliegen.

Alkoholgenuss

Hier wird es kompliziert. Alkoholgenuss allein reicht für die Verweigerung des Betriebsausgabenabzugs noch nicht aus. Der Unfall muss alkoholbedingt gewesen sein. Dann trifft es Sie besonders hart. Die Unfallkosten können Sie nicht steuermindernd geltend machen, und eine saftige Strafe mit Fahrverbot und Geldbuße kommt hinzu.

Müssen Sie den Führerschein später neu erwerben, können Sie auch diese Kosten nicht von der Steuer absetzen.

Verzicht auf Reparatur

Verzichten Sie auf die Reparatur des Schadens, so können Sie außergewöhnliche Abschreibungen geltend machen. Die Höhe errechnet sich aus dem steuerlichen Buchwert abzüglich dem Wert des Kfz nach dem Unfall. Sollte das Finanzamt nicht damit einverstanden sein und führt Rechtsprechung auf, die vor 1995 liegt, so argumentieren Sie mit dem Urteil des Bundesfinanzhofs aus dem Jahr 1995 (BStBl II, 318). Denn mit dieser Rechtsprechung sind alle anderslautenden Urteile überholt.

Teilweise Reparatur

Auch hier können außerordentliche Abschreibungen zum Zuge kommen.

Schuldzinsen beim Erwerb eines Neuwagens

Haben Sie mit Ihrem Wagen einen Totalschaden gehabt und müssen einen Neuwagen auf Kredit anschaffen? Dann können Sie die Kreditzinsen leider nicht steuermindernd geltend machen. Auch dann nicht, wenn der Unfall eindeutig auf einer berufsbedingten Fahrt passiert ist.

Welche Kosten können abgezogen werden?

Alle Kosten zur Reparatur sind Werbungskosten. Sie brauchen keinen Privatanteil heraus zu rechen (anders als z. B. beim Einbau eines Austauschmotors). Sollten Sie bei dem Unfall Ihre eigene Garage beschädigt haben und müssen diese instand setzen, so handelt es sich auch hier um Betriebsausgaben.

Unterstützungskassen

Leistungen an Unterstützungskassen sind beim zahlenden Unternehmen Betriebsausgaben. Für die Höhe der abziehbaren Zuwendungen an die Unterstützungskasse kommt es nicht darauf an, ob die Kasse von der Körperschaftsteuer befreit ist oder nicht.

Leistungsarten

Bei den von der Kasse aus Anlass einer Tätigkeit für das Trägerunternehmen erbrachten Leistungen muss es sich um Leistungen der Alters-, Invaliditäts- oder Hinterbliebenenversorgung oder um Leistungen bei Arbeitslosigkeit oder zur Hilfe in sonstigen Notlagen handeln. Für die Frage, ob Leistungen der betrieblichen Altersversorgung vorliegen, ist ausschließlich § 1 BetrAVG maßgebend.

Der Bezug von Leistungen der Altersversorgung setzt mindestens die Vollendung des 60. Lebensjahres voraus; nur in berufsspezifischen Ausnahmefällen kann eine niedrigere Altersgrenze zwischen 55 und 60 in Betracht kommen. Für andere als die vorgenannten Leistungen sind Zuwendungen im Sinne von § 4d EStG durch das Trägerunternehmen mit steuerlicher Wirkung nicht möglich.

Zu den lebenslänglich laufenden Leistungen gehören alle laufenden (wiederkehrenden) Leistungen, soweit sie nicht von vornherein nur für eine bestimmte Anzahl von Jahren oder bis zu einem bestimmten Lebensalter des Leistungsberechtigten vorgesehen sind. Vorbehalte, nach denen Leistungen an den überlebenden Ehegatten bei einer Wiederverheiratung oder Invaliditätsrenten bei einer Wiederaufnahme einer Arbeitstätigkeit wegfallen, berühren die Eigenschaft der Renten als lebenslänglich laufende Leistung nicht. Dasselbe gilt, wenn eine Invaliditätsrente bei Erreichen einer bestimmten Altersgrenze von einer Altersrente der Unterstützungskasse abgelöst wird. Keine lebenslänglich laufenden Leistungen sind z. B. Überbrückungszahlungen für eine bestimmte Zeit, Waisenrenten, abgekürzte Invaliditätsrenten und zeitlich von vornherein begrenzte Leistungen an den überlebenden Ehegatten.

Zuwendungen zum Deckungskapital

Das Deckungskapital für die bereits laufenden Leistungen kann der Kasse sofort bei Beginn der Leistungen oder, solange der Leistungsempfänger lebt, in einem späteren Wirtschaftsjahr in einem Betrag oder verteilt auf mehrere Wirtschaftsjahre zugewendet werden. Mithin kann das Deckungskapital für eine Rente

- an einen früheren Arbeitnehmer in dem Zeitraum, in dem der frühere Arbeitnehmer Leistungsempfänger ist, und

- an den überlebenden Ehegatten in dem Zeitraum, in dem dieser Leistungsempfänger ist,

zugewendet werden. Das Deckungskapital für die Rente an den überlebenden Ehegatten kann selbst dann ungeschmälert zugewendet werden, wenn das Deckungskapital für die Rente an den früheren Arbeitnehmer bereits voll zugewendet war.

Auf die Anrechnung des im Deckungskapital für die Rente an den früheren Arbeitnehmer enthaltenen Anteils für die Anwartschaft auf Rente an den überlebenden Ehegatten wird aus Praktikabilitätsgründen verzichtet. Das für die Zuwendungen maßgebende Deckungskapital ist jeweils nach dem erreichten Alter des Leistungsempfängers zu Beginn der Leistungen oder zum Zeitpunkt der Leistungserhöhung und nach der Höhe der Jahresbeträge dieser Leistungen zu berechnen; das Alter des Leistungsberechtigten ist nach dem bürgerlichen Recht zu bestimmen.

Zuwendungen zum Reservepolster

Für die Ermittlung der Höhe der zulässigen Zuwendungen zum Reservepolster besteht für Wirtschaftsjahre, die nach dem 31.12.1991 beginnen, ein Wahlrecht. Das Trägerunternehmen kann entweder von den jährlichen Versorgungsleistungen ausgehen, welche die jeweils begünstigten Leistungsanwärter im letzten Zeitpunkt der Anwart-schaft, spätestens im Zeitpunkt der Vollendung des 65. Lebensjahres, nach dem Leis-tungsplan der Kasse erhalten können (Grundsatzregelung). Statt dessen kann auch vom Durchschnittsbetrag der von der Kasse im Wirtschaftsjahr tatsächlich gewährten lebenslänglich laufenden Leistungen ausgegangen werden (Sonderregelung). Das Trägerunternehmen hat in dem Wirtschaftsjahr, ab dem dieses Wahlrecht besteht bzw. in dem erstmals Leistungen über eine Unterstützungskasse zugesagt werden, zu entscheiden, ob die Ermittlung der Höhe der Zuwendungen zum Reservepolster nach der Grundsatzregelung oder der Sonderregelung erfolgen soll.

Leistungsanwärter

Der Kreis der Leistungsanwärter umfasst grundsätzlich alle Arbeitnehmer und ehe-maligen Arbeitnehmer des Trägerunternehmens, die von der Unterstützungskasse schriftlich zugesagte Leistungen erhalten können, soweit sie nicht bereits Empfänger lebenslänglich laufender Leistungen sind. Bei Zusagen von Hinterbliebenenversor-gung ohne Altersversorgung gilt die Person als Leistungsanwärter, bei deren Ableben die Hinterbliebenenversorgung einsetzt; hierbei ist nicht zu prüfen, ob Angehörige vorhanden sind, die Anspruch auf eine Versorgung haben. Angehörige des Unterneh-mers oder von Mitunternehmern des Trägerunternehmens dürfen nur als Leistungs-anwärter berücksichtigt werden, soweit ein steuerlich anzuerkennendes Arbeitsver-hältnis vorliegt.

Personen, die mit einer unverfallbaren Anwartschaft aus dem Trägerunternehmen ausgeschieden sind, gehören unter den vorstehenden Voraussetzungen zu den Leis-tungsanwärtern, solange die Kasse mit einer späteren Inanspruchnahme zu rechnen hat; sofern der Kasse nicht bereits vorher bekannt ist, dass Leistungen nicht zu ge-währen sind, braucht bei diesen Personen die Frage, ob die Kasse mit einer Inan-spruchnahme zu rechnen hat, erst nach Erreichen der Altersgrenze geprüft zu wer-den. Personen, bei denen bis zum Ablauf des auf das Erreichen der Altersgrenze folgenden Wirtschaftsjahres nicht feststeht, dass die Kasse mit einer Inanspruch-nahme zu rechnen hat, gehören vom Ende dieses Wirtschaftsjahres an nicht mehr zu den Leistungsanwärtern.

Zuwendungen für Leistungsanwärter

Das Trägerunternehmen kann den für den einzelnen Leistungsanwärter an die Kasse zugewendeten Betrag der Versicherungsprämie nur als Betriebsausgaben geltend ma-chen, wenn die Unterstützungskasse laufende Prämien zu entrichten hat. Dies ist bei Zusagen einer Altersversorgung der Fall, wenn es sich um eine Versicherung handelt, bei der in jedem Jahr zwischen Vertragsabschluss und Zeitpunkt, für den erstmals Leistungen der Altersversorgung vorgesehen sind, Prämien zu zahlen sind. Der Zeit-punkt, für den erstmals Leistungen der Altersversorgung vorgesehen sind, darf nicht vor Vollendung des 55. Lebensjahres des begünstigten Leistungsanwärters liegen. Werden Leistungen der Invaliditäts- oder Hinterbliebenenversorgung rückversichert, so muss die abgeschlossene Versicherung eine Mindestlaufzeit bis zu dem Zeitpunkt haben, an dem der Leistungsanwärter sein 55. Lebensjahr vollendet. Eine Versicherung mit kürzerer Laufzeit ist nur begünstigt, wenn feststeht, dass im Anschluss an die Laufzeit des Versicherungsvertrags eine Zusage auf Altersversorgung besteht.

Der Abzug der Zuwendungen als Betriebsausgabe ist in dem Wirtschaftsjahr ausgeschlossen, in dem die Kasse zu irgendeinem Zeitpunkt die Ansprüche aus der Versicherung zur Sicherung eines Darlehens verwendet. Soweit einem Leistungsanwärter vor Vollendung des 30. Lebensjahres Zusagen mit vertraglicher Unverfallbarkeit gewährt werden, können hierfür laufende Prämien als Zuwendungen nur berücksichtigt werden, wenn die Bestimmungen der vertraglichen Unverfallbarkeit mindestens den Berechnungsvorschriften des § 2 Abs. 1 BetrAVG entsprechen.

Kürzung der Prämie als Betriebsausgabe

Laufende Prämien sind bezogen auf die notwendige und vereinbarte Versicherungssumme nur begünstigt, wenn sie der Höhe nach entweder gleich bleiben oder steigen. Eine gleich bleibende Prämie liegt in diesen Fällen auch vor, wenn die von der Unterstützungskasse jährlich zu zahlende Prämie mit Gewinngutschriften aus dem Versicherungsvertrag verrechnet wird. In diesen Fällen kann der Kasse nur der verbleibende Restbetrag steuerbegünstigt zugewendet werden. Entsprechendes gilt, wenn die Gewinngutschriften durch die Kasse nicht mit fälligen Prämien verrechnet und auch nicht zur Erhöhung der Rückdeckungsquote hinsichtlich der bestehenden Zusage verwendet werden.

Verpflegungsaufwand

Grundsätzlich ist der Verpflegungsaufwand eines Unternehmers nicht abzugsfähig. Dies gilt sowohl für Verpflegung am Dienstort oder innerhalb des Betriebs – z. B. in einer betriebseigenen Kantine – auch auf Geschäftsreisen.

Da es aber bei Geschäftsreisen häufig nicht möglich ist, sich seine Verpflegung zu den gleichen günstigen Preisen wie Zuhause zu beschaffen, lässt das Einkommensteuergesetz Ausnahmen vom Abzugsverbot zu. Hier wird von dem so genannten „Verpflegungsmehraufwand" gesprochen.

Der Verpflegungsmehraufwand ist pauschal – also ohne Einzelnachweis der Aufwendungen – abzugsfähig. Pauschal heißt: Es kommt nicht darauf an, ob es tatsächlich zu Kosten für die Verpflegung gekommen ist oder in welcher Höhe die Kosten angefallen sind. Aus diesem Grund ist es auch nicht notwendig, Belege für die eigene Verpflegung des Unternehmers aufzuheben.

Ist der Unternehmer vorübergehend von seinem Betrieb abwesend, so kann er als Betriebsausgaben abziehen bei einer Abwesenheit von 24 Stunden pro Tag einen Pauschbetrag von 24 €,

zwischen 14 und 24 Stunden einen Pauschbetrag von 12 €,

zwischen acht und 14 Stunden einen Pauschbetrag von 6 €.

Bei Abwesenheit unter acht Stunden wird kein Pauschbetrag gewährt.

Wie die Zeiten im Einzelnen berechnet werden, wann eine Geschäftsreise beginnt und wann sie endet, ist mit deutscher Gründlichkeit in § 4 Abs. 5 Nr. 5 EStG festgelegt.

Achtung:

Bei längerfristiger Abwesenheit vom Betrieb, aber am selben Einsatzort beschränkt sich die Abzugsfähigkeit der Pauschbeträge für Verpflegungsmehraufwand auf insgesamt drei Monate. Die Begründung liegt offiziell darin, dass ein Unternehmer nach drei Monaten an seinem Einsatzort sich genau so günstig zu verpflegen in der Lage ist, wie zu Hause. Das dies häufig nicht der Fall ist, ficht den Gesetzgeber nicht an.

Ausnahme:

Die Drei-Monats-Beschränkung gilt nicht bei so genannten „wechselnden Einsatzstellen" oder wenn die Tätigkeit auf einem Fahrzeug ausgeübt wird (Fernfahrer, Lokomotivführer). In diesen Fällen können Sie die Pauschbeträge das ganze Jahr über in Anspruch nehmen.

Verpflegungsmehraufwand bei Auslandsreisen

Geschäftsreisen ins Ausland bedingen oftmals höhere Verpflegungskosten als inländische Reisen. Deshalb sieht das Steuerrecht in diesem Fällen erhöhten Verpflegungsmehraufwand als abzugsfähige Betriebsausgaben vor. Auch hier gilt: Es werden nur Pauschbeträge abgezogen. Auch hier kommt es – wie im Inland – nicht darauf an, wie hoch die tatsächlichen Ausgaben waren.

Da das Preisniveau und damit die Kaufkraft im Ausland meist von der inländischen abweicht, hat die Finanzverwaltung Tabellen zusammen gestellt, in denen die Pauschbeträge nach Ländern in unterschiedlicher Höhe festgesetzt werden. Die Beträge gelten meist über mehrere Jahre und werden von der Finanzverwaltung meist auch dann angewendet, wenn sich das Preisniveau eines betreffenden Landes nachweislich geändert hat. Eine Möglichkeit, durch Einzelnachweise einen höheren Verpflegungsmehraufwand als Betriebsausgaben anerkannt zu bekommen, ist so gut wie ausgeschlossen.

Zinsen auf hinterzogene Steuern

Diese Zinsen sind nicht als Betriebsausgaben abzugsfähig.

4   Einnahmen-Überschussrechnung

Wer nicht buchführungspflichtig ist, darf den Gewinn statt in Form eines Betriebsvermögensvergleichs auch in Form einer Einnahmen-Überschussrechnung ermitteln.

Kennzeichen der Einnahmen-Überschussrechnung ist es, dass die Betriebseinnahmen erst steuerwirksam gebucht werden, wenn das Geld in die Vermögenssphäre des Freiberuflers gelangt ist – es also entweder bar in seine Kasse eingezahlt oder auch seinem Bankkonto gutgeschrieben worden ist. Das Gleiche gilt für die Betriebsausgaben: auch sie werden erst steuerwirksam als Betriebsausgaben verbucht, wenn das Geld tatsächlich abgeflossen ist. Hier liegt der grundsätzliche Unterschied zur Gewinnermittlung durch Bilanzierung, bei der es nicht auf den Zahlungszeitpunkt sondern darauf ankommt, ob Forderungen und Verbindlichkeiten entstanden sind.

Zeitliche Erfassung von Betriebseinnahmen und -ausgaben

Bei der Gewinnermittlung nach § 4 Abs. 3 EStG sind die Betriebseinnahmen in dem Wirtschaftsjahr anzusetzen, in dem sie dem Steuerpflichtigen zugeflossen sind, und die Betriebsausgaben in dem Wirtschaftsjahr abzusetzen, in dem sie tatsächlich geleistet worden sind (§ 11 EStG). Das gilt auch für Vorschüsse, Teil- und Abschlagszahlungen.

Also: Bei der Einnahmen-Überschussrechnung wird lediglich der reine Geldverkehr (Einnahmen und Ausgaben) erfasst.

Hat ein Steuerpflichtiger Gelder in fremdem Namen und für fremde Rechnung verausgabt, ohne dass er entsprechende Gelder vereinnahmt, so kann er in dem Wirtschaftsjahr, in dem er nicht mehr mit einer Erstattung der verausgabten Gelder rechnen kann, eine Betriebsausgabe in Höhe des nicht erstatteten Betrags absetzen. Soweit der nicht erstattete Betrag in einem späteren Wirtschaftsjahr erstattet wird, ist er als Betriebseinnahme zu erfassen.

Abnutzbare und nicht abnutzbare Anlagegüter

Zu den Betriebseinnahmen gehören auch die Einnahmen aus der Veräußerung von abnutzbaren und nicht abnutzbaren Anlagegütern sowie vereinnahmte Umsatzsteuererbeträge.

Die Anschaffungs- oder Herstellungskosten für Anlagegüter, die der Abnutzung unterliegen, z. B. Einrichtungsgegenstände, Maschinen oder der Praxiswert der Freien Berufe dürfen nur im Wege der Abschreibung auf die Nutzungsdauer des Wirtschaftsguts verteilt werden.

Neben den Vorschriften über die Abschreibung und die Absetzung für Substanzverringerung gelten auch die Regelungen über erhöhte Absetzungen und über Sonderabschreibungen.

Die Anschaffungs- oder Herstellungskosten oder der an deren Stelle tretende Wert sind bei nicht abnutzbaren Wirtschaftsgütern des Anlagevermögens, z. B. Grund und Boden, Genossenschaftsanteile, Wald einschließlich Erstaufforstung, erst zum Zeitpunkt ihrer Veräußerung oder Entnahme als Betriebsausgaben abzuziehen.

Leibrenten

Erwirbt ein Steuerpflichtiger mit Gewinnermittlung nach § 4 Abs. 3 EStG ein Wirtschaftsgut des *Anlagevermögens* gegen eine Leibrente, so ergeben sich die Anschaffungskosten für dieses Wirtschaftsgut aus dem Barwert der Leibrentenverpflichtung. Die einzelnen Rentenzahlungen sind in Höhe ihres Zinsanteils Betriebsausgaben. Der Zinsanteil ergibt sich aus dem Unterschiedsbetrag zwischen den Rentenzahlungen einerseits und dem jährlichen Rückgang des Barwerts der Leibrentenverpflichtung andererseits. Aus Vereinfachungsgründen beanstandet die Finanzverwaltung es nicht, wenn die einzelnen Rentenzahlungen in voller Höhe mit dem Barwert der ursprünglichen Rentenverpflichtung verrechnet werden; sobald die Summe der Rentenzahlungen diesen Wert übersteigt, sind die darüber hinausgehenden Rentenzahlungen in vollem Umfang als Betriebsausgabe abzusetzen. Bei vorzeitigem Fortfall der Rentenverpflichtung ist der Betrag als Betriebseinnahme anzusetzen, der nach Abzug aller bis zum Fortfall geleisteten Rentenzahlungen von dem ursprünglichen Barwert verbleibt. Erwirbt ein Steuerpflichtiger mit Gewinnermittlung nach § 4 Abs. 3 EStG Wirtschaftsgüter des *Umlaufvermögens* gegen eine Leibrente, so stellen die Rentenzahlungen zum Zeitpunkt ihrer Verausgabung in voller Höhe Betriebsausgaben dar. Der Fortfall einer solchen Leibrentenverpflichtung führt nicht zu einer Betriebseinnahme.

Raten

Veräußert der Steuerpflichtige Wirtschaftsgüter des Anlagevermögens gegen einen in Raten zu zahlenden Kaufpreis oder gegen eine Veräußerungsrente, so kann er einen Teilbetrag der noch nicht als Betriebsausgaben berücksichtigten Anschaffungs- oder Herstellungskosten in Höhe der in demselben Wirtschaftsjahr zufließenden Kaufpreisraten oder Rentenzahlungen als Betriebsausgaben absetzen. Wird die Kaufpreisforderung uneinbringlich, so ist der noch nicht abgesetzte Betrag in dem Wirtschaftsjahr als Betriebsausgabe zu berücksichtigen, in dem der Verlust eintritt.

VI   Einkommensteuererklärung

1   Abgabeverpflichtung

Wer ist einkommensteuerpflichtig?

Die erste Frage ist, ob Sie überhaupt der Einkommensteuer unterliegen. Die Beurteilung hängt von mehreren Voraussetzungen ab:

Immer, wenn Sie in Deutschland mit einem Wohnsitz gemeldet sind, unterliegen Sie der Einkommensteuer. Gleichgültig ist, ob Sie Deutscher sind oder eine andere Nationalität haben. Gleichgültig ist fürs erste auch, ob Sie überhaupt steuerpflichtige Einnahmen haben. Ob dies der Fall ist, wird in der Einkommensteuererklärung geklärt. Auch wenn Ihre Einkünfte aus dem Ausland stammen und Sie bereits dort Steuern gezahlt haben, unterliegen Sie in Deutschland der Erklärungspflicht.

Sollten Sie in Deutschland nicht mit einem Wohnsitz gemeldet sein, halten sich aber gewöhnlich hier auf, so müssen Sie auch in diesem Fall eine Einkommensteuererklärung abgeben. Ihren gewöhnlichen Aufenthalt haben Sie in Deutschland – so zumindest die unwiderlegbare Vermutung bei steuerlichen Angelegenheiten – wenn Ihr zeitlich zusammenhängender Aufenthalt mehr als sechs Monate beträgt. Auch kurzzeitige Unterbrechungen von einigen Wochen helfen dann nicht mehr. Sie müssen eine Einkommensteuererklärung abgeben.

Als Freiberufler oder Gewerbetreibender sind Sie grundsätzlich verpflichtet, eine Einkommensteuererklärung abzugeben, wenn Sie ein Einzelunternehmen in Deutschland betreiben. Dies gilt unabhängig davon, ob Sie

Deutscher sind oder

im Inland Ihren Wohnsitz haben.

Auch als Ausländer, der im Ausland wohnt, aber in Deutschland ein Unternehmen betreibt, sind Sie mit Ihren inländischen Einkünften einkommensteuerpflichtig (beschränkte Steuerpflicht).

Umgekehrt gilt für Deutsche mit Wohnsitz in Deutschland, aber Betrieb im Ausland, dass Sie in den meisten Fällen mit den ausländischen Einkünften in Deutschland nicht steuerpflichtig sind. Geregelt ist die Frage der Steuerpflicht im internationalen Bereich in den Doppelbesteuerungsabkommen, die Deutschland mit vielen anderen Staaten abgeschlossen hat. Hierin ist geregelt, welcher Staat des Besteuerungsrecht inne hat. Meist ist es der so genannte „Belegenheitsstaat", also der Staat, in dem die Betriebsstätte liegt.

Als Steuerpflichtiger haben Sie gegenüber dem Staat auch eine Einkommensteuererklärungspflicht. Das bedeutet für Sie: Sie müssen eine Einkommensteuererklärung abgeben, ohne dass die Finanzverwaltung Sie dazu auffordert. Unterlassen Sie Abgabe einer Steuererklärung, kann Ihnen das im Extremfall als Steuerhinterziehung ausgelegt werden.

Erklärungspflicht von Personengesellschaften

Betreiben Sie Ihr Unternehmen in Form einer Personengesellschaft (GbR, OHG, KG), so muss die Gesellschaft als solche eine „gesonderte und einheitliche Feststellungserklärung" abgeben. Hieraus resultieren für die Gesellschaft als solche keine Einkommensteuerzahlungen. Vielmehr wird in dieser Erklärung der ermittelte Gewinn der Gesellschaft auf die Gesellschafter verteilt. Die Verteilungsschlüssel legen Sie durch Absprache untereinander im Gesellschaftsvertrag fest.

Die Gewinnverteilung kann unabhängig von den Kapitalanteilen geregelt werden. Vielfach spielen neben dem eigentlichen Kapitalanteil auch die persönlich erbrachten Leistungen für die Gesellschaft eine Rolle bei der Verteilung des Gewinns.

Die Gewinnanteile, die auf Sie als Gesellschafter fallen, werden vom Finanzamt, das für die Besteuerung des Unternehmens zuständig ist (Betriebsstättenfinanzamt) nach Ihren Angaben in einem gesonderten Steuerbescheid – dem Feststellungsbescheid – festgeschrieben. Ihr für Ihre Einkommensteuer zuständiges Finanzamt (Wohnsitzfinanzamt) ist an die Feststellung des Betriebsstättenfinanzamts übernimmt die Gewinnanteile in Ihre eigene Einkommensteuererklärung. Hierauf haben Sie als Gesellschafter dann die Einkommensteuer zu entrichten. Die Gesellschaft selbst zahlt also keine Einkommensteuer.

Die Formulare

Sie haben festgestellt, dass Sie in Deutschland eine Einkommensteuererklärung machen müssen. Um dieser meist sehr lästigen Pflicht nachzukommen, benötigen Sie einige grundsätzliche Angaben zum Ausfüllen der Formulare. Wenn Sie bereits Routine im Ausfüllen der Formulare haben, werden Sie die folgenden Ausführungen sicherlich überspringen können. Gehen Sie dann über die Formularauswahl weiter und richten sich am besten nach den Zeilen in unseren Orientierungsformularen. Sie können aber auch über eines der ABCs einsteigen, wenn Sie bereits sehr viel Erfahrung in steuerlichen Dingen haben und Sie nur nochmals nachschauen wollen, ob sich etwas gegenüber dem letzten Jahr geändert hat.

Welche Formulare benötigen Sie? Als Unternehmer werden es in der Regel folgende sein:

Einkommensteuererklärung	Mantelbogen ESt 1 A
Gewerbebetrieb oder Selbstständige Arbeit	Anlage GSE
Kapitalvermögen	Anlage KAP, Anlage AUS
Kinder	Anlage Kinder

Sollten Sie darüber hinaus andere Einkünfte haben, so benötigen Sie weitere Anlagen:

Nichtselbstständige Arbeit	Anlage N
Vermietung und Verpachtung	Anlage V
Land- und Forstwirtschaft	Anlage L
Sonstige Einkünfte	Anlage SO

Die Formulare der Einkommensteuererklärung sind mehrfarbig. Die grün abgesetzten Zeilen und Spalten sind nur vom Finanzamt auszufüllen. Tragen Sie hier nichts ein. Am besten, Sie kümmern sich um diesen so genannten Verfügungsteil gar nicht. Das gilt auch und besonders für die grünen Ziffern. Diese Ziffern sind nicht die Zeilennummern, anhand derer wir uns hier orientieren. Diese Zeilennummern stehen immer in der ersten Spalte ganz links im Formular. Dies ist unsere Orientierungsspalte! Sie trägt die Spaltenbezeichnung „Zeile".

Der Mantelbogen ist der Hauptbogen der Einkommensteuererklärung. Er besteht aus vier Seiten (DIN A3 gefalzt). Er gilt für alle, die eine Einkommensteuererklärung machen. Es werden folgende Angaben abgefragt:

Allgemeine Angaben

Angaben zu den verschiedenen Einkünften

Bestimmte Anträge und Angaben

Sonderausgaben

Verlustabzug

Außergewöhnliche Belastungen

Praxishinweis:

Die Einkommensteuererklärung können Sie auch per Datenfernübertragung abgeben. Das Finanzamt hat hierzu das Programm „ELSTER" entwickelt. Es steht im Internet unter www.elster.de zur Verfügung.

Abgabefristen

Grundsätzlich müssen Sie die Steuererklärung bis zum 31.05. des laufenden Jahres für das abgelaufene Jahr abgeben. Für das Jahr 2005 müssen Sie also die Erklärung bis spätestens 31.05.2006 abgeben. Das schaffen Sie nicht? Dann stellen Sie schnellstens einen Verlängerungsantrag, zunächst einmal bis spätestens 30.09. Geben Sie eine Begründung, die das Finanzamt akzeptieren kann (Urlaub machen ist keine gute Begründung). Wenn Sie mit diesem Termin immer noch nicht hinkommen, versuchen Sie einen Verlängerung zu beantragen. Selbst wenn der Antrag abgelehnt wird, setzt das Finanzamt kulanterweise meist eine Nachfrist.

Praxishinweis:

Steuerberater haben eine generelle Fristverlängerung für die Abgabe der Steuererklärungen ihrer Mandanten. Wenn Sie also einen Steuerberater beauftragt haben, brauchen Sie nicht selbst tätig zu werden.

Art der Erklärung

Als erstes legen Sie mit einem Kreuz in dem entsprechenden Kästchen fest, welche Art der Erklärung Sie abgeben wollen. Sie können folgende Erklärungen abgeben:

- Einkommensteuererklärung

- Antrag auf Festsetzung der Arbeitnehmer-Sparzulage

- Erklärung zur Festsetzung des verbleibenden Verlusts

Sie können entweder nur ein Kästchen wählen – in der Regel wird es die Einkommensteuererklärung sein, oder Sie kombinieren die Erklärungen folgendermaßen:

- Einkommensteuererklärung und Arbeitnehmersparzulage

- Einkommensteuererklärung und Verlustfestsetzung

- Einkommensteuererklärung und Arbeitnehmersparzulage und Verlustfestsetzung.

Zuständigkeit

Als nächstes adressieren Sie die Steuererklärung an das für Sie zuständige Finanzamt. Die Zuständigkeit richtet sich nach Ihrem Wohnsitz. Sollten Sie mehrere Wohnsitze haben, so ist das Finanzamt zuständig, in dessen Bezirk Sie sich gewöhnlich aufhalten. Das muss nicht notwendigerweise der Wohnsitz sein, mit dem Sie als Hauptwohnsitz gemeldet sind.

Das zuständige Finanzamt stellt Ihnen die Steuernummer aus. Tragen Sie die Steuernummer immer in die Erklärungsformulare ein. Wenn Sie dies versäumen, kann es leicht zu Verwechslungen kommen, die meist unnötige Nachfragen nach sich ziehen. Es kommt vor, dass Sie dann unter einer zweiten Nummer nochmals registriert werden und es bedarf einiger Telefonate, dies bei allen Beteiligten rückgängig zu machen.

Hier noch einige Antworten auf Fragen, die in der Praxis immer wieder gestellt werden:

Woher weiß ich, wenn ich neu in einer Stadt bin, welches Finanzamt für meinen Wohnsitz zuständig ist?

Es gibt mehrere Möglichkeiten, sich kundig zu machen:

Als erstes schauen Sie im Telefonbuch nach. Ist dort nur ein Finanzamt aufgeführt, so ist es einfach. Rufen Sie dort an und vergewissern Sie sich über die Zuständigkeit.

Gibt es mehrere Finanzämter, so rufen Sie irgend eines an und fragen. Alle Finanzämter geben über die Zuständigkeit Auskunft.

Gibt es in Ihrem Ort kein Finanzamt, so wird wahrscheinlich das Finanzamt Ihrer Kreisstadt zuständig sein. Fragen Sie in Ihrem Rathaus nach.

Praxishinweis:

Die Finanzämter Deutschlands sind natürlich auch im Internet vertreten. Hier können Sie – je nach Ausbaustufe in den einzelnen Bundesländern – die Zuständigkeit abrufen. Die Adresse: www.finanzamt.de

Sie sind bisher noch nicht bei einem Finanzamt gemeldet? Dann tragen Sie bitte im Feld „Steuernummer" das Wort „neu" ein. Das Finanzamt weiß dann, dass Sie noch nicht gemeldet sind und teilt Ihnen eine Steuernummer zu. Als Unternehmer sollten Sie allerdings schleunigst den Betriebserfassungsbogen ausfüllen. Denn grundsätzlich sind Sie bei Betriebsgründung verpflichtet, dem Finanzamt dies zu melden.

Sie haben im Veranlagungsjahr oder im laufenden Kalenderjahr Ihren Wohnsitz gewechselt? Dann ist die Steuererklärung an das Finanzamt zu richten, welches für Ihren neuen Wohnsitz zuständig ist. Da Sie beim neuen Finanzamt noch keine Steuernummer haben, schreiben Sie die bisherige in das Formular und geben zusätzlich das bisher zuständige Finanzamt an.

Sie haben im Jahr der Veranlagung geheiratet? Zuständig ist das Finanzamt Ihres derzeitigen Wohnsitzes.

Sie leben seit letztem Jahr dauern getrennt? Dann können Sie die Steuererklärung noch an das Finanzamt schicken, das zuletzt für die Ehegattenbesteuerung zuständig war.

2   Das Zusammenspiel der Einkunftsarten

Das Einkommensteuergesetz kennt insgesamt sieben Einkunftsarten. Alle Einnahmen, die unter einer dieser sieben Einkunftsarten fallen, unterliegen auch der Einkommensteuer. Einnahmen, die nicht unter eine Einkunftsart fallen, sind einkommensteuerfrei. So ist beispielsweise ein Lottogewinn nicht einkommensteuerpflichtig, da er nicht unter einer der Einkunftsarten fällt. Legen Sie Ihren Lottogewinn aber zinsbringend an, so sind die Zinsen steuerpflichtig, denn sie gelten als Einkünfte aus Kapitalvermögen.

Die einzelnen Einkunftsarten sind:

- Einkünfte aus Land- und Forstwirtschaft,

- Einkünfte aus Gewerbebetrieb,

- Einkünfte aus selbstständiger Arbeit,

- Einkünfte aus nichtselbstständiger Arbeit,

- Einkünfte aus Vermietung und Verpachtung,

- Einkünfte aus Kapitalvermögen,

- Sonstige Einkünfte.

Bestimmte Einkommensersatzleistungen sind zwar steuerfrei, werden aber bei der Ermittlung des Steuersatzes für das steuerpflichtige Einkommen berücksichtigt. Der Steuersatz ist höher, als er ohne Einkommensersatzleistungen gewesen wäre. Damit wird das Einkommen also stärker mit Steuer belastet als ohne die Ersatzleistungen. Der Steuerrechtler spricht in diesem Zusammenhang von dem so genannten Progressionsvorbehalt.

Die ersten drei Einkunftsarten sind die „Gewinneinkünfte". Das Vermögen dieser Einkunftsarten heißt „Betriebsvermögen". Der Gewinn ermittelt sich aus der Differenz von *Betriebseinnahmen* abzüglich *Betriebsausgaben*.

Die vier weiteren Einkunftsarten heißen „Überschusseinkünfte". Das Vermögen dieser Einkunftsarten heißt „Privatvermögen". Die Überschüsse ermitteln sich aus der Differenz von Einnahmen abzüglich Werbungskosten.

Weiterhin gibt es die Ersatzleistungen, die sich zwar nicht in eine der Einkunftsarten einordnen lassen und die deshalb selbst steuerfrei sind, die aber bei der Ermittlung des Einkommensteuersatzes für Ihre übrigen Einkünfte von Bedeutung sind. Wenn Sie solche Einnahmen haben, bedeutet das für Sie: Ihre Einkünfte werden insgesamt höher besteuert. Die Ersatzleistungen werden bei der Ermittlung des Steuersatzes den steuerpflichtigen Einkünften hinzugerechnet, so dass der Steuersatz höher ausfällt, als dies ohne die Hinzurechnung der Fall ist. Diese Wirkung beruht auf dem progressiven Einkommensteuertarif. Progressiv bedeutet, dass der Steuersatz mit zunehmendem Einkommen steigt und nicht nur der absolute Steuerbetrag. Die Hinzurechnung der Ersatzleistungen zur Ermittlung des Steuersatzes heißt auch „Progressionsvorbehalt".

Ersatzleistungen sind z. B.:

- Arbeitslosengeld,

- Arbeitslosenhilfe,

Kurzarbeitergeld,

Winterausfallgeld,

Insolvenzgeld,

gesetzliches Krankengeld,

Mutterschaftsgeld,

Verdienstausfallentschädigung,

Aufstockungsbeträge nach dem Altersteilzeitgesetz,

Alterzeitzeitzuschläge nach den Besoldungsgesetzen.

Der Tipp

Krankengeld aus einer privaten Krankenversicherung an Personen, die nicht krankenversicherungspflichtig sind, fallen nicht unter den Progressionsvorbehalt. Tragen Sie diese Beträge also hier nicht ein, sonst zahlen Sie zu viel Steuern!

Noch ein weiterer Tipp: Haben Sie im Zusammenhang mit den Einkommensersatzleistungen Aufwendungen gehabt, so sollten Sie diese dem Finanzamt auflisten. Die Ersatzleistung wird dann um diese Aufwendung gekürzt (Beispiel: Fahrten zum Arbeitsamt, um einen Antrag auf Arbeitslosengeld zu stellen).

Nochmals zur Verdeutlichung dieses schwierigen Tatbestands: Die Ersatzleistungen werden bei der Ermittlung Ihres persönlichen Steuersatzes den steuerpflichtigen Einkünften hinzugerechnet.

Der Steuersatz wird nun ermittelt und er ist auf Grund der Progressionswirkung nunmehr höher als ohne die Ersatzleistungen.

Die Ersatzleistungen werden zur Ermittlung des steuerpflichtigen Einkommens wieder abgezogen (weil sie selbst ja steuerfrei bleiben sollen).

Der nunmehr erhöhte Steuersatz wird auf Ihr zu versteuerndes Einkommen angewendet. Die Folge: Sie zahlen mehr Steuern als wenn Sie die Ersatzleistungen nicht bezogen hätten.

Praxishinweis:

Wenn Sie Überbrückungsgeld oder einen Existenzgründungszuschuss im Rahmen einer ICH-AG erhalten haben, unterliegen diese Gelder *nicht* dem Progressionsvorbehalt. Achten Sie insbesondere beim Überbrückungsgeld darauf, dass das Finanzamt dieses nicht dem Vorbehalt unterwirft. Denn: Seit 2004 wurde der Progressionsvorbehalt hierfür Mitte des Jahres rückwirkend auf den 01.01.2004 aufgehoben. Es existieren offensichtlich immer noch veraltete Gesetzestexte in der Verwaltung.

3   Private Ausgaben und Abzugsfähigkeit

Begriff

Private Ausgaben sind Ausgaben, die weder Betriebsausgaben noch Werbungskosten sind. Sie dürfen das Betriebsergebnis – also den Gewinn – nicht mindern. Es ist also immer zunächst zu prüfen, ob die Ausgaben mit Ihrem Beruf in Zusammenhang stehen. Lassen sich die Ausgaben eindeutig Ihrer Freiberuflertätigkeit oder Ihrem Gewerbebetrieb zuordnen, so sind sie als Betriebsausgaben zu klassifizieren und sind keine Privatausgaben.

Beispiel:

Sie buchen eine Fortbildungsveranstaltung in München. Die Kosten bestehen aus der Seminargebühr, den Fahrtkosten nach München und den Kosten für zwei Übernachtungen. Die Veranstaltung ist eine reine Fortbildungsveranstaltung ohne jeden privaten Bezug.

Steuerliche Folge: Die Kosten für die Veranstaltung sind in voller Höhe als Betriebsausgaben abzugsfähig, weil sie eindeutig der beruflichen Sphäre zuzuordnen sind.

Betreffen die Ausgaben sowohl den privaten als auch den betrieblichen Bereich, so kommt es darauf an, ob sie nach objektiven Kriterien zugeordnet werden können. Ist dies der Fall, so ist ein Teil der Ausgaben als Betriebsausgaben zu behandeln, der andere Teil als nicht abzugsfähige Privatausgaben.

Lassen sich die Ausgaben nicht nach objektiven Maßstäben trennen, so kommt es zu einem „Aufteilungsverbot". Dies bedeutet für Sie: Alle Kosten sind als privat veranlasst nicht als Betriebsausgaben abzugsfähig.

Beispiel:

Nach der Fortbildungsveranstaltung in München verlängern Sie noch ein Wochenende dort, um sich mit einigen Freunden zu treffen.

Steuerliche Folge: Die Seminargebühren und Übernachtungskosten für die ersten zwei Nächte sind Betriebsausgaben. Die Übernachtungskosten über das anschließende Wochenende sind eindeutig privat veranlasst und nicht abzugsfähig.

Achtung: Die An- und Abreisekosten sind in diesem Beispiel nicht mehr eindeutig trennbar (weil Sie Privates mit Beruflichem vermischt haben). Sie werden in vollem Umfang der privaten Sphäre zugerechnet und sind damit keine Betriebsausgaben. Sie werden also nicht aufgeteilt.

Die Abgrenzungen zum Aufteilungsverbot sind in der Praxis immer wieder streitig. Versuchen Sie also bei gemischten Ausgaben nach objektiven Maßstäben. Dann ist die Anerkennung zumindest eines Teils der Ausgaben als Betriebsausgaben leichter.

Sonderausgaben

Um Härten zu vermeiden, hat der Gesetzgeber einige Ausnahmen vom Abzugsverbot privater Ausgaben erlaubt. Dabei handelt es sich entweder um *Sonderausgaben* oder *außergewöhnliche Belastungen*. Das bedeutet für Sie: Diese Ausgaben mindern Ihr zu versteuerndes Einkommen, obwohl sie mit Ihrem Beruf nichts zu tun haben. Deshalb mindern sie steuersystematisch auch nicht Ihre Einkünfte, sondern werden erst später bei der Ermittlung des zu versteuernden Einkommens abgezogen.

Sonderausgaben sind unter anderem

Unterhaltsleistungen an den geschiedenen oder dauernd getrennt lebenden unbeschränkt einkommensteuerpflichtigen (also im Inland lebenden) Ehegatten bis zu 13 805 €. Voraussetzung: der unterhaltene Ehegatte muss dem Abzug zustimmen und er muss diese Einkünfte selbst versteuern; deshalb ist in diesem Fall eine Anlage U von beiden Ehegatten zu unterschreiben.

Auf besonderen Verpflichtungsgründen beruhende *Renten* und *dauernde Lasten*, die nicht im Zusammenhang mit Einkünften stehen.

Beiträge zu *Kranken-, Pflege-, Unfall- und Haftpflichtversicherungen und zur gesetzlichen Rentenversicherung*. Diese Beiträge sind lediglich beschränkt abzugsfähig, machen sich also nicht in voller Höhe steuermindernd bemerkbar. Gegenwärtig wird von der Finanzrechtsprechung geprüft, ob die Rentenversicherungsbeiträge überhaupt als privat veranlasste Sonderausgaben gelten können. Das Argument in aller Kürze: Renten sind nach dem Alterseinkünftegesetz in Zukunft in weitaus höherem Maße steuerpflichtig als bisher. Endziel des Gesetzes ist es, alle Rentenbezüge in voller Höhe zu versteuern. Wenn dem so ist, stehen die Rentenbeiträge aber im direkten Zusammenhang mit steuerpflichtigen Einkünften und sind dementsprechend Werbungskosten bei der Einkunftsart „Sonstige Einkünfte". Sie sind also nicht als beschränkt abzugsfähige private Sonderausgaben zu behandeln, sondern als voll abzugsfähige Werbungskosten. Dass die Rente erst zu einem späteren Zeitpunkt bezogen und versteuert wird, spielt in diesem Zusammenhang keine Rolle. Die Werbungskosten gelten als „vorweggenommen". Der Werbungskostenbegriff beinhaltet keinen engen zeitlichen Zusammenhang mit dem Rentenbezug.

Praxishinweis:

Werden Ihre Rentenversicherungsbeiträge nur beschränkt als Sonderausgaben abgezogen, legen Sie Einspruch gegen Ihren Steuerbescheid ein und begehren die volle Abzugsfähigkeit als vorweggenommene Werbungskosten. Will das Finanzamt Ihrem Begehren nicht folgen, so beantragen Sie, die Entscheidung darüber ruhen zu lassen, bis die Finanzrechtsprechung zu einem eindeutigen Urteil gekommen ist.

Beträge zu *Risikoversicherungen* und *Rentenversicherungen mit Kapitalwahlrecht.*

Gezahlte *Kirchensteuer.*

Steuerberatungskosten, soweit sie nicht eindeutig mit Ihrem Beruf in Zusammenhang stehen. Die Ermittlung des steuerlichen Gewinns ist beispielsweise Betriebsausgabe, die Erstellung Ihrer persönlichen Einkommensteuererklärung ist privat bedingt. Die Kosten für Letztere ist somit als Sonderausgaben abzugsfähig.
Praxishinweis: Letztlich sind demnach alle Steuerberatungskosten entweder als Werbungskosten, Betriebsausgaben oder Sonderausgaben steuermindernd abzugsfähig.

Aufwendungen für die eigene Berufsausbildung bis zu 4000 € pro Jahr; bei Ehegatten gilt der Höchstbetrag für jeden.

Zusätzliche Altersvorsorge: In der gesetzlichen Rentenversicherung Pflichtversicherte können bestimmte Altersvorsorgebeiträge zur *Riesterrente* in beschränktem Umfang als Sonderausgaben abziehen:

Veranlagungszeitraum	Abzugsfähige Beiträge
2002 und 2003	525 €
2004 und 2005	1050 €
2006 und 2007	1575 €
Ab 2008 jährlich	2100 €

Neben den genannten Beträgen kann auch noch die Zulage, die im Rahmen der Riesterrente gewährt wird, als Sonderausgaben abgezogen werden.

Spenden zur Förderung mildtätiger, religiöser, wissenschaftlicher und der als besonders förderungswürdig anerkannten gemeinnützigen Zwecke bis zu einer Höhe von insgesamt 5 Prozent des Gesamtbetrags der Einkünfte oder 2 Prozent der gesamten Umsätze und der im Kalenderjahr aufgewendeten Löhne und Gehälter.

Aufwendungen für zu *eigenen Wohnzwecken* genutzte Baudenkmale und Gebäude in Sanierungsgebieten und städtebaulichen Entwicklungsbereichen sowie Aufwendungen für *schutzwürdige Kulturgüter,* die nicht Wohnzwecken dienen: Es können im Jahr des Abschlusses der Baumaßnahmen und in den neun folgenden Jahren insgesamt 9 Prozent der Aufwendungen pro Jahr wie Sonderausgaben abgezogen werden.

Förderung der Altersvorsorge nach dem Rürup-Modell

Sei Beginn 2005 ist durch das Alterseinkünftegesetz – basierend auf den Überlegungen der Rürup-Kommission eine weitere Möglichkeit der Sonderausgabenabzugs zum Aufbau einer privaten Altersvorsorge eingeführt worden. Bekannt geworden ist dieses Modell unter dem Namen „Rürup-Rente". Im Folgenden werden die wichtigsten Eckpunkte dieser neuen Regelung erläutert:

Als Sonderausgaben sind die folgenden Aufwendungen abzugsfähig, soweit sie weder Betriebsausgaben noch Werbungskosten sind (diese Definition spielt im weiteren

Verlauf eine besondere Rolle, da sich durch das Alterseinkünftegesetz die Qualität von Rentenbeiträgen sich genau in diesem Punkt verschoben haben):

Beiträge des Steuerpflichtigen zum Aufbau einer eigenen kapitaldeckenden Altersvorsorge, wenn der Vertrag nur die Zahlung einer monatlichen auf das Leben des Steuerpflichtigen bezogenen lebenslangen Leibrente vorsieht (*Basisversorgung*),

Beiträge zu Versicherungen gegen Arbeitslosigkeit, zu Erwerbs- und Berufsunfähigkeitsversicherungen, zu Kranken-, Pflege-, Unfall- und Haftpflichtversicherungen sowie zu Risikoversicherungen, die nur für den Todesfall eine Leistung vorsehen (*Zusatzversorgung*).

Eigene Beiträge

Begünstigt sind nur eigene Beiträge. Eigene Beiträge zum Aufbau einer eigenen kapitalgedeckten Altersversorgung liegen vor, wenn Personenidentität zwischen dem Beitragszahler, der versicherten Person und dem Leistungsempfänger besteht. Die Beiträge können als Sonderausgaben berücksichtigt werden, wenn

die Laufzeit der Versicherung nach dem 31. Dezember 2004 beginnt und

der Vertrag nur die Zahlung einer monatlichen lebenslangen Leibrente vorsieht, die nicht vor Vollendung des 60. Lebensjahres des Steuerpflichtigen beginnt.

Ergänzend können der Eintritt der Berufsunfähigkeit, der verminderten Erwerbsfähigkeit oder auch Hinterbliebene abgesichert werden, wenn die Zahlung einer Rente vorgesehen ist. Im Hinblick auf die entfallende Versorgungsbedürftigkeit, z. B. bei Ende der Erwerbsminderung durch Wegfall der Voraussetzungen für den Bezug (insbesondere bei Verbesserung der Gesundheitssituation oder Erreichen der Altersgrenze), ist es nicht zu beanstanden, wenn eine Rente zeitlich befristet ist.

Ebenso ist es unschädlich, wenn der Vertrag bei Eintritt der Berufsunfähigkeit oder der verminderten Erwerbsfähigkeit anstelle oder ergänzend zu einer Rentenzahlung eine Beitragsfreistellung vorsieht. In der vertraglichen Vereinbarung muss geregelt sein, dass die Ansprüche aus dem Vertrag nicht vererblich, nicht übertragbar, nicht beleihbar, nicht veräußerbar und nicht kapitalisierbar sind. Im Vertrag muss eine nachträgliche Änderung dieser Voraussetzungen ausgeschlossen sein.

Die ergänzende Absicherung des Eintritts der Berufsunfähigkeit, der verminderten Erwerbsfähigkeit und von Hinterbliebenen ist nur dann unschädlich, wenn mehr als 50 Prozent der Beiträge auf die eigene Altersversorgung des Steuerpflichtigen entfallen. Sowohl die Altersversorgung als auch die ergänzenden Absicherungen müssen in einem einheitlichen Vertrag geregelt sein. Andernfalls sind die Aufwendungen für die ergänzenden Absicherungen unter den Voraussetzungen des § 10 Abs. 1 Nr. 3 EStG als sonstige Vorsorgeaufwendungen zu berücksichtigen.

Eine zulässige Hinterbliebenenabsicherung liegt auch dann vor, wenn im Vertrag geregelt ist, dass das (Rest-)Kapital beim Tode des Primärversicherten für eine Rentenzahlung an den zu diesem Zeitpunkt Hinterbliebenen verwendet wird. Zu den Hinterbliebenen, die zusätzlich abgesichert werden können, gehören nur der Ehegatte des Steuerpflichtigen und Kinder im Sinne des § 32 EStG. Der Anspruch auf Waisenrente ist dabei auf den Zeitraum zu begrenzen, in dem das Kind die Voraussetzungen des § 32 EStG erfüllt. Die Finanzverwaltung beanstandet nicht, wenn die Waisenrente auch für den Zeitraum gezahlt wird, in dem das Kind nur die Voraussetzungen nach § 32 Abs. 4 Satz 1 EStG erfüllt.

Hinterbliebenenversorgung

Wird bei Ehegatten eine lebenslange Leibrente bis zum Tode des Letztversterbenden vereinbart, handelt es sich nicht um eine ergänzende Hinterbliebenenabsicherung, sondern insgesamt um eine Altersversorgung.

Voraussetzungen

Für die Anerkennung als Beiträge zur eigenen kapitalgedeckten Altersversorgung müssen die Ansprüche aus dem Vertrag folgende weitere Voraussetzungen erfüllen:

- *Nichtvererblichkeit:* Es darf nach den Vertragsbedingungen nicht zu einer Auszahlung an die Erben kommen; im Todesfall kommt das vorhandene Vermögen der Versichertengemeinschaft zugute. Die Nichtvererblichkeit wird z. B. nicht ausgeschlossen durch gesetzlich zugelassene Hinterbliebenenleistungen im Rahmen der ergänzenden Hinterbliebenenabsicherung und durch Rentenzahlungen für die Zeit bis zum Ablauf des Todesmonats an die Erben.

- *Nichtübertragbarkeit:* Der Vertrag darf keine Übertragung der Ansprüche des Leistungsempfängers auf eine andere Person vorsehen z. B. im Wege der Schenkung; die Pfändbarkeit nach den Vorschriften der ZPO steht dem nicht entgegen. Die Übertragbarkeit zur Regelung von Scheidungsfolgen ist unschädlich. Der Vertrag darf zulassen, dass die Ansprüche des Leistungsempfängers aus dem Vertrag unmittelbar auf einen Vertrag auch bei einem anderen Unternehmen übertragen werden, sofern der neue Vertrag die Voraussetzungen des § 10 Abs. 1 Nr. 2 Buchstabe b EStG ebenfalls erfüllt.

- *Nichtbeleihbarkeit:* Es muss vertraglich ausgeschlossen sein, dass die Ansprüche z. B. sicherungshalber abgetreten oder verpfändet werden können.

- *Nichtveräußerbarkeit:* Der Vertrag muss so gestaltet sein, dass die Ansprüche nicht an einen Dritten veräußert werden können.

- *Nichtkapitalisierbarkeit:* Es darf vertraglich kein Recht auf Kapitalisierung des Rentenanspruchs vorgesehen sein mit Ausnahme der Abfindung einer Kleinbetragsrente in Anlehnung an § 93 Abs. 3 Satz 2 und 3 EStG. 16 Zu den nach § 10 Abs. 1 Nr. 2 Buchstabe b EStG begünstigten Beiträgen können auch Beiträge gehören, die im Rahmen der betrieblichen Altersversorgung erbracht werden (rein arbeitgeberfinanzierte und durch Entgeltumwandlung finanzierte Beiträge sowie Eigenbeiträge). Nicht zu berücksichtigen sind steuerfreie Beiträge, pauschal besteuerte Beiträge und Beiträge, die aufgrund einer Altzusage geleistet werden.

Werden Beiträge zugunsten von Vorsorgeverträgen geleistet, die u. a. folgende Möglichkeiten vorsehen, liegen keine abzugsfähigen Beiträge vor:

Kapitalwahlrecht,

Anspruch bzw. Optionsrecht auf (Teil-) Auszahlung nach Eintritt des Versorgungsfalls,

Zahlung eines Sterbegeldes,

Abfindung einer Rente,

Abfindungsansprüche und Beitragsrückerstattungen im Fall einer Kündigung des Vertrags; dies gilt nicht für gesetzliche Abfindungsansprüche (z. B. § 3 BetrAVG) oder die Abfindung einer Kleinbetragsrente.

Zusammenhang mit steuerfreien Einnahmen

Voraussetzung für die Berücksichtigung von Vorsorgeaufwendungen ist, dass sie nicht in unmittelbarem wirtschaftlichen Zusammenhang mit steuerfreien Einnahmen stehen. Beiträge – z. B. zur gesetzlichen Rentenversicherung – in unmittelbarem wirtschaftlichen Zusammenhang mit steuerfreiem Arbeitslohn (z. B. nach dem Auslandstätigkeitserlass, aufgrund eines Doppelbesteuerungsabkommens oder aufgrund des zusätzlichen Höchstbetrags von 1800 € nach § 3 Nr. 63 Satz 3 EStG) sind nicht als Sonderausgaben abziehbar.

Abzugsfähige Höchstbeträge

Die begünstigten Beiträge sind bis zu 20000 € als Sonderausgaben abziehbar. Im Falle der Zusammenveranlagung von Ehegatten verdoppelt sich der Betrag auf 40000 € – unabhängig davon, wer von den Ehegatten die begünstigten Beiträge entrichtet hat.

Kürzung des Höchstbetrags

Der Höchstbetrag ist u. a. bei einem Steuerpflichtigen, der ganz oder teilweise ohne eigene Beitragsleistungen einen Anspruch auf Altersversorgung erwirbt, um den Betrag zu kürzen, der dem Gesamtbeitrag *(Arbeitgeber- und Arbeitnehmeranteil)* zur allgemeinen Rentenversicherung entspricht. Der Gesamtbeitrag ist dabei anhand der Einnahmen aus der Tätigkeit zu ermitteln, die die Zugehörigkeit zum genannten Personenkreis begründen.

Für die Berechnung des Kürzungsbetrages ist auf den zu Beginn des jeweiligen Kalenderjahres geltenden Beitragssatz in der allgemeinen Rentenversicherung abzustellen.

Zum Personenkreis, bei dem die Kürzung vorgenommen wird, gehören insbesondere

Beamte, Richter, Berufssoldaten, Soldaten auf Zeit, Amtsträger,

Arbeitnehmer, die nach § 5 Abs. 1 Nr. 2 und 3 SGB VI oder § 230 SGB VI versicherungsfrei sind (z. B. Beschäftigte bei Trägern der Sozialversicherung, Geistliche der als öffentlich-rechtliche Körperschaften anerkannten Religionsgemeinschaften),

Arbeitnehmer, die auf Antrag des Arbeitgebers von der gesetzlichen Rentenversicherungspflicht befreit worden sind, z. B. eine Lehrkraft an nicht öffentlichen Schulen, bei der eine Altersversorgung nach beamtenrechtlichen oder entsprechenden kirchenrechtlichen Grundsätzen gewährleistet ist.

Dieser Personenkreis erwirbt auch ganz oder teilweise ohne eigene Beitragsleistung einen Anspruch auf Altersversorgung. Der Höchstbetrag ist damit um einen fiktiven Gesamtbeitrag zur allgemeinen Rentenversicherung zu kürzen. Bemessungsgrundlage für den Kürzungsbetrag sind die erzielten steuerpflichtigen Einnahmen aus der Tätigkeit, die die Zugehörigkeit zum Personenkreis des § 10c Abs. 3 Nr. 1 EStG begründen, höchstens bis zum Betrag der Beitragsbemessungsgrenze in der allgemeinen Rentenversicherung.

Praxishinweis:

Es ist unerheblich, ob die Zahlungen insgesamt beitragspflichtig gewesen wären, wenn Versicherungspflicht in der gesetzlichen Rentenversicherung bestanden hätte. Aus Vereinfachungsgründen ist einheitlich auf die Beitragsbemessungsgrenze (Ost) in der allgemeinen Rentenversicherung abzustellen.

Zu dem weiteren Personenkreis, bei dem die Kürzung vorzunehmen ist, gehören insbesondere

- beherrschende Gesellschafter-Geschäftsführer einer GmbH oder

- Vorstandsmitglieder von Aktiengesellschaften, denen ganz oder teilweise ohne eigene Beitragsleistung eine betriebliche Altersversorgung zugesagt worden ist oder die Anwartschaftsrechte auf eine Altersversorgung durch Beiträge, die nach § 3 Nr. 63 EStG steuerfrei waren, erworben haben.

- Bundestagsabgeordnete, Landtagsabgeordnete, Abgeordnete des Europaparlaments. Nicht zu diesem Personenkreis gehören z. B. ehrenamtliche Mitglieder kommunaler Vertretungen, kommunale Wahlbeamte wie Landräte und Bürgermeister.

Eine Anwartschaft auf betriebliche Altersversorgung ganz oder teilweise ohne eigene Beitragsleistung liegt nicht vor, wenn einem Alleingesellschafter und Geschäftsführer von der GmbH eine Altersrente zugesagt wird, da die Altersversorgung durch Bildung einer Pensionsrückstellung bei der GmbH seine gesellschaftsrechtlichen Ansprüche auf den GmbH-Gewinn mindert (vgl. BFH vom 16. Oktober 2002, BStBl 2004 II, S. 546).

Unerheblich ist, ob die zugesagte Altersversorgung ganz oder teilweise zu einer verdeckten Gewinnausschüttung führt. Auf einen Gesellschafter, der nicht Alleingesellschafter ist, kann dies nicht übertragen werden, da hier eine ausschließlich eigene Beitragsleistung des jeweiligen Gesellschafters nicht vorliegt. Die Versorgungszusage mindert auch (teilweise) den Gewinnanspruch des (der) anderen Gesellschafter(s) (vgl. BMF-Schreiben vom 09. Juli 2004, BStBl I, S. 582).

Kürzung des Höchstbetrags bei Ehegatten

Bei Ehegatten ist für jeden Ehegatten gesondert zu prüfen, ob und ggf. in welcher Höhe der gemeinsame Höchstbetrag von 40000 € zu kürzen ist.

Übergangsregelung (2005 bis 2024)

Für den Übergangszeitraum von 2005 bis 2024 sind die nach zu berücksichtigenden Aufwendungen mit dem sich aus § 10 Abs. 3 Sätze 4 und 6 EStG ergebenden Prozentsatz anzusetzen:

Jahr	Prozentsatz	Jahr	Prozentsatz	Jahr	Prozentsatz
2005	60	2012	74	2019	88
2006	62	2013	76	2020	90
2007	64	2014	78	2021	92
2008	66	2015	80	2022	94
2009	68	2016	82	2023	96
2010	70	2017	84	2024	98
2011	72	2018	86	2025	100

Begünstigte Beiträge

Begünstigt sind Beiträge zu

Versicherungen gegen Arbeitslosigkeit (gesetzliche Beiträge an die Bundesagentur für Arbeit und Beiträge zu privaten Versicherungen),

Erwerbs- und Berufsunfähigkeitsversicherungen, die nicht Bestandteil einer Versicherung im Sinne des § 10 Abs. 1 Nr. 2 Buchstabe b EStG sind; dies gilt auch für Beitragsbestandteile von kapitalbildenden Lebensversicherungen im Sinne des § 20 Abs. 1 Nr. 6 Seite 15 EStG, die bei der Ermittlung des steuerpflichtigen Ertrags nicht abgezogen werden dürfen, – gesetzlichen oder privaten Kranken- und Pflegeversicherungen,

Unfallversicherungen, wenn es sich nicht um eine Unfallversicherung mit garantierter Beitragsrückzahlung handelt, die insgesamt als Rentenversicherung oder Kapitalversicherung behandelt wird, – Haftpflichtversicherungen,

Lebensversicherungen, die nur für den Todesfall eine Leistung vorsehen (Risikolebensversicherungen). Begünstigt sind nach § 10 Abs. 1 Nr. 3 Buchstabe b EStG Beiträge zu

▓ Rentenversicherungen im Sinne des § 10 Abs. 1 Nr. 2 Buchstabe b EStG, – Rentenversicherungen ohne Kapitalwahlrecht, die die Voraussetzungen des § 10 Abs. 1 Satz 1 Nr. 2 EStG nicht erfüllen,

▓ Rentenversicherungen mit Kapitalwahlrecht gegen laufende Beitragsleistung, wenn das Kapitalwahlrecht nicht vor Ablauf von zwölf Jahren seit Vertragsabschluss ausgeübt werden kann,

▓ Kapitalversicherungen gegen laufende Beitragsleistung mit Sparanteil, wenn der Vertrag für die Dauer von mindestens zwölf Jahren abgeschlossen wird, wenn die Laufzeit dieser Versicherungen vor dem 01. Januar 2005 begonnen hat und mindestens ein Versicherungsbeitrag bis zum 31. Dezember 2004 entrichtet wurde. Der Zeitpunkt des Vertragsabschlusses ist insoweit unmaßgeblich. Ein Versicherungsbeitrag ist bis zum 31. Dezember 2004 entrichtet, wenn der Beitrag einem Kalenderjahr vor 2005 zuzuordnen ist.

Ermittlung des Höchstbetrages bei der Zusatzversorgung

Vorsorgeaufwendungen können grundsätzlich bis zur Höhe von 2400 € abgezogen werden (z. B. bei Steuerpflichtigen, die Aufwendungen für ihre Krankenversicherung und Krankheitskosten vollständig aus eigenen Mitteln tragen oder bei Angehörigen von Beihilfeberechtigten, die nach den beihilferechtlichen Bestimmungen nicht über einen eigenen Beihilfeanspruch verfügen). Bei einem Steuerpflichtigen, der ganz oder teilweise ohne eigene Aufwendungen einen eigenen Anspruch auf vollständige oder teilweise Erstattung oder Übernahme von Krankheitskosten hat oder für dessen Krankenversicherung steuerfreie Arbeitgeberleistungen erbracht werden, vermindert sich der Höchstbetrag auf 1500 €. Der Höchstbetrag von 1500 € gilt z. B. für

▓ Rentner, die aus der gesetzlichen Rentenversicherung nach § 3 Nr. 14 EStG steuerfreie Zuschüsse zu den Krankenversicherungsbeiträgen erhalten,

▓ sozialversicherungspflichtige Arbeitnehmer, für die der Arbeitgeber nach § 3 Nr. 62 EStG steuerfreie Beiträge zur Krankenversicherung leistet,

▓ Besoldungsempfänger oder gleichgestellte Personen, die von ihrem Arbeitgeber nach § 3 Nr. 11 EStG steuerfreie Beihilfen zu Krankheitskosten erhalten,

▓ Versorgungsempfänger im öffentlichen Dienst mit Beihilfeanspruch oder gleichgestellte Personen,

▓ in der gesetzlichen Krankenversicherung ohne eigene Beiträge familienversicherte Angehörige.

Abzugsbetrag bei Ehegatten

Bei zusammen veranlagten Ehegatten ist zunächst für jeden Ehegatten nach dessen persönlichen Verhältnissen der ihm zustehende Höchstbetrag zu bestimmen. Die Summe der beiden Höchstbeträge ist der gemeinsame Höchstbetrag, bis zu dessen Höhe die Aufwendungen beider Ehegatten insgesamt abzuziehen sind.

Günstigerprüfung

Die Regelungen der Rürup-Rente zum Abzug von Vorsorgeaufwendungen sind in bestimmten Fällen *ungünstiger* als nach der für das Kalenderjahr 2004 geltenden Fassung des Einkommensteuergesetzes. Zur Vermeidung einer Schlechterstellung wird in diesen Fällen der höhere Betrag berücksichtigt. Die Überprüfung erfolgt *durch das Finanzamt.* Einbezogen in die Überprüfung werden nur Vorsorgeaufwendungen, die nach dem ab 2005 geltenden Recht abziehbar sind.

Für die Jahre 2011 bis 2019 werden bei der Anwendung der neuen Regelungen in der für das Kalenderjahr 2004 geltenden Fassung die Höchstbeträge für den Vorwegabzug schrittweise gekürzt.

Beispiel:

Die Eheleute A (Gewerbetreibender) und B (Hausfrau) zahlen im Jahr 2005 folgende Versicherungsbeiträge:

Leibrentenversicherung (§ 10 Abs. 1 Nr. 2 Buchstabe b EStG)	2000 €
Private Krankenversicherung	6000 €
Haftpflichtversicherungen	1200 €
Kapitalversicherung (Versicherungsbeginn 1995, Laufzeit 25 Jahre)	3600 €
Kapitalversicherung (Versicherungsbeginn 2005, Laufzeit 20 Jahre)	2400 €
Insgesamt	15 200 €

Die Beiträge zu der Kapitalversicherung mit Versicherungsbeginn im Jahr 2005 sind nicht zu berücksichtigen, weil sie nicht die Voraussetzungen des § 10 Abs. 1 Nr. 2 und 3 EStG erfüllen.

Abziehbar nach § 10 Abs. 1 Nr. 2 i. V. m. § 10 Abs. 3 EStG und 10 Abs. 1 Nr. 3 i. V. Abs. 4 EStG

a) Beiträge zur Altersversorgung:		2000 €
Höchstbetrag (ungekürzt)		40000 €
Zu berücksichtigen		2000 €
davon 60 %		1200 €
b) sonstige Vorsorgeaufwendungen:		
Krankenversicherung		6000 €
Haftpflichtversicherungen		1200 €
Kapitalversicherung (88 % v. 3600 €)	3168 €	
Insgesamt		10368 €
Höchstbetrag nach § 10 Abs. 4 EStG:		4800 €
anzusetzen		4800 €
c) insgesamt abziehbar		6000 €

Abziehbar nach § 10 Abs. 3 EStG in der für das Kalenderjahr 2004 geltenden Fassung sind

Leibrentenversicherung (§ 10 Abs. 1 Nr. 2 Buchstabe b EStG)		2000 €
Krankenversicherung		6000 €
Haftpflichtversicherungen		1200 €
Kapitalversicherung		3168 €
insgesamt		12368 €
davon sind abziehbar:		
Vorwegabzug	6136 €	6136 €
verbleibende Aufwendungen	6232 €	
Grundhöchstbetrag	2668 €	2668 €
verbleibende Aufwendungen	3564 €	
hälftige Aufwendungen	1782 €	
hälftiger Höchstbetrag	1334 €	1334 €
abziehbar insgesamt		10138 €

Da nach der für das Kalenderjahr 2004 geltenden Fassung des § 10 Abs. 3 EStG von den geltend gemachten Vorsorgeaufwendungen ein höherer Betrag abziehbar ist, wird dieser höhere Betrag angesetzt.

Außergewöhnliche Belastungen

Als außergewöhnliche Belastungen können u. a. abgezogen werden:

Größere Aufwendungen, die einem Steuerpflichtigen zwangsläufig erwachsen und die die überwiegende Mehrzahl der Steuerpflichtigen bei gleichen Einkommensverhältnissen nicht aufwenden müssen. Die Aufwendungen sind zwangsläufig, wenn man sich ihnen aus rechtlichen, tatsächlichen oder sittlichen Gründen nicht entziehen kann. Dabei müssen die Aufwendungen notwendig und angemessen sein. Allerdings sind die so definierten außerwöhnlichen Belastungen nicht in voller Höhe abzugsfähig. Es wird Ihnen eine bestimmte Eigenbelastung zugemutet.

Diese *zumutbare Belastung* beträgt

bei einem Gesamtbetrag der Einkünfte	bis 15340 €	über 15340 bis 51130 €	über 51130 €
	... des Gesamtbetrags der Einkünfte		
Bei Ledigen ohne Kinder	5 %	6 %	7 %
Bei Verheirateten ohne Kinder	4 %	5 %	6 %

bei einem Gesamtbetrag der Einkünfte	bis 15340 €	über 15340 bis 51130 €	über 51130 €
	... des Gesamtbetrags der Einkünfte		
Bei Ledigen/Verheirateten mit bis zu zwei Kindern	2 %	3 %	4 %
Bei Ledigen/Verheirateten mit drei und mehr Kindern	1 %	1 %	2 %

Beispiele:

Ein Steuerpflichtiger hat in einem Jahr für sich selbst Krankheitskosten Höhe von 2000 € aufgewendet. Ein Erstattungsanspruch an eine Krankenversicherung besteht insoweit nicht.

1. Der Steuerpflichtige ist ledig ohne Kinder. Der Gesamtbetrag der Einkünfte beträgt 15350 €.

Steuerliche Folge: Die zumutbare Belastung beträgt 6 Prozent von 15500 € = 921 €. Abzugsfähig sind demnach lediglich 1079 €.

Praxishinweis: Gelingt es dem Steuerpflichtigen durch weitere Betriebsausgaben von nur 10 €, den Gesamtbetrag der Einkünfte auf 15340 € zu senken, beträgt die zumutbare Belastung nur noch 767 €. Abzugsfähig bleiben in diesem Fall 1233 €.

2. Der Steuerpflichtige ist verheiratet mit drei Kindern. Sein Gesamtbetrag der Einkünfte beträgt 55000 €.

Steuerliche Folge: Die zumutbare Belastung beträgt 1100 € (2 Prozent von 55000 €), der abzugsfähige Betrag berechnet sich auf 900 €.

Ausbildungsfreibetrag

Zur Abgeltung des Sonderbedarfs eines sich in Berufsausbildung befindenden, auswärtig untergebrachten volljährigen Kindes, für das Anspruch auf Kindergeld oder Kinderfreibetrag besteht, kann der Steuerpflichtige 924 € pro Kalenderjahr abziehen. Eigene Einkünfte und Bezüge des Kindes mindern den Freibetrag, soweit sie 1848 € übersteigen. Eltern erhalten den Freibetrag nur einmal.

Behinderten-Pauschbetrag

Hat ein behinderter Mensch Aufwendungen, die als außergewöhnliche Belastungen geltend gemacht werden können, kann er hierfür je nach Grad der Behinderung einen Pauschbetrag geltend machen:

Grad der Behinderung	Pauschbetrag
von 25 und 30 %	310 €
von 35 und 40 %	430 €
von 45 und 50 %	570 €
von 55 und 60 %	720 €
von 65 und 70 %	890 €
von 75 und 80 %	1 060 €
von 85 und 90 %	1 230 €
von 95 und 100 %	1 420 €

Für hilflose Menschen und Blinde wird ein Pauschbetrag von 3700 € gewährt.

Haushaltshilfe, Haushaltsnahe Beschäftigungsverhältnisse

Aufwendungen für so genannte Haushaltsnahe Beschäftigungsverhältnisse, die in Ihrem Haushalt (im Inland) ausgeübt werden oder für Dienstleistungen, die in Ihrem Haushalt geleistet werden, ermäßigen bis zu einer festgelegten Höhe Ihre „tarifliche Einkommensteuer". Die Aufwendungen werden also nicht – wie oben geschildert – als außergewöhnliche Belastungen von der Bemessungsgrundlage für Ihre Einkommensteuer abgezogen, sondern Ihre Einkommensteuer selbst wird ermäßigt – was natürlich viel günstiger für Sie ist. Folgende Ermäßigungen sind vorgesehen:

- Sie erbringen Aufwendungen für eine geringfügig Beschäftigte in einem so genannten Mini-Job. Ihre Einkommensteuerschuld ermäßigt sich um 10 Prozent der Aufwendungen, höchstens aber um 510 € jährlich.

- Sie erbringen Aufwendungen im Rahmen eines versicherungspflichtigen Beschäftigungsverhältnisses – Sie leisten also Pflichtbeträge zur Sozialversicherung: Ihre Einkommensteuerschuld wird um 12 Prozent, höchstens jedoch 2400 € jährlich ermäßigt.

- Sie erbringen Aufwendungen für eine zugekaufte Dienstleistung, z. B. durch einen selbstständigen Fensterputzer: Ihre Einkommensteuerschuld ermäßigt sich um 20 Prozent der Aufwendungen, höchstens um 600 €.

Im Rahmen des haushaltsnahen Beschäftigungsverhältnisses hängt die Höhe der die Einkommensteuerschuld mindernden Beträge von der Ausgestaltung des Beschäftigungsverhältnisses ab: Bei geringfügiger Beschäftigung (Mini-Jobs) sind 10 Prozent der Aufwendungen, höchstens jedoch 510 € jährlich berücksichtigungsfähig, während bei voll sozialversicherungspflichtigen Beschäftigungsverhältnissen 12 Prozent der

Aufwendungen bis maximal 2400 € pro Jahr von der Einkommensteuer abgezogen werden können.

Beispiel:

Aufwendungen Reinigungskraft: 12 Monate á 250 €	= 3000 €
Pauschale Abgaben Mini-Job: 12 Prozent	360 €
Unfallkasse	26 €
Aufwendungen pro Jahr	3 390 €

Steuerermäßigung auf die Einkommensteuer: 10 Prozent = 339 € (höchstens 510 €).

Im Beispielsfall vermindert sich die zu zahlende Einkommensteuer demnach um den Betrag von 339 €.

Unter Dienstleistungen werden z. B. verstanden:

Reinigen der Wohnung,

Zubereiten der Mahlzeiten,

Gartenpflege,

Versorgung und Pflege von Kindern und alten, kranken und pflegebedürftigen Personen,

Unter haushaltsnahen Dienstleistungen werden z. B. verstanden,

Arbeiten eines Haushaltsservice,

Pflegedienste,

Arbeiten eines selbstständigen Gärtners, Fensterputzers,

Arbeiten von Handwerkern, soweit es sich um Schönheitsreparaturen oder um kleinere Ausbesserungsarbeiten handelt (nicht jedoch die erstmalige Herstellung),

Aufwendungen für eine Tagesmutter, soweit die Betreuung im Haushalt stattfindet, wobei kleinere Botengänge nicht schädlich sind (z. B. das Begleiten der Kinder zur Schule oder zu einem sonstigen Unterricht).

Nicht begünstigt sind

Dienstleistungen, bei denen die Warenlieferungen im Vordergrund stehen, z. B. die Lieferungen eines Partyservice,

Nachhilfeunterricht,

Die Kosten für die Erteilung von Unterricht (z. B. Sprachunterricht),

die Vermittlung besonderer Fähigkeiten, sportliche und andere Freizeitbetätigungen.

Nicht anerkannt werden Aufwendungen für Arbeiten, die von im Haushalt lebenden Kindern erbracht werden.

Das Gleiche soll nach Auffassung der Finanzverwaltung bei nicht ehelichen Partnerschaften gelten. Hier fingiert die Finanzverwaltung, dass jeder Partner seinen eigenen Haushalt führt und es demnach an einem Über- bzw. Unterordnungsverhältnis fehle.

Handwerkliche Tätigkeiten, die im Regelfall nur von Fachkräften durchgeführt werden, werden nicht als haushaltsnahe Dienstleistung i. S. d. § 35a Abs. 2 EStG verstanden (wie z. B. Reparaturen und Wartungen an Heizungsanlagen, an Elektro-, Gas- und Wasserinstallationen, Arbeiten im Sanitärbereich sowie Schornsteinfeger- und Dacharbeiten, die Reparatur von Haushaltsgeräten wie Waschmaschinen, Fernsehern, sowie Personalcomputern einschließlich Zubehör).

Kosten für fremd vergebene Renovierungsarbeiten sind nur begünstigt, soweit es sich um Schönheitsreparaturen handelt, die ansonsten üblicherweise im Rahmen des Mietverhältnisses vom Mieter vorzunehmen sind (Streichen und Tapezieren von Innenwänden, Streichen/Lackieren von Türen, Fenstern, Wandschränken, Heizkörpern und -rohren sowie die Beseitigung kleiner Schäden, wie die Ausbesserung von Löchern in Wänden und Fliesen, Auswechseln einzelner Fliesen).

Darüber hinausgehende Tätigkeiten wie z. B. die Erneuerung des Bodenbelags, der Austausch von Fenstern und Türen, Einbau von Badarmaturen etc. bleiben hierbei außen vor.

Die Einkommensteuerermäßigung bei haushaltsnahen Dienstleistungen beträgt 20 Prozent des Rechnungsbetrags, höchstens 600 € im Jahr. Allerdings ist nur der Arbeitslohn einschließlich der Fahrtkosten des Handwerkers begünstigt, nicht aber Materialkosten gelieferter Waren. Fehlt ein gesonderter Ausweis der Waren in der Rechnung, muss der Rechnungsbetrag im Schätzungswege aufgeteilt werden. Da nur derjenige anspruchsberechtigt ist, der bei der haushaltsnahen Dienstleistung Auftraggeber ist (s. o.), kommt bei Wohnungseigentümergemeinschaften eine Inanspruchnahme der Begünstigung regelmäßig nicht in Betracht.

Praxishinweis:

Wer einen selbstständigen Unternehmer als Dienstleister beauftragt statt eine Hausgehilfin oder Haushaltshilfe anzustellen, spart Sozialversicherungsbeiträge (pauschal oder prozentual vom Lohn).

Rechnungen für haushaltsnahe Dienstleistungen (Handwerkerrechnung) dürfen *nicht bar* bezahlt werden. Der Rechnungsbetrag muss stets überwiesen werden. Die Steuerermäßigungen können bereits bei den Einkommensteuervorauszahlungen bzw. im Lohnsteuerabzugsverfahren durch Eintrag eines Freibetrags (entspricht dem Vierfachen der Steuerermäßigung) in der Lohnsteuerkarte berücksichtigt werden (§ 39a Abs. 1 Nr. 5c EStG).

Achtung:

Die Steuerermäßigung muss beantragt und die Kosten nachgewiesen werden. Lassen Sie sich immer eine Rechnung ausstellen und zahlen Sie diese immer durch Überweisung von Konto zu Konto (wie es im Geschäftsverkehr üblich ist). Allein der Überweisungsbeleg des Kreditinstituts gilt als Zahlungsbeleg (§ 35a Abs. 2 Satz 3 EstG).

Hinterbliebenen-Pauschbetrag

Der Hinterbliebenen-Pauschbetrag beträgt 370 €.

Kinderbetreuungskosten

Aufwendungen für Dienstleistungen zur Betreuung eines zum Haushalts des Steuerpflichtigen gehörenden Kindes, welches das 14. Lebensjahr noch nicht vollendet hat, können als außergewöhnliche Belastungen abgezogen werden, soweit sie je Kind 1548 € übersteigen. Der Abzugsbetrag selbst darf 750 € bei Ledigen und 1500 € bei Verheirateten nicht übersteigen.

Pflege-Pauschbetrag

Wer eine hilflose Person pflegt und wem dadurch Aufwendungen entstehen, erhält einen Pflege-Pauschbetrag als außergewöhnliche Belastungen. Der Pflege-Pauschbetrag beträgt **924 €**.

Voraussetzung ist, dass

die Person nicht nur vorübergehend hilflos ist und

man die Pflege entweder in seiner Wohnung oder in der Wohnung des Behinderten persönlich durchführt und

der Pflegende kein Entgelt für die Pflegeleistungen erhält.

Die Pflege gilt auch dann als persönlich durchgeführt, wenn Sie sich als Pflegender zeitweise eines ambulanten Pflegedienstes bedienen oder Nachbarschaftshilfe beanspruchen.

Die Hilflosigkeit ist durch den amtlichen Schwerbehindertenausweis nachzuweisen. Er muss das Merkzeichen H enthalten. Ansonsten reicht es aus, wenn das zuständige Versorgungsamt eine entsprechende Bescheinigung ausstellt. Daneben wird auch die Einstufung in die Pflegestufe III als Nachweis anerkannt.

Unterhaltszahlungen

Erwachsen einem Steuerpflichtigen für den Unterhalt oder die Berufsausbildung einer gesetzlich *unterhaltsberechtigten* Person, für die *kein Kindergeld* gezahlt wird, so können die Aufwendungen bis zu 7680 € (ab 2004) als außerwöhnliche Belastungen abgezogen werden. Eigene Einkünfte im Sinne des Steuerrechts (also Einnahmen minus Werbungskosten oder Betriebsausgaben) und sonstige Bezüge des Unterhaltsberechtigten werden ab 624 € angerechnet. Je höher also die eigenen Einkünfte, umso geringer wird der abzugsfähige Betrag. Betragen die eigenen Einkünfte und Bezüge mehr als 8304 €, so ist der abzugsfähige Betrag aufgezehrt.

4   Ermittlungsschema des zu versteuerndes Einkommens

Anhand des folgenden Schemas können Sie das zu versteuernde Einkommen ermitteln. (zitierte §§ gehören zum Einkommensteuergesetz, soweit nichts anderes gesagt)

	Summe der positiven Einkünfte aller Einkunftsarten	§ 2 Abs. 3
+	Hinzurechnungsbeträge	§ 52 Abs. 3, § 8 Abs. 5 S. 2 AStG
–	Ausgleichsfähige negative Summen der Einkünfte	§ 2 Abs. 3 S. 3–8
=	**Summe der Einkünfte**	
–	Altersentlastungsbetrag	§ 24a
–	Freibetrag für Land- und Forstwirte	§ 13 Abs. 3
=	**Gesamtbetrag der Einkünfte**	
–	Verlustabzug aus anderen Kalenderjahren	§ 2 Abs. 3 S. 1
–	Sonderausgaben	§§ 10, 10a, 10b, 10c
–	Außergewöhnliche Belastungen	§ 3 33 bis 33c
–	Steuerbegünstigungen der zu Wohnzwecken genutzten Wohnungen, Gebäude und Baudenkmale sowie schutzwürdige Kulturgüter	§§ 10e bis 10i, § 7 FördG
+	Zuzurechnendes Einkommen nach Außensteuergesetz	§ 15 Abs. 1 AStG
=	**Einkommen**	§ 2 Abs. 4
–	Kinderfreibeträge	
–	Entlastungsbetrag für Alleinerziehende	§§ 31, 32 Abs. 6
–	Härteausgleich	§ 46 Abs. 3
=	**Zu versteuerndes Einkommen**	§ 2 Abs. 5

Das zu versteuernde Einkommen dient als Bemessungsgrundlage für die festzusetzende Einkommensteuer:

Ermittlung der festzusetzenden Einkommensteuer

	Entweder Steuerbetrag nach	§ 32a Abs. 1, 5, § 50 Abs. 3
	Oder Steuersatz nach Progressionsvorbehalt	§ 32b
+	Steuer aufgrund der Berechnungen nach	§§ 34, 34b
=	**Tarifliche Einkommensteuer**	§ 32a Abs. 1, 5
−	Ausländische Steuern	§§ 34 Abs. 1,6 EStG, 12 AStG
−	Steuerermäßigung	§ 35
−	Steuerermäßigung durch Zuwendung an politische Parteien	§ 34g
−	Steuerermäßigung	§ 34f Abs. 3
−	Steuerermäßigung	§ 34c Abs. 5
+	Nachsteuer	§ 10 Abs. 5
+	Zuschlag nach Forstschäden-Ausgleichsgesetz	§ 3 Abs. 4
+	Anspruch auf Zulage nach für Altersvorsorge	§ 10a Abs. 2
+	Kindergeld, soweit das Einkommen um Freibeträge gemindert wurde	§ 31
=	**Festzusetzende Einkommensteuer**	§ 2 Abs. 6
−	Anrechenbare Lohnsteuer	
−	Anrechenbare Kapitalertragsteuer	
−	Anrechenbare Zinsabschlagsteuer	
=	**Noch zu entrichtende Einkommensteuer**	

Aufbau des Einkommensteuertarifs

Das Einkommensteuergesetz gewährt bis zu einer bestimmten Höhe des zu versteuernden Einkommens Freibeträge. Hier eine tabellarische Übersicht dazu:

	2002/03	2004	2005
Grundfreibetrag für Ledige	7235	7664	7664
Grundfreibetrag für Verheiratete	14471	15329	15329
Eingangssteuersatz	19,9 %	16,0 %	15,0 %
Höchststeuersatz, beginnend bei 52%	48,5 %	45,0 %	42,0 %
– beginnend für Ledige bei	55008	52152	52152
– beginnend für Verheiratete bei	110016	104304	104304

Der Grundfreibetrag stellt also das in der Tabelle genannte zu versteuernde Einkommen steuerfrei.

Der Eingangsteuersatz beträgt derzeit 15 Prozent, der Spitzensteuersatz 42 Prozent (vgl. Spalte 2005). Aus den beiden letzten Zeilen können Sie erkennen, ab welcher Höhe des zu versteuernden Einkommens die jeweiligen Spitzensteuersätze einsetzen.

Tarifformel nach § 32a Abs. 1 EStG

Für die Mathematiker unter Ihnen (oder auch Programmierer, die sich ihre eigenen Einkommensteuertabelle programmieren wollen), hier die Tarifformeln und Eckpunkte des derzeit gültigen Einkommensteuertarifs 2005:

Die tarifliche Einkommensteuer bemisst sich nach dem zu versteuernden Einkommen. Sie beträgt jeweils in € für zu versteuernde Einkommen:

1. bis 7664 € (Grundfreibetrag)	0
2. von 7665 € bis zu 12739 €	$(793{,}10 \times Y + 1600) \times Y$
3. von 12740 € bis 52151 €	$(265{,}78 \times Z + 2405) \times Z + 1016$
4. von 52152 € an (Obere Proportionalzone)	$0{,}45 \times X - 8945$

Hinweise:

„Y" ist ein Zehntausendstel des 7664 € übersteigenden Teils des auf einen vollen Euro-Betrag abgerundeten zu versteuernden Einkommens.

„Z" ist ein Zehntausendstel des 12739 € übersteigenden Teils des auf einen vollen Euro-Betrag abgerundeten zu versteuernden Einkommens.

„X" ist das auf einen vollen Euro-Betrag abgerundete zu versteuernde Einkommen.

Der sich ergebende Steuerbetrag ist auf den nächsten vollen Euro-Betrag abzurunden

Wem das alles zu kompliziert ist – und dazu dürften 99 Prozent aller Steuerpflichten gehören – , sollte sich auf die publizierten Steuertabellen verlassen oder heutzutage einfach ein preiswertes Einkommensteuerprogramm erwerben.

Freibeträge im Einkommensteuerrecht

Kinderfreibetrag	1824 €
Betreuungsfreibetrag je Kind und Elternteil	1080 €
Haushaltsfreibetrag ab 2004	aufgehoben
Entlastungsbetrag für Alleinerziehende	1308 €
Altersentlastungsbetrag 40 Prozent der Einkünfte, max.	1908 €
Ab 2005 jährlich um 1,6% sinkend, Höchstbetrag jährlich um 76 sinkend bis 2040 auf	0 €
Haushaltsnahe Dienstleistungen	
– bei geringfügiger Beschäftigung	10 % der Kosten, höchsten 510 €
– bei sozialversicherungspflichtigen Beschäftigungsverhältnissen	12 % der Kosten, höchstens 2400 €
Haushaltsnahe Dienstleistungen	20 % der Kosten, höchstens 600 €
Gewerbebetrieb Veräußerungsgewinn	45000 €
Selbstständige Arbeit, Betriebsausgaben für	
Schriftstellerische, künstlerische, wissenschaftliche Arbeit sowie Lehr-/Vortrags- und Prüfungstätigkeit im Nebenberuf	25 % der Betriebseinnahmen, höchstens 613,55 €
Schriftstellerische und journalistische Tätigkeit im Hauptberuf	30 % der Betriebseinnahmen, höchstens 2454,20 €
Übungsleiter, Ausbilder, Erzieher im Nebenberuf	Steuerfreie Aufwandentschädigung 1848 €

Einkünfte aus nichtselbstständiger Arbeit	
Arbeitnehmer-Pauschbetrag	920 €
Arbeitszimmer unter bestimmten Voraussetzungen	1250 €
Behinderte	Statt Kilometerpauschale tatsächliche Kosten bzw. 0,60 € als Entfernungskilometer
Belegschaftsrabatte, steuerfreier Preisvorteil	1080 €
Entfernunungskostenpauschale	0,30 €
Sachbezüge, Verpflegung, Unterkunft, Wohnung	Werden pauschaliert besteuert
Sachbezüge, Waren, Dienstleistungen	44 € pro Monat steuerfrei
Telekommunikation	Bei drei-monatigem Nachweis der beruflichen Veranlassung steuerfreier Ersatz, ansonsten 20 % des Rechnungsbetrags
Umzugskosten, Ledige	561 € pauschal
Umzugskosten, Verheiratete	1 121 € pauschal
Für jede weitere Person	247 € pauschla
Verpflegungsmehraufwand im Inland, Abwesenheit von der Wohnung	Zwischen 8 und 14 Std.: 6 € Zwischen 14 und 24 Std.: 12 € Über 24 Std.: 24 €
Übernachtungskosten im Inland	Keine Pauschale, Abzugsfähig nur die nachgewiesenen tatsächlichen Kosten
Verpflegungsmehraufwand und Übernachtungskosten im Ausland	je nach Staat unterschiedlich
Versorgungsfreibetrag bis 2005: Ab 2006 sinkt der Prozentsatz um 1,6 % und der Höchstbetrag im 120 € jährlich	40 % der Versorgungsbezüge, höchstens 3072 €
Wechselnde Einsatzstellen pro gefahrenem Kilometer	0,30 €

Einkünfte aus Kapitalvermögen	
Werbungskosten-Pauschbetrag	51/102 €
Sparer-Freibetrag	1370/2740 €
Pauschale Zinsabschlagsteuer	30 %

5 Besondere Einkommensteuerermäßigung für Gewerbetreibende

Einkommensteuerzahler, die Einkünfte aus einem Gewerbebetrieb haben, erhalten eine besondere Einkommensteuerermäßigung für gezahlte bzw. zu erwartende Gewerbesteuerbelastungen. Sie können neben dem Betriebsausgabenabzug, der die Einkommensteuer ebenfalls mindert, zusätzlich einen weiteren Betrag der Gewerbesteuer von ihrer *Einkommensteuerschuld* abziehen. Die Höhe beträgt das 1,8fache des Gewerbesteuermessbetrags.

Beispiel:

Der Gewerbesteuermessbetrag wird mit 2000 € ermittelt. Der Hebesatz der zuständigen Gemeine beträgt 450 Prozent. Die Gewerbesteuer wird dementsprechend auf 9000 € festgesetzt.

Steuerliche Folge: Die 9000 € müssen Sie an ihre Gemeinde zahlen. Bei der Einkommensteuer werden Sie allerdings um 3600 € entlastet. Damit beträgt die Effektivbelastung mit Gewerbesteuer nur noch 5400 €.

Bedenkt man, dass die Gewerbesteuer wegen des Betriebsausgabenabzugs bereits die einkommensteuerliche Bemessungsgrundlage gemildert hat, ergibt sich eine weitere Steuerersparnis.

Beispiel:

Die errechneten 9000 € an Gewerbesteuer mindern Ihren steuerlichen Gewinn. Bei einem im Beispiel angenommenen Spitzensteuersatz von 35 Prozent sparen Sie nochmals 3600 € an Einkommensteuer.

Steuerliche Folge insgesamt:

Ermäßigung der Einkommensteuerschuld:	3150 €
Steuerersparnis aus Betriebsausgabenabzug:	3600 €
Ersparnis insgesamt:	6750 €
Effektivbelastung mit Gewerbesteuer:	**2250 €** statt der gezahlten 9000 €.

Die Belastung ist also bei weitem nicht so hoch, wie die Zahllast an die Gemeinde auf den ersten Blick signalisiert. Dennoch bleibt es ab einer gewissen Höhe bei nicht unbedeutenden Zusatzbelastungen des Gewinns und mindert so die Investitionskraft und die Wettbewerbsfähigkeit deutscher Unternehmen gegenüber dem Ausland beträchtlich.

Zur Ermittlung des Messbetrags vergleichen Sie bitte die Ausführungen zur Gewerbesteuer.

6   Verlustverrechnung

Negative Einkünfte, die bei der Ermittlung des Gesamtbetrags der Einkünfte eines Veranlagungsjahres nicht ausgeglichen werden, sind bis zu einem Betrag von 511500 € (Höchstbetrag), bei Ehegatten, die zusammenveranlagt werden, bis zu einem Betrag von 1023000 € vom Gesamtbetrag der Einkünfte des unmittelbar vorangegangenen Veranlagungszeitraums vorrangig vor Sonderausgaben, außergewöhnlichen Belastungen und sonstigen Abzugsbeträgen abzuziehen (Verlustrücktrag). Die Begrenzung auf 511500 € bezieht sich auf den einzelnen Steuerpflichtigen, der die negativen Einkünfte erzielt hat. Die Begrenzung gilt ferner für alle Einkunftsarten zusammengefasst und nicht pro Einkunftsart. Das Erreichen eines mehrfachen Volumens ist nicht möglich.

Praxishinweis:

Bei zusammen veranlagten Ehegatten kann ein Ehegatte den vom anderen Ehegatten noch nicht ausgeschöpften Höchstbetrag in Anspruch nehmen, soweit die Voraussetzungen erfüllt sind.

Achtung:

Bei Personengesellschaften und Personengemeinschaften gilt der Höchstbetrag für jeden Beteiligten. Über die Frage, welcher Anteil an den negativen Einkünften der Personengesellschaft oder Personengemeinschaft auf den einzelnen Beteiligten entfällt, ist im Bescheid über die gesonderte und einheitliche Feststellung zu entscheiden.

Inwieweit diese anteiligen negativen Einkünfte beim einzelnen Beteiligten abziehbar sind, ist im Rahmen der Einkommensteuerveranlagung zu beurteilen. In Organschaftsfällen mit Ergebnisabführung bezieht sich die Grenze auf den Organträger. Sie ist bei diesem auf die Summe der Ergebnisse aller Mitglieder des Organkreises anzuwenden.

Verlustrücktrag

Ist für den unmittelbar vorangegangenen Veranlagungszeitraum bereits ein Steuerbescheid erlassen worden, so ist er insoweit zu ändern, als der Verlustrücktrag zu gewähren oder zu berichtigen ist. Das gilt auch dann, wenn der Steuerbescheid unanfechtbar geworden ist; die Festsetzungsfrist endet insoweit nicht, bevor die Festsetzungsfrist für den Veranlagungszeitraum abgelaufen ist, in dem die negativen Einkünfte nicht ausgeglichen werden. Auf Antrag des Steuerpflichtigen ist ganz oder teilweise auf den Verlustrücktrag verzichtet worden. *Das bedeutet für Sie ein Wahlrecht:* Der Verlustrücktrag wird zum einen nicht zwangsweise durchgeführt und zum anderen können Sie wählen, in welcher Höhe Sie einen Verlust in die Vergangenheit zurück tragen oder ob Sie lieber einen Teil des Verlustes mit zukünftigen Gewinnen verrechnen möchten. Hier ergibt sich ein Gestaltungsspielraum, der zu wesentlichen und endgültigen Steuerersparnissen führt. Im Antrag ist die Höhe des Verlustrücktrags anzugeben.

Praxishinweis:

Der Antrag auf einen bestimmten Verlustrücktrag kann bis zur Bestandskraft des auf Grund des Verlustrücktrags geänderten Steuerbescheids an das zuständige Finanzamt gestellt werden. Der Antrag, vom Verlustrücktrag ganz abzusehen, kann widerrufen werden bis zur Bestandskraft des den verbleibenden Verlustvortrag feststellenden Bescheids.

Erbfall

Das Wahlrecht steht auch dem Erben für die negativen Einkünfte des Erblassers zu, die beim Erblasser nicht ausgeglichen werden können und nicht im Wege des Verlustrücktrags berücksichtigt werden sollen und beim Erben im Veranlagungszeitraum des Erbfalles nicht ausgeglichen werden können. Der Antrag kann der Höhe nach und/oder bezogen auf negative Einkünfte aus einzelnen Einkunftsarten beschränkt werden. Liegt kein Antrag vor oder beschränkt sich der Antrag auf die betragsmäßige Begrenzung des Verlustrücktrags, ist der Verlustrücktrag nach Bruchteilen anteilig vorzunehmen.

Verlustvortrag

Nicht ausgeglichene negative Einkünfte, die nicht im Wege des Verlustrücktrags abgezogen worden sind, sind in den folgenden Veranlagungszeiträumen bis zu einem Gesamtbetrag der Einkünfte von 1 000 000 € unbeschränkt, darüber hinaus bis zu 60 Prozent des 1 000 000 € übersteigenden Gesamtbetrags der Einkünfte vorrangig vor Sonderausgaben, außergewöhnlichen Belastungen und sonstigen Abzugsbeträgen abzuziehen (Verlustvortrag). Bei Ehegatten, die zusammenveranlagt werden, können einen Betrag von 2 000 000 € vortragen.

Übertragung der Verlustabzugsberechtigung

Der Verlustabzug kann grundsätzlich nur von dem Steuerpflichtigen geltend gemacht
werden, der die negativen Einkünfte erzielt hat. Deshalb kann die Verlustabzugsberechtigung nicht durch Rechtsgeschäft übertragen werden.

7   Veräußerung eines Betriebs

Die Veräußerung oder Aufgabe eines Gewerbebetriebs oder freiberuflichen Tätigkeit
ist der letzte Geschäftsfall. Gewinne aus der Veräußerung oder Aufgabe sind demnach grundsätzlich steuerpflichtig. Sie werden allerdings unter bestimmen Voraussetzungen steuerlich begünstigt.

Zu den Einkünften aus einem Gewerbebetrieb gehören Gewinne, die erzielt werden
bei der Veräußerung

- des ganzen Gewerbebetriebs oder eines Teilbetriebs. Als Teilbetrieb gilt auch die
  das gesamte Nennkapital umfassende Beteiligung an einer Kapitalgesellschaft; im
  Fall der Auflösung der Kapitalgesellschaft;

- des gesamten Anteils eines Gesellschafters, der als Unternehmer (Mitunternehmer) des Betriebs anzusehen ist;

- des gesamten Anteils eines persönlich haftenden Gesellschafters einer Kommanditgesellschaft auf Aktien.

Gewinne, die bei der Veräußerung eines Teils eines Anteils erzielt werden, sind laufende Gewinne und als solche zu versteuern.

Begriff der Veräußerung

Eine Veräußerung des ganzen Gewerbebetriebs liegt vor, wenn der Betrieb mit seinen wesentlichen Grundlagen gegen Entgelt in der Weise auf einen Erwerber übertragen wird, dass der Betrieb als geschäftlicher Organismus fortgeführt werden kann.
Nicht erforderlich ist, dass der Erwerber den Betrieb tatsächlich fortführt. Voraussetzung einer Betriebsveräußerung ist, dass der Veräußerer die mit dem veräußerten Betriebsvermögen verbundene Tätigkeit aufgibt (BFH vom 12.06.1996 – BStBl II
S. 527). Die gelegentliche Vermittlung von Verträgen durch einen aus dem aktiven
Erwerbsleben ausgeschiedenen Versicherungsvertreter kann sich in finanzieller, wirtschaftlicher und organisatorischer Hinsicht grundlegend von dem Gewerbebetrieb,
den er als Versicherungsbezirksdirektor unterhalten hat, unterscheiden und steht in
diesem Fall einer Betriebsveräußerung nicht entgegen (BFH vom 18.12.1996 – BStBl
1997 II S. 573). Werden nicht der Betriebsorganismus, sondern nur wichtige Betriebs-
mittel übertragen, während der Steuerpflichtige das Unternehmen in derselben oder

in einer veränderten Form fortführt, so liegt keine Betriebsveräußerung vor (BFH vom 03.10.1984 – BStBl 1985 II S. 131).

Zeitpunkt der Veräußerung

Für die Entscheidung, ob eine Betriebsveräußerung im Ganzen vorliegt, ist auf den Zeitpunkt abzustellen, in dem das wirtschaftliche Eigentum an den veräußerten Wirtschaftsgütern übertragen wird (BFH vom 03.10.1984 – BStBl 1985 II S. 245).

Zurückbehaltene Wirtschaftsgüter

Eine Betriebsveräußerung im Ganzen wird nicht dadurch ausgeschlossen, dass der Veräußerer Wirtschaftsgüter, die nicht zu den wesentlichen Betriebsgrundlagen gehören, zurückbehält (BFH vom 26.05.1993 – BStBl II S. 710). Das gilt auch, wenn einzelne, nicht zu den wesentlichen Betriebsgrundlagen gehörende Wirtschaftsgüter in zeitlichem Zusammenhang mit der Veräußerung in das Privatvermögen überführt oder anderen betriebsfremden Zwecken zugeführt werden (BFH vom 24.03.1987 – BStBl II S. 705 und vom 29.10.1987 – BStBl 1988 II S. 374).

Betriebsaufgabe im Ganzen

Als Veräußerung gilt auch die Betriebsaufgabe. Eine Betriebsaufgabe erfordert eine Willensentscheidung oder Handlung des Steuerpflichtigen, die darauf gerichtet ist, den Betrieb als selbstständigen Organismus nicht mehr in seiner bisherigen Form bestehen zu lassen. Der Begriff der Betriebsaufgabe erfordert nicht, dass der bisherige Unternehmer künftig keine unternehmerische Tätigkeit mehr ausübt. Eine Betriebsaufgabe liegt auch vor, wenn die Voraussetzungen für eine gewerblich geprägte Personengesellschaft wegfallen. Die Aufgabe eines Gewerbebetriebs im Ganzen ist anzunehmen, wenn alle wesentlichen Betriebsgrundlagen innerhalb kurzer Zeit (Zeitraum für die Betriebsaufgabe) und damit in einem einheitlichen Vorgang – nicht nach und nach – entweder in das Privatvermögen überführt oder an verschiedene Erwerber veräußert oder teilweise veräußert und teilweise in das Privatvermögen überführt werden und damit der Betrieb als selbstständiger Organismus des Wirtschaftslebens zu bestehen aufhört (BFH vom 24.06.1976 – BStBl II S. 670, vom 29.10.1981 – BStBl 1982 II S. 381 und vom 18.12.1990 – BStBl 1991 II S. 512). Eine Betriebsaufgabe liegt *nicht* vor, wenn die Wirtschaftsgüter nach und nach im Laufe mehrerer Wirtschaftjahre an Dritte veräußert werden oder in das Privatvermögen überführt werden (BFH vom 10.09.1957 – BStBl III S. 414). Die Einstellung der gewerblichen Tätigkeit eines Unternehmers ist nur dann als Betriebsaufgabe zu beurteilen, wenn sich entweder aus den äußerlich erkennbaren Umständen eindeutig ergibt, dass der Betrieb endgültig aufgegeben werden soll oder der Unternehmer eine eindeutige Erklärung dieses Inhalts gegenüber dem Finanzamt abgibt; Anschluss an BFH vom 28.09.1995 – BStBl 1996 II S. 276 (BFH vom 16.12.1997 – BStBl 1998 II S. 379).

Veräußerungsgewinn

Zu versteuern ist nicht etwa der Veräußerungserlös (Verkaufspreis), sondern lediglich der Veräußerungsgewinn: Dies ist der Betrag, um den der Veräußerungspreis nach Abzug der Veräußerungskosten den Wert des Betriebsvermögens (Buchwert) oder den Wert des Anteils am Betriebsvermögen übersteigt. Der Wert des Betriebsvermögens oder des Anteils ist für den Zeitpunkt der Veräußerung zu ermitteln.

Freibetrag

Haben Sie als Steuerpflichtiger das 55. Lebensjahr vollendet oder sind Sie im sozialversicherungsrechtlichen Sinne dauernd berufsunfähig, so wird der Veräußerungsgewinn *auf Antrag* zur Einkommensteuer nur herangezogen, soweit er 45 000 € übersteigt (Veräußerungsfreibetrag). Der Freibetrag wird nur einmal gewährt, auch wenn Sie mehrere Gewerbebetriebe veräußern.

Praxishinweis:

Der Freibetrag ermäßigt sich um den Betrag, um den der Veräußerungsgewinn 136 000 € übersteigt. Das bedeutet, dass sich der Freibetrag mit zunehmendem Veräußerungsgewinn ab 136 000 € verringert:

Veräußerungsgewinn	Ermäßigungsbetrag	Freibetrag	zu versteuern
35 000	0	35 000	0
45 000	0	45 000	0
90 000	0	45 000	45 000
125 000	0	45 000	80 000
136 000	0	45 000	91 000
137 000	1 000	44 000	93 000
145 000	9 000	36 000	109 000
165 000	29 000	16 000	149 000
180 000	44 000	1 000	179 000
181 000	45 000	0	181 000

Bei einem Veräußerungsgewinn von 181 000 € ist der Freibetrag aufgezehrt. *Die steuerliche Folge*: Der Veräußerungsgewinn ist in voller Höhe für die weitere Besteuerungsvorgang anzusetzen.

Weitere Steuerermäßigung durch die Fünftel-Regelung

Die anzusetzende Einkommensteuer auf den begünstigten Veräußerungsgewinn beträgt das *Fünffache* des Unterschiedsbetrags zwischen der Einkommensteuer für das um diese Einkünfte verminderte zu versteuernde Einkommen (verbleibendes zu versteuerndes Einkommen) und der Einkommensteuer für das verbleibende zu versteuernde Einkommen zuzüglich eines Fünftels dieser Einkünfte. Für Zwecke der Steuerberechnung ist zunächst für das Kalenderjahr, in dem die außerordentlichen Einkünfte erzielt worden sind, die Einkommensteuerschuld zu ermitteln, die sich ergibt, wenn die in dem zu versteuernden Einkommen enthaltenen außerordentlichen Einkünfte nicht in die Bemessungsgrundlage einbezogen werden. Sodann ist in einer Vergleichsberechnung die Einkommensteuer zu errechnen, die sich unter Einbeziehung eines Fünftels der außerordentlichen Einkünfte ergibt. Bei diesen nach den allgemeinen Tarifvorschriften vorzunehmenden Berechnungen, sind dem Progressionsvorbehalt unterliegende Einkünfte zu berücksichtigen. Der Unterschiedsbetrag zwischen beiden Steuerbeträgen ist zu verfünffachen und der sich so ergebende Steuerbetrag der ermittelten Einkommensteuer hinzuzurechnen.

Beispiel:

Berechnung der Einkommensteuer bei Zusammentreffen der Vergünstigungen durch die Fünftel-Regelung:

Sie haben Einkünfte aus einem Gewerbebetrieb und werden mit Ihrer Ehefrau zusammenveranlagt. Im Zeitpunkt der Betriebsveräußerung haben Sie das 55. Lebensjahr vollendet. Es sind die folgenden Einkünfte und Sonderausgaben anzusetzen:

Einkünfte aus Gewerbebetrieb, laufender Gewinn		25 000 €
Veräußerungsgewinn (§ 16 EStG)	120 000 €	
davon bleiben n. § 16 Abs. 4 EStG steuerfrei	− 45 000 €	+ 75 000 €
Einkünfte, die Vergütung für eine mehrjährige Tätigkeit sind		+ 100 000 €
Einkünfte aus Vermietung und Verpachtung		+ 3 500 €
Gesamtbetrag der Einkünfte		203 500 €
Sonderausgaben		− 3 200 €
Zu versteuerndes Einkommen		**200 300 €**

Steuerberechnung nach der Fünftel-Regelung

1.1
Ermittlung des Steuerbetrags ohne Einkünfte ohne Fünftel-Regelung:

Zu versteuerndes Einkommen	200 300 €
abzgl. Einkünfte nach § 34 Abs. 1 EStG	− 100 000 €
	100 300 €
(darauf entfallender Steuerbetrag = 27 466 €)	
abzgl. Einkünfte nach § 34 Abs. 3 EStG	− 75 000 €
	25 300 €
darauf entfallender Steuerbetrag	1 988 €

Für das zu versteuernde Einkommen ohne steuerbegünstigte Einkünfte würde sich eine Einkommensteuer nach Splittingtarif von 27 466 € ergeben. Sie entspricht einem durchschnittlichen Steuersatz von 27,3838 Prozent.

Der ermäßigte Steuersatz beträgt 56 Prozent von 27,3838 Prozent = 15,3349 Prozent.

Der ermäßigte Steuersatz ist geringer als der für den VZ 2004 geltende mindestens anzusetzende Steuersatz in Höhe von 16 Prozent. Daher ist der Mindeststeuersatz maßgeblich.

Mit dem ermäßigten Steuersatz gemäß § 34 Abs. 3 EStG zu versteuern:

16 Prozent von 75 000 € = 12 000 €

Steuerbetrag nach § 34 Abs. 3 EStG (ohne Einkünfte nach § 34 Abs. 1 EStG)	12 000 €
zuzüglich Steuerbetrag von 25 300 € (= z. v. E. ohne Einkünfte nach § 34 Abs. 1 EStG und § 34 Abs. 3 EStG)	+ 1 988 €
Steuerbetrag ohne Einkünfte aus § 34 Abs. 1 EStG	13 988 €

1.2
Ermittlung des Steuerbetrags mit 1/5 der Einkünfte nach § 34 Abs. 1 EStG zu versteuerndes Einkommen

Ermittlung des Steuerbetrags mit 1/5 der Einkünfte nach § 34 Abs. 1 EStG zu versteuerndes Einkommen		200 300 €
abzüglich Einkünfte nach § 34 Abs. 1 EStG	− 100 000 €	
zuzüglich 1/5 der Einkünfte nach § 34 Abs. 1 EStG		+ 20 000 €
(darauf entfallender Steuerbetrag = 36 444 €)		120 300 €
abzüglich Einkünfte nach § 34 Abs. 3 EStG	− 75 000 €	45 300 €
darauf entfallender Steuerbetrag		7 320 €

Für das z. v. E. ohne die Einkünfte nach § 34 Abs. 1 EStG zuzüglich 1/5 der Einkünfte nach § 34 Abs. 1 EStG würde sich eine Einkommensteuer nach Splittingtarif von 36 444 € ergeben. Sie entspricht einem durchschnittlichen Steuersatz von 30,2942 Prozent (abgerundet).

Der ermäßigte Steuersatz beträgt mithin 56 Prozent von 30,2942 Prozent = 16,9647 Prozent. Der ermäßigte Steuersatz ist höher als der für den VZ 2004 geltende mindestens anzusetzende Steuersatz in Höhe von 16 Prozent. Daher ist der Mindeststeuersatz nicht maßgeblich. Mit dem ermäßigten Steuersatz zu versteuern:

16,9647 Prozent von 75 000 € = 12 723 €.

Steuerbetrag nach § 34 Abs. 3 EStG (unter Berücksichtigung von 1/5 der Einkünfte nach § 34 Abs. 1 EStG)	12 723 €
zuzüglich Steuerbetrag von 45 300 €	
(= z. v. E. ohne Einkünfte nach § 34 Abs. 3 und § 34 Abs. 1 EStG mit 1/5 der Einkünfte nach § 34 Abs. 1 EStG)	+ 7 320 €
Steuerbetrag mit 1/5 der Einkünfte nach § 34 Abs. 1 EStG	20 043 €

1.3
Ermittlung des Unterschiedsbetrages nach § 34 Abs. 1 EStG

Steuerbetrag mit 1/5 der Einkünfte nach § 34 Abs. 1 EStG	20 043 €
abzgl. Steuerbetrag ohne Einkünfte nach § 34 Abs. 1 EStG (s. Nr. 1.1)	– 13 988 €
Unterschiedsbetrag	6 055 €
verfünffachter Unterschiedsbetrag nach § 34 Abs. 1 EStG	30 275 €

Steuerberechnung nach § 34 Abs. 3 EStG

Zu versteuerndes Einkommen	200 300 €	
abzüglich Einkünfte nach § 34 Abs. 1 EStG	– 100 000 €	100 300 €
Steuerbetrag von 100 300 €		27 466 €
zzgl. verfünffachter Unterschiedsbetrag nach § 34 Abs. 1 EStG		+ 30 275 €
Summe		**57 741 €**

Sie sehen: Das Steuerrecht ist tatsächlich sehr kompliziert. Die Frage ist, ob die Steuerpolitiker sich zukünftig darauf einigen können, tatsächlich alle Sonderregelungen aufzugeben zugunsten eines geringeren Steuertarifs. Ob dieser dann wesentlich gerechter ist, sei einmal dahin gestellt.

8   Einkommensteuerbescheid, Vorauszahlungsbescheid

Die Einkommensteuererklärung wird nach Abgabe der Einkommensteuererklärung in einem „Veranlagungsverfahren" genannten Verfahren förmlich festgesetzt. Der Bescheid enthält Angaben über die Berechnung und Höhe

- der Einkünfte,

- der Sonderausgaben,

- der außergewöhnlichen Belastungen,

- des zu versteuernden Einkommens,

- der festgesetzten Einkommensteuer, Kirchensteuer und des Solidaritätszuschlags.

Weiterhin muss er Hinweise darauf enthalten, inwieweit von den von Ihnen erklärten Angaben abgewichen worden ist. Diese Angaben sind ein wichtiges Prüfkriterium für die Richtigkeit des Bescheids. Sollte das Finanzamt von Ihren Angaben abgewichen sein, sollten Sie in jedem Fall ein Erfolgschancen eines Einspruchs gegen den Steuerbescheid prüfen.

Achtung:

Die Einspruchsfrist beträgt in Monat nach Bescheidsdatum. Legen Sie frühzeitig Einspruch ein. Eine ausführliche Begründung kann nachgereicht werden.

VII Umsatzsteuererklärung

1 Charakteristik

Die Umsatzsteuer ist eine Objektsteuer, d. h. die Höhe der Steuer bemisst sich nach bestimmten Merkmalen des Steuerobjekts. Auf persönliche Verhältnisse des Steuerpflichtigen – so wie es bei der Einkommensteuer durch die Abzugsfähigkeit von Sonderausgaben, außergewöhnlichen Belastungen oder auch Tarifermäßigungen der Fall ist – wird dabei keine Rücksicht genommen.

Da der von der Umsatzsteuer belastete Steuerpflichtige die Umsatzsteuer auf den Leistungsempfänger – also den Kunden – abwälzt, gehört die Umsatzsteuer zu den indirekten Steuern. Gesetzlicher Steuerschuldner und wirtschaftlicher Träger sind also verschiedene Personen.

Weiterhin gehört die Umsatzsteuer – wie die Einkommensteuer – zu den Veranlagungssteuern. Der Unternehmer wird nach Ablauf des Kalenderjahres zur Umsatzsteuer veranlagt. Er errechnet die abzuführende Umsatzsteuer in der Umsatzsteuerjahreserklärung, bzw. in der Umsatzsteuervoranmeldung selbst. Es gilt also das Prinzip der Selbstveranlagung. Aus diesem Grund beobachtet die Finanzverwaltung auch die gemachten Angaben mit besonderer Sorgfalt.

Praxishinweis:

Das Finanzamt darf in einer so genannten „Umsatzsteuernachschau" jederzeit die von Ihnen gemachten Angaben anhand Ihrer Buchführung und Aufzeichnungen prüfen. Der Prüfer darf ohne vorherige Ankündigung bei Ihnen am Firmensitz erscheinen. Wenn Sie dem gelassen entgegen sehen wollen, sollten Sie die Aufzeichnungspflichten des Umsatzsteuergesetzes genau beachten. Dazu gehört auch eine zeitnahe Buchung aller umsatzsteuerwirksamen Geschäftsfälle, um eine richtige Umsatzsteuervoranmeldung erstellen zu können.

Die Rechtsgrundlagen für die Umsatzbesteuerung ergeben sich aus dem Umsatzsteuergesetz, der Umsatzsteuerdurchführungsverordnung, sowie einigen Nebengesetzen. Die Finanzverwaltung hat in den Umsatzsteuer-Richtlinien die Gesetze in ihrem Sinne erläutert. Weder Sie als Steuerpflichtige noch etwa die Finanzgerichte werden durch die Verwaltungs-Richtlinien gebunden.

2 System der Umsatzsteuer

Nach dem Umsatzsteuergesetz sind bestimmte Umsätze – der Begriff wird noch zu erläutern sein – der Besteuerung zu unterwerfen. Der allgemeine Steuersatz beträgt gegenwärtig 16 Prozent, während sich der ermäßigte Steuersatz auf 7 Prozent beläuft. Bemessen wird die Umsatzsteuer grundsätzlich nach dem steuerpflichtigen Entgelt. Die Umsatzsteuer selbst gehört nicht zu diesem Entgelt.

Beispiel:

Sie berechnen ein Honorar in Höhe von 2500 €. Dieses Honorar ist das Entgelt, das als Bemessungsgrundlage für die Umsatzsteuer gilt. Ihre Rechnung muss also folgendermaßen aussehen:

Entgelt	2500 €
Zzgl. 16 Prozent USt	400 €
Honorar:	2900 €

Von der so berechneten Umsatzsteuer – also *Entgelt multipliziert mit dem Steuersatz gleich Umsatzsteuer* – können Sie die „Vorsteuer abziehen". Vorsteuern sind diejenigen Umsatzsteuern, die Ihnen als Steuerpflichtigem selbst in Rechnung gestellt worden sind – mit anderen Worten: Vorsteuern sind die Umsatzsteuern, die in Ihren Aufwendungen bzw. Kosten enthalten sind und die Sie schon an Ihren Lieferanten gezahlt haben. Es handelt sich hierbei meist um Vorleistungen.

Praxishinweis:

Die Vorsteuer erhalten Sie vom Staat erstattet! Darin liegt die Besonderheit des Umsatzsteuerrechts für Unternehmen. Sie zahlen auf Ihren Umsatz zwar Umsatzsteuer, erhalten die Vorsteuer aber erstattet und werden somit davon entlastet (während der Endverbraucher die Steuer im vollem Umfang tragen muss, was gesetzlich auch so gewollt ist).

Beispiele:

(1) Ein Unternehmer hat für sein Unternehmen einen Computer angeschafft, mit dessen Hilfe er das Unternehmenorganisation verbessern will. Ihm wurden in Rechnung gestellt:

1 Notebook	1500 €
zzgl. 16 Prozent USt	240 €
Zu zahlender Betrag	1740 €

Diese ihm in Rechnung gestellte Umsatzsteuer kann der Unternehmer bei seiner Umsatzsteuererklärung bzw. Umsatzsteuervoranmeldung als Vorsteuer von der Steuerschuld abziehen.

(2) Für den Voranmeldezeitraum Juni 2004 hat ein Unternehmer Entgelte in Höhe von 17 000 € in Rechnung gestellt. Daraus ergibt sich nach Anwendung des Umsatzsteuersatzes von 16 Prozent eine Steuerschuld von yyy €. Die Vorsteuer beträgt 1 500 €. Seine Umsatzsteuerzahlungspflicht für den Voranmeldezeitraum berechnet er also wie folgt:

Erhaltende Umsatzsteuer	240 €
Bereits gezahlte Vorsteuer aus Ihren Aufwendungen	60 €
An das Finanzamt abzuführen	180 €

Durch die Abzugsfähigkeit der Vorsteuer von der Umsatzsteuerschuld wird gewährleistet, dass nur der vom Steuerpflichtigen selbst geschaffene Mehrwert der Besteuerung unterliegt. Das System der deutschen Umsatzsteuer wird deshalb auch *Mehrwertsteuersystem* genannt. Die Begriffe Umsatzsteuer und Mehrwertsteuer sind absolut identisch. Obwohl im Sprachgebrauch meist nur von der Mehrwertsteuer geredet wird, gibt es kein Mehrwertsteuergesetz. Vielmehr sind die Vorschriften der Umsatzbesteuerung im Umsatzsteuergesetz geregelt. Der Begriff Mehrwertsteuer kommt im gesamten Gesetzestext nicht vor. Der Begriff stammt aus der Finanzwissenschaft und kennzeichnet lediglich das System der Umsatzbesteuerung.

Also:

Vergessen Sie den Mehrwertsteuerbegriff und folgen Sie der Terminologie des Gesetzes. Im Folgenden wird immer nur von der Umsatzsteuer die Rede sein.

3 Unternehmerbegriff: Wer ist steuerpflichtig?

Im Sinne des Umsatzsteuerrechts sind Freiberufler als auch Gewerbetreibende Unternehmer im Sinne des Umsatzsteuergesetzes. Nach § 2 UStG ist Unternehmer, wer eine gewerbliche oder berufliche Tätigkeit selbstständig ausübt. Gewerblich oder beruflich ist jede nachhaltige Tätigkeit zur Erzielung von Einnahmen, auch wenn die Absicht, Gewinn zu erzielen, fehlt oder eine Personenvereinigung nur gegenüber ihren Mitgliedern tätig wird. Nach dieser Definition ist auch der Freiberufler Unternehmer. Dies, obwohl im Sprachgebrauch als Unternehmer gemeinhin nur gewerblich tätige Personen bezeichnet werden.

Damit die Tätigkeit umsatzsteuerpflichtig wird, muss es sich um eine berufliche oder gewerbliche Tätigkeit handeln. Die Tätigkeit muss Leistungen im wirtschaftlichen Sinne zum Gegenstand haben. Dies ist beispielsweise beim Wertpapiersparen nach BFH-Auffassung nicht der Fall (BStBl 1974 II S. 47). Durch das Erwerben von Wertpapieren wird daher eine natürliche Person nicht zum umsatzsteuerrechtlichen Unternehmer.

Ferner muss die Tätigkeit nachhaltig sein. Dabei kommt es nicht darauf an, wie oft und in welchen Zeitabständen sich die Handlungen wiederholen. Auch eine einmalige Handlung kann nachhaltig sein, wenn die Absicht der Wiederholung bestand oder wenn durch sie ein auf die Erzielung fortlaufender Einnahmen gerichteter Dauerzustand geschaffen wird.

Beispiel:

Sie verfassen als Rechtsanwalt über ein schwieriges juristisches Problem eine Abhandlung und verkaufen das Manuskript einem Verleger. Es wird ein Erfolgshonorar vereinbart.

Steuerliche Folge: Die Honorare unterliegen der Umsatzsteuer, obwohl Sie nicht die Absicht haben, sich weiterhin schriftstellerisch zu betätigen. Es reicht aus, dass Sie durch das Erfolgshonorar einen auf die Erzielung fortlaufender Einnahmen gerichteten Dauerzustand geschaffen haben.

Ein weiteres Merkmal der Umsatzsteuerbarkeit ist, dass die Tätigkeit auf die Erzielung von Einnahmen gerichtet ist. Gewinnerzielungsabsicht ist nicht erforderlich. Auch Leistungen zu Selbstkosten oder Leistungen, bei denen sich Verluste ergeben, führen zu Einnahmen. So können auch Einnahmen aus Liebhaberei, bei denen eine Gewinnerzielungsabsicht nicht besteht, mit Umsatzsteuer belastet werden. Dies gilt selbst dann, wenn diese Liebhaberei für Zwecke der Einkommensteuer als privat veranlasst wird und damit nicht der Einkommensteuer unterliegt.

Beispiele:

(1) Sie haben sich mit der Zeit einige Pferde zugelegt und betreiben auch eine kleine Zucht. Die Zuchtergebnisse verkaufen Sie hin und wieder an ein Gestüt. Die Tätigkeit wirft auf Dauer nur Verluste ab.

Steuerliche Folge: Für einkommensteuerliche Zwecke gilt der Betrieb als Liebhaberei. Im Sinne des Umsatzsteuergesetzes sind Sie jedoch Unternehmer, da Ihre Tätigkeit selbstständig ausgeübt wird, auf Nachhaltigkeit ausgelegt ist und Einnahmen erzielt werden. Die Einnahmen müssen versteuert werden, Vorsteuern sind absetzbar.

(2) Sie halten zum eigenen Vergnügen drei Pferde. Nach einem Jahr müssen Sie eines der Tiere an einen Pferdehändler verkaufen, da es sich verletzt hat und nicht wieder gesunden wird. Kurze Zeit später müssen Sie Ihr eigenes Pferd verkaufen, weil Ihnen der Arzt das Reiten verboten hat.

Steuerliche Folge: Ihre Verkaufstätigkeit ist nicht auf Nachhaltigkeit gerichtet, da die beiden Verkäufe keinen inneren Zusammenhang haben. Der Vorgang ist nicht umsatzsteuerbar.

4 Beginn und Ende der unternehmerischen Tätigkeit

Die Unternehmereigenschaft beginnt nicht erst mit dem Zeitpunkt der erstmaligen Einnahmenerzielung, sondern bereits mit der Aufnahme der auf die Erzielung von Einnahmen gerichtete Tätigkeit. Die gewerbliche oder berufliche Tätigkeit ist somit dann eröffnet, wenn aus Handlungen des Rechtsanwalts oder Notars erkennbar ist, dass er diese Tätigkeit beginnen wollte. Dieser Zeitpunkt entspricht dem Geschäftsbeginn im Sinne des Handelsrechts.

Beispiel:

Ein Unternehmer eröffnet am 01.01.2005 sein Unternehmen. Er beginnt sofort, Klienten im eigenen Namen und auf eigene Rechnung zu betreuen. Einnahmen aus dieser Betreuung fließen ihm jedoch erst im April 2005 zu.

Steuerliche Folge: Der Unternehmer ist bereits vom 01.01.2005 an umsatzsteuerlicher Unternehmer. Seine Entgelte im ersten Vierteljahr belaufen sich auf null, Vorsteuern, die ihn belasten, kann er gleichwohl gegenrechnen. In diesem Fall ergibt sich ein Erstattungsanspruch an das Finanzamt.

Wichtig:

Die Ausgaben müssen in einem unmittelbaren, sachlichen, zeitlichen Zusammenhang mit der Unternehmenseröffnung stehen. Dementsprechend sind Ausgaben, die der Unternehmer in früheren Jahren getätigt hat, noch keine vorbereitenden Maßnahmen für eine spätere Unternehmenseröffnung, und zwar auch dann nicht, wenn dies konkret geplant ist. Deshalb sollten Sie den Zeitpunkt Ihrer Betriebseröffnung auch genau planen.

Entsprechendes gilt für die Beendigung der unternehmerischen Betätigung. Nachträgliche Einnahmen unterliegen der Umsatzbesteuerung. Vorsteuern auf spätere unerwartete Ausgaben, die noch im Zusammenhang mit dem früheren Unternehmen stehen (nachträgliche Betriebsausgaben), können nachträglich erstattet werden. Das heißt, die Einnahmen müssen versteuert werden, die Vorsteuer aus den nachträglichen Ausgaben sind abzugsfähig.

Veräußerung des gesamten Geschäftsbetriebs

Die Veräußerung des gesamten Geschäftsbetriebs an einen anderen Unternehmer unterliegt nicht der Umsatzsteuer. Eine Geschäftsveräußerung liegt vor, wenn ein Unternehmen oder ein in der Gliederung eines Unternehmens gesondert geführter Betrieb im ganzen entgeltlich oder unentgeltlich übereignet oder in eine Gesellschaft eingebracht wird. Der erwerbende Unternehmer tritt an die Stelle des Veräußerers.

Als Veräußerung des gesamten Geschäftsbetriebs gilt die Veräußerung der wesentlichen Teile des Unternehmens.

5   Praxis- und Bürogemeinschaften

Hier ist zu unterscheiden, ob die Gemeinschaft nach außen auftritt oder ob sie nur im Innenverhältnis existiert. Haben sich mehrere Unternehmer zusammengeschlossen, um gemeinsam die Büroräume sowie das Personal nutzen zu können und treten sie nach außen nicht als Gemeinschaft in Erscheinung, so ist jeder Partner der Gemeinschaft eigenständiger Unternehmer, d. h. er muss eine auf seinem Namen lautende Umsatzsteuervoranmeldung bzw. Umsatzsteuererklärung abgeben. Jeder Partner muss auch, damit der Vorsteuerabzug erhalten bleibt, eine auf seinen Namen lautende Rechnung von Zulieferern erhalten.

Tritt dagegen die Bürogemeinschaft nach außen als Gemeinschaft auf, so kann das zur Verfügung stellen der Unternehmensorganisation an die einzelnen Partner eine unternehmerische Tätigkeit der Gemeinschaft darstellen. Dies führt dann nicht zu Nachteilen, wenn die einzelnen Partner ihrerseits zum Vorsteuerabzug berechtigt sind.

Beispiel:

Eine Bürogemeinschaft, die auch nach außen hin erkennbar ist, überlässt ihren einzelnen Partnern Büroeinrichtungen, Arbeitsgeräte und Personal. Für diese Überlassung stellt sie jedem Partner am Monatsende nach einem bestimmten Umsatzschlüssel die Kosten in Rechnung.

Steuerliche Folge: Die in Rechnung gestellten Kosten müssen der Umsatzsteuer unterworfen werden, die einzelnen Partner können diese Umsatzsteuer im Wege des Vorsteuerabzuges mit ihrer Umsatzsteuerschuld verrechnen.

6   Sozietäten, Gemeinschaftsbüros, Gemeinschaftspraxen

Eine Sozietät oder das Gemeinschaftsbüro tritt im Allgemeinen auch nach außen auf. Sie besitzt damit eigenständig die Unternehmereigenschaft im Sinne des Umsatzsteuerrechts. Die einzelnen Partner der Sozietät/Gemeinschaftsbüro sind insoweit keine

Unternehmer. Ob die Sozietät/Gemeinschaftsbüro nach außen auftritt, ist insbesondere danach zu entscheiden, ob sie

ein gemeinschaftliches Schild,

entsprechende Briefbögen und Stempel,

gemeinsame Vollmachtsformulare,

gemeinsame Büroräume,

gemeinsame Bankkonten,

gemeinsames Personal

benutzt (vgl. BFH, BStBl II 1981 S. 189, 192; sowie: BFH, BStBl II 1970, S. 833). Sie betätigen sich als Gesellschaft mit dem Hauptziel der Einnahmenerzielung am Wirtschaftsleben, wenn sie offen als Gesellschaft in Erscheinung treten und Partner des Leistungsaustausches sind (BFH, BStBl II 1984, S. 251). Unerheblich ist dabei, ob die nach außen auftretende Sozietät berufsrechtlich richtig konzipiert worden oder überhaupt statthaft ist (vgl. BFH, BStBl. 1981 II S. 189 und 192).

Aber auch in einer Sozietät/Gemeinschaftsbüro kann es vorkommen, dass die einzelnen Partner im eigenen Namen und auf eigene Rechnung z. B. Beratungtätigkeiten erbringen, die erkennbar außerhalb der Sozietät stehen. Mit diesen Tätigkeiten wird auch in einer Sozietät der einzelne Partner in eigener Person umsatzsteuerpflichtig.

Beispiel:

Ein Unternehmer, der in einer Sozietät mitarbeitet, übernimmt einen Fall von einer ihm unbekannten Person, die nicht weiß, dass der Unternehmer mit anderen zusammen in einer BGB-Gesellschaft tätig ist. Der Auftraggeber hatte sich den Anwalt aus dem Branchenverzeichnis herausgesucht. Er bearbeitet den Fall nach seiner üblichen Arbeitszeit in der Sozietät abends zu Hause in seinem Arbeitszimmer. Die Schriftsätze schreibt er selbst auf der Schreibmaschine.

Steuerliche Folge: Der Anwalt ist mit dem Honorar selbstständig umsteuerpflichtig, da das Honorar für die geleistete Arbeit in keinem Zusammenhang mit der Sozietät steht.

7   Umfang des Unternehmens

Das Unternehmen des Unternehmers umfasst die gesamte gewerbliche oder berufliche Tätigkeit. Dies bedeutet, dass ein Unternehmer zwar mehrere Tätigkeiten haben kann, aber im umsatzsteuerlichen Sinne nur ein Unternehmen ist.

Beispiel:

Sie unterhalten neben ihrer freiberuflichen Praxis noch nebenbei eine Reitschule. Darüber hinaus betätigen Sie sich schriftstellerisch und haben auch schon einige von Ihnen selbst gemalte Bilder verkauft.

Steuerliche Folge: Ihr Unternehmen im umsatzsteuerlichen Sinne umfasst die

- freiberufliche Praxistätigkeit,

- gewerbliche Tätigkeit,

- schriftstellerische Tätigkeit,

- künstlerische Tätigkeit.

Als Folge dieser so genannten Einheitstheorie werden die Umsätze aller Tätigkeiten zusammengefasst, es wird also ein Gesamtumsatz ermittelt. Von diesem Gesamtumsatz wird die Steuer berechnet. Wechselseitige Leistungen zwischen den Betrieben eines Steuerpflichtigen sind als „Innenumsätze" nicht steuerbar. Dies gilt auch dann, wenn die Betriebe sich zur innerbetrieblichen Kostenverrechnung wechselseitig die Leistungen bezahlen.

Die Unternehmenseinheit gilt auch für Nebengeschäfte. Das sind Geschäfte, die zwar nicht den eigentlichen Geschäftszweck ausmachen und sich auch nicht notwendig aus dem eigentlichen Geschäftsbetrieb ergeben, aber mit der Haupttätigkeit in engem wirtschaftlichen Zusammenhang stehen.

Beispiel:

Ein Unternehmer übernimmt die Testamentsvollstreckung für einen verstorbenen Klienten. Das Honorar hieraus ist der Umsatzsteuer zu unterwerfen.

8   Berechnung der Steuerschuld

Steuergegenstand

Nicht alle Umsätze, die denkbar sind, müssen der Umsatzsteuer unterworfen werden. Vielmehr unterscheidet das Gesetz zwischen

steuerbaren und

nicht steuerbaren Umsätzen.

Nicht steuerbare Umsätze sind alle Umsätze, die den gesetzlichen Tatbestand des Umsatzsteuergesetzes nicht erfüllen.

Beispiele:

(1) Ein Angestellter verkauft seine Schreibmaschine, die er überwiegend beruflich genutzt hat.
Steuerliche Folge: Die Leistung ist nicht steuerbar, da es sich nicht um einen Unternehmer handelt und der Verkauf der Schreibmaschine auch nicht nachhaltig ist.

(2) Ein Unternehmer verkauft seinen nicht zum Betriebsvermögen gehörenden und lediglich privat genutzten Personenwagen.
Steuerliche Folge: Der Umsatz fällt nicht in den Rahmen des Unternehmens des Unternehmens. Die Leistung ist nicht steuerbar.

(3) Ein Unternehmer hat für einen Klienten zwar eine Leistung erbracht, das Honorar ist jedoch uneinbringlich.
Steuerliche Folge: Da für die Leistung kein Entgelt geflossen ist, ist sie auch nicht steuerbar.

Praxishinweis:

Bevor Sie mit der Errechnung Ihrer Umsatzsteuerschuld beginnen, prüfen Sie genau, ob es sich um steuerbare oder nicht steuerbare handelt. Kommen Sie zu dem Ergebnis, dass die Umsätze nicht steuerbar sind, scheiden Sie sie aus dem weiteren Ermittlungsprozess aus.

Steuerbare Umsätze

Die steuerbaren Umsätze sind zu unterteilen in

Lieferungen,

sonstige Leistungen

sowie die Einfuhr.

Sie als Unternehmer werden im Allgemeinen den Tatbestand der sonstigen Leistung erfüllen, da Sie für Ihre Klienten keine Lieferungen, z. B. Warenlieferungen, sondern Dienstleistungen erbringen. Das Gesetz definiert sonstige Leistungen negativ als Leistungen, die keine Lieferungen sind. Sie können auch in einem Unterlassen oder im Dulden einer Handlung oder eines Zustandes bestehen (§ 3 Abs. 9 UStG).

Weiterhin ist die Nutzung betrieblicher Gegenstände oder Leistungen steuerbar und steuerpflichtig.

Beispiel:

(1) Ein für das Unternehmen angeschaffter PKW, der einige Jahre abgeschrieben wurde, dient nun der Ehefrau als Zweitwagen. Die Überführung des PKW in die Privatsphäre ist ein typischer steuerpflichtiger Sachverhalt.
Steuerliche Folge: Die Entnahme unterliegt der Umsatzsteuer.

(2) Sie nutzen den Unternehmenswagen auch für Privatfahrten (BFH, BStBl II 1980, S. 309). Daneben nutzen Sie den Unternehmensanschluss Ihres Telefons für private Gespräche (BFH, BStBl II 1971, S. 789).
Steuerliche Folge: Die Kosten für die Privatgespräche unterliegen ebenso der Umsatzsteuer wie die private Nutzung des Geschäftswagens.

Als Bemessungsgrundlage für den Eigenverbrauch dient entweder der so genannte „Teilwert", wenn dieser nach den einkommensteuerrechtlichen Vorschriften anzusetzen ist, oder der gemeine Wert. Teilwert ist der Wert, den ein mutmaßlicher Erwerber des Unternehmens im Rahmen des Gesamtkaufpreises für ein einzelnes Wirtschaftsgut ansetzen würde unter dem Gesichtspunkt, dass er das Unternehmen weiterführen würde.

Beispiel:

Sie kaufen einen neuen leistungsfähigen Computer. Den bisher genutzten Rechner schenken Sie Ihrem Sohn. Es liegt der Tatbestand des Eigenverbrauchs vor. Die Bemessungsgrundlage ist der Teilwert. Sie fragen sich, ob ein fiktiver Erwerber Ihres Unternehmens für den Rechner noch einen Preis zu zahlen bereit wäre. Sie kommen zu der Überzeugung, dass der Erwerber höchstens noch 100 € für die Maschine gezahlt hätte.

Steuerliche Folge: Die Bemessungsgrundlage für die Entnahme ist mit 100 € anzusetzen.

Ist nach den Vorschriften des Einkommensteuerrechts der Teilwert nicht anzusetzen, so wird für Zwecke des Eigenverbrauchs der gemeine Wert angesetzt. Der gemeine Wert ist der Wert, den Sie beim Verkauf eines Wirtschaftsguts am Markt noch dafür erzielen können (Einzelveräußerungspreis). In des Unternehmens dürfte zwischen dem gemeinen Wert und dem Teilwert in den meisten Fällen kein großer Unterschied bestehen, abgesehen davon, dass sich der Teilwert wegen seiner Fiktion eines gedachten Erwerbers objektiv nur schwer feststellen lässt.

Bei der Leistungsentnahme sind die entstandenen Kosten anzusetzen. Bei der privaten Nutzung des PKW sind das z. B. die laufenden Kosten, wie Benzin, Reparaturen usw.

Beispiel:

Die Gesamtaufwendungen für Betrieb und Reparaturen Ihres Unternehmens-Kfz belaufen sich im Jahr 2004 auf 7500 €. Sie nutzen den Wagen zu 20 Prozent privat.

Steuerliche Folge: Als Eigenverbrauch sind 1500 € (7500 € x 20 Prozent) anzusetzen.

Leistungen, die ein Unternehmer in eigenen Unternehmensangelegenheiten erbringt, sind nicht steuerbar.

Steuersatz und Berechnung der Steuerschuld

Der normale Steuersatz beträgt derzeit 16 Prozent. Daneben gibt es einen ermäßigten Steuersatz von 7 Prozent z. B. im Bereich der Nahrungsmittel und Kultur.

Der Steuersatz wird auf das Entgelt angewendet. Dabei ist zu berücksichtigen, dass auch Nebenleistungen – wie z. B. Auslagenersatz – gleichfalls zum Entgelt gehören. Eine Ausnahme bilden lediglich die durchlaufenden Posten.

Beispiel:

Ein Unternehmer stellt folgende Gebührenrechnung auf.

Gebühr für eine Vertragsberatung:	2500 €
Reisekostenersatz	350 €
Auslagenersatz	40 €
Insgesamt:	**2890 €**

Der Insgesamt-Betrag ist für Zwecke der Umsatzsteuer das Entgelt.
Die Umsatzsteuerschuld beträgt also: 2890,00 €

zzgl. 16 Prozent USt   +   404,60 €

zu zahlender Betrag: **3294,60 €**

Oftmals ist es erforderlich, die Umsatzsteuer aus Bruttobeträgen herauszurechnen. Dies kann durch zwei Methoden geschehen:

Multiplikatormethode: Hierbei wird ein Multiplikator nach folgender Formel errechnet:

Bruttosteuersatz = (Steuersatz x 100) : (Steuersatz + 100)

Bei dem derzeit geltenden normalen Steuersatz lautet der Multiplikator:

Bruttosteuersatz = (16 x 100) : (16 + 100)   = 1400 : 116   = 12,28 Prozent

Beispiel:

In einem Bruttoentgelt in Höhe von 1000 € sind 122,80 € Umsatzsteuer enthalten:

1000 € x 12,28 Prozent = 122,80 €.

Divisionsmethode: Bei dieser Methode wird ein Divisor gebildet, der zu dem gleichen Ergebnis führt, wie die Multiplikatormethode. Die Formel lautet:

Divisor = (100 + Steuersatz) : Steuersatz

Der Divisor für den normalen Steuersatz lautet gegenwärtig 8,14 Prozent

Ort der sonstigen Leistung

Grundsätzlich wird eine sonstige Leistung an dem Ort ausgeführt, von dem aus der Unternehmer sein Unternehmen betreibt. Für Sie als Unternehmer heißt das also, dass Sie Ihre Leistung dort erbringen, wo Sie Ihr Unternehmen unterhalten. Zu dieser an sich sehr verständlichen Regelung gibt es eine Fülle von Sondertatbeständen, bei denen der Ort der Leistung von dem soeben angeführten Grundsatz abweicht. Dies ist vor allem dann wichtig, wenn der Ort der Leistung im Ausland liegt, denn dann kann eine im Inland nicht steuerbare Leistung vorliegen.

§ 3a UStG, in dem der Ort der Leistung geregelt ist, enthält viele Ausnahmeregelungen und auch Abgrenzungsschwierigkeiten. Treten Sie mit dem Ausland in Leistungsaustausch, so sollten Sie es einem Steuerberater überlassen, die Entscheidung über die Steuerbarkeit im Inland zu treffen.

9   Bemessungsgrundlage

Als Bemessungsgrundlage für die Umsatzsteuer dient das Entgelt. Zum Entgelt gehört alles, was der Leistungsempfänger aufwendet, um die Leistung zu erhalten. Nicht zum Entgelt gehört die Umsatzsteuer selbst. Damit steht das Umsatzsteuerrecht dem Zivilrecht entgegen, das die Umsatzsteuer als Bestandteil des Kaufpreises ansieht.

Zum Entgelt gehört auch, was ein anderer als der Leistungsempfänger dem Unternehmer gewährt. Dabei muss allerdings ein unmittelbarer wirtschaftlicher Zusammenhang zwischen der Leistung des Unternehmers und der Zahlung des Dritten bestehen (BFH, BStBl III 1955, S. 139).

Zum Entgelt gehören insbesondere:

Auslagenersatz gehört in der Regel zum Entgelt, wenn er mit einer steuerbaren Leistung im Zusammenhang steht. Die Auslagen teilen das Schicksal der Hauptleistung, d. h., sie sind steuerpflichtig, wenn die Hauptleistung steuerpflichtig ist und sie sind steuerbefreit, wenn die Hauptleistung befreit ist. **Beispiele** für Auslagenersatz sind: Porto, Verpackung, gesondert in Rechnung gestellte Fernmeldegebühren. Auslagenersatz gehört in Ausnahmefällen nicht zum Entgelt, wenn es sich um durchlaufende Posten handelt.

Erfüllungsübernahme,

Gebühren,

Porto,

Stundungszinsen,

Telefongebühren (vgl. Auslagenersatz),

Verzugszinsen,

Wechselumlaufkosten.

Durchlaufende Posten: Beträge, die der Unternehmer im Namen und für Rechnung eines anderen vereinnahmt oder verausgabt, gehören nicht zum Entgelt (§ 10 Abs. 1 Satz 4 UStG). Dieses Handeln im fremden Namen und für fremde Rechnung muss nach außen erkennbar sein (BFH, BStBl III 1967, S. 505). Es reicht nicht aus, dass sich diese Tatsache aus den Gesamtumständen ergibt.

Beispiel:

Sie treten bei eBay zum einen im eigenen Namen auf, zum anderen aber auch als eBay-Agent für fremde Rechnung.

Steuerliche Folge: Die eigenen Umsätze sind von Ihnen in voller Höhe zu versteuern. Die Umsätze als eBay-Agent muss Ihr Auftraggeber versteuern. Sie selbst brauchen nur Ihre Provision der Umsatzsteuer unterwerfen. Achtung: Die Agententätigkeit muss nach außen erkennbar sein. Es ist schon vorgekommen, dass das Finanzamt dem Agenten den vollen Umsatz zurechnen wollte und hierauf auch die Umsatzsteuer erheben wollte. Dies ist extrem schädlich, wenn der Auftraggeber selbst nicht Unternehmer ist und Ihnen damit keinen Vorsteuerabzug verschaffen kann.

Weiterhin darf eine unmittelbare Rechtsbeziehung bezüglich der entsprechenden Beträge nur zwischen dem Zahlungsverpflichteten und dem Zahlungsberechtigten bestehen (BFH, BStBl III 1966, S. 263). Der Unternehmer, bei dem die Posten durchlaufen, darf selbst keinen Rechtsanspruch auf diese haben. Darüber hinaus darf der Zahlungsempfänger sie nicht aufgrund unmittelbarer Rechtsbeziehungen von ihm fordern können.

Die Erfüllungsübernahme nach § 329 BGB führt beim Übernehmenden nicht zur Annahme eines durchlaufenden Postens, da es sich um eine Leistung handelt, die der Übernehmende auf eigene Rechnung erbringt (so bereits der RFH, RStBl 1941, S. 446).

10 Vorsteuerabzugsberechtigung und Inhalt einer Rechnung

Das System der deutschen Umsatzsteuer will auf jeder einzelnen Besteuerungsstufe lediglich den vom Steuerpflichtigen geschaffenen Mehrwert der Besteuerung unterwerfen. Deshalb ist ein Unternehmer im umsatzsteuerrechtlichen Sinne unter bestimmten Voraussetzungen berechtigt, diejenige Umsatzsteuer, die ihm von einem anderen Unternehmer in Rechnung gestellt worden ist, als Vorsteuer von seiner Umsatzsteuerschuld abzuziehen. Unter Vorsteuern versteht das Umsatzsteuergesetz diejenigen Umsatzsteuern, die Sie als Unternehmer im Rahmen Ihres Unternehmens an andere Unternehmer zahlen müssen.

Beispiele:

– Sie kaufen eine neue Büroeinrichtung. In dem Kaufpreis ist Umsatzsteuer enthalten;

– Sie kaufen einen neuen PKW. In dem Kaufpreis ist ebenfalls Umsatzsteuer enthalten;

– Sie tanken Ihren PKW voll; Sie bringen ihn zur Inspektion: Sowohl im Benzinpreis als auch in der Reparaturrechnung sind Umsatzsteuern enthalten;

– Sie machen eine Dienstreise und wenden dafür sowohl Fahrtkosten als auch Verpflegungskosten auf; auch hierin sind Umsatzsteuern enthalten.

Diese Umsatzsteuern, die Ihnen in Rechnung gestellt werden, sind in der Terminologie des Umsatzsteuergesetzes für Sie Vorsteuern, die Sie von Ihrer Umsatzsteuerschuld abziehen können. Denn: Durch das System der Mehrwertsteuer sollen Sie lediglich mit dem von Ihnen geschaffenen Mehrwert besteuert werden. Jeder Unternehmer versteuert nur den Wert, den er selbst geschaffen hat. Dies wird dadurch bewerkstelligt, dass zwar das Gesamtentgelt besteuert wird, die Steuer auf die Vorleistung – eben die Vorsteuer – jedoch gegen gerechnet wird.

Nach § 15 Abs. 1 UStG sind nur diejenigen Unternehmer zum Vorsteuerabzug berechtigt, die durch betrieblichen Anlass im Inland mit Vorsteuern belastet sind. Demnach ist ein inländischer Unternehmer regelmäßig zum Vorsteuerabzug berechtigt und zwar auch dann, wenn er im Veranlagungszeitraum keine inländischen – oder im Extremfall überhaupt keine Umsätze – ausgeführt hat.

Wesentlicher Bestandteil für die Vornahme des Vorsteuerabzugs ist das Vorhandensein einer Rechnung. Die Umsatzsteuer-Richtlinien 2005 regeln die steuerlichen Anforderungen an eine Rechnung neu. Im Folgenden finden Sie alle Kriterien, die eine Rechnung enthalten muss.

Wichtig:

Die Bestimmungen gelten sowohl für Rechnungen, die Sie selbst schreiben als auch für Rechnungen, die Sie erhalten. Fehlt ein Kriterium – z. B. die Steuernummer bzw. die USt-ID – so streicht Ihnen der Betriebsprüfer den Vorsteuerabzug bei der Umsatzsteuer. Bitte kontrollieren Sie also Ihre erhaltenen Rechnungen, damit Sie keinen Schaden erleiden.

Bitte beachten Sie den Hinweis zu Thermopapierrechnungen unter „Aufbewahrung von Rechnungen".

Name und Anschrift des leistenden Unternehmers und Leistungsempfängers

Gemäß § 14 Absatz 4 Satz 1 Nr. 1 UStG sind in der Rechnung der Name und die Anschrift des leistenden Unternehmers und des Leistungsempfängers jeweils vollständig anzugeben. Dabei ist es gemäß § 31 Absatz 2 UStDV ausreichend, wenn sich auf Grund der in die Rechnung aufgenommenen Bezeichnungen der Name und die Anschrift sowohl des leistenden Unternehmers als auch des Leistungsempfängers eindeutig feststellen lassen.

Die Rechnung muss also auf den Namen des Unternehmers lauten. Zumindest muss aus der Rechnung klar hervorgehen, wer vorsteuerabzugsberechtigt ist. Das bedeutet: Die Rechnung muss auch dann auf den Namen des Unternehmensinhabers lauten, wenn eine andere Person in Ihrem Namen Käufe tätigt.

Beispiel:

Ihre Ehefrau bringt den beruflich genutzten PKW zur Reparatur in die Werkstatt. Die Rechnung wird auf den Namen Ihrer Ehefrau ausgestellt.

Steuerliche Folge: Ein Vorsteuerabzug kommt für Sie nicht in Frage. Sie sollten die Rechnung berichtigen lassen und Ihr Unternehmen als Rechnungsempfänger eintragen lassen.

Achtung:

Insbesondere bei Gesellschaften bürgerlichen Rechts ist es wichtig, dass die Rechnung auf den Namen der GbR lautet. Denn nur sie ist Unternehmer im Sinne des Umsatzsteuerrechts. Wird die Rechnung auf einen Gesellschafter ausgestellt, kann das ein Versagen des Vorsteuerabzugs nach sich ziehen. Also achten Sie auf eine richtige Anschrift in den Rechnungen. Sollte sich später herausstellen, dass der Rechnungsempfänger falsch angegeben ist, so können Sie allerdings auf einer Berichtigung bestehen.

Verfügt der Leistungsempfänger über ein *Postfach* oder über eine *Großkundenadresse*, ist es ausreichend, wenn diese Daten anstelle der Anschrift angegeben werden.

Im Fall der umsatzsteuerlichen Organschaft kann der Name und die Anschrift der Organgesellschaft angegeben werden, wenn der leistende Unternehmer oder der Leistungsempfänger unter dem Namen und der Anschrift der Organgesellschaft die Leistung erbracht bzw. bezogen hat. Bei Unternehmern, die über mehrere Zweigniederlassungen, Betriebsstätten oder Betriebsteile verfügen, gilt jede betriebliche Anschrift als vollständige Anschrift.

Steuernummer oder USt-IdNr.

Gemäß § 14 Absatz 4 Satz 1 Nr. 2 UStG muss der leistende Unternehmer in der Rechnung entweder die ihm vom inländischen Finanzamt erteilte Steuernummer oder die vom Bundesamt für Finanzen erteilte USt-IdNr. angeben. Wurde dem leistenden Unternehmer keine USt-IdNr. erteilt, ist *zwingend* die erteilte Steuernummer anzugeben. Wenn das Finanzamt eine gesonderte Steuernummer für Zwecke der Umsatzbesteuerung erteilt hat (z. B. bei von der Zuständigkeit nach dem Betriebssitz abweichender Zuständigkeit nach § 21 AO), ist diese anzugeben. Erteilt das Finanzamt dem leistenden Unternehmer eine neue Steuernummer (z. B. bei Verlagerung des Unternehmenssitzes), ist nur noch diese zu verwenden. Es ist nicht erforderlich, dass der Unternehmer die vom Finanzamt erteilte Steuernummer um zusätzliche Angaben (z. B. Name oder Anschrift des Finanzamts, Finanzamtsnummer oder Länderschlüssel) ergänzt.

Im Fall der Gutschrift ist die Steuernummer bzw. die USt-IdNr. des leistenden Unternehmers und nicht die des die Gutschrift erteilenden Leistungsempfängers anzugeben. Zu diesem Zweck hat der leistende Unternehmer (Gutschriftempfänger) dem Aussteller der Gutschrift seine Steuernummer oder USt-IdNr. mitzuteilen. Dies gilt auch für einen ausländischen Unternehmer, dem von einem inländischen Finanzamt eine Steuernummer oder vom Bundesamt für Finanzen eine USt-IdNr. erteilt wurde.

Leistet ein Unternehmer im eigenen Namen (Eigengeschäft) und vermittelt er einen Umsatz in fremden Namen und für fremde Rechnung (vermittelter Umsatz), gilt für die Angabe der Steuernummer oder der USt-IdNr. Folgendes:

Für das Eigengeschäft gibt der leistende Unternehmer seine Steuernummer oder USt-IdNr. an.

Rechnet der Unternehmer über einen vermittelten Umsatz ab (z. B. Tankstellenbetreiber, Reisebüro), hat er die Steuernummer oder USt-IdNr. des leistenden Unternehmers (z. B. Mineralölgesellschaft, Reiseunternehmen) anzugeben.

Werden das Eigengeschäft und der vermittelte Umsatz in einer Rechnung aufgeführt, kann aus Vereinfachungsgründen der jeweilige Umsatz durch Kennziffern oder durch Symbole der jeweiligen Steuernummer oder USt-IdNr. zugeordnet werden. Diese sind in der Rechnung oder in anderen Dokumenten (§ 31 UStDV) zu erläutern.

Im Fall der umsatzsteuerlichen Organschaft muss die Organgesellschaft die ihr oder dem Organträger erteilte USt-IdNr. oder die Steuernummer des Organträgers angeben.

Die Angabe der Steuernummer oder der USt-IdNr. ist vorbehaltlich der §§ 33 und 34 UStDV auch erforderlich, wenn:

beim leistenden Unternehmer die Umsatzsteuer gemäß § 19 Absatz 1 UStG nicht erhoben wird,

ausschließlich über steuerfreie Umsätze abgerechnet wird,

der Leistungsempfänger gemäß § 13b Absatz 1 Satz 1 Nr. 2 bis 4 UStG Steuerschuldner ist (vgl. auch § 14a Absatz 5 UStG).

Bei Verträgen über *Dauerleistungen* ist es unschädlich, wenn vor dem 01.01.2004 geschlossene Verträge keine Steuernummer oder USt-IdNr. des leistenden Unternehmers enthalten. Es ist nicht erforderlich, diese Verträge um die Steuernummer oder die USt-IdNr. zu ergänzen. Ein nach dem 31.12.2003 geschlossener Vertrag erfüllt die Anforderung des § 14 Absatz 4 Satz 1 Nr. 2 UStG, wenn er die Steuernummer oder die USt-IdNr. des leistenden Unternehmers enthält. Ist in dem Vertrag die Steuernummer angegeben und erteilt das Finanzamt dem leistenden Unternehmer eine neue Steuernummer (z. B. bei Verlagerung des Unternehmenssitzes), ist der Vertragspartner in geeigneter Weise darüber zu informieren. Die leichte Nachprüfbarkeit dieser Angabe muss beim Leistungsempfänger gewährleistet sein. Es ist nicht erforderlich, dass auf den Zahlungsbelegen die Steuernummer oder die USt-IdNr. des leistenden Unternehmers angegeben ist.

Fortlaufende Rechnungsnummer

Durch die fortlaufende Nummer (Rechnungsnummer) soll sichergestellt werden, dass die vom Unternehmer erstellte Rechnung einmalig ist. Bei der Erstellung der Rechnungsnummer ist es zulässig, eine oder mehrere Zahlen- oder Buchstabenreihen zu verwenden. Auch eine Kombination von Ziffern mit Buchstaben ist möglich. Es ist auch zulässig, im Rahmen eines weltweiten Abrechnungssystems verschiedener, in unterschiedlichen Ländern angesiedelter Konzerngesellschaften nur einen fortlaufenden Nummernkreis zu verwenden.

Bei der Erstellung der Rechnungsnummer bleibt es dem Rechnungsaussteller überlassen, wie viele und welche separaten Nummernkreise geschaffen werden, in denen eine Rechnungsnummer jeweils einmalig vergeben wird. Dabei sind Nummernkreise für zeitlich, geographisch oder organisatorisch abgegrenzte Bereiche zulässig, z. B. für Zeiträume (Monate, Wochen, Tage), verschiedene Filialen, Betriebsstätten einschließlich Organgesellschaften oder Bestandsobjekte. Es muss jedoch gewährleistet sein (z. B. durch Vergabe einer bestimmten Klassifizierung für einen Nummernkreis), dass die jeweilige Rechnung leicht und eindeutig dem jeweiligen Nummernkreis zugeordnet werden kann und die Rechnungsnummer einmalig ist.

Bei Verträgen über Dauerleistungen ist es unschädlich, wenn vor dem 01.01.2004 geschlossene Verträge keine fortlaufende Nummer enthalten. Es ist nicht erforderlich, diese Verträge um eine fortlaufende Nummer zu ergänzen. Bei ab 01.01.2004 geschlossenen Verträgen über Dauerleistungen ist es ausreichend, wenn diese Verträge eine einmalige Nummer enthalten (z. B. Wohnungs- oder Objektnummer, Mieternummer). Es ist nicht erforderlich, dass Zahlungsbelege eine gesonderte fortlaufende Nummer erhalten.

Im Fall der Gutschrift ist die fortlaufende Nummer durch den Gutschriftsaussteller zu vergeben. Wird die Rechnung nach § 14 Absatz 2 Satz 4 UStG von einem Dritten ausgestellt, kann dieser die fortlaufende Nummer vergeben.

Kleinbetragsrechnungen und Fahrausweise müssen keine fortlaufende Nummer enthalten.

Menge und Art der gelieferten Gegenstände oder Umfang und Art der sonstigen Leistung

Die Bezeichnung der Leistung muss eine eindeutige und leicht nachprüfbare Feststellung der Leistung ermöglichen, über die abgerechnet worden ist (BFH-Urteil vom 10.11.1994 – BStBl 1995 II S. 395). Handelsüblich (§ 14 Absatz 4 Satz 1 Nr. 5 UStG) ist jede im Geschäftsverkehr für einen Gegenstand allgemein verwendete Bezeichnung, z. B. auch Markenartikelbezeichnungen. Handelsübliche Sammelbezeichnungen sind ausreichend, wenn sie die Bestimmung des anzuwendenden Steuersatzes eindeutig ermöglichen, z. B. Baubeschläge, Büromöbel, Kurzwaren, Schnittblumen, Spirituosen, Tabakwaren, Waschmittel. Bezeichnungen allgemeiner Art, die Gruppen verschiedenartiger Gegenstände umfassen, z. B. Geschenkartikel, reichen nicht aus.

Zeitpunkt der Leistung und Vereinnahmung des Entgelts

Gemäß § 14 Absatz 4 Satz 1 Nr. 6 UStG ist in der Rechnung der Zeitpunkt der Lieferung oder sonstigen Leistung anzugeben. Das gilt auch bei der Vereinnahmung des Entgelts oder eines Teils des Entgelts für eine noch nicht ausgeführte Leistung, sofern der Zeitpunkt der Vereinnahmung jeweils feststeht und nicht mit dem Rechnungsdatum identisch ist. In den Fällen, in denen der Zeitpunkt nicht feststeht, etwa bei einer Rechnung über Voraus- oder Anzahlungen, ist eine Angabe entbehrlich. Allerdings ist auf der Rechnung kenntlich zu machen, dass über eine noch nicht erbrachte Leistung abgerechnet wird. Gemäß § 31 Absatz 4 UStDV kann als Zeitpunkt der Lieferung oder sonstigen Leistung dabei der Kalendermonat angegeben werden, in dem die Leistung ausgeführt wird.

Ist in einem Vertrag – z. B. Miet- oder Pachtvertrag, Wartungsvertrag oder Pauschalvertrag mit einem Steuerberater – der Zeitraum, über den sich die jeweilige Leistung oder Teilleistung erstreckt, nicht angegeben, reicht es aus, wenn sich dieser Zeitraum aus den einzelnen Zahlungsbelegen, etwa aus den Überweisungsaufträgen oder den Kontoauszügen, ergibt. Soweit periodisch wiederkehrende Zahlungen im Rahmen eines Dauerschuldverhältnisses in der Höhe und zum Zeitpunkt der vertraglichen Fälligkeiten erfolgen und keine ausdrückliche Zahlungsbestimmung vorliegt, ergibt sich der Zeitpunkt der Leistung aus Vereinfachungsgründen durch die Zuordnung der Zahlung zu der Periode, in der sie geleistet wird. Dabei wird es nicht beanstandet, wenn der Zahlungsbeleg vom Leistungsempfänger ausgestellt wird.

Entgelt

Gemäß § 14 Absatz 4 Satz 1 Nr. 7 UStG ist in der Rechnung das nach Steuersätzen und einzelnen Steuerbefreiungen aufgeschlüsselte Entgelt anzugeben.

Im Voraus vereinbarte Minderung des Entgelts

Zusätzlich ist jede im Voraus vereinbarte Minderung des Entgelts, sofern sie nicht bereits im Entgelt berücksichtigt ist, anzugeben. Dies bedeutet im Fall der Vereinbarung von Boni, Skonti und Rabatten, bei denen im Zeitpunkt der Rechnungserstellung die Höhe der Entgeltsminderung nicht feststeht, dass in der Rechnung auf die entsprechende Vereinbarung hinzuweisen ist (§ 31 Absatz 1 UStDV). Dies gilt sowohl im Fall des Steuerausweises in einer Rechnung als auch im Fall des Hinweises auf eine Steuerbefreiung.

Gesonderter Steuerausweis

Die Steuer für eine Lieferung und Leistung muss gesondert in Rechnung gestellt sein. Es genügt nicht, dass die Steuer in einem Gesamtbetrag enthalten ist und der Steuersatz angegeben ist. Zu einem solchen Steuerausweis sind nur Unternehmer berechtigt. Privatpersonen können Ihnen grundsätzlich keinen Vorsteuerabzug verschaffen. Fehlt deshalb der separate Steuerausweis, können Sie keine Vorsteuer verrechnen.

Beispiele:

(1) Sie kaufen bei einem Gebrauchtwagenhändler einen zwei Jahre alten PKW. Die Rechnung lautet:

1 Pkw	15 000 €
zzgl. 16 Prozent USt	+ 2 100 €
Summe:	**17 100 €**

Erwerben Sie den Pkw für Ihr Unternehmens, so können Sie die Ihnen in Rechnung gestellte Umsatzsteuer in voller Höhe als Vorsteuer abziehen.

(2) Sie kaufen einen PKW von einem Privatmann. Der Kaufpreis beträgt 17 100 €. Sie können keine Vorsteuern geltend machen.

Steuerliche Folge: Sie bleiben mit der Vorsteuer belastet.

Stellt ein Privatmann entgegen dem Umsatzsteuerrecht dennoch eine Rechnung mit gesondertem Umsatzsteuerausweis aus, so muss er zwar die ausgewiesene Steuer an das Finanzamt abführen, der Erwerber ist dennoch *nicht* zum Vorsteuerabzug berechtigt. Denn: Nach dem Gesetz (§ 15 Abs. 1 Nr. 1 UStG) muss die Vorsteuer von einem *Unternehmer* ausgewiesen sein.

Beispiel:

Der Privatmann in dem zuletzt genannten Beispiel möchte Ihnen den PKW-Kauf schmackhaft machen und stellt Ihnen eine Rechnung mit ausgewiesener Umsatzsteuer aus.

Steuerliche Folge: Der Privatmann muss die Umsatzsteuer in Höhe von 2 100 € an das Finanzamt abführen; Sie dagegen haben keine Vorsteuerabzugsberechtigung.

Hinweis auf eine Steuerbefreiung

Gemäß § 14 Absatz 4 Satz 1 Nr. 8 UStG ist in der Rechnung der Steuersatz sowie der auf das Entgelt entfallende Steuerbetrag oder im Fall der Steuerbefreiung ein Hinweis auf die Steuerbefreiung anzubringen

Bei Steuerbefreiungen soll in der Rechnung ein Hinweis auf den Grund der Steuerbefreiung enthalten sein. Dabei reicht eine Angabe in umgangssprachlicher Form aus (z. B. Ausfuhr, innergemeinschaftliche Lieferung, steuerfreie Vermietung, Krankentransport, usw.).

Bei Verträgen über Dauerleistungen ist es unschädlich, wenn vor dem 01.01.2004 geschlossene Verträge keinen Hinweis auf eine anzuwendende Steuerbefreiung enthalten.

Die Regelung des § 32 UStDV für Rechnungen über Umsätze, die verschiedenen Steuersätzen unterliegen, gilt entsprechend, wenn in einer Rechnung neben steuerpflichtigen Umsätzen auch nicht steuerbare oder steuerfreie Umsätze aufgeführt werden. Soweit Kosten für Nebenleistungen, z. B. für Beförderung, Verpackung, Versicherung, besonders berechnet werden, sind sie den unterschiedlich besteuerten Hauptleistungen entsprechend zuzuordnen. Die Aufteilung ist nach geeigneten Merkmalen, z. B. nach dem Verhältnis der Werte oder Gewichte, vorzunehmen.

In Rechnungen für Umsätze, auf die die Durchschnittssätze des § 24 Absatz 1 UStG anzuwenden sind, ist außer dem Steuerbetrag der für den Umsatz maßgebliche Durchschnittssatz anzugeben (§ 24 Absatz 1 Satz 5 UStG).

Soweit der Unternehmer eine steuerpflichtige Werklieferung oder sonstige Leistung im Zusammenhang mit einem Grundstück (§ 14 Absatz 2 Satz 1 Nr. 1 UStG) an einen Leistungsempfänger ausführt, der nicht Unternehmer ist oder die Leistung nicht für sein Unternehmen bezieht, ist er gemäß § 14 Absatz 4 Satz 1 Nr. 9 UStG verpflichtet, in der Rechnung auf die Aufbewahrungspflicht des Leistungsempfängers (§ 14b Absatz 1 Satz 5 UStG) hinzuweisen.

Elektronisch übermittelte Rechnungen

Grundsätzliches

Rechnungen können – vorbehaltlich der Zustimmung des Empfängers – auch auf elektronischem Weg übermittelt werden (§ 14 Absatz 1 Satz 2 UStG). Die Zustimmung des Empfängers der elektronisch übermittelten Rechnung bedarf dabei keiner besonderen Form; es muss lediglich Einvernehmen zwischen Rechnungsaussteller und Rechnungsempfänger darüber bestehen, dass die Rechnung elektronisch übermittelt werden soll. Die Zustimmung kann z. B. in Form einer Rahmenvereinbarung erklärt werden. Sie kann auch nachträglich erklärt werden. Es genügt aber auch, dass die Beteiligten diese Verfahrensweise tatsächlich praktizieren und damit stillschweigend billigen.

Echtheitsgarantie

Nach § 14 Absatz 3 UStG sind bei elektronischer Übermittlung der Rechnung die Echtheit der Herkunft und die Unversehrtheit des Inhalts zu gewährleisten. Dies kann auf zwei Arten erfolgen:

  mit qualifizierter elektronischer Signatur oder mit qualifizierter elektronischer Signatur mit Anbieter-Akkreditierung nach dem Signaturgesetz (§ 14 Absatz 3 Nr. 1 UStG) oder

  im EDI-Verfahren mit einer zusätzlichen zusammenfassenden Rechnung in Papierform oder in elektronischer Form, wenn diese zusammenfassende Rechnung mindestens mit einer qualifizierten elektronischen Signatur versehen wurde (§ 14 Absatz 3 Nr. 2 UStG).

Der Aufbau und der Ablauf des bei der elektronischen Übermittlung einer Rechnung angewandten Verfahrens müssen für das Finanzamt innerhalb angemessener Frist nachprüfbar sein (§ 145 AO). Dies setzt eine Dokumentation voraus, dass das Verfahren den Anforderungen der Grundsätze ordnungsgemäßer DV-gestützter Buchführungssysteme (GoBS) genügt (Anlage zum BMF-Schreiben vom 07.11.1995 – BStBl I S. 738).

Fordert das Finanzamt den Unternehmer zur Vorlage der Rechnung auf, ist es nicht zu beanstanden, wenn der Unternehmer als vorläufigen Nachweis einen Ausdruck der elektronisch übermittelten Rechnung vorlegt. Dies entbindet den Unternehmer allerdings nicht von der Verpflichtung, auf Anforderung nachzuweisen, dass die elektronisch übermittelte Rechnung die Voraussetzungen zur Anerkennung einer elektronischen Rechnung erfüllt sind.

Qualifizierte elektronische Signatur

Die elektronisch übermittelte Rechnung ist mit einer qualifizierten elektronischen Signatur (§ 2 Nr. 3 SigG) oder mit einer qualifizierten elektronischen Signatur mit Anbieter-Akkreditierung (§ 2 Nr. 15 SigG) zu versehen. Zur Erstellung der Signatur wird ein qualifiziertes Zertifikat benötigt, das von einem Zertifizierungsdiensteanbieter ausgestellt wird und mit dem die Identität des Zertifikatsinhabers bestätigt wird (§ 2 Nr. 7 SigG).

Der Zertifikatsinhaber kann zusätzliche Attribute einsetzen (vgl. § 7 SigG). Ein Attribut kann z. B. lauten: „Frau Musterfrau ist Handlungsbevollmächtigte des Unternehmers A und berechtigt, für Unternehmer A Rechnungen bis zu einer Höhe von 100000 € Gesamtbetrag zu unterzeichnen". Auch Vertreterregelungen und ggf. erforderliche Zeichnungsberechtigungen, die an die Unterzeichnung durch mehrere Berechtigte gekoppelt sind, können durch Attribute abgebildet werden. Nach § 5 Absatz 3 SigG kann in einem qualifizierten Zertifikat auf Verlangen des Zertifikatsinhabers anstelle seines Namens ein Pseudonym aufgeführt werden.

Das Finanzamt hat einen Anspruch auf Auskunft gegenüber dem Zertifizierungsdiensteanbieter, soweit dies zur Erfüllung der gesetzlichen Aufgaben erforderlich ist.

Für die Erstellung qualifizierter elektronischer Signaturen sind alle technischen Verfahren (z. B. Smart-Card, Kryptobox, etc.) zulässig, die den Vorgaben des Signaturgesetzes entsprechen. Der Unternehmer hat die Voraussetzungen auf Anforderung nachzuweisen. Der Rechnungsaussteller kann die Rechnungen auch in einem automatisierten Massenverfahren signieren. Es ist zulässig, mehrere Rechnungen an einen Rechnungsempfänger in einer Datei zusammenzufassen und diese Datei mit nur einer qualifizierten elektronischen Signatur an den Empfänger zu übermitteln.

Elektronischer Datenaustausch (EDI-Rechnungen)

Es ist zulässig, eine Rechnung im EDI-Verfahren zu übermitteln, wenn zusätzlich eine zusammenfassende Rechnung (Sammelrechnung) in Papierform oder in elektronischer Form, wenn diese mindestens mit einer qualifizierten elektronischen Signatur versehen wurde, übermittelt wird. Voraussetzung für die Anerkennung der im EDI-Verfahren übermittelten Rechnungen ist, dass über den elektronischen Datenaustausch eine Vereinbarung nach Artikel 2 der Empfehlung 94/820/EG der Kommission vom 19.10.1994 über die rechtlichen Aspekte des elektronischen Datenaustausches – ABl. EG Nr. L 338 S. 98 – besteht, in der der Einsatz von Verfahren vorgesehen ist, die die Echtheit der Herkunft und die Unversehrtheit der Daten gewährleisten.

Für mehrere getrennte Lieferungen von Gegenständen oder mehrere Dienstleistungen kann periodisch (z. B. Tag, Woche, Monat) eine zusammenfassende Rechnung ausgestellt werden. Bei fehlenden Angaben ist auf die ergänzenden Dokumente hinzuweisen (§ 31 Absatz 1 UStDV). Die zusammenfassende Rechnung muss dabei für die einzelnen Umsätze eines Übertragungszeitraums die Entgelte in einer Summe zusammenfassen. Das Gleiche gilt für die darauf entfallenden Steuerbeträge.

Per Telefax oder E-Mail übermittelte Rechnung

Auch bei Rechnungen, die per Telefax oder E-Mail übermittelt werden, und bei als Rechnungen geltenden Fahrausweisen, die im Online-Verfahren erstellt werden, handelt es sich um elektronisch übermittelte Rechnungen. Hierfür gelten unter der Voraussetzung, dass die Echtheit der Herkunft und die Unversehrtheit des Inhalts der Rechnung im Einzelfall gegeben sind, folgende Sonderregelungen:

Bei der Übermittlung von Rechnungen per Telefax ist nur die Übertragung von Standard-Telefax an Standard-Telefax zulässig. Voraussetzung für die Anerkennung zum Zweck des Vorsteuerabzugs ist, dass der Rechnungsaussteller einen Ausdruck in Papierform aufbewahrt und der Rechnungsempfänger die eingehende Telefax-Rechnung in ausgedruckter Form aufbewahrt. Sollte das Telefax auf *Thermopapier* ausgedruckt sein, ist es durch einen nochmaligen Kopiervorgang auf Papier zu konservieren, das für den gesamten Aufbewahrungszeitraum nach § 14b Absatz 1 UStG lesbar ist.

Achtung:

Bei allen anderen Telefax-Übertragungsformen wie z. B. Übertragung von Standard-Telefax an Computer-Telefax/Fax-Server, Übertragung von Computer-Telefax/Fax-Server an Standard-Telefax und Übertragung von Computer-Telefax/Fax-Server an Computer-Telefax/Fax-Server sowie bei Übermittlung der Rechnung per E-Mail ist eine qualifizierte elektronische Signatur oder eine qualifizierte elektronische Signatur mit Anbieter-Akkreditierung erforderlich, um die Echtheit der Herkunft und die Unversehrtheit der Daten zu gewährleisten.

Online-Fahrausweise

Bei Fahrausweisen ist es für Zwecke des Vorsteuerabzugs nicht zu beanstanden, wenn der Fahrausweis im Online-Verfahren abgerufen wird und durch das Verfahren sichergestellt ist, dass eine Belastung auf einem Kunden- oder Kreditkartenkonto erfolgt. Zusätzlich hat der Rechnungsempfänger einen Papierausdruck des im Online-Verfahren abgerufenen Dokuments aufzubewahren, das die erforderlichen Rechnungsangaben enthält.

Gutschriften

Eine Gutschrift auf elektronischem Weg ist zulässig. Dabei ist die Gutschrift durch den Leistungsempfänger mindestens mit einer qualifizierten elektronischen Signatur zu versehen. Bei Abrechnung durch Gutschrift im EDI-Verfahren hat der Leistungsempfänger zusätzlich eine zusammenfassende Rechnung zu erstellen und zu übermitteln.

Ausstellung der Rechnung durch einen Dritten

Eine Rechnung kann im Namen und für Rechnung des Unternehmers von einem Dritten ausgestellt werden. Dies gilt auch für elektronisch übermittelte Rechnungen. Bei der Einschaltung von Dritten werden eine oder mehrere natürliche Personen

beim Dritten bevollmächtigt, für den leistenden Unternehmer oder im Fall der Gutschrift für den Leistungsempfänger Rechnungen mindestens mit einer qualifizierten
elektronischen Signatur zu versehen.

Rechnungen über Kleinbeträge

Gemäß § 33 UStDV sind in Rechnungen, deren Gesamtbetrag 100 € nicht übersteigt
(Kleinbetragsrechnungen), abweichend von § 14 Absatz 4 UStG nur folgende Angaben erforderlich:

der vollständige Name und die vollständige Anschrift des leistenden Unternehmers,

das Ausstellungsdatum,

die Menge und die Art der gelieferten Gegenstände oder der Umfang und die Art
der sonstigen Leistung und

das Entgelt und der darauf entfallende Steuerbetrag in einer Summe sowie

der anzuwendende Steuersatz oder

im Fall einer Steuerbefreiung ein Hinweis darauf, dass für die Lieferung oder sonstige Leistung eine Steuerbefreiung gilt.

Beispiel:

Sie kaufen für Ihres Unternehmens einen Taschenrechner. Kaufpreis: 98 €. Es
reicht aus, wenn Sie sich eine Rechnung über den gesamten Betrag erstellten lassen. Angegeben sein muss jedoch der Steuersatz, so dass Sie den Vorsteuerbetrag
selbst errechnen können.

Steuerliche Folge: Bei einem Steuersatz von 16 Prozent berechnet sich der Steuerbetrag wie folgt:

98 € x 12,28 Prozent = 12,03 €.

Der Nettobetrag, den Sie als Betriebsausgaben bei der Ermittlung des steuerlichen
Gewinns für Zwecke der Einkommensteuer zugrunde legen, beträgt also 85,97 €.

Praxishinweis:

Marktgängige Buchführungssysteme enthalten so genannte „Steuerschlüssel" oder
„Automatikkonten", mit denen die Umsatzsteuer aus Bruttobeträgen herausgerechnet werden. Diese Funktion erleichtert die Aufzeichnungspflichten und Berechnung der Vorsteuer ganz erheblich.

Wird in einer Rechnung über verschiedene Leistungen abgerechnet, die unterschiedlichen Steuersätzen unterliegen, sind für diese Leistungen die jeweiligen Summen anzugeben.

Häufige Fälle für Kleinbetragsrechnungen unter 100 € sind Taxi-, Fachbuch-, Benzinquittungen. Liegt der Rechnungsbetrag allerdings über 100 €, sollten Sie auf den Ausweis der Steuernummer oder der Umsatzsteuer-Identifikationsnummer bestehen. Denn: Mir ist derzeit keine Regelung bekannt, dass z. B. Taxiquittungen über 100 € von der Pflicht zum Ausweis der Steuernummer oder der USt-ID ausgenommen sind. Fehlender Ausweis kann zum Verlust des Vorsteuerabzugs führen. Ein seriöses Unternehmer wird Ihnen diesen Wunsch erfüllen. Auf die Regelung, dass Fahrausweise keine Steuernummer ausweisen müssen, kann sich der Taxiunternehmer nicht berufen. Die Umsatzsteuer-Richtlinien sagen ausdrücklich, das eine Taxirechnungen kein Fahrausweis im Sinne des Umatzsteuerrechts ist (siehe unten).

Praxistipp bei Benzinquittungen:

Sollten Sie bei den heutzutage exorbitant hohen Benzinpreisen mit einer Tankfüllung über 100 € kommen, so entgehen Sie allen Streitigkeiten mit dem Kassierer wegen einer ordentlichen Rechnung, wenn Sie einfach zweimal hintereinander tanken und beide Belege unter 100 € liegen. Hiergegen hat das Finanzamt nichts einzuwenden (bisher jedenfalls nicht).

Fahrausweise als Rechnungen

Fahrausweise sind *Dokumente*, die einen Anspruch auf Beförderung von Personen gewähren. Dazu gehören auch Zuschlagkarten für zuschlagspflichtige Züge, Platzkarten, Bettkarten und Liegekarten. Mit Fahrscheindruckern ausgestellte Fahrscheine sind auch dann Fahrausweise, wenn auf ihnen der Steuersatz in Verbindung mit einem Symbol angegeben ist (z. B. „V" mit dem zusätzlichen Vermerk „V = 16 Prozent USt"). Keine Fahrausweise sind Rechnungen über die Benutzung eines Taxis oder Mietwagens.

Zeitfahrausweise (Zeitkarten) werden von den Verkehrsunternehmen in folgenden Formen ausgegeben:

Die Zeitkarte wird für jeden Gültigkeitszeitraum insgesamt neu ausgestellt,

die Zeitkarte ist zweigeteilt in eine Stammkarte und eine Wertkarte oder Wertmarke. Hierbei gilt die Stammkarte, die lediglich der Identitätskontrolle dient, für einen längeren Zeitraum als die jeweilige Wertkarte oder Wertmarke.

Beide Formen der Zeitkarten sind als Fahrausweise anzuerkennen, wenn sie die erforderlichen Angaben enthalten (siehe unten). Sind diese Angaben bei den Zeitkarten insgesamt auf der Wertkarte oder der Wertmarke vermerkt, so sind diese Belege für sich allein als Fahrausweise anzusehen.

Fahrausweise gelten als Rechnungen, wenn sie die folgenden Angaben enthalten:

den vollständigen Namen und die vollständige Anschrift des Unternehmers, der die Beförderungsleistung ausführt,

das Ausstellungsdatum,

das Entgelt und den darauf entfallenden Steuerbetrag in einer Summe,

den anzuwendenden Steuersatz, wenn die Beförderungsleistung nicht dem ermäßigten Steuersatz nach § 12 Absatz 2 Nr. 10 UStG unterliegt,

im Fall der Anwendung des § 26 Absatz 3 UStG ein Hinweis auf die grenzüberschreitende Beförderung im Luftverkehr.

Auf Fahrausweisen der Eisenbahnen, die dem öffentlichen Verkehr dienen, kann an Stelle des Steuersatzes die Tarifentfernung angegeben werden. Die übrigen formalen Voraussetzungen des § 14 UStG sind zu beachten.

Fahrausweise für eine grenzüberschreitende Beförderung im Personenverkehr und im internationalen Eisenbahn-Personenverkehr gelten nur dann als Rechnung im Sinne des § 14 UStG, wenn eine Bescheinigung des Beförderungsunternehmers oder seines Beauftragten darüber vorliegt, welcher Anteil des Beförderungspreises auf das Inland entfällt. In der Bescheinigung ist der Steuersatz anzugeben, der auf den auf das Inland entfallenden Teil der Beförderungsleistung anzuwenden ist. Die Ausführungen gelten für Belege im Reisegepäckverkehr entsprechend.

Aus Vereinfachungsgründen ist es nicht notwendig, dass auch Ihr Name als Reisender angegeben ist.

Eine Besonderheit gilt bei Fahrausweisen der Deutschen Bundesbahn. Hier genügt es, wenn an Stelle des Steuersatzes die Tarifentfernung angegeben ist.

Die in den Fahrausweisen enthaltene Vorsteuer beträgt bei Entfernungen von mehr als 50 km 16 Prozent. Aus dem Bruttobetrag ist sie mit dem Multiplikator 12,28 Prozent herauszurechnen. Fehlt die Angabe des Steuersatzes auf den Fahrausweisen, kann grundsätzlich davon ausgegangen werden, dass der Fahrpreis dem ermäßigten Steuersatz von derzeit 7 Prozent unterliegt. Die Vorsteuer wird mit dem Faktor 6,54 Prozent herausgerechnet.

Beispiele:

(1) Sie fahren mit dem Intercity von Köln nach Augsburg, um einen Mandanten aufzusuchen. Der Fahrpreis beträgt 230 €. Auf dem Fahrausweis ist der Umsatzsteuersatz von 16 Prozent angegeben. Sie können einen Vorsteuerabzug in Höhe von 28,24 € geltend machen (230 € x 12,28 Prozent = 28,24 €).

(2) Sie fahren von Ihrem Unternehmen in der Kölner Innenstadt – weil Ihr sich Kfz in der Werkstatt befindet – mit den Kölner Verkehrsbetrieben – zu einem Mandanten nach Köln-Rodenkirchen. Der Fahrpreis beträgt 1,70 €. Sie können eine Vorsteuerabzug in Höhe von 0,11 € (1,70 € x 6,54 Prozent = 0,15 €) geltend machen, da ein Steuersatz auf dem Fahrausweis nicht angegeben ist und Sie somit wissen, dass der Fahrpreis der ermäßigten Umsatzsteuer unterliegt.

Für Zuschlag-, Platz-, Liege- und Bettkarten sowie für Belege im Reisegepäckverkehr gilt der Steuersatz, der für den dazugehörigen Fahrschein gilt.

Aufbewahrung von Rechnungen

Gemäß § 14b Absatz 1 UStG hat der Unternehmer aufzubewahren:

ein Doppel der Rechnung, die er selbst oder ein Dritter in seinem Namen und für seine Rechnung ausgestellt hat,

alle Rechnungen, die er erhalten oder die ein Leistungsempfänger oder in dessen Namen und für dessen Rechnung ein Dritter ausgestellt hat.

Die Aufbewahrungsfrist beträgt zehn Jahre und beginnt mit dem Ablauf des Kalenderjahres, in dem die Rechnung ausgestellt wird. Die Aufbewahrungsfrist läuft jedoch nicht ab, soweit und solange die Unterlagen für Steuern von Bedeutung sind, für welche die Festsetzungsfrist noch nicht abgelaufen ist (§ 147 Absatz 3 Satz 3 AO).
Die Aufbewahrungspflichten gelten auch:

für Fahrzeuglieferer (§ 2a UStG),

in den Fällen, in denen der letzte Abnehmer die Steuer nach § 13a Absatz 1 Nr. 5 UStG schuldet, für den letzten Abnehmer und

in den Fällen, in denen der Leistungsempfänger die Steuer nach § 13b Absatz 2 UStG schuldet, für den Leistungsempfänger (unabhängig davon, ob die Leistung für den unternehmerischen oder nichtunternehmerischen Bereich bezogen wurde).

Bei elektronisch übermittelten Rechnungen hat der Unternehmer neben der Rechnung auch die Nachweise über die Echtheit und die Unversehrtheit der Daten aufzubewahren (z. B. qualifizierte elektronische Signatur), selbst wenn nach anderen Vorschriften die Gültigkeit dieser Nachweise bereits abgelaufen ist.

Die Rechnungen müssen über den gesamten *Aufbewahrungszeitraum lesbar* sein. Nachträgliche Änderungen sind nicht zulässig. Sollte die Rechnung auf *Thermopapier* ausgedruckt sein, ist sie durch einen nochmaligen Kopiervorgang auf Papier zu konservieren, das für den gesamten Aufbewahrungszeitraum nach § 14b Absatz 1

UStG lesbar ist. Dabei ist es nicht erforderlich, die ursprüngliche, auf Thermopapier ausgedruckte Rechnung aufzubewahren.

Die Rechnungen können unter bestimmten Voraussetzungen als Wiedergaben auf einem Bildträger (z. B. Mikrofilm) oder auf anderen Datenträgern (z. B. Magnetband, Diskette, CD-Rom) aufbewahrt werden. Das bei der Aufbewahrung angewandte Verfahren muss den Grundsätzen ordnungsgemäßer Buchführung sowie den „Grundsätzen DV-gestützter Buchführungssysteme – GoBS" entsprechen. Unter dieser Voraussetzung können die Originale der Rechnungen grundsätzlich vernichtet werden. Informationen hierüber können bei uns abgefordert werden.

Im Inland ansässige Unternehmer sind verpflichtet, die Rechnungen im Inland aufzubewahren. Ein im Inland ansässiger Unternehmer ist ein Unternehmer, der in Deutschland seinen Wohnsitz, seinen Sitz, seine Geschäftsleitung oder eine Zweigniederlassung hat.

Bei elektronisch aufbewahrten Rechnungen (dabei muss es sich nicht um elektronisch übermittelte Rechnungen handeln) kann der im Inland ansässige Unternehmer die Rechnungen im Gemeinschaftsgebiet aufbewahren, soweit eine vollständige Fernabfrage (Online-Zugriff) der betreffenden Daten und deren Herunterladen und Verwendung durch das Finanzamt gewährleistet ist. Bewahrt der Unternehmer in diesem Fall die Rechnungen nicht im Inland auf, hat er dem für die Umsatzbesteuerung zuständigen Finanzamt den Aufbewahrungsort unaufgefordert und schriftlich mitzuteilen.

11   Besteuerungsverfahren

Vereinnahmte und vereinbarte Entgelte

Die Umsatzsteuer wird grundsätzlich nach den vereinbarten Entgelten erhoben (§16 Abs. 1 UStG), d. h., die Steuer muss bereits angemeldet und entrichtet werden, wenn der Unternehmer eine Gebührenrechnung mit gesondertem Steuerausweis seinem Mandanten zugeleitet hat. Es kommt also grundsätzlich nicht auf den Zeitpunkt der Zahlung des Rechnungsbetrages an. Auf Antrag kann das Finanzamt dem Unternehmer allerdings gestatten, seine Umsätze nach vereinnahmten Entgelten zu besteuern. In diesem Fall kommt es nicht mehr auf den Zeitpunkt der Rechnungserstellung, sondern auf den Zeitpunkt der Vereinnahmung an. Aus Liquiditätsgründen ist es zu empfehlen, diesen Antrag zu stellen. Der Antrag kann bei Freiberuflern unabhängig von der Höhe des Umsatzes gestellt werden. Bei gewerblichen Unternehmern wird der Antrag nur bis zu einer Umsatz-Höhe von 125000 € bewilligt.

Besteuerungszeitraum und Voranmeldungszeitraum

Besteuerungszeitraum ist grundsätzlich das Kalenderjahr. Ein abweichendes Wirtschaftsjahr kennt das Umsatzsteuergesetz nicht. Die Steuer wird jedoch nicht nur einmal im Jahr erhoben. Vielmehr hat der steuerpflichtige Unternehmer grundsätzlich bis zum 10. Tag nach Ablauf jedes Kalendermonats (Voranmeldungszeitraum) eine Voranmeldung nach amtlich vorgeschriebenem Muster auf elektronischem Wege abzugeben. Eine Schonfrist von fünf Tagen, wie es sie Jahrzehntelang gab, wird ab 2004 nicht mehr gewährt. Die Steuer muss also pünktlich zum 10. beim Finanzamt angemeldet sein. Ist dies nicht der Fall, wird ein Verspätungszuschlag erhoben, sofern Sie keine plausible Erklärung abgeben können. Die Höhe des Verspätungszuschlags ist in das Ermessen des Finanzamts gestellt.

Die Umsatzsteuer-Zahllast ist für die Voranmeldung selbst zu errechnen. Da die Steuer mit Abgabe der Voranmeldung beim Finanzamt entsteht, muss sie zu diesem Zeitpunkt auch abgeführt werden. Es besteht jedoch eine Schonfrist von drei Tagen für die Zahlung. Geht die Zahlung erst am vierten Tag nach Anmeldung bei der Finanzkasse ein, wird ein Säumniszuschlag fällig. Er beträgt 1 Prozent des geschuldeten Steuerbetrags pro angefangenem Monat.

Praxishinweis:

Stellen Sie dem Finanzamt eine Einzugsermächtigung aus. Ein Säumniszuschlag kann dann nicht anfallen. Das Finanzamt garantiert, dass es nur den in der Voranmeldung angemeldeten Steuerbetrag abbucht. Da heutzutage dieses Verfahren elektronisch durchgeführt wird, ist nach meinen Erfahrungen die Fehlerquote äußerst gering. Für den Fall, dass es zu Meinungsverschiedenheiten über den abzubuchenden Betrag kommt – beispielsweise, weil Sie als Steuerpflichtiger noch einen Anspruch aus anderen Steuerbescheiden gegenüber dem Finanzamt haben – kann die Abbuchungsermächtigung für einen Einzelfall widerrufen werden.

Beträgt die Umsatzsteuer im vorangegangenen Kalenderjahr nicht mehr als 6136 €, so gilt als Voranmeldungszeitraum das Kalendervierteljahr. Beträgt die Umsatzsteuer im vorangegangenen Jahr nicht mehr als 512 €, so kann das Finanzamt den Unternehmer von der Verpflichtung zur Abgabe der Voranmeldungen befreien. In diesen Fällen reicht eine Jahresumsatzsteuererklärung.

Nachteil:

Sollte Ihr Erstattungsanspruch aus den Vorsteuern höher sein, als die vereinnahmte Umsatzsteuer, erhalten Sie die Erstattung erst mit der Jahreserklärung. Deshalb sollten Sie in diesem Fall die Umsatzsteuererklärung frühzeitig im Jahr abgeben. Voraussetzung für die Kenntnis eines solchen Falles ist eine regelmäßige Buchführung, die aber auch aus betriebswirtschaftlichen Gründen zu empfehlen ist.

Sonderregelung für Existenzgründer

Seit einigen Jahren müssen Existenzgründer – das sind Unternehmen, die erstmalig der Umsatzsteuerpflicht unterliegen – ihre Voranmeldungen immer monatlich abgeben, unabhängig davon, wie hoch ihre zu erwartende Umsatzsteuer ist. Deshalb hier die Praxisempfehlung: Buchen Sie Ihre Geschäftsvorfälle von Anfang an. Damit erfüllen Sie zum einen Ihre steuerlichen Pflichten korrekt, da Sie immer richtige Umsatzsteuervoranmeldungen abgeben können, zum zweiten können Sie zu jedem Monat Ihr betriebliches Ergebnis auswerten und damit Ihren Geschäftserfolg kontrollieren. Zudem errechnet Ihnen Ihr Steuerberater – wenn Sie ihn damit beauftragen –, wie hoch die zu erwartende Einkommensteuerbelastung für das Gründungsjahr ist. Dies ist extrem wichtig für die Liquiditätsplanung. Vernachlässigen Sie diese Steuerplanung, werden Sie bei guten Geschäftsergebnissen von den Nachzahlungen überrascht und kommen in Liquiditätsschwierigkeiten.

Dauerfristverlängerung

Die Frist von zehn Tagen nach Ablauf des Kalendermonats ist sehr kurz. Deshalb hat das Gesetz die Möglichkeit der Dauerfristverlängerung vorgesehen. Die Frist für die Abgabe verlängert sich damit um einen Monat. Allerdings lässt sich der Fiskus diese Großzügigkeit bezahlen. Monatszahler müssen ein Elftel der Summe aller Vorauszahlungen des vorangegangenen Jahres als „Sondervorauszahlung" entrichten. Bei Quartalszahlern entfällt diese Verpflichtung.

Beispiel:

Sie wollen Ihre Umsatzsteuervoranmeldung selbst erstellen, benötigen aber etwas mehr Zeit, als es das Gesetz vorsieht. Deshalb beantragen Sie Dauerfristverlängerung. Ihre Vorauszahlungen im vorangegangenen Jahr betrugen 15 000 €. Die Dauerfristverlängerung ist daran geknüpft, dass Sie 1 363,64 € als Sondervorauszahlung entrichten. Diese Steuer ist nicht etwa eine Zusatzsteuer. Sie wird vielmehr um Dezember eines jeden Jahres auf die dann fällige Monatssteuer angerechnet.

Lassen Sie Ihre Buchführung bei einem Steuerberater erstellen, wird dieser in der Regel immer eine Dauerfristverlängerung erwirken, damit genügend Zeit für die Bearbeitung bleibt.

12   Umsatzsteuererklärung

Mit der Abgabe der Voranmeldungen und der Entrichtung der darin berechneten Steuer haben Sie Ihre Pflichten als Umsatzsteuerzahler jedoch noch nicht erfüllt. Vielmehr müssen Sie auch eine Umsatzsteuerjahreserklärung abgeben, und zwar bis zum 31. Mai des Folgejahres. Fristverlängerung ist möglich. Steuerberater haben eine generelle Fristverlängerungsmöglichkeit bis zum 30. September und darüber hinaus in begründeten Einzelfällen die Möglichkeit, bis spätestens 28. Februar des dem Veranlagungsjahr zweitfolgenden Kalenderjahres Fristverlängerung zu erhalten.

Praxishinweis:

Sie sollten Sie genau überlegen, ob Sie die Besteuerung über einen so langen Zeitraum offen lassen. Lassen Sie sich von Ihrem Steuerberater genau berechnen, wie hoch eine evt. Abschlusszahlung ist. Nur dann vermeiden Sie unangenehme Überraschungen.

Die in der Umsatzsteuererklärung berechnete Umsatzsteuer ist ein Monat nach Abgabe der Erklärung beim Finanzamt fällig. Ein gesonderter Umsatzsteuerbescheid ergeht nur, wenn das Finanzamt von der erklärten Steuer abweicht.

13   Besteuerung von Kleinunternehmern

Zur Vereinfachung der Umsatzbesteuerung wird in bestimmten Fällen die Steuer nicht erhoben (Kleinunternehmer). § 19 Abs. 1 UStG bestimmt, dass Unternehmer – also auch Sie als Unternehmer – unter bestimmten Voraussetzungen die an sich nach den allgemeinen Grundsätzen des UStG anfallende Steuer nicht zu entrichten brauchen. Die Anwendung des § 19 Abs. 1 UStG ist davon abhängig, dass der Umsatz des Unternehmers zuzüglich der darauf entfallenden Steuer

im vorangegangenen Kalenderjahr 17500 € nicht überstiegen hat und

im laufenden Kalenderjahr 50000 € voraussichtlich nicht übersteigen wird.

Es müssen also beide Voraussetzungen gemeinsam erfüllt sein. Umsatz ist der nach vereinnahmten Entgelten bemessene Gesamtumsatz.

Wichtig:

Der Kleinunternehmer darf keine Umsatzsteuer in Rechnung stellen, kann sich aber auch die von ihm gezahlte Vorsteuer nicht erstatten lassen.

Praxishinweis:

Der Kleinunternehmer fällt also aus dem Umsatzsteuersystem ganz heraus. Dies ist aber nicht in jedem Falle von Vorteil. Denn er bleibt mit der Vorsteuer belastet, die er als Regelbesteuerer vom Finanzamt erstattet bekommen hätte. Aus diesem Grund sieht das Umsatzsteuergesetz vor, dass ein Unternehmer sich freiwillig der

Besteuerung unterwirft. Hier sollten Sie genau rechnen, ob diese so genannte „Option" auch für Sie von Vorteil ist.

Die Erklärung kann bis zur Unanfechtbarkeit der Steuerfestsetzung abgegeben werden. Dabei ist Folgendes zu beachten:

Frist

Die Erklärung gilt vom Beginn des Kalenderjahres an, für das der Unternehmer sie abgegeben hat. Beginnt der Unternehmer seine berufliche Tätigkeit während des Kalenderjahres, so gilt die Erklärung vom Beginn der Tätigkeit an. Die Erklärung muss bis zur Unanfechtbarkeit der Steuerfestsetzung erfolgen. Dabei ist zu beachten, dass die Umsatzsteuer eine Anmeldungssteuer ist. Das bedeutet, dass die abzugebende Steuererklärung einer Steuerfestsetzung gleichkommt. Keine Steuerfestsetzung ist dagegen die Umsatzsteuer-Voranmeldung. Durch ihre Unanfechtbarkeit wird deshalb die Möglichkeit, eine Option zur Regelbesteuerung abzugeben, nicht ausgeschlossen.

Form

Eine bestimmte Form ist für die Erklärung nicht vorgesehen. So reicht es aus, dass der Unternehmer in der Umsatzsteuer-Voranmeldung oder in der Umsatzsteuererklärung die Steuer nach den allgemeinen Vorschriften des Umsatzsteuergesetzes berechnet. Darin ist eine Erklärung nach § 19 Abs. 2 Satz 1 UStG zu erblicken. Bestehen Zweifel, für welche Besteuerungsform sich der Steuerpflichtige entschieden hat, so hat das Finanzamt sich mit ihm in Verbindung zu setzen.

Rücknahme

Vor Eintritt der Unanfechtbarkeit der Steuerfestsetzung kann der Unternehmer die Erklärung mit Wirkung für die Vergangenheit zurücknehmen. Geschieht dies, so kann er die Rechnungen, in denen er Umsatzsteuer gesondert ausgewiesen hat, nach § 14 Abs. 2 Satz 2 UStG berichtigen.

Nach Eintritt der Unanfechtbarkeit der Steuerfestsetzung bindet die Erklärung den Unternehmer mindestens für fünf Kalenderjahre. Für die Zeit nach Ablauf der Fünfjahresfrist kann die Erklärung mit Wirkung vom Beginn eines Kalenderjahres an widerrufen werden.

VIII Gewerbesteuererklärung

Die Gewerbesteuer ist eine deutsche Besonderheit im internationalen Vergleich. Sie belastet das Betriebsergebnis von Gewerbebetrieben neben der Einkommensteuer bzw. Körperschaftsteuer ein zweites Mal. In Deutschland werden damit Gewinne mehrfach mit Steuern belastet.

Das Gewerbesteueraufkommen steht grundsätzlich den Gemeinden zu, wobei es über ein Umlagesystem zu einem Finanzausgleich kommt. 20 Prozent des Gewerbesteueraufkommens fließt derzeit der Bund zu. Dafür erhalten die Gemeinden einen Anteil am Umsatzsteueraufkommen.

Die Finanzlage der Gemeinden ist also derzeit überwiegend von der Höhe der Gewerbesteuer abhängig. Begründet wird die Existenz einer derart wachstumsfeindlichen Steuer damit, dass den Gemeinden durch die auf ihrem Gebiet ansässigen Gewerbebetrieben Belastungen entstehen (z. B. durch Investitionen in die Infrastruktur), die sie ohne die Gewerbebetriebe nicht hätten. Diese Argumentation ist zwar vordergründig (denn Belastungen entstehen den Gemeinden auch durch Freiberufler und durch ihre Einwohner selbst, ohne dass sie zusätzlich zur Kasse gebeten werden) und sowohl wirtschafts- als auch finanzpolitisch höchst umstritten, bisher haben sich die beteiligten Gebietskörperschaften aber nicht zu einer Abschaffung oder grundlegenden Reform entschließen können.

1 Steuergegegenstand

Der Gewerbesteuer unterliegt jeder stehende Gewerbebetrieb, der in Deutschland betrieben wird, also eine Betriebsstätte unterhält. Gewerbebetrieb sind alle gewerblichen Unternehmen im Sinne des Einkommensteuergesetzes. Ein Gewerbebetrieb liegt demnach vor, wenn folgende vier Voraussetzungen erfüllt sind:

Selbstständigkeit,

Nachhaltigkeit,

Gewinnerzielungsabsicht,

Beteiligung am allgemeinen wirtschaftlichen Verkehr.

Gewerbebetrieb kraft Rechtsform

Nach § 2 Abs. 2 GewStG gilt die Tätigkeit der Kapitalgesellschaften (Aktiengesellschaften, Kommanditgesellschaften auf Aktien, Gesellschaften mit beschränkter Haftung, bergrechtliche Gewerkschaften), der Erwerbs- und Wirtschaftsgenossenschaften und der Versicherungsvereine auf Gegenseitigkeit stets und in vollem Umfang als Gewerbebetrieb. Die Gewerbesteuerpflicht ist bei diesen Unternehmen nur an die Rechtsform geknüpft mit der Folge, dass nicht nur eine gewerbliche Tätigkeit, sondern jegliche Tätigkeit überhaupt die Gewerbesteuerpflicht auslöst.

Ausländische Gewerbebetriebe mit inländischer Betriebsstätte

Die Vorschrift in § 2 Abs. 2 GewStG gilt auch für ausländische Unternehmen, die im Inland eine Betriebsstätte unterhalten, in ihrer Rechtsform einem inländischen Unternehmen der in § 2 Abs. 2 GewStG bezeichneten Art entsprechen und im Inland rechtsfähig sind. Bei Unternehmen mit Sitz (§ 11 AO) und Geschäftsleitung (§ 10 AO) im Ausland bestimmt sich die Rechtsfähigkeit im Inland ausschließlich nach dem Recht des jeweiligen ausländischen Staates. Befindet sich die Geschäftsleitung im Inland, erlangt das ausländische Unternehmen die Rechtsfähigkeit im Inland erst mit Eintragung in das deutsche Handelsregister. Ist das Unternehmen im Inland nicht rechtsfähig, ist ein Gewerbebetrieb unter den Voraussetzungen des § 2 Abs. 1 Satz 2 GewStG oder § 2 Abs. 3 GewStG gegeben.

In der Praxis stellt sich immer wieder die Frage, wie eine ausländische Kapitalgesellschaft gewerbesteuerlich zu behandeln ist, wenn sie im Inland eine Betriebsstätte unterhält und daneben ein nicht zu dieser Betriebsstätte gehörendes Mietwohngrundstück vermietet.

Die Finanzverwaltung vertritt hierzu die Auffassung, dass die Fiktion des § 2 Abs. 2 Nr. 2 GewStG, nach der die Tätigkeit der Kapitalgesellschaften stets und in vollem Umfang als Gewerbebetrieb gilt, grundsätzlich auch bei ausländischen Unternehmen anzuwenden ist, die in ihrer Rechtsform einem inländischen Unternehmen entsprechen. Die Tätigkeit eines ausländischen Unternehmens unterliegt allerdings nur insoweit der inländischen Gewerbesteuer, als sie einer inländischen Betriebsstätte des ausländischen Unternehmens zuzuordnen ist. Der Teil des Gewerbeertrags, der nicht auf inländische, sondern auf ausländische Betriebsstätten entfällt, scheidet aus der Besteuerung aus. Vermietet eine ausländische Kapitalgesellschaft im Inland ein Mietwohngrundstück, das weder selbst inländische Betriebsstätte ist noch zu einer daneben bestehenden inländischen Betriebsstätte gehört, so wird die Vermietungstätigkeit nicht im Rahmen eines inländischen Gewerbebetriebs ausgeübt. Die Erträge aus der Vermietung des Mietwohngrundstücks unterliegen dann *nicht* der inländischen Gewerbesteuer, sondern sind einer ausländischen Betriebsstätte des Unternehmens (z. B. der Zentrale, von der aus die Grundstücksverwaltung erfolgt) zuzurechnen.

Gewerbebetrieb kraft wirtschaftlichen Geschäftsbetriebs

Juristischen Personen des privaten Rechts, die nicht in § 2 Abs. 2 GewStG aufgezählt sind, und nichtrechtsfähige Vereine unterliegen der Gewerbesteuer, soweit sie einen wirtschaftlichen Geschäftsbetrieb unterhalten. Durch § 2 Abs. 3 GewStG wird die Gewerbesteuerpflicht erweitert und auf wirtschaftliche Geschäftsbetriebe ausgedehnt, die keinen Gewerbebetrieb im Sinne des § 2 Abs. 1 GewStG bilden. Der Begriff des wirtschaftlichen Geschäftsbetriebs ist in § 14 AO bestimmt. Soweit keine Einschränkung besteht, umfasst der Begriff ohne Unterscheidung den Gewerbebetrieb, den land- und forstwirtschaftlichen Betrieb und den sonstigen wirtschaftlichen Geschäftsbetrieb.

Die Land- und Forstwirtschaft im Rahmen eines wirtschaftlichen Geschäftsbetriebs wird im Gewerbesteuergesetz ausdrücklich von der Gewerbesteuerpflicht ausgenommen. Bewirtschaftet z. B. eine rechtsfähige Stiftung landwirtschaftlichen Grundbesitz oder Forstbesitz, ist dieser Betrieb nicht gewerbesteuerpflichtig. Im Gegensatz zum Begriff des Gewerbebetriebs gehören weder die Gewinnerzielungsabsicht noch die Teilnahme am allgemeinen wirtschaftlichen Verkehr zu den Voraussetzungen des wirtschaftlichen Geschäftsbetriebs.

Im Gegensatz zu den Gewerbebetrieben kraft Rechtsform beschränkt sich die Gewerbesteuerpflicht bei den in § 2 Abs. 3 GewStG bezeichneten Steuerpflichtigen lediglich auf den wirtschaftlichen Geschäftsbetrieb.

Praxishinweis für Vereine:

Unterhält z. B. ein Verein einen wirtschaftlichen Geschäftsbetrieb und verwaltet er daneben noch Vermögen, das mit dem wirtschaftlichen Geschäftsbetrieb nicht im Zusammenhang steht, kann die Gewerbesteuerpflicht auch dann nicht auf die Vermögensverwaltung erstreckt werden, wenn sie gleich dem wirtschaftlichen Geschäftsbetrieb der Erfüllung des Satzungszwecks des Vereins dient.

Betätigungen, wie z. B. der Betrieb einer Kantine, eines Kasinos, einer Druckerei, eines Kreditinstituts, eines Versicherungsunternehmens, die Herausgabe einer Zeitschrift oder die Erhebung von Eintrittsgeld bei Veranstaltung einer Festlichkeit, gehen über den Rahmen einer Vermögensverwaltung hinaus und gelten demgemäß stets als Gewerbebetrieb. Dagegen geht die Betätigung von Unterstützungskassen, die den Leistungsempfängern keinen Rechtsanspruch gewähren, im Regelfall nicht über den Rahmen einer Vermögensverwaltung hinaus.

Steuerpflicht nach § 2 Abs. 3 GewStG besteht nur für juristische Personen des privaten Rechts und für nichtrechtsfähige Vereine. Sie besteht deshalb nicht für nichtrechtsfähige Stiftungen und Zweckvermögen, die nur über § 2 Abs. 1 Satz 2 GewStG gewerbesteuerpflichtig sein können.

Mehrheit von Betrieben

Hat ein Gewerbetreibender mehrere Betriebe verschiedener Art (z. B. eine Maschinenfabrik und eine Spinnerei), ist jeder Betrieb für sich zu besteuern. Denn: Steuergegenstand ist jeweils der einzelne Gewerbebetrieb. Das gilt auch dann, wenn die mehreren Betriebe in derselben Gemeinde liegen.

Ausnahme: Es ist immer dann ein einheitlicher Gewerbebetrieb anzunehmen, wenn ein Gewerbetreibender in derselben Gemeinde verschiedene gewerbliche Tätigkeiten ausübt und die verschiedenen Betriebszweige nach der Verkehrsauffassung und nach den Betriebsverhältnissen als Teil eines Gewerbebetriebs anzusehen sind.

Beispiele:

Gastwirtschaft und Bäckerei,
Fleischerei und Speisewirtschaft.

Steuerliche Folge: Jeweils beide Betriebe werden gemeinsam zur Gewerbesteuer veranlagt (und haben dann auch nur einen Gewerbesteuerfreibetrag).

Bei enger finanzieller, wirtschaftlicher und organisatorischer Verflechtung können auch verschiedenartige Tätigkeiten wie Tabakwareneinzelhandel und Toto- und Lotto-Annahmestelle einen einheitlichen Gewerbebetrieb bilden.

Hat ein Gewerbetreibender mehrere Betriebe der gleichen Art, so prüft die Finanzverwaltung, ob die mehreren Betriebe eine wirtschaftliche Einheit darstellen. Die Vermutung spricht bei der Vereinigung mehrerer gleichartiger Betriebe in der Hand eines Unternehmers, insbesondere, wenn sie sich in derselben Gemeinde befinden, für das Vorliegen eines einheitlichen Gewerbebetriebs.

Auch wenn die Betriebe sich in verschiedenen Gemeinden befinden, kann ein einheitlicher Gewerbebetrieb vorliegen, wenn die wirtschaftlichen Beziehungen sich über die Grenzen der politischen Gemeinden hinaus erstrecken. Betriebe werden von der Finanzverwaltung dann als gleichartig anzusehen, wenn sie sachlich, insbesondere wirtschaftlich, finanziell oder organisatorisch innerlich zusammenhängen. Kriterien hierfür sind die Art der gewerblichen Betätigung, der Kunden- und Lieferantenkreis, die Geschäftsleitung, die Arbeitnehmerschaft, die Betriebsstätte, die Zusammensetzung und Finanzierung des Aktivvermögens sowie die Gleichartigkeit/Ungleichartigkeit der Betätigungen und die Nähe/Entfernung, in der sie ausgeübt werden.

Die Tätigkeit einer *Personengesellschaft* bildet auch bei verschiedenartigen Tätigkeiten einen einheitlichen Gewerbebetrieb. Es wird jedoch geprüft, ob die verschiedenen Betätigungen in getrennten Personengesellschaften ausgeübt werden. Die Unternehmen mehrerer Personengesellschaften können andererseits auch dann nicht zu einem einheitlichen Unternehmen zusammengefasst werden, wenn sie wirtschaftlich und organisatorisch miteinander verflochten sind und bei den Gesellschaften die gleichen Gesellschafter im gleichen Verhältnis (Gesellschafter- und Beteiligungsidentität) beteiligt sind.

Auch eine *Kapitalgesellschaft* oder eine *GmbH & Co. KG* einerseits und eine aus natürlichen Personen bestehende Personengesellschaft oder ein Einzelunternehmen andererseits können gewerbesteuerrechtlich auf Grund von Unternehmeridentität nicht als ein einheitliches Unternehmen behandelt werden.

Beginn der Steuerpflicht

Bei *Einzelgewerbetreibenden* und bei *Personengesellschaften* beginnt die Gewerbe-steuerpflicht in dem Zeitpunkt, in dem erstmals alle Voraussetzungen erfüllt sind, die zur Annahme eines Gewerbebetriebs erforderlich sind. Kennzeichen ist insbesondere der Zeitpunkt, an dem der Betrieb erstmalig am allgemeinen Wirtschaftsverkehr teil-nimmt. Bloße Vorbereitungshandlungen, z. B. die Anmietung eines Geschäftslokals, das erst hergerichtet werden muss, oder die Errichtung eines Fabrikgebäudes, in dem die Warenherstellung aufgenommen werden soll, begründen die Gewerbesteuer-pflicht noch nicht.

Bei Unternehmen, die im Handelsregister einzutragen sind, ist der Zeitpunkt der Eintragung im Handelsregister ohne Bedeutung für den Beginn der Gewerbesteuer-pflicht. Bei gewerblich geprägten Personengesellschaften beginnt die Steuerpflicht erst, wenn der Gewerbebetrieb in Gang gesetzt ist.

Die *Steuerpflicht kraft Rechtsform* beginnt bei Kapitalgesellschaften mit der Eintra-gung in das Handelsregister, bei Erwerbs- und Wirtschaftsgenossenschaften mit der Eintragung in das Genossenschaftsregister und bei Versicherungsvereinen auf Ge-genseitigkeit mit der aufsichtsbehördlichen Erlaubnis zum Geschäftsbetrieb. Von die-sen Zeitpunkten ab kommt es auf Art und Umfang der Tätigkeit nicht an. Bei einer Kapitalgesellschaft, die zum Zwecke der Übernahme eines Gewerbebetriebs gegrün-det wird, beginnt die Gewerbesteuerpflicht nicht erst mit dem Zeitpunkt der Fortfüh-rung des übernommenen Betriebs, sondern mit der Eintragung in das Handelsregis-ter. Die Steuerpflicht wird vor den bezeichneten Zeitpunkten durch die Aufnahme einer nach außen in Erscheinung tretenden Geschäftstätigkeit ausgelöst.

Praxishinweis:

Die Verwaltung eingezahlter Teile des Stammkapitals sowie ein bestehender An-spruch auf Einzahlung von Teilen des Stammkapitals lösen die Gewerbesteuer-pflicht noch nicht aus. Die nach außen tätig gewordene Vorgesellschaft bildet zu-sammen mit der später eingetragenen Kapitalgesellschaft einen einheitlichen Steuergegenstand.

Bei den *sonstigen juristischen Personen des privaten Rechts* und den *nichtrechtsfähigen Vereinen* beginnt die Steuerpflicht bei Vorliegen aller anderen Voraussetzungen mit der Aufnahme eines wirtschaftlichen Geschäftsbetriebs.

2   Hebeberechtigte Gemeinde

Die Gewerbebetriebe unterliegen der Gewerbesteuer in der Gemeinde, in der eine Betriebsstätte zur Ausübung des stehenden Gewerbes unterhalten wird.

Befinden sich Betriebsstätten desselben Gewerbebetriebs in mehreren Gemeinden oder erstreckt sich eine Betriebsstätte über mehrere Gemeinden, so wird die Gewerbesteuer in jeder Gemeinde nach dem Teil des Steuermessbetrags erhoben, der auf sie entfällt.

Für Betriebsstätten in gemeindefreien Gebieten bestimmt die Landesregierung durch Rechtsverordnung, wer die nach diesem Gesetz den Gemeinden zustehenden Befugnisse ausübt.

Das Finanzamt ermittelt für die Gemeinden den Gewerbeertrag und den für die Besteuerung wichtigen Steuermessbetrag (im Einzelnen vgl. weiter unten) und teilt diesen der Gemeinde mit. Diese erhebt die Steuer, in dem sie den Steuermessbetrag mit dem so genannten „Gewerbesteuerhebesatz" multipliziert. Der Hebesatz wird durch die Gemeinde autonom festgesetzt. Großstädte haben in der Regel Hebesätze weit über 400 Prozent, kleine Gemeinden geben sich meist mit weniger zufrieden. Für die Ermittlung der konkreten Gewerbesteuerbelastungen muss also der Hebesatz der jeweils zuständigen Gemeinde bekannt sein.

3   Steuerschuldner

Steuerschuldner ist der Unternehmer. Als Unternehmer gilt der, für dessen Rechnung das Gewerbe betrieben wird.

Ist die Tätigkeit einer Personengesellschaft Gewerbebetrieb, so ist Steuerschuldner die Gesellschaft selbst, also nicht die beteiligten Gesellschafter.

Ausnahme: Wird das Gewerbe in der Rechtsform einer *Europäischen wirtschaftlichen Interessenvereinigung* mit Sitz im Geltungsbereich in einem EU-Land betrieben, so sind die Mitglieder Gesamtschuldner. Gegen die Gesamtschuldner kann nach § 155 Abs. 3 AO ein zusammengefasster Gewerbesteuermessbescheid ergehen, in dem die Mitglieder der EWIV als Schuldner der Gewerbesteuer aufzuführen sind. Der Gewerbesteuerbescheid ist ebenfalls nur gegen die Mitglieder zu erlassen. Welcher Gesamtschuldner in Anspruch genommen wird, ist in das Ermessen der Gemeinde gestellt.

Geht ein Gewerbebetrieb im Ganzen auf einen anderen Unternehmer über, so ist der bisherige Unternehmer bis zum Zeitpunkt des Übergangs Steuerschuldner. Der andere Unternehmer ist von diesem Zeitpunkt an Steuerschuldner.

4   Besteuerungsgrundlage

Grundsatz: Besteuerungsgrundlage ist der Gewerbeertrag. Gewerbeertrag ist zunächst der nach den Vorschriften des Einkommensteuergesetzes oder des Körperschaftsteuergesetzes zu ermittelnde *Gewinn* aus dem Gewerbebetrieb. Allerdings wird der einkommensteuerliche Gewinn durch bestimmte Beträge vermehrt und vermindert. Zum Gewerbeertrag gehört auch der Gewinn aus der Veräußerung oder Aufgabe

des Betriebs oder eines Teilbetriebs einer Mitunternehmerschaft,

des Anteils eines Gesellschafters, der als Unternehmer (Mitunternehmer) des Betriebs einer Mitunternehmerschaft anzusehen ist,

des Anteils eines persönlich haftenden Gesellschafters einer Kommanditgesellschaft auf Aktien,

soweit er nicht auf eine natürliche Person als unmittelbar beteiligter Mitunternehmer entfällt.

Hinzurechnungen

Dem Gewinn aus Gewerbebetrieb werden u. a. folgende Beträge wieder hinzugerechnet, soweit sie bei der Ermittlung des Gewinns abgesetzt worden sind:

Die Hälfte der Entgelte für Schulden, die wirtschaftlich mit der Gründung oder dem Erwerb des Betriebs (Teilbetriebs) oder eines Anteils am Betrieb oder mit einer Erweiterung oder Verbesserung des Betriebs zusammenhängen oder der nicht nur vorübergehenden Verstärkung des Betriebskapitals dienen;

Renten und dauernde Lasten, die wirtschaftlich mit der Gründung oder dem Erwerb des Betriebs (Teilbetriebs) oder eines Anteils am Betrieb zusammenhängen. Das gilt nicht, wenn diese Beträge beim Empfänger zur Gewerbesteuer heranzuziehen sind;

die Gewinnanteile des stillen Gesellschafters, wenn sie beim Empfänger nicht zur Gewerbesteuer heranzuziehen sind;

die Gewinnanteile, die an persönlich haftende Gesellschafter einer Kommanditgesellschaft auf Aktien auf ihre nicht auf das Grundkapital gemachten Einlagen oder als Vergütung (Tantieme) für die Geschäftsführung verteilt worden sind;

bestimmte nach § 3 Nr. 40 des Einkommensteuergesetzes oder § 8b Abs. 1 des Körperschaftsteuergesetzes außer Ansatz bleibende Gewinnanteile (Dividenden) und die diesen gleichgestellten Bezüge und erhaltenen Leistungen aus Anteilen an einer Körperschaft, Personenvereinigung oder Vermögensmasse im Sinne des Körperschaftsteuergesetzes,

▓ die Hälfte der Miet- und Pachtzinsen für die Benutzung der nicht in Grundbesitz bestehenden Wirtschaftsgüter des Anlagevermögens, die im Eigentum eines anderen stehen. Das gilt nicht, soweit die Miet- oder Pachtzinsen beim Vermieter oder Verpächter zur Gewerbesteuer heranzuziehen sind, es sei denn, dass ein Betrieb oder ein Teilbetrieb vermietet oder verpachtet wird und der Betrag der Miet- oder Pachtzinsen 125000 € übersteigt. Maßgebend ist jeweils der Betrag, den der Mieter oder Pächter für die Benutzung der zu den Betriebsstätten eines Gemeindebezirks gehörigen fremden Wirtschaftsgüter an einen Vermieter oder Verpächter zu zahlen hat;

▓ die Anteile am Verlust einer in- oder ausländischen offenen Handelsgesellschaft, einer Kommanditgesellschaft oder einer anderen Gesellschaft, bei der die Gesellschafter als Unternehmer (Mitunternehmer) des Gewerbebetriebs anzusehen sind;

▓ Ausgaben zur Förderung mildtätiger, kirchlicher, religiöser und wissenschaftlicher Zwecke und der als besonders förderungswürdig anerkannten gemeinnützigen Zwecke, soweit sie den Gewinn gemindert haben.

Zur Verdeutlichung

Betriebsausgaben, die den einkommen- bzw. körperschaftsteuerlichen Gewinn gemindert haben – die dementsprechend nicht der Einkommen- oder Körperschaftsteuer unterliegen, werden für gewerbesteuerliche Zwecke dem Gewinn wieder hinzugerechnet. Dies bedeutet nichts anderes, als das Betriebsausgaben mit Gewerbesteuer belastet werden. Hier wird deutlich, dass die Gewerbesteuer nicht die Ertragskraft des Unternehmens besteuert, sondern auch Aufwendungen. Die Gewerbesteuer hat also auch nach Abschaffung der Gewerbekapitalsteuer zum 01.01.1998 weiterhin ertragsunabhängige Elemente. Dies ist einer der Gründe dafür, dass die Gewerbesteuer auch in sich zu Recht als wachstums- weil investitionshemmend angesehen wird.

Kürzungen

Neben den Hinzurechnungen zum Gewinn gestattet die Gewerbesteuer allerdings auch Kürzungen. Die Summe des Gewinns und der Hinzurechnungen wird u. a. gekürzt um

▓ 11,2 Prozent des Einheitswerts des zum Betriebsvermögen des Unternehmers gehörenden Grundbesitzes; an Stelle dieser Kürzung tritt auf Antrag bei Unternehmen, die ausschließlich eigenen Grundbesitz oder neben eigenem Grundbesitz eigenes Kapitalvermögen verwalten und nutzen oder daneben Wohnungsbauten betreuen oder Einfamilienhäuser, Zweifamilienhäuser oder Eigentumswohnungen, errichten und veräußern, die Kürzung um den Teil des Gewerbeertrags, der auf die Verwaltung und Nutzung des eigenen Grundbesitzes entfällt.

die Anteile am Gewinn einer in- oder ausländischen offenen Handelsgesellschaft, einer Kommanditgesellschaft oder einer anderen Gesellschaft, bei der die Gesellschafter als Unternehmer (Mitunternehmer) des Gewerbebetriebs anzusehen sind, wenn die Gewinnanteile bei der Ermittlung]des Gewinns angesetzt worden sind.

die Gewinne aus Anteilen an einer nicht steuerbefreiten inländischen Kapitalgesellschaft, einer Kreditanstalt des öffentlichen Rechts, einer Erwerbs- und Wirtschaftsgenossenschaft oder einer Unternehmensbeteiligungsgesellschaft, wenn die Beteiligung zu Beginn des Erhebungszeitraums mindestens ein Zehntel des Grund- oder Stammkapitals beträgt und die Gewinnanteile bei Ermittlung des Gewinns angesetzt worden sind. Ist ein Grund- oder Stammkapital nicht vorhanden, so ist die Beteiligung an dem Vermögen, bei Erwerbs- und Wirtschaftsgenossenschaften die Beteiligung an der Summe der Geschäftsguthaben, maßgebend.

die dem Gewerbeertrag einer Kommanditgesellschaft auf Aktien hinzugerechneten Gewinnanteile, wenn sie bei der Ermittlung des Gewinns angesetzt worden sind;

den Teil des Gewerbeertrags eines inländischen Unternehmens, der auf eine nicht im Inland belegene Betriebsstätte entfällt;

die bei der Ermittlung des Gewinns aus Gewerbebetrieb des Vermieters oder Verpächters berücksichtigten Miet- oder Pachtzinsen für die Überlassung von nicht in Grundbesitz bestehenden Wirtschaftsgütern des Anlagevermögens, soweit sie dem Gewinn aus Gewerbebetrieb des Mieters oder Pächters hinzugerechnet worden sind;

die aus den Mitteln des Gewerbebetriebs geleisteten Ausgaben zur Förderung mildtätiger, kirchlicher, religiöser, wissenschaftlicher und der als besonders förderungswürdig anerkannten gemeinnützigen Zwecke im Sinne des § 10b Abs. 1 EStG oder des § 9 Abs. 1 Nr. 2 KStG bis zur Höhe von ingesamt 5 Prozent des um die Hinzurechnungen nach erhöhten Gewinns aus Gewerbebetrieb oder 2 vom Tausend der Summe der gesamten Umsätze und der im Wirtschaftsjahr aufgewendeten Löhne und Gehälter. Für wissenschaftliche, mildtätige und als besonders förderungswürdig anerkannte kulturelle Zwecke erhöht sich der Prozentsatz von 5 Prozent um weitere 5 Prozent;

die Gewinne aus Anteilen an einer Kapitalgesellschaft mit Geschäftsleitung und Sitz im gewerbesteuerlichen Ausland, an deren Nennkapital das Unternehmen seit Beginn des Erhebungszeitraums ununterbrochen mindestens zu einem Zehntel beteiligt ist (Tochtergesellschaft) und die ihre Bruttoerträge ausschließlich oder fast ausschließlich aus unter § 8 Abs. 1 Nr. 1 bis 6 des Außensteuergesetzes (AStG) fallenden Tätigkeiten und aus Beteiligungen an Gesellschaften bezieht, an deren Nennkapital sie mindestens zu einem Viertel unmittelbar beteiligt ist; **Voraussetzung:** die Beteiligungen bestehen ununterbrochen seit mindestens zwölf Monaten vor dem für die Ermittlung des Gewinns maßgebenden Abschlussstichtag und das Unternehmen nachweist, dass

– diese Gesellschaften Geschäftsleitung und Sitz in demselben Staat wie die Tochtergesellschaft haben und ihre Bruttoerträge ausschließlich oder fast ausschließlich aus den unter § 8 Abs. 1 Nr. 1 bis 6 AStG fallenden Tätigkeiten beziehen oder

– die Tochtergesellschaft die Beteiligungen in wirtschaftlichem Zusammenhang mit eigenen Tätigkeiten hält und die Gesellschaft, an der die Beteiligung besteht, ihre Bruttoerträge ausschließlich oder fast ausschließlich aus solchen Tätigkeiten bezieht,

wenn die Gewinnanteile bei der Ermittlung des Gewinns angesetzt worden sind.

5   Gewerbeverlust

Der maßgebende Gewerbeertrag wird um die Fehlbeträge gekürzt, die sich bei der Ermittlung des maßgebenden Gewerbeertrags für die *vorangegangenen Erhebungszeiträume* ergeben haben, soweit die Fehlbeträge nicht bei der Ermittlung des Gewerbeertrags für die vorangegangenen Erhebungszeiträume berücksichtigt worden sind (gewerbesteuerlicher Verlustabzug, Verlustvortrag). Der Gewerbeverlust ist vom maßgebenden Gewerbeertrag, also nach Berücksichtigung der Hinzurechnungen und der Kürzungen abzuziehen.

Bei Einzelunternehmen und Personengesellschaften ist Voraussetzung für den Verlustabzug sowohl die Unternehmensidentität als auch die Unternehmeridentität. Bei einer Körperschaft setzt der Verlustvortrag voraus, dass sie nicht nur rechtlich, sondern auch wirtschaftlich mit der Körperschaft identisch ist, die den Verlust erlitten hat.

Unternehmensidentität bedeutet, dass der im Anrechnungsjahr bestehende Gewerbebetrieb identisch ist mit dem Gewerbebetrieb, der im Jahr der Entstehung des Verlustes bestanden hat. Dabei ist unter Gewerbebetrieb die *ausgeübte gewerbliche Betätigung* zu verstehen. Ob diese die gleiche geblieben ist, ist nach dem Gesamtbild zu beurteilen, das sich aus ihren wesentlichen Merkmalen ergibt, wie insbesondere der Art der Betätigung, dem Kunden- und Lieferantenkreis, der Arbeitnehmerschaft, der Geschäftsleitung, den Betriebsstätten sowie dem Umfang und der Zusammensetzung des Aktivvermögens. Unter Berücksichtigung dieser Merkmale muss ein *wirtschaftlicher, organisatorischer und finanzieller Zusammenhang* zwischen den Betätigungen bestehen. Betriebsbedingte – auch strukturelle – Anpassungen der gewerblichen Betätigung an veränderte wirtschaftliche Verhältnisse stehen der Annahme einer identischen Tätigkeit nicht entgegen.

Unternehmensidentität liegt z. B. vor, wenn eine aus einer Betriebsaufspaltung hervorgegangene Vertriebs-GmbH auf eine Besitz-Personengesellschaft umgewandelt wird.

Wird ein Betrieb oder Teilbetrieb mit einem bereits bestehenden Betrieb vereinigt (z. B. Einbringung in eine Personengesellschaft oder Verschmelzung von zwei Personengesellschaften), ist es für die Annahme der Unternehmensidentität nicht entscheidend, ob der übertragene Betrieb bei der aufnehmenden Gesellschaft einen Teilbetrieb darstellt oder dem neuen Gesamtbetrieb das Gepräge gibt. Es ist ausreichend, wenn die Identität des eingebrachten Betriebs innerhalb der Gesamttätigkeit des aufnehmenden Betriebs gewahrt bleibt, d. h. die Geschäftstätigkeit im Rahmen des aufnehmenden Betriebs in wirtschaftlicher, organisatorischer und finanzieller Hinsicht fortgesetzt wird.

Bringen die Gesellschafter einer GbR, die Verpachtungsgesellschaft im Rahmen einer Betriebsaufspaltung ist, ihre Anteile an der GbR in eine KG ein, die in den Pachtvertrag eintritt, kann die Unternehmensidentität auch dann gegeben sein, wenn die KG bereits Besitzgesellschaft im Rahmen einer weiteren Betriebsaufspaltung ist.

Bei der Realteilung von Personengesellschaften besteht zwischen dem Gewerbebetrieb der Personengesellschaft und den hieraus im Wege der Realteilung hervorgegangenen Betrieben nur dann Unternehmensidentität, wenn das auf einen Gesellschafter übergehende Vermögen bei der Personengesellschaft einen Teilbetrieb gebildet hat und der diesem Teilbetrieb sachlich zuzuordnende Verlust sich ohne weiteres aus dem Rechenwerk der Personengesellschaft ergibt.

Für die Ermittlung des Gewerbeverlustes ist von dem Gewinn (Verlust) aus Gewerbebetrieb auszugehen, der nach den Vorschriften des Einkommensteuerrechts oder des Körperschaftsteuerrechts zu ermitteln ist. Danach mindern steuerfreie Einnahmen den abziehbaren Verlust nicht. Ebenso dürfen die nicht zum steuerpflichtigen Gewerbeertrag gehörenden Veräußerungsgewinne den Gewerbeverlust nicht mindern.

Der Gewerbeverlust unterscheidet sich von dem Verlustabzug dadurch, dass seine Höhe durch die Hinzurechnungen und Kürzungen beeinflusst wird. Dadurch kann sich ein Gewerbeverlust ergeben, obwohl einkommensteuerrechtlich ein Gewinn aus Gewerbebetrieb vorliegt.

Beispiel:

A.

Gewinn aus Gewerbebetrieb	**5000 €**
Hinzurechnungen	+ 1000 €
Summe des Gewinns und der Hinzurechnungen	6000 €
Kürzungen	− 8000 €
Gewerbeverlust	**2000 €**

B.

Laufender Verlust aus Gewerbebetrieb	**2000 €**
Hinzurechnungen	+ 15000 €
Summe des Gewinns und der Hinzurechnungen	13000 €
Kürzungen	− 3000 €
Verbleibender Betrag	10000 €
Anrechenbarer Verlust aus Vorjahren	− 4000 €
Gewerbeertrag	**6000 €**

Gesonderte Feststellung

Die Höhe des vortragsfähigen Gewerbeverlustes ist gesondert festzustellen. Dabei ist auch der Verlustverbrauch durch das Ausscheiden von Gesellschaftern einer Personengesellschaft zu berücksichtigen. Der Gewerbeverlust ist vom Amts wegen erstmals in dem auf das Entstehungsjahr unmittelbar folgenden Erhebungszeitraum zu berücksichtigen. Der Grundsatz, dass ein Gewerbeverlust insoweit verbraucht ist, als er durch positive Erträge gedeckt ist, gilt auch dann, wenn der Gewerbeertrag durch den Verlustabzug unter den Freibetrag von 24500 € für Einzelunternehmen und Personengesellschaften sinkt (vgl. das BFH-Urteil vom 09.01.1958 (BStBl III S. 134).

Unternehmeridentität bedeutet, dass der Gewerbetreibende, der den Verlustabzug in Anspruch nehmen will, den Gewerbeverlust zuvor *in eigener* Person erlitten haben muss. Ein Unternehmerwechsel bewirkt somit, dass der Abzug des im übergegangenen Unternehmen entstandenen Verlustes entfällt, auch wenn das Unternehmen als solches von dem neuen Inhaber unverändert fortgeführt wird. Dabei ist gleichgültig, ob der Unternehmerwechsel auf entgeltlicher oder unentgeltlicher Übertragung, auf Gesamtrechtsnachfolge (z. B. Erbfolge) oder auf Einzelrechtsnachfolge (z. B. vorweggenommene Erbfolge) beruht. Der erwerbende Unternehmer kann den vom übertragenden Unternehmer erzielten Gewerbeverlust auch dann nicht abziehen, wenn er den erworbenen Betrieb mit einem bereits bestehenden Betrieb vereinigt.

Wird ein Einzelunternehmen nach Eintritt einer oder mehrerer Personen als *Personengesellschaft* fortgeführt, kann der in dem Einzelunternehmen entstandene Fehlbetrag auch weiterhin insgesamt, jedoch nur von dem Betrag abgezogen werden, der von dem gesamten Gewerbeertrag der Personengesellschaft entsprechend dem sich aus dem Gesellschaftsvertrag ergebenden Gewinnverteilungsschlüssel auf den früheren Einzelunternehmer entfällt. Der Abzug eines in einem Einzelunternehmen entstandenen Gewerbeverlustes entfällt jedoch insgesamt, wenn das Unternehmen auf eine *Kapitalgesellschaft* oder auf eine *Personengesellschaft*, an der der bisherige Einzelunternehmer nicht beteiligt ist, übertragen wird (gl. den BFH-Beschluss vom 03.05.1993 (BStBl II S. 616).

Wird eine *Kapitalgesellschaft* formwechselnd in eine andere Kapitalgesellschaft umgewandelt, bleibt die Unternehmeridentität gewahrt. Bei der Verschmelzung zweier Kapitalgesellschaften kann die aufnehmende Kapitalgesellschaft den Gewerbeverlust der verschmolzenen Kapitalgesellschaft nur unter bestimmten Voraussetzungen des abziehen (vgl. § 19 Abs. 2 UmwStG).

6   Steuermesszahl und Steuermessbetrag

Der Gewerbeertrag unterliegt keinem einheitlichen Tarif. Bei der Berechnung der Gewerbesteuer ist von einem Steuermessbetrag auszugehen. Dieser ist grundsätzlich durch Anwendung eines Prozentsatzes – der Steuermesszahl – auf den Gewerbeertrag zu ermitteln. Der Gewerbeertrag ist auf volle 100 € nach unten abzurunden und

bei natürlichen Personen sowie bei Personengesellschaften um einen Freibetrag in Höhe von 24500 €,

bei wirtschaftlichen Geschäftsbetrieben sowie bei Unternehmen von juristischen Personen des öffentlichen Rechts um einen Freibetrag in Höhe von 3900 €,

höchstens jedoch in Höhe des abgerundeten Gewerbeertrags, zu kürzen. *Dies bedeutet für Sie* als gewerblicher *Einzelunternehmer* oder gewerbliche *Personengesellschaft*: Die Gewerbesteuer setzt erst bei 24500 € ein. In dieser Höhe wird Ihnen ein Freibetrag gewährt.

Der Freibetrag ist für Gewerbebetriebe natürlicher Personen und Personengesellschaften betriebsbezogen zu gewähren. Der Freibetrag ist auch Kapitalgesellschaften zu gewähren, an deren gewerblichen Unternehmen natürliche Personen als atypisch stille Gesellschafter beteiligt sind (vgl. das BFH-Urteil vom 10.11. 1993, BStBl 1994 II S. 327). In diesen Fällen ist er grundsätzlich auch dann nur einmal zu gewähren, wenn an dem gewerblichen Unternehmen mehrere natürliche Personen aufgrund mehrerer Gesellschaftsverträge als atypisch stille Gesellschafter beteiligt sind. Sind jedoch die der atypisch stillen Gesellschaft und die dem Inhaber des Handelsgeschäftes allein zuzuordnenden gewerblichen Tätigkeiten als jeweils getrennte Gewerbebetriebe zu beurteilen, ist der Freibetrag für jeden Gewerbebetrieb zu gewähren.

Praxishinweis:

Der Freibetrag wird auch Personengesellschaften unabhängig von der Anzahl der Gesellschafter gewährt. Deshalb kann es sinnvoll sein, statt ein Gewerbe mit zwei Gesellschaftern zwei Gewerbe mit je einem Gesellschafter zu betreiben (sofern keine außersteuerlichen Überlegungen dagegen stehen). Bei dieser Gestaltung steht den beiden Personen der Freibetrag in Höhe von 24500 € jeweils gesondert zu.

Kapitalgesellschaften erhalten keinen Freibetrag. Der Gewerbeertrag ist in voller Höhe zu versteuern.

Praxishinweis:

Zu beachten ist aber bei der Frage, ob es sich aus gewerbesteuerlichen Gründen lohnt eine GmbH zu gründen, dass die Bemessungsgrundlage bei Kapitalgesellschaften meist durch die Geschäftsführergehälter deutlich niedriger ist, als bei Personengesellschaften oder Einzelunternehmen. Damit sinkt natürlich auch die Gewerbesteuerbelastung. Eine Einkommensteuerermäßigung, wie es Einzelgewerbetreibende bei der Ermittlung der Einkommensteuerschuld zugestanden wird, gibt es für Kapitalgesellschaften nicht.

Die *Steuermesszahl* für den Gewerbeertrag beträgt

1. bei Gewerbebetrieben, die von natürlichen Personen oder von Personengesellschaften betrieben werden,

   für die ersten 12 000 €   1 %,

   für die weiteren 12 000 €   2 %,

   für die weiteren 12 000 €   3 %,

   für die weiteren 12 000 €   4 %,

   für alle weiteren Beträge   5 %,

2. bei anderen Gewerbebetrieben 5 %.

Das bedeutet für Einzelgewerbebetriebe und gewerbliche Personengesellschaften, dass die volle Gewerbesteuerbelastung erst ab einem Gewerbeertrag in Höhe von 72 500 € einsetzt. Es gibt also einen gleitenden Übergang von der Nullzone bis zur 5 Prozent-Zone. Bei Kapitalgesellschaften wird diese Steuerermäßigung nicht gewährt.

Beispiel:

Ein Einzelunternehmer mit Betriebssitz in Köln erwirtschaftet nach gewerbesteuerlichen Grundsätzen einen Gewerbebetrag von 45 000 €. Die Gewerbesteuer berechnet sich wie folgt:

Ermittlung Steuermessbetrag	Berechnungsstufen	Steuermesszahl	Verbleibender Gewerbeertrag	Gewerbesteuer
			80 000,00 €	
die ersten	24 000,00 €	0%	56 000,00 €	– €
die nächsten	12 500,00 €	1%	43 500,00 €	125,00 €

Ermittlung Steuermessbetrag	Berechnungsstufen	Steuermesszahl	Verbleibender Gewerbeertrag	Gewerbesteuer
die nächsten	12 500,00 €	2%	31 000,00 €	250,00 €
die nächsten	12 500,00 €	3%	18 500,00 €	375,00 €
die nächsten	12 500,00 €	4%	6 000,00 €	500,00 €
	6 000,00 €	5%	– €	300,00 €
Gewerbesteuermessbetrag				1 550,00 €
Hebesatz Köln		450%		
Gewerbesteuerzahlung				**6 975,00 €**

7   Hebesatz

Die Gewerbesteuer wird auf Grund des Steuermessbetrags mit einem Prozentsatz (Hebesatz) festgesetzt und erhoben, der von der hebeberechtigten Gemeinde zu bestimmen ist. Der Hebesatz kann für ein Kalenderjahr oder mehrere Kalenderjahre festgesetzt werden.

Der Beschluss über die Festsetzung oder Änderung des Hebesatzes ist bis zum 30. Juni eines Kalenderjahrs mit Wirkung vom Beginn dieses Kalenderjahrs zu fassen. Nach diesem Zeitpunkt kann der Beschluss über die Festsetzung des Hebesatzes gefasst werden, wenn der Hebesatz die Höhe der letzten Festsetzung nicht überschreitet.

Der Hebesatz muss für alle in der Gemeinde vorhandenen Unternehmen der Gleiche sein. Er beträgt 200 Prozent, wenn die Gemeinde nicht einen höheren Hebesatz bestimmt hat. Diese Regelung ist eingeführt worden, nachdem einige Gemeinden auf die Festsetzung eines Hebesatzes verzichtet hatten und damit eine große Anzahl von Firmensitzen auf sich gezogen hatten. Mit der Festsetzung eines bundesweiten Mindesthebesatzes wurde die Autonomie der Gemeinden eingeschränkt. Offensichtlich ist der Steuergesetzgeber nicht gewillt, gewerbesteuerliche Oasen innerhalb Deutschlands zuzulassen.

Praxishinweis:

Es gibt nach wie vor Gemeinden in Deutschland, die an der unteren Grenze des Mindesthebesatzes liegen. Sollten Sie mit Firmensitz oder einer Betriebsstätte so flexibel sein, dass Sie nicht an einen Standort gebunden sind, können Sie nach wie

vor völlig legal Gewerbesteuer sparen, wenn Sie sich in einer Niedrigsteuerge-
meinde anmelden.

8   Erhebungsverfahren

Es ist eine Gewerbesteuererklärung abzugeben. Das Finanzamt setzt den Gewerbesteuermessbetrag in einem separaten Gewerbesteuermessbescheid fest. Dieser Mess-
bescheid wird den Gemeinden übersandt, die dann die eigentliche Gewerbesteuer
festsetzen.

Vorauszahlungen: Der Steuerschuldner hat am 15. Februar, 15. Mai, 15. August und
15. November jeweils ein Viertel der sich ergebenden Jahressteuer als Vorauszahlungen zu entrichten. Gewerbetreibende, deren Wirtschaftsjahr vom Kalenderjahr abweicht, haben die Vorauszahlungen während des Wirtschaftsjahrs zu entrichten, das
im Erhebungszeitraum endet.

Die Gemeinde kann die Vorauszahlungen der Steuer anpassen, die sich für den Erhebungszeitraum voraussichtlich ergeben wird. Die Anpassung kann bis zum Ende des
15. auf den Erhebungszeitraum folgenden Kalendermonats vorgenommen werden;
bei einer nachträglichen Erhöhung der Vorauszahlungen ist der Erhöhungsbetrag innerhalb eines Monats nach Bekanntgabe des Vorauszahlungsbescheids zu entrichten.
Das Finanzamt kann bis zum Ende des 15. auf den Erhebungszeitraum folgenden Kalendermonats für Zwecke der Gewerbesteuer-Vorauszahlungen den Steuermessbetrag festsetzen, der sich voraussichtlich ergeben wird.

IX Körperschaftsteuererklärung

1 Unbeschränkte Steuerpflicht

Die Körperschaftsteuer ist die Einkommensteuer für juristische Personen. Unbeschränkt körperschaftsteuerpflichtig sind die folgenden Körperschaften, Personenvereinigungen und Vermögensmassen, die ihre Geschäftsleitung oder ihren Sitz im Inland haben:

Kapitalgesellschaften (Aktiengesellschaften, Kommanditgesellschaften auf Aktien, Gesellschaften mit beschränkter Haftung); auch Gesellschaften in ausländischer Rechtsform, z. B. die englische, maltesische oder zypriotische Ltd., die spanische SLNE)

Erwerbs- und Wirtschaftsgenossenschaften;

Versicherungsvereine auf Gegenseitigkeit;

sonstige juristische Personen des privaten Rechts;

nichtrechtsfähige Vereine, Anstalten, Stiftungen und andere Zweckvermögen des privaten Rechts;

Betriebe gewerblicher Art von juristischen Personen des öffentlichen Rechts

Die unbeschränkte Körperschaftsteuerpflicht erstreckt sich auf sämtliche Einkünfte.

2 Grundlagen der Besteuerung

Die Körperschaftsteuer bemisst sich nach dem zu versteuernden Einkommen. Sie ist eine Jahressteuer. Die Grundlagen für ihre Festsetzung sind jeweils für ein Kalenderjahr zu ermitteln. Besteht die unbeschränkte oder beschränkte Steuerpflicht nicht während eines ganzen Kalenderjahrs, so tritt an die Stelle des Kalenderjahrs der Zeitraum der jeweiligen Steuerpflicht.

Bei Steuerpflichtigen, die verpflichtet sind, Bücher nach den Vorschriften des Handelsgesetzbuchs zu führen, ist der Gewinn nach dem Wirtschaftsjahr zu ermitteln, für das sie regelmäßig Abschlüsse machen. Weicht bei diesen Steuerpflichtigen das Wirtschaftsjahr, für das sie regelmäßig Abschlüsse machen, vom Kalenderjahr ab, so gilt der Gewinn aus Gewerbebetrieb als in dem Kalenderjahr bezogen, in dem das Wirtschaftsjahr endet. Die Umstellung des Wirtschaftsjahrs auf einen vom Kalenderjahr abweichenden Zeitraum ist steuerlich nur wirksam, wenn sie im Einvernehmen mit dem Finanzamt vorgenommen wird.

3 Ermittlung des zu versteuernden Einkommens

Bemessungsgrundlage für die tarifliche Körperschaftsteuer ist das zu versteuernde Einkommen. Bei Körperschaften, die nur gewerbliche Einkünfte haben können, ist das zu versteuernde Einkommen wie folgt zu ermitteln:

1 Gewinn/Verlust lt. Steuerbilanz bzw. nach § 60 Abs. 2 EStDV korrigierter Jahresüberschuss/Jahresfehlbetrag lt. Handelsbilanz

2 + Hinzurechnung von verdeckten Gewinnausschüttungen (vGA)

3 – Abzug von Gewinnerhöhungen im Zusammenhang mit bereits in vorangegangenen VZ versteuerten vGA

4 + Berichtigungsbetrag nach § 1 AStG

5 – Einlagen (§ 4 Abs. 1 Satz 5 EStG)

6 + nichtabziehbare Aufwendungen (z. B. § 10 KStG, § 4 Abs. 5 EStG, § 160 AO)

7 + Gesamtbetrag der Zuwendungen nach § 9 Abs. 1 Nr. 2 KStG

8 +/– Kürzungen/Hinzurechnungen nach § 8b KStG und § 3c Abs. 1 EStG

9 – sonstige inländische steuerfreie Einnahmen (z. B. Investitionszulagen)

10 +/– Korrekturen bei Organschaft i. S. d. §§ 14, 17 und 18 KStG (z. B. gebuchte Gewinnabführung, Verlustübernahme, Ausgleichszahlungen i. S. d. § 16 KStG)

11 +/– Hinzurechnungen und Kürzungen bei ausländischen Einkünften u. a.

- Korrektur um nach DBA steuerfreie Einkünfte unter Berücksichtigung des § 3c Abs. 1 EStG,

- Hinzurechnung nach § 52 Abs. 3 EStG i. V. m. § 2a Abs. 3 und 4 EStG 1997,

- Abzug ausländischer Steuern nach § 26 Abs. 6 KStG oder § 12 Abs. 3 AStG i. V. m. § 34c Abs. 2, 3 und 6 EStG,

- Hinzurechnungsbetrag nach § 10 AStG einschließlich Aufstockungsbetrag nach § 12 Abs. 1 und 3 AStG,

- Hinzurechnungen und Kürzungen von nicht nach einem DBA steuerfreien negativen Einkünften nach § 2a Abs. 1 EStG

12 +/– Hinzurechnungen und Kürzungen bei Umwandlung u. a.

- nach § 4 Abs. 6 und 7 bzw. § 12 Abs. 2 Satz 1 UmwStG nicht zu berücksichtigender Übernahmeverlust oder -gewinn,
- Hinzurechnungsbetrag nach § 12 Abs. 2 Satz 2 und 3 UmwStG

13 +/– sonstige Hinzurechnungen und Kürzungen u. a.

- nach § 52 Abs. 59 EStG i. V. m. § 50c EStG i. d. F. des Gesetzes vom 24.03.1999 (BGBl. I S. 402) nicht zu berücksichtigende Gewinnminderungen.
- nicht ausgleichsfähige Verluste nach § 8 Abs. 4 Satz 4 und nach § 13 Abs. 3 KStG sowie nach §§ 2b, 15 Abs. 4, § 15a Abs. 1 EStG,
- Hinzurechnungen nach § 15a Abs. 3 EStG, § 13 Abs. 3 Satz 10 KStG,
- Kürzungen nach § 2b Satz 4, § 15 Abs. 4 Satz 2, 3 und 6, § 15a Abs. 2, Abs. 3 Satz 4 EStG, § 13 Abs. 3 Satz 7 KStG,
- Gewinnzuschlag nach § 6b Abs. 7 und 8, § 7g Abs. 5 EStG

14 = steuerlicher Gewinn

15 – abzugsfähige Zuwendungen nach § 9 Abs. 1 Nr. 2 KStG

16 +/– bei Organträgern:

- Zurechnung des Einkommens von Organgesellschaften (§§ 14, 17 und 18 KStG),
- Kürzungen/Hinzurechnungen nach § 8b KStG, § 3c Abs. 1 EStG und § 4 Abs. 7 UmwStG bezogen auf das dem Organträger zugerechnete Einkommen von Organgesellschaften (§ 15 Nr. 2 KStG)

bei Organgesellschaften:

- Abzug des dem Organträger zuzurechnenden Einkommens (§§ 14, 17 und 18 KStG)

17 = Gesamtbetrag der Einkünfte i. S. d. § 10d EStG

18 – bei der übernehmenden Körperschaft im Jahr des Vermögensübergangs zu berücksichtigender Verlust nach § 12 Abs. 3 Satz 2 bzw. § 15 Abs. 4 UmwStG

19 – Verlustabzug nach § 10d EStG

20 = Einkommen

21 – Freibetrag für bestimmte Körperschaften (§ 24 KStG)

22 – Freibetrag für Erwerbs- und Wirtschaftsgenossenschaften sowie Vereine, die Land- und Forstwirtschaft betreiben (§ 25 KStG)

23 = zu versteuerndes Einkommen

Ausgangsbetrag für die Ermittlung der Körperschaftsteuer ist grundsätzlich der nach den einkommensteuerrechtlichen Vorschriften ermittelte Gewinn. Das Körperschaftsteuergesetz bezieht sich also zunächst auf die Einkommensteuer. Um zum Steuerbilanzgewinn zu kommen, sind allerdings eine Reihe von körperschaftsteuerrechtlichen Vorschriften zu beachten. Diese Vorschriften werden im Folgenden erläutert.

4   Verdeckte Gewinnausschüttung

Grundsatz

Eine verdeckte Gewinnausschüttung (vGA) ist eine Vermögensminderung oder verhinderte Vermögensmehrung,

> die durch das Gesellschaftsverhältnis veranlasst ist,

> sich auf die Höhe des einkommensteuerrechtlichen Gewinns auswirkt (bei nicht buchführungspflichtigen Körperschaften: auf die Einkünfte) und

> nicht auf einem den gesellschaftsrechtlichen Vorschriften entsprechenden Gewinnverteilungsbeschluss beruht.

Verdeckte Gewinnausschüttungen dürfen das Einkommen der Kapitalgesellschaft nicht mindern, obwohl die in Rede stehenden Beträge meist als Betriebsausgaben abgezogen worden sind. Deshalb werden sie bei der Ermittlung des Einkommens wieder hinzugerechnet.

Achtung:

> Eine Veranlassung durch das Gesellschaftsverhältnis ist auch dann gegeben, wenn die Vermögensminderung oder verhinderte Vermögensmehrung bei der Körperschaft zu Gunsten einer nahestehenden Person erfolgt.

Im Verhältnis zwischen Gesellschaft und beherrschendem Gesellschafter ist eine Veranlassung durch das Gesellschaftsverhältnis in der Regel auch dann anzunehmen, wenn es an einer zivilrechtlich wirksamen, klaren, eindeutigen und im voraus abgeschlossenen Vereinbarung darüber fehlt, ob und in welcher Höhe ein Entgelt für eine Leistung des Gesellschafters zu zahlen ist, oder wenn nicht einer klaren Vereinbarung entsprechend verfahren wird. Die beherrschende Stellung muss im Zeitpunkt der Vereinbarung oder des Vollzugs der Vermögensminderung oder verhinderten Vermögensmehrung vorliegen.

Angemessenheit der Vergütung

Hauptfall für die Frage nach der verdeckten Gewinnerhöhung ist die Höhe des Gehalts für beherrschende Gesellschafter-Geschäftsführer. Da dieser jederzeit Einfluss auf die Höhe seines Gehalts hat, könnte er über Gehaltsvariationen die Höhe des steuerlichen Gewinns der Gesellschaft nach Belieben beeinflussen. Deshalb erkennt die Finanzverwaltung die Gehaltsfestsetzung nur unter bestimmten Voraussetzungen an. Hierbei spielt der so genannte „Fremdvergleich" eine gewichtige Rolle: Würde ein nach kaufmännischen Gesichtspunkten urteilender Gesellschafter einem Fremdgeschäftsführer die gleichen Vertragsbedingungen anbieten? Dies zu entscheiden ist in vielen Fällen in der Praxis rein hypothetisch. Hier die Kriterien, die die Finanzverwaltung an die Anerkennung von Vergütungen als Betriebsausgabe aufgestellt hat. Dabei folgt sie der Frage der Angemessenheit der Gesamtausstattung, bezieht also nicht nur die in Geld vereinbarte Vergütung in die Beurteilung mit ein:

Verhältnis Zivil- und Steuerrecht

Das Zivilrecht behandelt die Kapitalgesellschaft und ihren Gesellschafter jeweils als eigenständige Rechts- und Vermögenssubjekte. Das Steuerrecht folgt grundsätzlich den Wertungen des Zivilrechts. Die Kapitalgesellschaft und der dahinter stehende Gesellschafter sind jeweils selbstständige Steuersubjekte. Daher sind schuldrechtliche Leistungsbeziehungen (z. B. Arbeits- oder Dienstverträge) zwischen der Kapitalgesellschaft und dem Gesellschafter grundsätzlich steuerlich anzuerkennen. Sie führen auf der Ebene der Kapitalgesellschaft zu Betriebsausgaben, die den steuerlichen Gewinn mindern.

Steuerlich ist zu prüfen, ob die Vereinbarung ganz oder teilweise durch das Gesellschaftsverhältnis veranlasst ist. Die Gewinnminderung, die auf dem durch das Gesellschaftsverhältnis veranlassten Teil der Vereinbarung beruht, ist außerhalb der Steuerbilanz dem Steuerbilanzgewinn im Rahmen der Ermittlung des Einkommens in der Körperschaftsteuererklärung hinzuzurechnen.

Einzelne Vergütungsbestandteile

Die Vergütung des Gesellschafter-Geschäftsführers setzt sich regelmäßig aus mehreren Bestandteilen zusammen. Es finden sich Vereinbarungen über

Festgehälter (einschl. Überstundenvergütung),

zusätzliche feste jährliche Einmalzahlungen (z. B. Urlaubsgeld, Weihnachtsgeld),

variable Gehaltsbestandteile (z. B. Tantieme, Gratifikationen),

Zusagen über Leistungen der betrieblichen Altersversorgung (z. B. Pensionszusagen) und

Sachbezüge (z. B. Fahrzeugüberlassung, private Telefonnutzung).

Die Beurteilung der gesellschaftlichen Veranlassung der Vergütungsvereinbarung bezieht sich zuerst auf die Vereinbarung des jeweils einzelnen Vergütungsbestandteils und danach auf die Angemessenheit der steuerlich anzuerkennenden Gesamtvergütung.

Prüfungsschema:

1. Es sind alle vereinbarten Vergütungsbestandteile einzeln danach zu beurteilen, ob sie dem Grunde nach als durch das Gesellschaftsverhältnis – und nicht durch die eigentliche Tätigkeit als Geschäftsführer – veranlasst anzusehen sind. Ist dies der Fall, führt die Gewinnminderung, die sich durch die Vereinbarung ergibt, in vollem Umfang zu einer verdeckten Gewinnausschüttung. So ist beispielsweise die Vereinbarung von *Überstundenvergütungen* nicht mit dem Aufgabenbild eines Geschäftsführers vereinbar. Auch Pensionszusagen, die gegen die Grundsätze der Wartezeit verstoßen oder zeitlich unbefristete Nur-Tantiemezusagen führen in vollem Umfang zu verdeckten Gewinnausschüttungen.

2. Als Nächstes sind die verbleibenden Vergütungsbestandteile danach zu beurteilen, ob sie *der Höhe nach* als durch das Gesellschaftsverhältnis veranlasst anzusehen sind. Soweit die gesellschaftliche Veranlassung reicht, führt dies zu verdeckten Gewinnausschüttungen.

3. Im dritten Schritt ist bezogen auf die verbliebene nicht durch das Gesellschaftsverhältnis veranlasste Vergütung zu prüfen, ob sie in der Summe als angemessen angesehen werden kann. Soweit die Vergütung die Grenze der Angemessenheit übersteigt, führt dies zu einer verdeckten Gewinnausschüttung.

Sind die einzelnen Vergütungsbestandteile nicht *zeitgleich* vereinbart worden und übersteigt die Vergütung die Angemessenheitsgrenze, ist der unangemessene Betrag in der Regel dem bzw. den zuletzt vereinbarten Bestandteilen zuzuordnen. Sind die einzelnen Vergütungsbestandteile zeitgleich vereinbart worden, ist der die Angemessenheitsgrenze übersteigende Betrag nach sachgerechten Kriterien (z. B. quotal) auf die einzelnen Vergütungsbestandteile zu verteilen (zu Fragen der *Angemessenheit von Tantiemen* vgl. weiter unten).

Beurteilungskriterien für die Angemessenheit sind Art und Umfang der Tätigkeit, die künftigen Ertragsaussichten des Unternehmens, das Verhältnis des Geschäftsführergehaltes zum Gesamtgewinn und zur verbleibenden Eigenkapitalverzinsung sowie Art und Höhe der Vergütungen, die im selben Betrieb gezahlt werden oder in gleichartigen Betrieben an Geschäftsführer für entsprechende Leistungen gewährt werden (BFH-Urteil vom 05. Oktober 1994, BStBl 1995 II S. 549).

Art und Umfang der Tätigkeit werden vorrangig durch die Größe des Unternehmens bestimmt. Je größer ein Unternehmen ist, desto höher kann das angemessene Gehalt des Geschäftsführers liegen, da mit der Größe eines Unternehmens auch Arbeitsein-satz, Anforderung und Verantwortung steigen. Die Unternehmensgröße ist vorrangig anhand der Umsatzhöhe und der Beschäftigtenzahl zu bestimmen.

Übt der Gesellschafter außerhalb seiner Geschäftsführerfunktion anderweitige un-ternehmerische Tätigkeiten aus (z. B. als Einzelunternehmer, in einer Personenge-sellschaft oder einer anderen Kapitalgesellschaft), so deckt sich die Angemessen-heitsgrenze bei der betreffenden Gesellschaft mit dem Umfang, in dem er jeweils für die konkrete Gesellschaft tätig ist. Er kann in diesem Fall nicht seine gesamte Ar-beitskraft der Kapitalgesellschaft zur Verfügung stellen.

Entsprechendes gilt in den Fällen, in denen zwei oder mehrere Geschäftsführer sich die Verantwortung für die Kapitalgesellschaft teilen. Vor allem bei kleineren Gesell-schaften ist, auch wenn sie ertragsstark sind, in diesen Fällen ein Abschlag gerechtfer-tigt. Hier kann unterstellt werden, dass Anforderungen und Arbeitseinsatz des einzel-nen Geschäftsführers geringer sind als bei einem Alleingeschäftsführer und dass von dem einzelnen Geschäftsführer im Regelfall deshalb auch solche Aufgaben wahrge-nommen werden, die bei vergleichbaren Gesellschaften von Nichtgeschäftsführern erledigt werden (BFH-Urteil vom 11. Dezember 1991, BStBl 1992 II S. 690).

Ertragsaussichten der Gesellschaft/Verhältnis zur Eigenkapitalverzinsung

Neben der Unternehmensgröße stellt die Ertragssituation das entscheidende Krite-rium für die Angemessenheitsprüfung dar. Maßgebend ist hierbei vor allem das Ver-hältnis der Gesamtausstattung des Geschäftsführergehalts zum Gesamtgewinn der Gesellschaft und zur verbleibenden Eigenkapitalverzinsung. Ein ordentlicher und ge-wissenhafter Geschäftsleiter würde bei der Festlegung der Gesamtbezüge des Ge-schäftsführers sicherstellen, dass der Gesellschaft auch nach Zahlung der Bezüge mindestens eine angemessene Eigenkapitalverzinsung verbleibt.

Die *angemessene Verzinsung* des Eigenkapitals ist dabei aus dem gesamten von der Ge-sellschaft eingesetzten Eigenkapital zu ermitteln. Wird nahezu der gesamte Gewinn ei-ner Kapitalgesellschaft durch die Gesamtvergütung „abgesaugt", stellt dies ein wesent-liches Indiz für die Annahme einer unangemessenen Gesamtvergütung dar.

Die *Mindestverzinsung* des eingesetzten Eigenkapitals rechtfertigt es allerdings nicht, darüber hinausgehende Beträge in vollem Umfang als Geschäftsführergehalt auszu-kehren. Es ist Aufgabe der Kapitalgesellschaft, Gewinne zu erzielen und die Gewinne nach Möglichkeit zu steigern, und ein ordentlicher und gewissenhafter Geschäftslei-ter wird auf jeden Fall dafür sorgen, dass der Kapitalgesellschaft ein entsprechender Gewinn verbleibt (BFH-Urteil vom 28. Juni 1989, BStBl II S. 854). Im Regelfall kann daher von der Angemessenheit der Gesamtausstattung der Geschäftsführerbezüge ausgegangen werden, wenn der Gesellschaft nach Abzug der Geschäftsführervergü-tungen noch ein Jahresüberschuss vor Ertragsteuern in mindestens gleicher Höhe wie die Geschäftsführervergütungen verbleibt. Bei mehreren Gesellschafter-Geschäfts-führern ist hierbei auf die Gesamtsumme der diesen gewährten Vergütungen abzu-stellen.

Praxishinweis:

Der dargestellte Grundsatz rechtfertigt es nach Auffassung der Finanzverwaltung allerdings auch bei sehr ertragsstarken Gesellschaften nicht, die Vergütungen unbegrenzt zu steigern. Die jeweilige Obergrenze muss nach den Umständen des Einzelfalles bestimmt werden. Hierbei ist vor allem auf die Unternehmensgröße abzustellen. Orientierungshilfen für die Bemessung des zu ermittelnden Höchstbetrags können die in den Gehaltsstrukturuntersuchungen für die jeweilige Branche und Größenklasse genannten Höchstwerte bieten. Diese tragen auch dem Umstand hinreichend Rechnung, dass der Unternehmenserfolg maßgeblich von der Leistung des Geschäftsführers und von dessen hohem Arbeitseinsatz abhängt sowie dass sich das Unternehmen in einem Ballungsgebiet mit hohem Gehaltsniveau befindet; eines speziellen Gehaltszuschlags bedarf es hierdurch nicht.

Bei *ertragsschwachen Gesellschaften* ist hingegen davon auszugehen, dass auch ein Fremdgeschäftsführer selbst in Verlustjahren nicht auf ein angemessenes Gehalt verzichten würde. Das Unterschreiten einer Mindestverzinsung des eingesetzten Kapitals führt daher nicht zwangsläufig zu einer verdeckten Gewinnausschüttung. Vielmehr kann von einer angemessenen Ausstattung der Gesamtbezüge des Gesellschafter-Geschäftsführers dann ausgegangen werden, wenn er Gesamtbezüge erhält, die sich am unteren Ende des entsprechenden Vergleichsmaßstabes befinden.

Fremdvergleichsmaßstab

Für die Ermittlung der Angemessenheitsgrenze ist der Fremdvergleich (vgl. BFH-Urteil vom 17. Mai 1995, BStBl 1996 II S. 204) maßgebend.

Interner Betriebsvergleich: Wird in der Gesellschaft neben dem Gesellschafter-Geschäftsführer ein Fremdgeschäftsführer beschäftigt, stellt dessen Vergütungshöhe ein wesentliches Indiz bei der Festlegung der Angemessenheitsgrenze der Vergütung des Gesellschafter-Geschäftsführers dar.

Externer Betriebsvergleich: Ein externer Betriebsvergleich lässt sich i. d. R. nur unter Heranziehung von nach den Regeln der wissenschaftlichen Statistik erstellten neutralen Gehaltsuntersuchungen führen. Nach dem BFH-Urteil vom 14. Juli 1999, BFH/NV 1999 S. 1645, bestehen gegen die Heranziehung von Gehaltsstrukturuntersuchungen im Rahmen eines externen Betriebsvergleichs keine rechtlichen Bedenken. Daneben besteht die Möglichkeit, branchenspezifische Erfahrungswerte zu verwenden, die aber nur in seltenen Fällen vorliegen werden.

Durchführung der Angemessenheitsprüfung: Die Prüfung der Angemessenheit der Gesamtbezüge von Gesellschafter-Geschäftsführern ist im Einzelfall nach den o. a. Kriterien vorzunehmen. Die Prüfung darf auch nicht aus Vereinfachungsgründen unterbleiben, d. h. betragsmäßige Unter- oder Obergrenzen finden keine Anwendung.

Verhältnis der Tantieme zu den Festbezügen (so genannte 75/25-Regel)

Der BFH hat auch Stellung zum Verhältnis der Gewinntantieme zu den Festbestandteilen der Geschäftsführerbezüge genommen. Danach führt ein 25 v. H. überschreitender Anteil an variablen Gehaltsbestandteilen nicht zwangsläufig zu einer verdeckten Gewinnausschüttung, wenn die Gesamtausstattung des Geschäftsführers insgesamt angemessen ist. Der Überschreitung der typisierten 25 Prozent-Grenze kommt nach Meinung des BFH lediglich Indizwirkung für die Annahme einer verdeckten Gewinnausschüttung zu.

Die Abweichung vom Regelverhältnis 75/25 ist kein vGA-Indiz, wenn

Mit sprunghaften Gewinnentwicklungen gerechnet werden konnte oder

starke Ertragsschwankungen gegeben sind oder

eine Gewinnprognose im Vorfeld nicht erstellt wurde oder sich die Prognose später nicht mehr verlässlich rekonstruieren lässt oder

keine weiteren Anhaltspunkte für die Annahme einer verdeckten Gewinnausschüttung (wie z. B. eine mangelhafte Durchführung) bestehen.

In diesen Fallgestaltungen betrachtet es der BFH als ausreichend, wenn der absolute Tantiemesatz als solcher dem Fremdvergleich Stand hält. Das Verhältnis zwischen Festgehalt und Tantieme soll bei einem entsprechenden Sachverhalt unbeachtlich sein.

In derartigen Fallgestaltungen ist es allerdings erforderlich, im Rahmen der Angemessenheitsprüfung einen Höchstbetrag zu fixieren, bei dessen Überschreitung eine Gewinnausschüttung anzunehmen ist. Mangelt es an einer solchen, geht der BFH von einer verdeckten Gewinnausschüttung der Höhe nach (= Frage der Angemessenheit) und nicht dem Grunde nach (= Frage der Üblichkeit) aus (vgl. hierzu BFH v. 10.07.2002, a. a. O.).

Die Abweichung vom Regelverhältnis 75/25 ist aber ausnahmsweise ein vGA-Indiz, wenn die nachfolgenden Kriterien kumulativ erfüllt sind:

Es bestehen keine größeren Ertragsschwankungen (stetige Ertragslage),

eine nachvollziehbare Gewinnprognose wurde erstellt bzw. eine Gewinnprognose ist ohne größere Unwägbarkeiten rekonstruierbar,

es wurde keine Deckelung der Tantieme vorgenommen,

die Abweichung vom Regelverhältnis 75/25 ist erheblich (> 50 v. H.-Tantiemeanteil),

die indizielle Wirkung wird durch weitere Anhaltspunkte, die für die Annahme einer verdeckten Gewinnausschüttung sprechen (z. B. mangelhafte Durchführung) erhärtet.

Weitere Einzelfälle verdeckter Gewinnausschüttung

Aktien

Eine vGA liegt vor, wenn ein Gesellschafter Aktien an die Gesellschaft zu einem höheren Preis als dem Kurswert verkauft oder die Gesellschaft Aktien an einen Gesellschafter zu einem niedrigeren Preis als dem Kurswert verkauft (BFH vom 13.09.1967 – BStBl 1968 II S. 20 und vom 14.05.1969 – BStBl II S. 501).

Ausgabegeld, Verzicht

Beschließen die Gesellschafter einer Kapitalgesellschaft eine Kapitalerhöhung aus Gesellschaftermitteln (effektive Kapitalerhöhung) und wird dabei auf ein Ausgabeaufgeld verzichtet, das den stillen Reserven entspricht, die auf die bisherigen Anteile entfallen, stellt dies weder eine verdeckte Gewinnausschüttung noch eine nicht den gesellschaftsrechtlichen Vorschriften entsprechende (andere) Ausschüttung dar. Dies deshalb, weil sich der Vorgang nicht auf das steuerliche Einkommen der Kapitalgesellschaft auswirkt und auch nicht als fingierte Doppelmaßnahme (Einlage mit anschließender Wiederausschüttung) zu sehen ist. Bedingt durch die niedrigeren Anschaffungskosten ergeben sich ertragsteuerliche Folgerungen erst bei der Veräußerung der Anteile entweder im Rahmen eines höheren Gewinns nach § 5 EStG (falls die Beteiligung Betriebsvermögen ist) oder im Rahmen eines höheren Veräußerungsgewinns nach § 17 EStG. Erfolgt die Kapitalerhöhung aus Gesellschaftermitteln in Bezug auf die bisherigen Gesellschafter nicht verhältniswahrend, z. B. weil die bisherigen Gesellschafter an der Kapitalerhöhung nicht entsprechend ihrer bisherigen Beteiligungsquote teilnehmen oder weil ein neuer Gesellschafter aufgenommen wird, führt der Verzicht auf ein Ausgabeaufgeld oder der nicht angemessene Ansatz eines Ausgabeaufgelds zu einer Verschiebung der stillen Reserven von den bisherigen Anteilen hin zu den durch die Kapitalerhöhung begründeten neuen Anteilen (vgl. auch Rdn. 21.14 zur KSt.-Kartei, UmwStG, Karte 17). Es kann dies einen Anwendungsfall des § 10 der Verordnung zu § 180 Abs. 2 AO darstellen. Danach kann u. a. gesondert und bei mehreren Beteiligten einheitlich festgestellt werden, ob und in welchem Umfang im Rahmen einer Kapitalerhöhung stille Reserven in Gesellschaftsanteilen, die der Besteuerung nach § 21 UmwStG oder § 17 EStG unterliegen (steuerverstrickte Anteile), auf andere Gesellschaftsanteile übergehen (mitverstrickte Anteile), in welchem Umfang die Anschaffungskosten der steuerverstrickten Anteile den mitverstrickten Anteilen zuzurechnen sind und wie hoch die Anschaffungskosten der steuerverstrickten Anteile nach dem Übergang stiller Reserven sowie der mitverstrickten Anteile im Übrigen sind.

Außerdem kann die Kapitalerhöhung gegen ein zu geringes Aufgeld auch eine gemischte Schenkung auslösen, weil stille Reserven von den Alt-Anteilen auf die im Rahmen der Kapitalerhöhung entstehenden neuen Anteile übergehen.

Arbeitgeberdarlehen

In der Praxis ist immer wieder zu entscheiden, ob bei der Gewährung von unverzinslichen oder zinsverbilligten Arbeitgeberdarlehen einer Kapitalgesellschaft an einen beherrschenden Gesellschafter-Geschäftsführer (z. B. für dessen private Einfamilienhaus-Einrichtung) verdeckte Gewinnausschüttungen anzunehmen sind, wenn die Gewährung der Darlehen im Anstellungsvertrag geregelt ist, den übrigen Arbeitnehmern aber keine entsprechende Darlehen gewährt bzw. angeboten werden. Das Finanzamt vertritt folgende Auffassung: Eine verdeckte Gewinnausschüttung liegt nicht bereits deshalb vor, weil nur dem beherrschenden Gesellschafter-Geschäftsführer – und nicht auch anderen Arbeitnehmern der Gesellschaft – ein Darlehen gewährt wird. Wird die Darlehensgewährung von vornherein im Anstellungsvertrag vereinbart, ist das Vorliegen einer verdeckten Gewinnausschüttung dann vornehmlich im Rahmen der Angemessenheit der Gesamtausstattung zu untersuchen.

Berufsverband

Erhält ein Berufsverband Rabatte auf Leistungen seiner Mitglieder, um sie an dieselben weiterzuleiten, so löst die Weiterleitung keine vGA aus, wenn sie dem Handeln eines ordentlichen und gewissenhaften Geschäftsleiters entspricht.

Übernimmt ein Berufsverband für seine Mitglieder Inkasso- und Abrechnungsfunktionen, so muss er zur Vermeidung einer vGA entweder dafür von seinen Mitgliedern ein angemessenes Entgelt verlangen oder einen angemessenen Teil des Mitgliedsbeitrages als Betriebseinnahme des wirtschaftlichen Geschäftsbetriebes behandeln.

Darlehen an Gesellschafter

Die Hingabe eines Darlehens an den Gesellschafter stellt eine vGA dar, wenn schon bei der Darlehenshingabe mit der Uneinbringlichkeit gerechnet werden muss (BFH vom 16.09.1958 – BStBl III S. 451 und vom 14.03.1990 – BStBl II S. 795). Ein unvollständiger Darlehensvertrag zwischen Kapitalgesellschaft und beherrschendem Gesellschafter kann nicht in die Zuführung von Eigenkapital umgedeutet werden (BFH vom 29.10.1997 – BStBl 1998 II S. 573).

Darlehenszinsen

Ein Gesellschafter erhält ein Darlehen von der Gesellschaft zinslos oder zu einem außergewöhnlich geringen Zinssatz. Gibt ein Gesellschafter der Gesellschaft ein Darlehen zu einem außergewöhnlich hohen Zinssatz liegt eine vGA vor (BFH vom 28.10.1964 – BStBl 1965 III S. 119 und vom 25.11.1964 – BStBl 1965 III S. 176).

Erstausstattung der Gesellschaft

Bei Rechtsverhältnissen, die im Rahmen der Erstausstattung einer Kapitalgesellschaft zu Stande gekommen sind, liegt eine vGA schon dann vor, wenn die Gestaltung darauf abstellt, den Gewinn der Kapitalgesellschaft nicht über eine angemessene Verzinsung des eingezahlten Nennkapitals und eine Vergütung für das Risiko des nicht eingezahlten Nennkapitals hinaus zu steigern (BFH vom 05.10.1977 – BStBl 1978 II S. 234, vom 23.05.1984 – BStBl II S. 673 und vom 02.02.1994 – BStBl II S. 479).

Geburtstag

Gibt eine GmbH aus Anlass des Geburtstags ihres Gesellschafter-Geschäftsführers einen Empfang, an dem nahezu ausschließlich Geschäftsfreunde teilnehmen, liegt eine vGA vor (BFH vom 28.11.1991 – BStBl 1992 II S. 359).

Gesellschafterversammlung

Zur Frage der steuerlichen Behandlung der Fahrtkosten, Sitzungsgelder, Verpflegungs- und Übernachtungskosten anlässlich einer Hauptversammlung oder Gesellschafterversammlung bzw. einer Vertreterversammlung vertritt die Finanzverwaltung folgende Auffassung (BMF vom 26.11.1984 – BStBl I S. 591):

Fahrtkosten, Erstattung an Gesellschafter, Genossen oder Mitglieder: Ersetzt eine Kapitalgesellschaft, eine Genossenschaft oder ein Versicherungsverein auf Gegenseitigkeit den Gesellschaftern, Genossen oder Mitgliedern die Kosten für die Fahrt zur Teilnahme an der Hauptversammlung oder Generalversammlung, so liegt darin eine verdeckte Gewinnausschüttung.

Fahrtkosten, Erstattung an Mitglieder einer Vertreterversammlung: Ersetzt eine Genossenschaft oder ein Versicherungsverein auf Gegenseitigkeit den Mitgliedern der Vertreterversammlung die Fahrtauslagen, so liegen abziehbare Betriebsausgaben vor.

Sitzungsgelder, Verpflegungs- und Übernachtungskosten, Zahlung an Gesellschafter, Genossen oder Mitglieder: Ausgaben einer Kapitalgesellschaft, einer Genossenschaft oder eines Versicherungsvereins auf Gegenseitigkeit zur Bewirtung von Gesellschaftern, Genossen oder Mitgliedern anlässlich einer Hauptversammlung oder Generalversammlung sind insoweit als Betriebsausgaben anzuerkennen, als sie den Betrag von 12,78 € je Gesellschafter, Genosse oder Mitglied nicht übersteigen. Alle darüber hinausgehenden Ausgaben stellen verdeckte Gewinnausschüttungen dar.

Sitzungsgelder, Verpflegungs- und Übernachtungskosten, Zahlung an Mitglieder einer Vertreterversammlung: Gewährt eine Genossenschaft oder ein Versicherungsverein auf Gegenseitigkeit den Mitgliedern der Vertreterversammlung in angemessener Höhe Sitzungsgelder, Verpflegungs- und Übernachtungspauschalen, so liegen abziehbare Betriebsausgaben vor.

Gewinnverteilung

Stimmt die an einer Personengesellschaft beteiligte Kapitalgesellschaft rückwirkend oder ohne rechtliche Verpflichtung einer Neuverteilung des Gewinns zu, die ihre Gewinnbeteiligung zu Gunsten ihres gleichfalls an der Personengesellschaft beteiligten Gesellschafters einschränkt, liegt eine vGA vor (BFH vom 12.06.1980 – BStBl II S. 723).

Gründungskosten

Nach dem BFH-Urteil vom 11. Oktober 1989 (BStBl 1990 II S. 89) ist keine Betriebsausgabe, sondern eine verdeckte Gewinnausschüttung gegeben, wenn eine Kapitalgesellschaft die eigenen Gründungskosten begleicht, die zivilrechtlich von den Gesellschaftern zu tragen sind. Hinsichtlich der Frage, wann Gründungskosten zivilrechtlich von den Gesellschaftern zu tragen sind, nimmt der BFH auf den Beschluss des BGH vom 20. Februar 1989 – II ZB 10/88 – (DB 1989 S. 871, GmbHR 1989 S. 250) Bezug. Danach ist auf Grund der Vorschrift des § 26 Abs. 2 AktG, der als Ausdruck eines allgemeinen Rechtsgedankens für alle Kapitalgesellschaften und damit auch für die GmbH verbindlich ist, in der Satzung offen zu legen, wie weit das gezeichnete Kapital durch Gründungsaufwand vorbelastet ist. Zur Kennzeichnung des Gesamtaufwands reicht es nicht aus, dass die Kosten, aus denen er sich zusammensetzt, ihrer Art nach im Einzelnen namentlich genannt werden. Vielmehr sind die einzelnen Kosten zusammengefasst als Gesamtbetrag in der Satzung auszuweisen, wobei Beträge, die noch nicht genau beziffert werden können, geschätzt werden müssen. Fehlt die bezifferte Benennung des Gründungsaufwands in der Satzung, ist die Klausel zivilrechtlich unwirksam. Soweit die Offenlegung unterbleibt oder den vorstehenden Grundsätzen nicht entspricht, entfällt auch die Vorbelastung. In diesen Fällen ist der Gründungsaufwand im Innenverhältnis von den Gesellschaftern als den Gründern zu tragen. Die Aufwendungen dürfen nur dann von der Kapitalgesellschaft getragen werden, wenn in der Satzung verbindlich festgelegt ist, wie weit das gekennzeichnete Kapital durch Gründungsaufwand vorbelastet ist. Hierzu sind die einzelnen Kosten zusammengefasst als Gesamtbetrag in der Satzung auszuweisen. Soweit bisher zusätzlich gefordert wurde, dass die Kosten ihrer Art zumindest beispielhaft im Einzelnen in der Satzung benannt sein müssen, ist daran nicht mehr festzuhalten. Der Abzug der Gründungskosten als Betriebsausgaben ist bei der Kapitalgesellschaft bereits dann zuzulassen, wenn die einzelnen Kosten zusammengefasst als Gesamtbetrag in der Satzung ausgewiesen sind. Hierbei ist ausreichend, wenn ein Höchstbetrag beziffert wird, bis zu dem die Gesellschaft die Gründungskosten selbst trägt, die Benennung der einzelnen Kostenarten ist nicht mehr erforderlich.

Trägt eine Kapitalgesellschaft allerdings die Kosten ihrer Gründung, ohne dass in der Satzung betragsmäßig festgelegt ist, liegt – wie bisher – eine verdeckte Gewinnausschüttung i. S. von § 8 Abs. 3 Satz 2 KStG und eine andere Ausschüttung i. S. von § 27 Abs. 3 Satz 2 KStG vor.

Kapitalerhöhungskosten

Für die anlässlich der Kapitalerhöhung einer GmbH anfallenden Kosten gilt das Veranlassungsprinzip. Übernimmt die GmbH die Kosten, die mit der eigentlichen Kapitalerhöhung zusammenhängen, liegt deswegen keine vGA vor, ohne dass es einer besonderen Satzungsregelung über die Kostenübernahme bedürfte. Anders verhält es sich, wenn die GmbH auch diejenigen Kosten trägt, die auf die Übernahme der neuen Kapitalanteile zurückzuführen sind (BFH vom 19.01.2000 – BStBl II S. 545).

Kfz-Nutzung

In der Praxis stellt sich immer wieder die Frage, wie der Wert einer verdeckten Gewinnausschüttung bei Nutzungsüberlassungen zu ermitteln ist, wenn die private Kfz-Nutzung durch den Gesellschafter und/oder eine ihm nahestehende Person eine verdeckte Gewinnausschüttung darstellt. Der Wert einer verdeckten Gewinnausschüttung in Form einer Nutzungsüberlassung bestimmt sich nach der erzielbaren Vergütung. Die in § 8 Abs. 3 KStG enthaltenen (Sonder-)Regelungen über verdeckte Gewinnausschüttungen gehen den Regelungen über die Bewertung der Entnahmen in § 6 Abs. 1 Nr. 4 EStG vor. Eine Bewertung der verdeckten Gewinnausschüttung mit den pauschalierten Selbstkosten i. S. von § 6 Abs. 1 Nr. 4 Satz 2 ff. EStG (1 v. H. Listenpreis, Fahrtenbuch), die keinen Gewinnaufschlag enthalten, kommt danach grundsätzlich nicht in Betracht. Es ist jedoch aus Vereinfachungsgründen vertretbar, den Wert der verdeckten Gewinnausschüttung grundsätzlich in Anlehnung an den § 6 Abs. 1 Nr. 4 Satz 2 ff. EStG (1 v. H. Listenpreis, Fahrtenbuch) zu ermitteln. Damit wird insbesondere den praktischen Schwierigkeiten Rechnung getragen, eine erzielbare Vergütung i. S. d. A 31 Abs. 10 Satz 1 KStR zu ermitteln. In begründeten Einzelfällen können auch davon abweichende Schätzungen zugelassen werden.

Markteinführungskosten

Ein ordentlicher und gewissenhafter Geschäftsleiter einer Kapitalgesellschaft wird für die Gesellschaft nur dann ein neues Produkt am Markt einführen und vertreiben, wenn er daraus bei vorsichtiger und vorheriger kaufmännischer Prognose innerhalb eines überschaubaren Zeitraums und unter Berücksichtigung der voraussichtlichen Marktentwicklung einen angemessenen Gesamtgewinn erwarten kann (BFH vom 17.02.1993 – BStBl II S. 457) und BMF vom 23.02.1983 – BStBl I S. 218 (Tz. 3.4 und 3.5).

Nutzungsüberlassungen

Eine vGA liegt vor bei Mietverhältnissen oder Nutzungsrechtsüberlassungen zwischen Gesellschafter und Kapitalgesellschaft zu einem unangemessenen Preis (BFH vom 16.08.1955 – BStBl III S. 353 und vom 03.02.1971 – BStBl II S. 408).

Rechtsverzicht

Verzichtet eine Gesellschaft auf Rechte, die ihr einem Gesellschafter gegenüber zustehen, liegt eine vGA vor (BFH vom 03.11.1971 – BStBl 1972 II S. 227, vom 13.10.1983 – BStBl 1984 II S. 65 und vom 07.12.1988 – BStBl 1989 II S. 248).

Risikogeschäfte

Im Urteil vom 14. September 1994 (BStBl 1997 II S. 89) hat der BFH zur Annahme einer verdeckten Gewinnausschüttung durch Übernahme von Risikogeschäften durch eine GmbH Stellung genommen. Folgendes ist zu beachten:

Im Urteilsfall hat der BFH die Annahme einer verdeckten Gewinnausschüttung nur unter dem Gesichtspunkt des Verzichts der GmbH auf einen Schadensersatzanspruch gegenüber ihrem Gesellschafter-Geschäftsführer geprüft. Nach Auffassung des BFH löst die Übernahme von Risikogeschäften (hier: Goldoptionen) auch im Verlustfall bei einer Zweipersonen-GmbH (im Urteilsfall Mutter und Sohn) keinen Schadensersatzanspruch nach § 43 GmbH-Gesetz gegenüber dem Geschäftsführer aus, wenn die Gesellschafter dem Abschluss des Risikogeschäftes zugestimmt hatten. Eine verdeckte Gewinnausschüttung wegen Nichtgeltendmachung einer Schadensersatzforderung gegenüber dem Gesellschafter-Geschäftsführer kommt in diesem Fall nicht in Betracht.

Zu der Frage, ob bereits der infolge der Übernahme des Risikogeschäfts (z. B. Optionen, Differenzgeschäfte) eingetretene Verlust und die damit verbundene Vermögensminderung bei der GmbH die Voraussetzungen einer verdeckten Gewinnausschüttung erfüllen, nimmt der BFH nicht gesondert Stellung. Diese Frage ist nach den allgemeinen Grundsätzen der verdeckten Gewinnausschüttung zu beurteilen. Eine verdeckte Gewinnausschüttung im Sinne des § 8 Abs. 3 Satz 2 KStG ist eine Vermögensminderung oder verhinderte Vermögensmehrung, die durch das Gesellschaftsverhältnis veranlasst ist, sich auf die Höhe des Einkommens auswirkt und nicht auf einem den gesellschaftsrechtlichen Vorschriften entsprechenden Gewinnverteilungsbeschluss beruht (Abschnitt 31 Abs. 3 Satz 1 KStR 1995). Eine Veranlassung durch das Gesellschaftsverhältnis liegt vor, wenn ein ordentlicher und gewissenhafter Geschäftsleiter (§ 93 Abs. 1 Satz 1 Aktiengesetz, § 43 Abs. 1 GmbH-Gesetz, § 34 Abs. 1 Satz 1 Genossenschaftsgesetz) die Vermögensminderung oder verhinderte Vermögensmehrung gegenüber einer Person, die nicht Gesellschafter ist, unter sonst gleichen Umständen nicht hingenommen hätte (Abschnitt 31 Abs. 3 Satz 3 KStR 1995).

Die Übernahme risikobehafteter Geschäfte ist im Geschäftsleben durchaus üblich und stellt im Allgemeinen keine verdeckte Gewinnausschüttung dar. Eine verdeckte Gewinnausschüttung ist nur anzunehmen, wenn das Risikogeschäft seine Ursache im Gesellschaftsverhältnis hat und ein ordentlicher und gewissenhafter Geschäftsleiter das Geschäft nicht eingegangen wäre. Anzunehmen ist dies insbesondere bei Geschäften, die nach Art und Umfang der Geschäftätigkeit der Gesellschaft völlig unüblich, mit hohen Risiken verbunden und nur aus privaten Spekulationsabsichten des Gesellschafter-Geschäftsführers zu erklären sind (wie z. B. im Urteilssachverhalt bei Optionsgeschäften in einem kleineren Einzelhandel).

Der führt BFH aus, dass jede Forderung einer Kapitalgesellschaft gegen ihren Gesellschafter solange, wie sie nach den Grundsätzen ordnungsmäßiger Buchführung in der Steuerbilanz in voller Höhe zu aktivieren ist, nicht Gegenstand einer verdeckten Gewinnausschüttung i. S. des § 8 Abs. 3 Satz 2 KStG sein kann. Der die Vermögensminderung ausschließende Ansatz in der Steuerbilanz hat danach Vorrang vor der Rechtsfolge des § 8 Abs. 3 Satz 2 KStG. Die Ausführungen des BFH betreffen nur Fälle, in denen die von der Kapitalgesellschaft aktivierte Forderung selbst – z. B. bei Verzicht – Gegenstand einer verdeckten Gewinnausschüttung sein kann. Eine Vermögensminderung tritt dann bei der Kapitalgesellschaft nicht ein, solange die Forderung in der Bilanz der Kapitalgesellschaft ausgewiesen wird.

Das BMF-Schreiben vom 19.12.1996 (BStBl 1997 I S. 112) legt im Zusammenhang mit so genannten Risikogeschäften Kriterien für die Abgrenzung der Gesellschafter- von der Gesellschaftssphäre fest. Dabei ist die Übernahme risikobehafteter Geschäfte nicht von vornherein als im Geschäftsleben unüblich anzusehen. Etwas anderes gilt allerdings dann, wenn ein ordentlicher und gewissenhafter Geschäftsleiter das Geschäft nicht eingegangen wäre. Diese Voraussetzung ist insbesondere erfüllt, wenn das Geschäft nach Art und Umfang der Geschäftätigkeit der Gesellschaft völlig unüblich, mit hohen Risiken verbunden und nur aus privaten Spekulationsabsichten des Gesellschafter-Geschäftsführers zu erklären ist.

Im Urteil vom 08.08.2001 – I R 106/99 – (BStBl 2003 II S. 487) hat der Bundesfinanzhof dagegen entschieden, dass es Sache der Gesellschaft sei, Risikogeschäfte mit den damit verbundenen Chancen und Verlustgefahren wahrzunehmen. Dies gelte selbst dann, wenn sich die damit zum Ausdruck kommende Risiko- und Spekulationsbereitschaft mit den Absichten des Gesellschafter-Geschäftsführers decken sollte. Der Umstand, dass die Durchführung nach Art und Umfang der Geschäftätigkeit der Gesellschaft völlig unüblich oder mit hohem Risiko verbunden sei, könne die Veranlassung der Geschäfte durch das Gesellschaftsverhältnis nicht begründen.

Nach dem Ergebnis einer Erörterung mit den obersten Finanzbehörden der Länder sind die Grundsätze des BFH-Urteils über den entschiedenen Einzelfall hinaus nicht anzuwenden. Die bisherige Auffassung der Finanzverwaltung gelten für die Abgrenzung der Gesellschafter- von der Gesellschaftssphäre bei Risikogeschäften weiter (es liegt ein so genannter „Nichtanwendungserlass des Bundesfinanzministers vor, mit dem die Rechtsprechung des BFH ausgehebelt wird).

Tätigt eine Kapitalgesellschaft Risikogeschäfte (Devisentermingeschäfte), so rechtfertigt dies im Allgemeinen nicht die Annahme, die Geschäfte würden im privaten Interesse des (beherrschenden) Gesellschafters ausgeübt. Die Gesellschaft ist grundsätzlich darin frei, solche Geschäfte und die damit verbundenen Chancen, zugleich aber auch Verlustgefahren wahrzunehmen (Abgrenzung zum Senatsurteil vom 08. Juli 1998 I R 123/97, BFHE 186, 540, und vom BMF-Schreiben vom 19. Dezember 1996, BStBl I 1997, 112).

Schuldübernahme

Eine vGA liegt vor, wenn eine Gesellschaft eine Schuld oder sonstige Verpflichtung eines Gesellschafters übernimmt (BFH vom 19.03.1975 – BStBl II S. 614 und vom 19.05.1982 – BStBl II S. 631).

Stille Gesellschaft

Beteiligt sich ein Gesellschafter an der Gesellschaft als stiller Gesellschafter und erhält dafür einen unangemessen hohen Gewinnanteil, liegt eine vGA vor (BFH vom 06.02.1980 – BStBl II S. 477).

Übergang immaterieller Wirtschaftsgüter

Der Bundesfinanzhof hat in den Urteilen IV R 90/72 und IV R 38/73 vom 25.11.1976 (BStBl 1977 II S. 467 und 477) zu den körperschaftsteuerrechtlichen und einkommensteuerrechtlichen Folgen einer durch Änderung der Beteiligungsverhältnisse bzw. durch Änderung der Gewinnverteilungsabrede eingetretenen Minderung des Gewinnanteils einer GmbH als persönlich haftende Gesellschafterin einer GmbH & Co KG Stellung genommen. Dabei ist der BFH davon ausgegangen, dass die Änderung der gesellschaftsrechtlichen Verhältnisse zu einem bei der GmbH als verdeckte Gewinnausschüttung anzusehenden Übergang von Anteilen der GmbH an immateriellen Einzelwirtschaftsgütern des Anlagevermögens und auch eines Anteils an der GmbH an einem originären Firmenwert der GmbH & Co. KG aus dem Vermögen der GmbH in das Sonderbetriebsvermögen der Kommanditisten führen könne. Wegen des Aktivierungsverbots für nicht entgeltlich erworbene Wirtschaftsgüter des Anlagevermögens (§ 5 Abs. 2 EStG) dürfe jedoch im Sonderbetriebsvermögen der Kommanditisten ein Aktivposten nicht angesetzt werden.

Der Übergang von immateriellen Wirtschaftsgütern des Anlagevermögens im Wege einer verdeckten Gewinnausschüttung aus einem Betriebsvermögen in ein anderes gewerbliches Betriebsvermögen im Wege einer verdeckten Gewinnausschüttung ist hiernach nicht als entgeltlicher Erwerb im Sinne des § 5 Abs. 2 EStG anzusehen. Legt ein Steuerpflichtiger ein Wirtschaftsgut des Anlagevermögens aus dem Privatvermögen in seinen Betrieb ein, ist das Wirtschaftsgut nach den für Einlagen geltenden Grundsätzen zu bewerten.

Verlustgeschäfte

Ein ordentlicher und gewissenhafter Geschäftsführer würde die Übernahme von Aufgaben, die vorrangig im Interesse des Alleingesellschafters liegen, davon abhängig machen, ob sich der Gesellschaft die Chance zur Erzielung eines angemessenen Gewinns stellt (BFH vom 02.02.1994 – BStBl II S. 479).

Verpachtung Mandantenstamm

Veräußert ein Steuerberater sein bewegliches Betriebsvermögen mit Ausnahme des Mandantenstamms, der das werthaltigste Wirtschaftsgut seines Betriebsvermögens darstellt, an eine von ihm gegründete GmbH, so kann der Mandantenstamm Gegenstand eines Pachtvertrages zwischen Berater und Beratungs-GmbH sein (Abgrenzung zu BFH-Urteil vom 30.03.1994 I R 52/93, BFHE 175, 33, BStBl II 1994, 903). Die von der GmbH hierfür gezahlten (angemessenen) Pachtzinsen sind keine verdeckten oder anderen Ausschüttungen i. S. des § 8 Abs. 3 Satz 2 und § 27 KStG (BFH vom 18.12.1996 – BStBl 1997 II S. 546).

Verspätungszuschlag

Ein Verspätungszuschlag, den eine Kapitalgesellschaft wegen verspäteter Abgabe einer Kapitalertragsteueranmeldung entrichten muss, ist eine abzugsfähige Betriebsausgabe. Der Umstand, dass der Verspätungszuschlag maßgebend auf der gesetzlichen Verpflichtung zum Steuerabzug beruht, schließt die Annahme einer vGA i. S. des § 3 Abs. 8 Satz 2 KStG 1984 aus (BFH vom 22.01.1997 – BStBl II S. 548).

Vorschüsse, zinslose auf Tantieme

Zahlt eine GmbH ihrem Gesellschafter ohne eine entsprechende klare und eindeutige Abmachung einen unverzinslichen Tantiemevorschuss, so ist der Verzicht auf eine angemessene Verzinsung eine vGA (BFH vom 22.10.2003 – BStBl 2004 II S. 307).

Waren

Liefert ein Gesellschafter an die Gesellschaft, erwirbt er von der Gesellschaft Waren und sonstige Wirtschaftsgüter zu ungewöhnlichen Preisen, oder erhält er besondere Preisnachlässe und Rabatte, liegt eine vGA vor (BFH vom 12.07.1972 – BStBl II S. 802, vom 21.12.1972 – BStBl 1973 II S. 449, vom 16.04.1980 – BStBl 1981 II S. 492 und vom 06.08.1985 – BStBl 1986 II S. 17).

Wettbewerbsverbot

Die Finanzverwaltung vertritt im Hinblick auf Wettbewerbsverbote folgende Auffassung: Nach der Rechtsprechung des Bundesfinanzhofs liegt eine Verletzung des Wettbewerbsverbotes vor, wenn der beherrschende Gesellschafter oder der Gesellschafter-Geschäftsführer im Geschäftszweig der Gesellschaft ohne Erlaubnis Geschäfte für eigene Rechnung macht. Bei einer Verletzung des Wettbewerbsverbots steht der Gesellschaft ein Anspruch auf Schadenersatz oder auf Herausgabe des erlangten Vorteils zu. Verzichtet die Gesellschaft gegenüber dem Gesellschafter-Geschäftsführer (BFH-Urteil vom 11. Februar 1981, BStBl II S. 448) oder dem nicht geschäftsführenden beherrschenden Gesellschafter (BFH-Urteil vom 26. April 1989, BStBl II S. 673) auf diesen Anspruch, so liegt eine verdeckte Gewinnausschüttung vor. Dasselbe gilt für die Konkurrenztätigkeit des Geschäftsführers einer Gesellschaft, der im Verhältnis zum beherrschenden Gesellschafter nahestehende Person ist (BFH-Urteil vom 11. Februar 1987, BStBl II S. 461).

Die Gesellschaft kann dem beherrschenden Gesellschafter und dem Geschäftsführer eine Konkurrenztätigkeit in ihrem Geschäftszweig durch Vereinbarung gestatten (= Befreiung vom Wettbewerbsverbot). Eine verdeckte Gewinnausschüttung wird bei einer Konkurrenztätigkeit auf Grund einer solchen Vereinbarung jedoch nur dann vermieden, wenn die nachfolgenden Voraussetzungen erfüllt sind:

a) Die Befreiung vom Wettbewerbsverbot muss eine klare und eindeutige Aufgabenabgrenzung zwischen der Gesellschaft auf der einen Seite und dem beherrschenden Gesellschafter oder dem Geschäftsführer auf der anderen Seite enthalten, die eine spätere willkürliche Zuordnung der Geschäfte unmöglich macht.

   Die Vereinbarung muss zivilrechtlich wirksam im voraus getroffen sein. Das ist der Fall, wenn die Befreiung des beherrschenden Gesellschafters vom Wettbewerbsverbot entweder in der ursprünglichen Satzung enthalten ist oder durch späteren satzungsändernden Beschluss in sie aufgenommen worden ist. Mit dem Geschäftsführer kann das Wettbewerbsverbot im Anstellungsvertrag, dem die Mehrheit der Gesellschafter (nach Stimmrechten) zugestimmt haben muss, wirksam abbedungen werden. Bei beherrschenden Gesellschafter-Geschäftsführern muss die Befreiung vom Wettbewerbsverbot in der Satzung vereinbart werden; die Aufnahme in den Anstellungsvertrag ist nicht erforderlich.

b) Es muss eine angemessene Gegenleistung vereinbart werden, wenn ein ordentlicher und gewissenhafter Geschäftsführer die Befreiung vom Wettbewerbsverbot im Interesse der Gesellschaft nicht unentgeltlich erteilen würde. Ein angemessenes Entgelt muss insbesondere vereinbart werden, wenn die konkurrierende Tätigkeit des beherrschenden Gesellschafters oder des Geschäftsführers auf einem Teilbereich des Unternehmensgegenstandes erlaubt wird, auf dem die Gesellschaft bereits ihre Tätigkeit entfaltet hat, die sich der beherrschende Gesellschafter oder der Geschäftsführer zunutze machen kann. Bei der Neugründung einer Gesellschaft kann eine unentgeltliche Befreiung vom Wettbewerbsverbot erfolgen.

Im Verhältnis zwischen Steuerberater und Steuerberatungsgesellschaften besteht das Wettbewerbsverbot ebenfalls, so dass grundsätzlich auch für diesen Bereich die vorstehenden Regelungen gelten. Eine Vereinbarung, die dem beherrschenden Gesellschafter oder dem Geschäftsführer eine Konkurrenztätigkeit erlaubt und dabei hinsichtlich der Aufgabenabgrenzung allein auf die Wahl des Mandanten abstellt, reicht zur Vermeidung einer verdeckten Gewinnausschüttung jedoch nicht aus.

Zusatzvergütungen

Zahlt eine Kapitalgesellschaft ihren Gesellschafter-Geschäftsführern Zusatzvergütungen, die auf diese im Verhältnis ihrer Beteiligungsquoten aufgeteilt werden, so sind diese vGA.

Errichtet eine Kapitalgesellschaft auf dem (angemieteten) Grundstück eines Gesellschafters ein Gebäude, so sind die von ihr aufgewandten Herstellungskosten grundsätzlich zu aktivieren, so dass es an der für die Annahme einer vGA notwendigen Vermögensminderung fehlt.

Die Kapitalgesellschaft kann insoweit gegenüber ihrem Gesellschafter einen Ausgleichsanspruch nach §§ 951, 812 ff. BGB haben (Aufgabe der Rechtsprechung im Urteil vom 12.07.1972 I R 203/70, BFHE 106 S. 313, BStBl 1972 II, 802).

Gesetzliche Ansprüche einer Kapitalgesellschaft gegenüber ihrem beherrschenden Gesellschafter sind steuerlich auch dann zu berücksichtigen, wenn sie nicht zusätzlich klar und eindeutig vereinbart sind.

Pensionszusagen an Gesellschafter-Geschäftsführer

Bei Pensionsverpflichtungen ist in einem ersten Schritt zu prüfen, ob und in welchem Umfang eine Rückstellung gebildet werden darf. Ist eine Pensionszusage bereits zivilrechtlich unwirksam, ist die Pensionsrückstellung in der Handelsbilanz erfolgswirksam aufzulösen, dies ist maßgeblich für die Steuerbilanz. Daneben müssen die Voraussetzungen des § 6a EStG erfüllt sein; sind sie nicht erfüllt, ist die Pensionsrückstellung insoweit innerhalb der Steuerbilanz erfolgswirksam aufzulösen. Die Regelungen des Einkommensteuergesetzes sind für den Ansatz der Pensionsrückstellungen in der Steuerbilanz dem Grunde und der Höhe nach zu berücksichtigen. Ist die Pensionsrückstellung dem Grunde und der Höhe nach zutreffend bilanziert, ist in einem zweiten Schritt zu prüfen, ob und inwieweit die Pensionsverpflichtung auf einer vGA beruht. Bei dieser Prüfung sind insbesondere die Aspekte

- Ernsthaftigkeit,
- Angemessenheit und
- Erdienbarkeit

zu prüfen.

Eine vertraglich vorgesehene Altersgrenze von weniger als 65 Jahren kann für die Berechnung der Pensionsrückstellung nur dann zu Grunde gelegt werden, wenn besondere Umstände nachgewiesen werden, die ein niedrigeres Pensionsalter rechtfertigen (BFH vom 08.05.1963 – BStBl III S. 339 und vom 25.09.1968 – BStBl II S. 810).

Die Finanzverwaltung erkennt an, wenn für behinderte Menschen im Sinne des § 2 Abs. 2 des Sozialgesetzbuchs – Neuntes Buch (SGB IX) eine vertragliche Altersgrenze von mindestens 60 Jahren zu Grunde gelegt wird. Bei einer vertraglichen Altersgrenze von weniger als 60 Jahren ist davon auszugehen, dass keine ernsthafte Vereinbarung vorliegt.

Angemessenheit

In die Prüfung der Angemessenheit der Gesamtbezüge des Gesellschafter-Geschäftsführers ist auch die ihm erteilte Pensionszusage einzubeziehen. Diese ist mit der fiktiven Jahresnettoprämie nach dem Alter des Gesellschafter-Geschäftsführers im Zeitpunkt der Pensionszusage anzusetzen, die er selbst für eine entsprechende Versicherung zu zahlen hätte, abzüglich etwaiger Abschluss- und Verwaltungskosten. Sieht die Pensionszusage spätere Erhöhungen vor oder wird sie später erhöht, ist die fiktive Jahresnettoprämie für den Erhöhungsbetrag auf den Zeitpunkt der Erhöhung der Pensionszusage zu berechnen; dabei ist von den Rechnungsgrundlagen auszugehen, die für die Berechnung der Pensionsrückstellung verwendet werden. Das gilt nicht für laufende Anpassungen an gestiegene Lebenshaltungskosten.

Direktversicherung: Nach übereinstimmender Auffassung der obersten Finanzbehörden des Bundes und der Länder bestehen gegen die ertragsteuerrechtliche Anerkennung einer zugunsten des beherrschenden Gesellschafter-Geschäftsführers einer Kapitalgesellschaft abgeschlossenen Direktversicherung keine Bedenken, wenn als vertraglicher Fälligkeitstermin für die Erlebensfalleistung ein früherer Zeitpunkt als die Vollendung des 75. Lebensjahrs des bezugsberechtigten Gesellschafter-Geschäftsführers vereinbart wird. Die von der Rechtsprechung zur Frage der Ernsthaftigkeit der Belastung bei Pensionszusagen an Gesellschafter-Geschäftsführer entwickelten Grundsätze können nicht sinngemäß angewendet werden. Die Ernsthaftigkeit der Direktversicherung liegt deshalb vor, weil der Versicherer die Versicherungsleistung bei ordnungsgemäßer Erfüllung des Versicherungsvertrags unabhängig von der tatsächlichen Pensionierung des Gesellschafter-Geschäftsführers zu erbringen hat. Die Frage, ob die Direktversicherung zu einer verdeckten Gewinnausschüttung führt, bleibt unberührt.

Erdienbarkeit:

Nach dem Urteil des BFH vom 21. Dezember 1994 (BStBl 1995 II S. 419) ist die Zusage einer Pension an den beherrschenden Gesellschafter-Geschäftsführer einer Kapitalgesellschaft eine verdeckte Gewinnausschüttung, wenn der Zeitraum zwischen dem Zeitpunkt der Zusage der Pension und dem vorgesehenen Zeitpunkt des Eintritts in den Ruhestand weniger als 10 Jahre beträgt.

Nach dem BFH-Urteil vom 24. Januar 1996 (BStBl 1997 II S. 440) ist die Zusage einer Pension an einen nicht beherrschenden Gesellschafter-Geschäftsführer eine verdeckte Gewinnausschüttung,

wenn der Zeitraum zwischen dem Zeitpunkt der Zusage der Pension und dem vorgesehenen Zeitpunkt des Eintritts in den Ruhestand weniger als zehn Jahre beträgt oder

wenn dieser Zeitraum zwar mindestens drei Jahre beträgt, der Gesellschafter-Geschäftsführer dem Betrieb aber weniger als zwölf Jahre angehört (Anschluss an BFH-Urteil vom 21. Dezember 1994 – BStBl 1995 II S. 419 – zum beherrschenden Gesellschafter-Geschäftsführer).

Für die Anwendung der Grundsätze des BFH-Urteils folgendes:

Erdienungszeitraum: Der BFH stellt für die Beurteilung, wie lange der Zeitraum sein muss, in dem eine Pensionszusage jedenfalls dem Grunde nach durch eine aktive Tätigkeit erdient ist, auf § 1 Abs. 1 des Gesetzes zur Verbesserung der betrieblichen Altersversorgung (BetrAVG) und die hierin für die Bestimmung der Unverfallbarkeit maßgeblichen Zeitvorstellungen ab. Anders als der beherrschende Gesellschafter unterliegt der nicht beherrschende Gesellschafter nicht dem so genannten *Nachzahlungsverbot.* Für die steuerliche Anerkennung von Pensionsrückstellungen kann daher bei ihm auf die Dauer der Betriebszugehörigkeit abgestellt werden. In dem entschiedenen Einzelfall ist der BFH davon ausgegangen, dass eine Pension erdient ist, wenn der nicht beherrschende Gesellschafter im Zeitpunkt der Pensionszusage seit mehr als zwölf Jahren im Betrieb tätig gewesen ist und wenn sichergestellt ist, dass im Betrieb eine aktive Tätigkeit von mindestens drei weiteren Jahren verbleibt. Der BFH geht insoweit von einem maßgeblichen Zeitraum von insgesamt 15 Jahren der Betriebszugehörigkeit aus. Es wird darauf hingewiesen, dass je nach Lage des Einzelfalls auch eine zwölfjährige Betriebszugehörigkeit ausreichen kann. So wird eine einem Arbeitnehmer beispielsweise nach sechsjähriger Betriebszugehörigkeit erteilte Versorgungszusage nach § 1 Abs. 1 2. Spiegelstrich BetrAVG unverfallbar, wenn dieser dem Betrieb weitere sechs Jahre angehört hat.

Wechsel der Beherrschungsverhältnisse: Wird einem bisher beherrschenden Gesellschafter-Geschäftsführer eine Pensionszusage erteilt, nachdem sich sein Beteiligungsbesitz auf eine nicht beherrschende Beteiligung verringert hat, ist die Pensionszusage steuerlich nach den für nicht beherrschende Gesellschafter-Geschäftsführer geltenden Grundsätzen zu beurteilen. Wird die Stellung als beherrschender Gesellschafter nach der Pensionszusage wiederhergestellt, ist allerdings zu prüfen, ob ein Gestaltungsmissbrauch nach § 42 AO vorliegt.

Unverfallbarkeit: Vereinbarungen über eine Unverfallbarkeit in Zusagen auf Leistungen der betrieblichen Altersversorgung an Gesellschafter-Geschäftsführer einer Kapitalgesellschaft sehen häufig abweichend von den Regelungen im Gesetz zur Verbesserung der betrieblichen Altersversorgung (BetrAVG) vor, dass dem Berechtigten eine sofortige Unverfallbarkeit der zugesagten Ansprüche eingeräumt wird. Eine derartige Vereinbarung ist grundsätzlich für sich genommen nur dann nicht als durch das Gesellschaftsverhältnis veranlasst anzusehen, wenn es sich um eine sofortige ratierliche Unverfallbarkeit handelt. Bei einem Anspruch auf betriebliche Altersversorgung durch Entgeltumwandlung ist nicht zu beanstanden, wenn sich die Unverfallbarkeit nach § 2 Abs. 5a BetrAVG richtet.

Ist die Zusage danach als durch das Gesellschaftsverhältnis veranlasst anzusehen, liegt bei einem vorzeitigen Ausscheiden des Berechtigten auf der Ebene der Gesellschaft eine verdeckte Gewinnausschüttung insoweit vor, als der Rückstellungsausweis für die Verpflichtung nach § 6a EStG den Betrag übersteigt, der sich bei einer sofortigen ratierlichen Unverfallbarkeit ergeben würde. Bei Zusagen an beherrschende Gesellschafter-Geschäftsführer ist zur Ermittlung des Betrags, der sich bei einer sofortigen ratierlichen Unverfallbarkeit ergeben würde, nicht der Beginn der Betriebszugehörigkeit, sondern der Zeitpunkt der Zusage maßgebend. Auf die verdeckte Gewinnausschüttung sind die Grundsätze des BMF-Schreibens vom 28. Mai 2002 (BStBl I S. 603) anzuwenden.

Fehlende Altersversorgung

Der BFH hat im Urteil vom 24.04.2002 – I R 43/01 – (BStBl 2003 II S. 416) entschieden, dass eine Pensionszusage an einen beherrschenden Gesellschafter-Geschäftsführer einer Kapitalgesellschaft grundsätzlich dann nicht durch das Gesellschaftsverhältnis veranlasst ist, wenn zwischen Zusageerteilung und dem 65. Lebensjahr des

Begünstigten weniger als zehn Jahre liegen, weil der Begünstigte nicht anderweitig eine angemessene Altersversorgung aufbauen konnte.

Verspricht eine GmbH ihrem 56 Jahre alten beherrschenden Gesellschafter-Geschäftsführer ein Altersruhegeld für die Zeit nach Vollendung des 65. Lebensjahres, so führt dies nicht notwendig zur Annahme einer verdeckten Gewinnausschüttung. Das gilt insbesondere dann, wenn die Pensionszusage auch deshalb erteilt wurde, weil der Geschäftsführer nicht anderweitig eine angemessene Altersversorgung aufbauen konnte.

Schriftformerfordernis

Voraussetzung für die steuerliche Anerkennung einer Pensionsrückstellung nach § 6a EStG ist u. a. eine schriftlich erteilte Pensionszusage (§ 6a Abs. 1 Nr. 3 EStG). Die Vereinbarung muss neben dem Zusagezeitpunkt eindeutige und präzise Angaben zu Art, Form, Voraussetzungen und Höhe der in Aussicht gestellten künftigen Leistungen enthalten (vgl. hierzu auch R 41 Abs. 7 Einkommensteuer-Richtlinien). Sofern es zur eindeutigen Ermittlung der in Aussicht gestellten Leistungen erforderlich ist, sind auch Angaben für die versicherungsmathematische Ermittlung der Höhe der Versorgungsverpflichtung (z. B. anzuwendender Rechnungszinsfuß oder anzuwendende biometrische Ausscheidewahrscheinlichkeiten) schriftlich festzulegen. Sind die genannten Angaben nicht vorhanden, scheidet die Bildung einer Pensionsrückstellung jedenfalls in der Steuerbilanz aus.

Warte-/Probezeit

Die Erteilung einer Pensionszusage unmittelbar nach der Anstellung und ohne die unter Fremden übliche Wartezeit ist in aller Regel durch das Gesellschaftsverhältnis veranlasst. Eine derartige Wartezeit ist bei bereits erprobten Geschäftsführern in Fällen der Umwandlung nicht erforderlich. Eine verdeckte Gewinnausschüttung kann hingegen bei einer unberechtigten Einbeziehung von Vordienstzeiten bei der Teilwertberechnung einer Pensionsrückstellung zu verneinen sein, wenn die Pensionszusage dem Grunde und der Höhe nach einem Fremdvergleich standhält.

Nach Abschnitt 32 Abs. 1 Satz 5 und 6 KStR ist die Erteilung der Pensionszusage unmittelbar nach der Anstellung und ohne die unter Fremden übliche Wartezeit in der Regel nicht betrieblich, sondern durch das Gesellschaftsverhältnis veranlasst. Der Begriff der Wartezeit wird hier im Sinne einer Probezeit verwendet. Dies ist der Zeitraum zwischen Dienstbeginn und der erstmaligen Vereinbarung einer schriftlichen Pensionszusage (zusagefreie Zeit). Der Zeitraum zwischen der Erteilung einer Pensionszusage und der erstmaligen Anspruchsberechtigung (versorgungsfreie Zeit) zählt nicht zur Probezeit.

Dauer der Probezeit: Für die steuerliche Beurteilung einer Pensionszusage ist regelmäßig eine Probezeit von zwei bis drei Jahren als ausreichend anzusehen. Der BFH hält in seinem Urteil vom 15. Oktober 1997 – I R 42/97 – (BStBl 1999 II S. 316) zwar eine Probezeit von fünf Jahren für ausreichend. Dies schließt die steuerliche Berücksichtigung kürzerer Probezeiten jedoch nicht aus, da es in dem Urteilsfall nicht ent-scheidungserheblich war, ob unter Umständen auch ein kürzerer Zeitraum zur Er-probung genügt hätte.

Eine Probezeit ist bei entsprechenden Vortätigkeiten nicht in jedem Fall erforderlich, etwa wenn es vor Erteilung einer Pensionszusage keiner erneuten Probezeit bedarf, wenn ein Einzelunternehmen in eine Kapitalgesellschaft umgewandelt wird und der bisherige, bereits erprobte Geschäftsführer des Einzelunternehmens als Geschäfts-führer der Kapitalgesellschaft das Unternehmen fortführt.

Ein ordentlicher und gewissenhafter Geschäftsleiter einer neugegründeten Kapital-gesellschaft wird einem gesellschaftsfremden Geschäftsführer erst dann eine Pension zusagen, wenn er die künftige wirtschaftliche Entwicklung und damit die künftige wirtschaftliche Leistungsfähigkeit der Kapitalgesellschaft zuverlässig abschätzen kann. Hierzu bedarf es in der Regel eines Zeitraums von wenigstens fünf Jahren. Dies gilt nicht, wenn die künftige wirtschaftliche Entwicklung auf Grund der bisherigen unternehmerischen Tätigkeit hinreichend deutlich abgeschätzt werden kann, wie z. B. in Fällen der Betriebsaufspaltung und Umwandlung eines Einzelunternehmens in eine Kapitalgesellschaft.

Praxishinweis:

Zuführungen zu einer Rückstellung für eine Pensionszusage, die ohne Beachtung der unter Fremden üblichen Probezeit vereinbart worden ist, werden bis zum Ab-lauf der angemessenen Probezeit als verdeckte Gewinnausschüttung behandelt. Nach Ablauf der angemessenen Probezeit werden die weiteren Zuführungen auf Grund der ursprünglichen Pensionszusage für die Folgezeit gewinnmindernd be-rücksichtigt.

Finanzierbarkeit: Die betriebliche Veranlassung einer Pensionszusage setzt u. a. voraus, dass die Zusage finanzierbar ist. Die Finanzierbarkeit der Zusage ist dann zu verneinen, wenn bei einem unmittelbar nach dem Bilanzstichtag eintretenden Versorgungsfall der Barwert der künftigen Pensionsleistungen am Ende des Wirtschaftsjahres auch nach Berücksichtigung einer Rückdeckungsversicherung zu einer Überschuldung in der Bilanz führen würde. Die Finanzierbarkeit der Pensionszusage ist danach unter Ein-beziehung einer etwa bestehenden Rückdeckungsversicherung anhand eines fiktiven vorzeitigen Versorgungsfalles (z. B. Invalidität oder Witwenversorgung) und des sich hieraus ergebenden fiktiven Zuführungsbedarfs zu prüfen. Demgegenüber ist die tat-sächlich vorgenommene Zuführung zur Pensionsrückstellung nicht Grundlage für die Finanzierbarkeitsprüfung.

Bei der Prüfung der Überschuldung sind alle materiellen, immateriellen Wirtschafts-güter einschließlich ihrer stillen Reserven zu berücksichtigen. Ein selbstgeschaffener Firmenwert bleibt außer Ansatz.

Die Prüfung der Finanzierbarkeit hat im Zeitpunkt der Zusageerteilung, einer wesentlichen Zusageänderung oder einer wesentlichen Verschlechterung der wirtschaftlichen Verhältnisse der Gesellschaft zu erfolgen.

Eine Anpassungsklausel, wonach bei einer Verschlechterung der wirtschaftlichen Situation der Gesellschaft die zugesagten Leistungen gekürzt oder versagt werden können, bleibt für die Beurteilung der Finanzierbarkeit unberücksichtigt.

Praxishinweis bei nicht finanzierbarer Pensionszusage:

Die Pensionszusage an den beherrschenden Gesellschafter-Geschäftsführer ist gesellschaftsrechtlich veranlasst, wenn die Finanzierbarkeit im Zeitpunkt der Zusage nicht erfüllt ist. Eine Aufteilung in einen finanzierbaren und einen nicht finanzierbaren Teil kommt nicht in Betracht. Zuführungen zu einer solchen Pensionszusage werden insgesamt als verdeckte Gewinnausschüttungen behandelt. Das gilt auch dann, wenn sich die finanzielle Lage der Gesellschaft später verbessert. Die Möglichkeit der Aufhebung der ursprünglichen und die Erteilung einer neuen dann finanzierbaren Pensionszusage bleibt hiervon unberührt.

Verschlechtert sich in späteren Jahren die wirtschaftliche Situation der Gesellschaft, würde ein ordentlicher und gewissenhafter Geschäftsleiter eine Anpassung der Pensionszusage herbeiführen. Eine Pensionszusage ist daher zu kürzen, soweit ihre Finanzierbarkeit entfällt.

Diese Kürzung der Pensionszusage ist betrieblich veranlasst. Dies gilt unabhängig davon, ob die Anpassung einseitig (z. B. auf Grund einer entsprechenden Anpassungsklausel) oder mit Zustimmung des Gesellschafter-Geschäftsführers erfolgt. Hierin ist kein gesellschaftsrechtlich veranlasster Verzicht des Gesellschafter-Geschäftsführers und damit kein Zufluss im Sinne des Beschlusses des GrS des BFH vom 09. Juni 1997 (BStBl 1998 II S. 307) zu sehen.

Praxishinweis bei späterer Nichtfinanzierbarkeit:

Die Pensionsrückstellung ist in Höhe der Differenz zwischen der Rückstellung für die ursprüngliche Pensionszusage und der Pensionsrückstellung für die abgeänderte Pensionszusage ertragswirksam aufzulösen. Verbessert sich die wirtschaftliche Situation der Gesellschaft wieder, kann die Pensionszusage im Rahmen der Finanzierbarkeit wieder erhöht werden. Unabhängig vom Zeitpunkt der späteren Erhöhung bleibt diese bis zur Höhe der ursprünglichen Zusage erdienbar. Im Jahr der erneuten Anpassung ist die Pensionsrückstellung entsprechend zu erhöhen.

Achtung:

Erfolgt die notwendige Anpassung der Pensionszusage nicht, sind die der Pensionsrückstellung zugeführten Beträge ab dem Zeitpunkt, ab dem die Finanzierbarkeit nicht mehr gegeben ist, in voller Höhe als verdeckte Gewinnausschüttungen zu behandeln. Die bis zu diesem Zeitpunkt (zulässigerweise) gebildete Rückstellung wird nicht erfolgswirksam aufgelöst. Verbessert sich die wirtschaftliche Situation und wird die Zusage wieder finanzierbar, sind die weiteren Zuführungen zur Pensionsrückstellung gewinnmindernd zu berücksichtigen.

Tantiemen

Umsatztantieme: Umsatzabhängige Vergütungen an Geschäftsführer sind steuerlich nur anzuerkennen, wenn besondere Gründe dafür vorliegen, dass die mit dem Vergütungsanreiz angestrebten Ziele mit einer gewinnabhängigen Vergütung nicht zu erreichen sind. Besondere Gründe sind in der Branchenüblichkeit und der Aufbauphase der Gesellschaft gegeben.

Voraussetzung der Anerkennung der Umsatztantieme ist die vertragliche, zeitliche und höhenmäßige Begrenzung der Umsatztantieme. Eine derartige Begrenzung ist zur Vermeidung einer künftigen Gewinnabsaugung und einer die Rendite vernachlässigenden Umsatzsteigerung notwendig (BFH vom 19.02.1999 – BStBl II S. 321).

Praxishinweis:

Die Beweislast für die Anerkennung der für eine umsatzabhängige Tantieme sprechenden Umstände tragen Sie als Steuerpflichtiger. Vermeiden Sie wo immer möglich die Vereinbarung einer Umsatztantieme, soweit es nicht branchenüblich ist oder Sie sich in der Aufbauphase befinden. In letzterem Fall sollten Sie die Umsatztantieme von vorn herein auf einen bestimmten Zeitraum beschränken.

Tantieme zum verbleibenden Jahresüberschuss (Gewinntantieme): Tantiemezusagen können an mehrere Gesellschafter-Geschäftsführer, die insgesamt die Grenze von 50 Prozent des Jahresüberschusses übersteigen, zu einer verdeckten Gewinnausschüttung führen. Diese Grenze ist auch bei Tantiemezusagen an einen Gesellschafter-Geschäftsführer maßgebend. Bemessungsgrundlage für die 50 Prozent-Grenze ist der handelsrechtliche Jahresüberschuss vor Abzug der Gewinntantieme und der ertragsabhängigen Steuern.

Praxishinweis:

Die Zahlung einer Gewinntantieme ist insoweit, als die Tantieme sich auf mehr als 50 Prozent des Jahresüberschusses der zahlenden Gesellschaft beläuft, in der Regel auch bei einem nicht beherrschenden Gesellschafter-Geschäftsführer vGA. Während der Aufbauphase einer Gesellschaft wird allerdings eine das Übliche übersteigende Gewinntantieme steuerlich anerkannt werden, wenn die Tantiemeverpflichtung von vornherein auf die Aufbauphase begrenzt ist. Das gilt jedenfalls dann, wenn der begünstigte Gesellschafter auf Grund seines Stimmrechts eine spätere Änderung seines Anstellungsvertrags verhindern könnte (BFH vom 15.03.2000 – BStBl II S. 547).

Verhältnis der Tantieme zu sonstigen Bestandteilen der Gesamtbezüge: Bei Tantiemezusagen an den Gesellschafter-Geschäftsführer ist zu beachten, dass die Bezüge im Allgemeinen wenigstens zu 75 Prozent aus einem festen und höchstens zu 25 Prozent aus erfolgsabhängigen Bestandteilen (Tantieme) bestehen. Bei der Ermittlung des der Höhe nach angemessenen Teils der Tantieme ist von der angemessenen Gesamtausstattung des Gesellschafter-Geschäftsführers auszugehen.

Beispiel:

Ein Gesellschafter-Geschäftsführer soll eine angemessene Gesamtausstattung von 400000 € erhalten, die sich wie folgt zusammensetzt:

Festgehalt	150000 €
Tantieme	250000 €

Der durchschnittlich erzielte Jahresüberschuss vor Abzug der Tantieme und der ertragsabhängigen Steuern wird mit 1,6 Mio. € angenommen.

Steuerliche Folge: Die angemessene Tantieme beträgt 25 Prozent von 400000 € = 100000 €. Es ergibt sich eine verdeckte Gewinnausschüttung in Höhe von 150000 € (250000 € abzüglich 100000 €).

Der sich aus der Aufteilung ergebende absolute Betrag der angemessenen Tantieme ist in eine Beziehung zu dem durchschnittlich erzielbaren Jahresüberschuss vor Abzug der Tantieme und der ertragsabhängigen Steuern (im Beispielsfall 1,6 Mio. €) zu setzen. Aus diesem Vergleich ergibt sich der angemessene Tantiemesatz durch folgende Rechnung:

100000 x 100/1,6 Mio. = 6,25 Prozent

Dieser angemessene Tantiemesatz ist bis zum nächsten Zeitpunkt der Überprüfung der Angemessenheit der gezahlten Tantieme maßgebend.

Vereinbarung einer Nur-Tantieme: Die Vereinbarung einer Nur-Tantieme ist grundsätzlich nicht anzuerkennen. Als Ausnahmefälle kommen insbesondere

die Gründungsphase der Gesellschaft,

Phasen vorübergehender wirtschaftlicher Schwierigkeiten oder

Tätigkeiten in stark risikobehafteten Geschäftszweigen

in Betracht. In derartigen Ausnahmefällen ist es auch zulässig, bei der 75-/25 Prozent-Grenze zu Gunsten des Tantiemeanteils abzuweichen. Liegt ein Ausnahmefall vor, ist die Tantieme dem Grunde nach allerdings nur anzuerkennen, wenn die Vereinbarung ausdrücklich zeitlich begrenzt ist und bei Wegfall der Ausnahmesituation zwingend durch eine Vereinbarung einschließlich fester Vergütungsbestandteile bzw. mit angemessenem Verhältnis dieser Bestandteile zueinander ersetzt wird. Ein Ausnahmefall liegt dagegen nicht vor, wenn der Gesellschafter-Geschäftsführer bei zwei Schwestergesellschaften tätig ist und mit der einen eine Nur-Tantieme und mit der anderen ein Festgehalt vereinbart hat.

Nach der so genannten 75/25-Regelvermutung ist zu beachten, dass die Bezüge im Allgemeinen wenigstens zu 75 Prozent aus einem festen und höchstens zu 25 Prozent aus erfolgsabhängigen Bestandteilen (Tantiemen) bestehen. Übersteigt der variable Anteil der Vergütung diese Grenze, ist im Einzelfall zu ermitteln, ob die gewählte Gestaltung betrieblich oder gesellschaftsrechtlich veranlasst ist (BFH vom 27.02.2003 – BStBl 2004 II S. 132 und vom 04.06.2003 – BStBl 2004 II S. 136). Folgende Grundsätze sind nach dieser Rechtsprechung zu beachten:

Verspricht eine Kapitalgesellschaft ihrem Gesellschafter-Geschäftsführer eine Gewinntantieme, so führt dies zu einer vGA, soweit die Gesamtausstattung des Gesellschafter-Geschäftsführers unter Berücksichtigung der Tantiemeleistungen unangemessen hoch ist.

Die Angemessenheit der Gesamtausstattung eines Gesellschafter-Geschäftsführers muss grundsätzlich anhand derjenigen Umstände und Erwägungen beurteilt werden, die im Zeitpunkt der Gehaltsvereinbarung vorgelegen haben und angestellt worden sind.

Die Höhe der angemessenen Bezüge ist im Einzelfall durch Schätzung zu ermitteln. Dabei ist zu berücksichtigen, dass der Bereich des Angemessenen sich auf eine Bandbreite von Beträgen erstrecken kann. Unangemessen sind nur diejenigen Bezüge, die den oberen Rand dieser Bandbreite übersteigen.

Die Entscheidung darüber, wie ein ordentlicher Geschäftsleiter eine gewinnabhängige Vergütung bemessen und ggf. nach oben begrenzt hätte, obliegt im gerichtlichen Verfahren grundsätzlich dem FG. Dessen Würdigung ist im Revisionsverfahren nur eingeschränkt überprüfbar.

Steht im Zeitpunkt des Vertragsschlusses ein sprunghafter Gewinnanstieg ernsthaft im Raum, so kann es bei Vereinbarung einer gewinnabhängigen Vergütung geboten sein, diese auf einen bestimmten Höchstbetrag zu begrenzen.

Arbeitet ein Gesellschafter-Geschäftsführer zusätzlich für weitere Unternehmen, so ist dies bei der Bestimmung des angemessenen Gehalts in der Regel mindernd zu berücksichtigen.

Ist die Gesamtausstattung eines Gesellschafter-Geschäftsführers angemessen, so muss nicht schon deshalb eine vGA vorliegen, weil die Vergütung zu mehr als 25 Prozent aus variablen Anteilen besteht.

Die Angemessenheit der Gesamtausstattung eines Gesellschafter-Geschäftsführers muss grundsätzlich anhand derjenigen Umstände und Erwägungen beurteilt werden, die im Zeitpunkt der Gehaltsvereinbarung vorgelegen haben und angestellt worden sind.

Die Höhe der angemessenen Bezüge ist im Einzelfall durch Schätzung zu ermitteln. Dabei ist zu berücksichtigen, dass der Bereich des Angemessenen sich auf eine Bandbreite von Beträgen erstrecken kann. Unangemessen sind nur diejenigen Beträge, die den oberen Rand dieser Bandbreite übersteigen.

Die Entscheidung darüber, wie ein ordentlicher Geschäftsführer eine gewinnabhängige Vergütung bemessen und ggf. nach oben begrenzt hätte, obliegt im gerichtlichen Verfahren grundsätzlich dem FG. Dessen Würdigung ist im Revisionsverfahren nur eingeschränkt nachprüfbar.

Ist die Gesamtausstattung eines Gesellschafter-Geschäftsführers angemessen, so muss nicht schon deshalb eine vGA vorliegen, weil die Vergütung zu mehr als 25 Prozent. aus variablen Anteilen besteht.

Die Zahlung einer Gewinntantieme zu Gunsten eines Gesellschafter-Geschäftsführers ist insoweit, als sie 50 Prozent des Jahresgewinns übersteigt, in der Regel vGA. Bemessungsgrundlage dieser Regelvermutung ist der steuerliche Gewinn vor Abzug der Steuern und der Tantieme.

Zeitpunkt der Überprüfung: Die Angemessenheit der gezahlten Gewinntantieme ist im Zeitpunkt des Abschlusses eines Geschäftsführer-Vertrages und danach anlässlich jeder tatsächlich vorgenommenen Gehaltsanpassung, spätestens jedoch nach Ablauf von drei Jahren insgesamt zu überprüfen.

Verlustvorträge: Ist der gewinntantiemeberechtigte Gesellschafter-Geschäftsführer für einen bestehenden Verlustvortrag verantwortlich oder zumindest teilverantwortlich, ist der Verlustvortrag in die Bemessungsgrundlage der Gewinntantieme einzubeziehen (BFH vom 17.12.2003 – BStBl 2004 II S. 524).

Verspätete Auszahlung: Wird eine klar und eindeutig vereinbarte Gewinntantieme an einen beherrschenden Gesellschafter-Geschäftsführer nicht bereits bei Fälligkeit ausgezahlt, so führt dies nicht notwendigerweise zu einer vGA. Entscheidend ist, ob unter Würdigung aller Umstände die verspätete Auszahlung Ausdruck mangelnder Ernsthaftigkeit der Tantiemevereinbarung ist.

Vorschüsse auf Tantieme, zinslose: Zahlt eine GmbH ihrem Gesellschafter ohne eine entsprechende klare und eindeutige Abmachung einen unverzinslichen Tantiemevorschuss, so ist der Verzicht auf eine angemessene Verzinsung eine vGA (BFH vom 22.10.2003 – BStBl 2004 II S. 307).

Zustimmungsvorbehalt: Steht eine im Übrigen klare Tantiemevereinbarung mit einem beherrschenden Gesellschafter-Geschäftsführer unter dem Vorbehalt, dass die Gesellschafterversammlung die Tantieme anderweitig höher oder niedriger festsetzen

kann, dann besteht Unsicherheit und damit auch Unklarheit, ob der Tantiemean-
spruch des Gesellschafter-Geschäftsführers letztlich Bestand haben wird. Deshalb ist
in Höhe des Betrags der gebildeten Rückstellung für die Tantieme eine vGA anzunehmen (BFH vom 29.04.1992 – BStBl II S. 851).

5   Verdeckte Einlagen

Eine verdeckte Einlage liegt vor, wenn ein Gesellschafter oder eine ihm nahestehende Person der Körperschaft außerhalb der gesellschaftsrechtlichen Einlagen einen einlagefähigen Vermögensvorteil zuwendet und diese Zuwendung durch das Gesellschaftsverhältnis veranlasst ist.

Verdeckte Einlagen dürfen sich nicht auf die Höhe des Einkommens der Empfänger-
körperschaft auswirken. Soweit verdeckte Einlagen den Steuerbilanzgewinn der Körperschaft erhöht haben, sind sie außerbilanziell bei der Ermittlung des zu versteuernden Einkommens in Abzug zu bringen.

Voraussetzung für die Annahme einer verdeckten Einlage ist stets, dass die Zuwendung des Gesellschafters oder einer ihm nahestehenden Person durch das Gesellschaftsverhältnis veranlasst ist. Die Ursächlichkeit des Gesellschaftsverhältnisses ist
nur dann gegeben, wenn ein Nichtgesellschafter bei Anwendung der Sorgfalt eines
ordentlichen Kaufmanns den Vermögensvorteil der Gesellschaft nicht eingeräumt
hätte, was grundsätzlich durch Fremdvergleich festzustellen ist.

6   Gesellschafter-Fremdfinanzierung

Vergütungen für Fremdkapital, das eine Kapitalgesellschaft nicht nur kurzfristig von
einem wesentlich beteiligten *Anteilseigner* erhalten hat, sind auch verdeckte Gewinnausschüttungen, wenn die Vergütungen insgesamt mehr als 250000 € betragen und
wenn eine

1. nicht in einem Prozentsatz vom Kapitals bemessene Vergütung vereinbart ist oder

2. in einem Prozentsatz vom Kapitals bemessene Vergütung vereinbart ist und soweit
   das Fremdkapital zu einem Zeitpunkt des Wirtschaftsjahrs das Eineinhalbfache
   des anteiligen Eigenkapitals des Anteilseigners übersteigt, es sei denn, die Kapitalgesellschaft hätte dieses Fremdkapital bei sonst gleichen Umständen auch von einem fremden Dritten erhalten können.

Die Fragen rund um die Gesellschafter-Fremdfinanzierung sind zum Teil äußerst komplex. Sie würden diesen Überblick über die Körperschaftsteuer sprengen. Deshalb hier lediglich der Verweis auf die Quelle des letzten einschlägigen und sehr ausführlichen BMF-Schreibens: BMF vom 15.07.2004 – BStBl I S. 593.

7   Liquidationsbesteuerung

Abwicklungszeitraum

Der Zeitraum der Abwicklung beginnt mit der Auflösung. Der Besteuerungszeitraum beginnt mit dem Wirtschaftsjahr, in das die Auflösung fällt. Erfolgt die Auflösung im Laufe eines Wirtschaftsjahres, so kann ein Rumpfwirtschaftsjahr gebildet werden. Das Rumpfwirtschaftjahr reicht vom Schluss des vorangegangenen Wirtschaftsjahres bis zur Auflösung. Es ist nicht in den Abwicklungszeitraum einzubeziehen. Bei einer Überschreitung des Dreijahreszeitraums sind die danach beginnenden weiteren Besteuerungszeiträume grundsätzlich jeweils auf ein Jahr begrenzt.

Ende der Steuerpflicht

Die Steuerpflicht endet erst, wenn die Liquidation rechtsgültig abgeschlossen ist. Zum rechtsgültigen Abschluss der Liquidation gehört bei Kapitalgesellschaften auch der Ablauf des Sperrjahres. Auch wenn die Kapitalgesellschaft vor Ablauf des Sperrjahres ihr Gesellschaftsvermögen vollständig ausgeschüttet hat, ist sie damit noch nicht erloschen. Die Löschung im Handelsregister ist für sich allein ohne Bedeutung.

Mehrere Besteuerungszeiträume

Wird der Abwicklungszeitraum in mehrere Besteuerungszeiträume unterteilt), ist die besondere Gewinnermittlung nur für den letzten Besteuerungszeitraum vorzunehmen. Dabei ist das Abwicklungs-Anfangsvermögen aus der Bilanz zum Schluss des letzten vorangegangenen Besteuerungszeitraums abzuleiten. Auf den Schluss jedes Besteuerungszeitraums ist eine Steuerbilanz zu erstellen.

8   Körperschaftsteuertarif und Freibetrag

Steuersatz

Die Körperschaftsteuer kennt – anders als die Einkommensteuer – keinen progressiv aufgebauten Steuertarif. Es existiert nur ein einziger Steuersatz von derzeit 25 Prozent des zu versteuernden Einkommens. Die Steuerpolitiker haben in letzter Zeit einen 19-prozentigen Satz in Aussicht gestellt. Die Verwirklichung wird wahrscheinlich erst mit einer umfassenderen Unternehmenssteuerreform zu erwarten sein.

Freibetrag für bestimmte Körperschaften

Einen Freibetrag für alle der Körperschaftsteuer unterliegenden Körperschaften kennt das Körperschaftsteuergesetz nicht. Es gewährt allerdings bestimmten Körperschaften einen Freibetrag in Höhe von 3835 €. *Nicht* zu diesem Körperschaften gehören allerdings GmbHs und AGs, da deren Ausschüttungen bei den Anteilseigners Einkünfte aus Kapitalvermögen sind.

9   Steuererklärungspflicht

Gewerbliche Körperschaften im Sinne des Körperschaftsteuerrechts unterliegen grundsätzlich der Pflicht, jährlich eine Körperschaftsteuererklärung abzugeben. Das Finanzamt setzt die Körperschaftsteuer in einem förmlichen Bescheid fest. Gegen ihn ist innerhalb der gesetzlichen Einspruchsfrist von einem Monat ab Bescheidsdatum Einspruch einzulegen, wenn er nicht den erklärten und erwarteten Werten entspricht. Die Begründung kann auch noch nach der Einspruchsfrist nachgereicht werden.

Rechtsbehelfe – Einspruch und Klage

Gegen Steuerbescheide kann innerhalb von einem Monat Einspruch eingelegt werden. Die Frist berechnet ab dem Datum des Bescheides. Dazu gibt es eine Nichtbeanstandungsfrist von drei Tagen, mit der die Postlaufzeiten von Bescheid und Einspruch berücksichtigt werden sollen. Versäumen Sie den Einspruch, wird der Bescheid nach Ablauf der Frist bestandskräftig. Das bedeutet für Sie: Es gibt im Regelfall keine Möglichkeit mehr, gegen die Steuerfestsetzung vorzugehen.

Praxisempfehlungen:

- Legen Sie so frühzeitig Einspruch gegen einen Bescheid ein, dass Sie keine Probleme mit der Frist haben.

- Kalkulieren sie nicht unbedingt mit der Drei-Tage-Regelung – oder lassen Sie sich von einem Fachmann die Einspruchsfrist genau ausrechnen.

- Sollten Sie noch Zeit für die Begründung benötigen, legen Sie den Einspruch ohne Begründung ein und reichen die Begründung nach.

– Wenn Sie durch den Bescheid in eine Zahlungsverpflichtung kommen, die Ihrer Meinung nach zu hoch ist, beantragen Sie zusätzlich die so genannte „Aussetzung der Vollziehung". Nur durch einen solchen Antrag besteht die Möglichkeit, ungerechtfertigte Steuern nicht trotz Einspruchs zahlen zu müssen. Denn: Der Einspruch allein hemmt die Zahlungsverpflichtung nicht.

Über Ihren Einspruch entscheidet zunächst Ihr Sachbearbeiter. Folgt er Ihren Argumenten, so wird er einen neuen Steuerbescheid zu Ihren Gunsten erlassen. Ist er nicht geneigt, Ihnen zu folgen, so gibt er Ihren Fall innerhalb des Finanzamts an die Einspruchstelle weiter. Meist haben Sie Gelegenheit, Ihre Argumente nochmals zu präzisieren. Danach entscheidet dann die Einspruchstelle endgültig in einem Einspruchsentscheid.

Achtung:

Innerhalb des Einspruchsverfahrens kann das Finanzamt alle Steuerangelegenheiten des Veranlagungszeitraums neu überprüfen und kann auch zu Ihren Ungunsten von dem früheren Bescheid abweichen. Dieses Verfahren wird „Verböserung" genannt. Das bedeutet für Sie: Sie haben nicht nur keine Verbesserung durch den Einspruch erreicht, sondern müssen möglicherweise sogar mehr Steuern zahlen, als im ursprünglichen Bescheid festgesetzt. Voraussetzung für die Verböserung: Das Finanzamt muss dieses Vorhaben ankündigen. Sie haben dann die Möglichkeit, den Einspruch insgesamt zurück zu ziehen. Dadurch verhindern Sie die Verböserung und es bleibt bei dem ursprünglichen Bescheid.

Gegen die Einspruchsentscheidung kann beim Finanzgericht Klage erhoben werden. Die Klagefrist läuft wiederum einen Monat nach Datum des Einspruchsbescheids ab. Zwar können Sie die Klage ohne Steuerberater einreichen. Dies empfiehlt sich aber wegen der verfahrensrechtlichen Besonderheiten nicht. Beauftragen Sie im Klageverfahren einen erfahrenen Steuerberater (es muss also nicht unbedingt ein Rechtsanwalt sein; wenn Sie allerdings einen Anwalt beauftragen, so achten Sie darauf, dass er im Finanzgerichtsprozess erfahren ist).

Stichwortverzeichnis

Der Autor

Lothar Th. Jasper ist Diplom-Volkswirt und selbstständiger Steuerberater. In der eigenen Steuerkanzlei in Köln ist er zuständig für Steuerberatung und -gestaltung sowie Branchenberatungskonzepte und Kanzleimarketing. Er ist Autor zahlreicher Fachbücher in Steuerrecht, Betriebswirtschaft und Unternehmensberatung sowie von Fachbeiträgen in Zeitschriften.

Hintergrundwissen für Vordenker

Die echte Elite

Rust zeigt auf gewohnt provozierende und fundierte Weise, was echte Eliten auszeichnet. Er räumt gründlich auf mit Missverständnissen und macht deutlich, worauf es wirklich ankommt. Ein Aufruf an Führungskräfte, an das mittlere Management und den ambitionierten Nachwuchs, sich den stromlinienförmigen Geboten der herrschenden Standards zu widersetzen und anders zu werden als die angepassten Modellathleten aus dem Windkanal.

Holger Rust
Das Elite-Missverständnis
Warum die Besten nicht immer die Richtigen sind
2005. 204 S. Geb.
EUR 34,90
ISBN 3-409-12720-8

Das Standardwerk der Investor Relations!

Das Standardwerk der Investor Relations mit namhaften Herausgebern und Autoren aus Deutschland, UK und der Schweiz. Praxisnah und mit Hilfe verschiedener Fallbeispiele wird gezeigt, wie Investor Relations funktioniert – und zwar vor, während und nach dem Börsengang.

Klaus Rainer Kirchhoff /
Manfred Piwinger (Hrsg.)
Praxishandbuch Investor Relations
Das Standardwerk der Finanzkommunikation
2005. 488 S. Geb.
EUR 69,90
ISBN 3-409-12710-0

Ihr Führer durch den europäischen Paragraphendschungel!

Das Buch bietet eine wertvolle Hilfe für die erfolgreiche Unternehmenspraxis: Durch die anschauliche Verdeutlichung der Zusammenhänge wird es möglich, Gestaltungsspielräume zu erkennen und zukunftsweisende Strategien in einem zusammenwachsenden Europa zu entwickeln.

Frank Altemöller
Europäisches Wirtschaftsrecht in der Unternehmenspraxis
Leitfaden für das erfolgreiche Management von Marken
2004. 248 S. Geb.
EUR 39,90
ISBN 3-409-12592-2

Änderungen vorbehalten. Stand: Juli 2005.
Erhältlich im Buchhandel oder beim Verlag.

Gabler Verlag · Abraham-Lincoln-Str. 46 · 65189 Wiesbaden · www.gabler.de

GABLER

Finanzierung und Controlling

Unternehmensbewertung für betriebliche Praktiker – mit Fallbespielen und Checklisten

Herausgeber und Autoren bieten einen optimalen Einstieg in das Thema und informieren über alle relevanten Fragestellungen rund um den Bewertungsprozess und über die wesentlichen Bewertungsmethoden. Ein praxisorientiertes Buch mit Fallstudien und Checklisten – auch für Einsteiger verständlich.

Ulrich Schacht /
Matthias Fackler (Hrsg.)
**Praxishandbuch
Unternehmensbewertung**
Grundlagen, Methoden,
Fallbeispiele
2005. Ca. 320 S.Geb.
Ca. EUR 59,90
ISBN 3-409-12698-8

Leitfaden für Businesspläne – mit Checklisten und Beispielen; systematisch, konkret, verständlich

Dieses Buch ermöglicht es dem Leser, selbst einen individuell abgefassten, "maßgeschneiderten", erfolgreichen Business- und Geschäftsplan zu erstellen, der strengsten Anforderungen genügt.

Anna Nagl
Der Businessplan
Geschäftspläne professionell
erstellen. Mit Checklisten und
Fallbeispielen
2., überarb. und erw. Aufl. 2005.
223 S. Geb.
EUR 44,90
ISBN 3-409-22363-0

Controllingkonzepte für die Praxis – mit vielen nützlichen Tipps und Tools

Fach- und Führungskräfte aus Wirtschaft und Wissenschaft lassen ihre Erfahrungen in die jeweiligen Beiträge einfließen und zeigen anhand konkreter Beispiele Lösungsansätze für praktische Problemstellungen. Die Autoren bereiten das jeweilige Thema anwendungsbezogen auf.

Claus W. Gerberich (Hrsg.)
**Praxishandbuch
Controlling**
Trends, Konzepte, Instrumente
2005. Ca. 592 S. Geb.
Ca. EUR 79,90
ISBN 3-409-12588-4

Änderungen vorbehalten. Stand: Juli 2005.
Erhältlich im Buchhandel oder beim Verlag.

Gabler Verlag · Abraham-Lincoln-Str. 46 · 65189 Wiesbaden · www.gabler.de

GABLER

Recht in der Unternehmenspraxis

Kompaktes Rechtswissen für GmbH-Manager und -Gesellschafter

Das Buch behandelt alle rechtlichen Fragen zu Bestellung und Abberufung des GmbH-Geschäftsführers. Die Darstellung ist komprimiert, praxisbezogen und enthält keine juristische Fachdiskussion.

Jutta Glock / Christoph Abeln
Der GmbH-Geschäfts-führer
Was Geschäftsführer und Manager wissen müssen
2005. 236 S. Br.
EUR 44,90
ISBN 3-409-14260-6

Rechtswissen für Entscheider – kompakt, anwendungsorientiert, verständlich

Unter Verzicht auf juristische Detaildiskussion gibt der Autor allen Unternehmern, Vorständen, Geschäftsführern und Aufsichtsräten einen praktischen Leitfaden zur schnellen Erfassung kartellrechtlicher Fragestellungen (Wettbewerbsbeschränkungen, Missbrauchskontrolle, Fusionskontrolle) an die Hand. Das erste Kartellrechtsbuch für Praktiker. Es enthält die Neuregelungen der 7. GWB-Novelle.

Thomas Kapp
Kartellrecht in der Unternehmenspraxis
Was Unternehmer und Manager wissen müssen
2005. Ca. 256 S. Br.
EUR 44,90
ISBN 3-409-14272-X

Kompaktes und umfassendes Rechtswissen für Entscheider

Der Autor behandelt alle rechtlichen Fragen im Zusammenhang mit der Erteilung von Vollmachten (Handlungsvollmacht, Generalvollmacht und Prokura). Seine Darstellung ist komprimiert und praxisbezogen. Die Gesellschaftsform Limited ist berücksichtigt.

Alexander Schneider
Vollmachten im Unternehmen
Handlungsvollmacht, Generalvollmacht und Prokura
2005. Ca. 208 S. Br.
Ca. EUR 36,90
ISBN 3-8349-0049-4

Änderungen vorbehalten. Stand: Juli 2005.
Erhältlich im Buchhandel oder beim Verlag.

Gabler Verlag · Abraham-Lincoln-Str. 46 · 65189 Wiesbaden · www.gabler.de

GABLER

4636078R00175

Printed in Germany
by Amazon Distribution
GmbH, Leipzig